国际军事安全论

On International Military Security

刘强◎著

时事出版社

目 录

第一部分 国际军事安全思维与国际安全体系

第二部分　国际军事安全的基本特征、影响因素及影响

第三部分 当代国际军事安全威胁与应对战略

第四部分　国际军事安全的发展趋势

绪　　论

“安全”问题是人类社会发展中始终面临的重大问题，它与“发展”问题一起共同构建起人类演进的最基本架构。随着时代的发展，人们对安全的认识不断深入，如今已将安全概念更加精细地划分为“传统安全”与“非传统安全”①。进入21世纪，特别是“9·11”事件后，人们的关注点一度开始更多地集中在以恐怖主义为代表的非传统安全问题上。然而，认真观察和思索后不难发现，以政治、军事安全为主的传统安全问题依然是世界最重要的问题，特别是国际争端导致军事冲突甚至战争的事件不断发生，军事威慑和战略扩张导致地区局势紧张的情况依然存在，一些国家的主权和领土完整面临着极大挑战，国际军事安全问题依然突出。各国在新军事变革浪潮的冲击下，纷纷调整和制定新的国家军事战略，各种国家安全理念和国际战略思维纷至沓来，军队建设呈现出前所未有的发展速度。某些超强国家追求绝对安全，相对较弱的国家感受到威胁，欲寻求更多安全。因此，在总

① 所谓“传统安全”（Traditional Security）一般是指国家安全观所关注的核心问题在于如何应对主权独立、领土完整所面临的外部武力或威胁使用武力的挑战。因此，传统安全含义指的就是国家安全，或者说国家政治安全与军事安全是传统安全的主要内容。“非传统安全”（Nontraditional Security）一词是冷战后出现在西方国际关系和国际安全研究学者的著作和文章中的，与之相近的词汇还有“非常规安全”（Unconventional Security）、“非传统威胁”（Nontraditional Threats）、“非传统问题”（Nontraditional Issues）和“新威胁”（New Threats）、“新安全”（New Security）等，是相对“传统安全”而言的，但至今尚无权威的定义。“传统安全”与“非传统安全”指的都是一种安全观念。有关此问题的详细论述，参见陆忠伟主编：《非传统安全论》（时事出版社，2003年11月）第一章。

体安全危机意识下，全球军备竞赛程度依然严重，军控与防扩散领域的斗争十分激烈，不仅影响地区安全形势，也导致国际战略格局出现新的变化。人类在受到传统安全威胁的同时，众多非传统安全不仅直接危害世界安全，而且导致传统安全威胁发生的几率也在上升。美国发动的阿富汁战争和伊拉克战争都是由所谓非传统安全问题引发的，而战争导致政权颠覆和国家被占领，对于阿富汗和伊拉克而言就是明白无误的传统安全问题。从国际视角看，这些也都属于国际军事安全问题。此外，其他一些非传统安全问题，例如能源危机、水危机、粮食危机、环境问题等因素同样极易导致军事安全问题的出现。这种问题一旦发生在国际维度下，就涉及了国际军事安全。因此，认真研究国际军事安全问题，不仅对维护国家总体安全具有重要意义，对维护世界和平与稳定同样具有重要意义。“国际军事安全”是一个绝不可忽视的重大课题。

第一节　国际军事安全的概念辨析

“国际军事安全”一词近年来被广泛使用，笔者运用国际互联网“谷歌”搜索引擎中“高级搜索”项搜索“国际军事安全”一词，结果显示“获得约179万条结果”。[①] 首条就是网上书城中销售的《中国军事百科全书》（第二版）学科分册《国际军事安全》（全三册）（以下简称《国际军事安全》）的信息。这个搜索结果也许不能完全反映“国际军事安全”使用的真实情况，因为它涵盖了所有与“国际”、“军事”、“安全”关键词相关的网页。而同时用“百度”搜索引擎搜索后，获得“相关网页约1660篇”。由此可见，“国际军事安全”这一词汇已经被人们相对普遍使用。

① 搜索时间为2010年1月21日14点50分。

但是，当需要找一个“国际军事安全”的准确定义时却发现很难。笔者查阅了很多中外辞书，唯一找到给“国际军事安全”以定义的也只有《国际军事安全》一书。而《国际军事安全》是2008年5月才出版的“新书”，说明这是一个相对全新的专业词汇。《国际军事安全》将“国际军事安全”（international military security）定义为：“国际行为体的重要利益不受军事威胁的国际关系状态。国际安全的重要组成部分。国际军事的重要内容。”[①] 但是，仔细分析这个定义，依然感到似乎过于笼统、简单且不够精准。因为，对这样一个具有丰富且复杂内涵的词汇，这个定义没能充分反映其本质特征。

从概念上说，“国际军事安全”至少涵盖三个领域问题：一是国际问题；二是军事问题；三是安全问题。按照《国际军事安全》一书的说法，是“国际行为体”的一种“状态”，既隶属“国际安全”范畴，更是“国际军事”的内容之一。这就是说，它是国际背景和维度下的与军事相关的安全问题。再进一步分析看，它既是一般安全问题，也是国家安全问题，更是军事安全问题，最终是国家安全延伸至国际维度的军事安全问题。更重要的是，它还是一个战略问题。因此，要想相对精准地定义“国际军事安全”，就必须将上述涉及的一些概念厘清后方可做到。

首先，国际军事安全说到底是个“安全”问题。从语言的角度看，“安全”的词义在中、英文中的解释虽有不同，特别是英文的含义更为广泛，但仍有相同之处。《现代汉语词典》（汉英双语）对“安全”的解释是：“没有危险；不受威胁；不出事故。”[②] 对应的英文是“safety; security; free from (danger, threat, accidents, etc.)”。从这些对应的英文词汇中，我们发现，通常在国际政治、军事领域使用的英文为

① 赵丕主编：《中国军事百科全书》（第二版）《国际军事安全》（学科分册Ⅰ），中国大百科全书出版社，2008年5月版，第1页。

② 中国社会科学院语言研究所词典编辑室编：《现代汉语词典》（汉英双语），外语教学与研究出版社，2002年11月版，第9页。

"security"。《朗文当代高级英语词典》（英英·英汉双解）中对"security"的解释有两层含义："1. public/government safety 公众/政府的安全（保障）；2. protection from bad situations 对不良环境的抵御。"其中，第一层的解释中就涉及到"national/state security（＝protection of a country from attack or harm）国家的安全"。[①] 从中我们不难发现，在国家安全方面，"安全"的内涵是要确保国家免受"attack（打击）"和"harm（伤害）"。综合中英文对"安全"的解释，涉及两个最重要的内容，即"危险"和"威胁"。它既是一种静止的现实状态，也是一种动态的潜在可能；既是一种客观的存在，也是一种主观的感受；既是一种状态，也是一种行为。从国家政治、经济和社会角度看，这种"危险"和"威胁"来自可能的"打击"或"伤害"。这种"打击"或"伤害"的最原始本意就是"军事打击"，如今已泛指对国家带来的一切可能的"打击"或"伤害"手段，例如"金融危机"对国家造成的打击或伤害。从这种意义上说，"安全"的基本含义可以概括为：一种客观上不存在遭受打击或伤害的危险或威胁现实，主观上不存在因危险或威胁导致可能遭受打击或伤害恐惧的状态。因此，有学者认为，"安全的狭义定义倾向于注重物质能力以及国家对于军事力量的使用和控制"[②]。

其次，显然"安全"问题在国际政治领域通常是被理解为"国家安全"的。作为客观状态，它反映出的是国家既不面临"威胁"造成的"危险"状态，也反映国家不因感受到"威胁"或"危险"而恐惧。同时还包含"实现安全状态的行动和一段时间内对价值和体系的维护"[③]。因此，自有人类以来安全问题便相伴相随，与人和社会特别是

---

① 英国培生教育出版有限公司编.《朗文当代高级英语词典》（英英·英汉双解），外语教学与研究出版社，2005 年 1 月版，第 1778 页。

② Stephen M. Walt, "The Renaissance of Security Studies," *International Studies Quarterly*, Vol. 35, no. 2, June 1991, p. 212.

③ Helga Haftendorn, "The Security Puzzle: Theory—Building and Discipline—Building in International Security," *International Studies Quarterly*, Vol. 35, 1991, p. 5.

国家密切相关，寻求维护国家安全的思维源远流长。作为具有5000年文明史的中国自古就有“居安思危”（《左传·襄公十一年》）或“安不忘危”（《易经·系辞下》）的说法。这种说法虽有指涉“帝王”个人的因素，后人也常将其用于个人层面，但最初均指国家安全。以现代国际政治和军事视角看，安全指涉的主体已远不同于以往的个人、社会和主权国家，已扩展到国家集团、次国家组织（sub－nation）和非政府组织等。与日常使用的“安全”，如“社会安全”相比，“国家安全”（National/State Security）和“国际安全”（International Security）有其不同的、更具特色的内涵。同时，现在人们普遍使用的“国家安全”概念的产生并不久远，它是人们在经历惨烈战争后，通过对战争与和平认识的深化得出的。据有关学者考察，现代“国家安全”的用法源自美国，作为国家法律文件首次出现在1947年第二次世界大战后美国制定的《国家安全法》中。可以说，当今各国所使用的“国家安全”几乎都是从美国引入的概念。随着时间的推移，各国对“国家安全”的认识和研究不断加强，但是对于“国家安全”的概念，似乎尚没有一个官方的权威定义，即便是在制定出世界首部《国家安全法》的美国。各国学者们均根据各自对这一问题的实质内涵的理解给出自己的解释。其中，俄罗斯学者的解释是：“安全”与“危险”这两个概念有着直接的联系。俄罗斯联邦安全法中认为，“安全是个人、社会和国家生死攸关的利益受到保护的状态”。显然，这个定义中所讲的是国家安全。同时，在俄联邦总统给联邦会议的《关于国家安全》报告中，将国家安全定义为：“国家安全可以理解为国家利益免受内外部威胁的受保护状态；这一状态能够确保个人、社会和国家向前发展。”[①] 这个概念包括了国内和国外两个层面。我国学者也有不同的认识，其中作为2006年度国家社会科学基金重大项目《中国国家安全战略理论与安全构想》的子课题，2008年9月出版的《国家安全战略理论》中，在大

① ［俄］A. X. 沙瓦耶夫著，魏世举、石陆原译：《国家安全新论》，军事谊文出版社，2002年4月版，第22—23页。

量研究了有关“安全”和“国家安全”的理念后，也没有给出一个明确的“定义”，只是认为，“国家安全是一种主客体关系，是国家实现和维护所认定的没有危险，不受威胁状态的活动”，并据此最终将国家安全“界定”为：“首先，国家安全是国家的生存以及对生存具有重大影响的发展不受威胁、没有危险的状态；其次，国家安全是有关国家实现所认定的上述状态的过程，即实现自身安全的过程。”① 这种界定不仅将国家安全理解为静止的状态，还将其理解为动态的过程，显然超越了狭义范围，是在更为广阔的时空下来界定国家安全。但是这种“界定”尚不是真正意义上的“定义”，也给后人对“国家安全”内涵实质的思考理解留下了空间。

第三，从国际层面上看。世界作为一个无政府状态的体系，国际安全“更多被有力地根植于权力政治传统之中”，而“这样的语境中，安全往往关乎生存。当一个问题被人们提出，是因为它对一个指涉对象（传统上是国家、合法政府、领土与社会，但这不是必然的），造成了‘存在性威胁’（Existential Threat）。安全威胁的特殊性质，证明了为安全而使用武力等非常措施完全正当。……在军事领域，安全的指涉对象虽然也可能是其他类型的政治实体，但通常是国家。武装力量的存在一旦遭到威胁，它们就力图运用权力将这些力量提升到指涉对象的地位，或许为一个反对现存政府的军事政变及它的政策辩护，并证明它的一切所为皆是正当的（无论是裁减军备，还是不可救药的冲突），通过上述一些措施力图使情况变得对自己有利——设想出这样一种情况是完全可能的”。② 显然，“存在性威胁”被认为是安全的最主要指标。实际上，结合前述语言本身的视角，这种“存在性威胁”不仅仅是一种现实存在，也是一种心理感知。因为，不安全的恐惧心理是

---

① 杨毅主编：《国家安全战略理论》，时事出版社，2008 年 9 月版，第 12、14 页。

② ［英］巴瑞·布赞、［丹麦］奥利·维夫、［丹麦］迪·怀尔德著，朱宁译：《新安全论》，浙江人民出版社，2003 年 2 月版，第 29—30 页。

对某些现实存在的认知而形成的，而这种认知往往又因主观意识的差异而表现出不同判断。同样的“存在性威胁”现实对于不同的受体，完全可能由于对其存在的认识感受和对自我抗击能力的认知差异而表现出不同程度的反应。

第四，从军事安全的角度看。传统观点认为，军事安全抑或国防安全主要是指，一国际行为体（主要指主权国家）不受另一国际行为体武力攻击或威胁之伤害，军事和国防能力不被削弱且有能力维护自身平安的一种状态，主要涉及国家主权不受侵犯和确保领土（包括领海）完整，陆、海、空和其他与军事能力相关的领域不受侵犯，政权不受颠覆等。特别是自核武器问世后，这个问题的内涵更加深刻，即不仅涉及战争与和平问题，甚至涉及生存与毁灭问题，因此它是如今被称为“传统安全”的最主要内容，可谓诸多安全之首。同时，值得注意的是，由于“安全领域的不断扩大，实际上已经扩展到世界相互作用的所有领域，而每个领域都具有自己的特点，它有使军事安全独一无二的逻辑扩散到整个世界政治中的危险。因此，应当把军事安全当做一种独立的现象，从‘狭义’的观点进行解释，同时也不应当忘记军事安全与国际社会其他活动之间千丝万缕的联系”①。这就说明，军事安全因其自身独有的逻辑内涵应该成为独立的研究单元，同时需要结合其他相关理论进行综合考察。这也从另一个角度证明了国际军事安全内涵的复杂性和多元因素。

第五，从国际关系行为体的角度看。按传统的理解，“国际关系行为体是指能够独立地参与国际事务并在其中发挥作用的政治实体”②。但是，随着国际关系的演进，当今国际政治、军事和安全经历了巨大的变迁，其中“国际行为体”也发生了变化，已从过去的相对单一走

① ［俄］B.M. 库拉金著，钮菊生、雷晓菊译：《国际安全》，武汉大学出版社，2009 年 3 月版，第 2 页。

② 张季良著：《国际关系学概论》，世界知识出版社，1989 年 6 月版，第 42 页。

向相对多元，不仅仅只局限于“政治实体”即传统意义的国家行为体，众多非国家行为体均应涵盖其中。因为，理论上讲，国际关系行为主体的基本特征为：首先，必须是一个实体，并具有较稳定的组织结构和形式；其次，必须拥有区别于其他实体的独特利益；第三，必须具有一定的对外行为能力，并对其他行为体产生影响和作用。[①] 在当代社会，政治实体不仅包括主权国家，还包括超国家的地区性和国际性的国际组织（包括政府间国际组织和非政府间国际组织）、政党组织/集团或宗教组织/集团，甚至民族解放组织和跨国公司也成为国际关系的行为体。上述这些主权国家以外的行为体，或可称之为次国家组织（Sub－nation）。这样作为国际关系重要内容的国际军事安全的行为体也就显著增加了，问题也变得更为复杂了。但是，由于“界定结构的不是活跃于其中的所有行为主体，而是主要行为主体”[②]。所以，在界定国际关系包括国际军事关系的行为主体时，我们应该着眼于主要行为主体。

最后，从战略的视角看。军事安全最大的问题是“战争与和平”问题，这无疑是一个重大的战略问题。然而，有关“战略”的定义国内外均无“标准答案”。中国人的一般定义是，“指导战争全局的计划和策略”[③]，或“对战争准备和战争实施全局、全过程的运筹与指导”[④]。西方人的解释则更为复杂多样。其中约米尼认为：“战略就是一种艺术，能够把全军最大部分的兵力，集中在作战地区的决定点上。战术就是在决定点上使用兵力的艺术，其目的就是要使它们在决定的

① 刘长敏著：《国际关系体系与格局（1618—1945）——理论框架与历史变迁》，世界知识出版社，2002年7月版，第15—16页。

② ［美］肯尼思·沃尔兹著，胡少华、王红缨译：《国际政治理论》，中国人民公安大学出版社，1992年版，第111页。

③ 中国社会科学院语言研究所词典编辑室编：《现代汉语词典》（汉英双语），外语教学与研究出版社，2002年11月版，第2413页。

④ 军事科学院战略研究部编：《战略学》，军事科学出版社，2001年10月版，第15页。

时机、决定的地点上，发生决定性的作用。”① 克劳塞维茨认为战略的定义是“使用会战来作为达到战争目的的手段”②。这都是指的与战争有关的“艺术”和“手段”。贝西尔·利德尔-哈特（Basil Liddell－Hart）认为，战略是“配置和运用军事手段以实现政策目的的艺术”；在赫德利·布尔（Hedley Bull）看来，它是“为达到既定政策目标，对军事力量的运用”；科林·格雷（Collin Gray）说，战略是“军事实力和政治目的之间的关系”；而安德烈·博弗列（André Beaufré）则主张它是一门“两个对立的意识运用力量解决其争端的辩证艺术”；路易斯·霍尔（Louis Halle）把战略研究定义为“政治科学的分支，内容是有关国家所能获得的战争能力的政治意义”③。由此，有学者得出了“战略涉及的是在国际关系中对力量的实际或威胁使用”④。该结论中的“力量”显然主要是指军事力量，进而才扩展到综合国力。因此，众多的战略家在研究战略问题时，大都集中在军事战略上，这甚至已经成为战略研究的一个突出特点。同时，由于“战争研究的基础是对国际关系的现实主义解释。现实主义者主张，由于国际体系的无政府本质，国家应对永久和平的可能性、世界政府和裁军的设想、以及诸如集体安全和合作安全这样的观念持怀疑态度。结果之一便是，战略研究更多地关注国家所面临的军事威胁”⑤。但是，中国台湾学者钮先钟先生经过对“战略”一词演变的国际考证发现，“战略的内涵随着时代的进步而不断地扩大和加深，形成一种源远流长的演进过程。我们从中可以获得三点初步认识：（1）战略是智慧的运用，中国古人称之为

① ［瑞］约米尼著，钮先钟译：《战争艺术》，广西师范大学出版社，2003年10月版，第183页。

② ［德］克劳塞维茨著，钮先钟译：《战争论》，广西师范大学出版社，2003年10月版，第50页。

③ 转引自［澳］克雷格·斯奈德等著，徐纬地等译：《当代安全与战略》，吉林人民出版社，2001年8月版，第5页。

④ 同上。

⑤ 同上书，第5—6页。

'谋'，孙子说：'上兵伐谋'，所以战略是斗智之学；（2）战略所思考的范畴仅限于战争，与战争无关的问题则不包括在内，这也是当年翻译'strategy'这个词的人在'略'字前面加一个'战'字的理由；（3）战争中所使用的主要工具就是武力，也就是'兵'，所以中国古代把战略称为兵学，简言之，战略为用兵之学，作战（operation）之学"①。在此基础上，钮先生就西方人对于"战略"的认识和"战略"内涵做了评价，并提出了自己对"战略"的观点。他认为："概括地说，直到第二次世界大战时，西方人对于战略一词的意义大致采取有如上述的狭义界定，即仅以战争和军事为范围。但事实上，和平与战争几乎是不可分的，而战略所要考虑的问题也非仅限于用兵。因此，上述三点除第一点永远正确以外，其他两点都必须扩大其内涵，或作弹性化的解释。此种广义的战略概念本来也早已存在，不过一般人称之为'大战略'（grand strategy），甚至还有人用一个更古老和更模糊的名词，即所谓'state－craft'。这个字不仅没有公认的中译而且也无明确的定义。"② 由此，我们可以看出，从狭义的"战略"看，显而无误地表明军事安全问题也是一个战略问题。即便从最广义的层面上看，军事安全也是"战略"的最主要指涉内容。

综上所述，我们将以上所有分析要素联系起来看"国际军事安全"，脉络已经十分清晰。国际军事安全最终归结于军事安全，是军事安全在国际维度下的一种状态，所涉及的范围超越了传统主权国家的概念，涵盖国际社会所有主要行为体。它是国家安全外溢至国际空间和军事领域的综合国际关系状态。它既是一种静止的现实状态，也是一种动态的潜在可能；既是一种客观的存在，也是一种主观的感受。它可能由诸多因素引发并导致军事后果的一种，既是国际安全的一个重要分支也是国际军事的重要内容。至此，根据以上我们对"安全"

---

① 钮先钟著：《西方战略思想史》，广西师范大学出版社，2003年2月版，第4页。

② 同上。

以及延伸部分的理解，似乎可以给“国际军事安全”一词如下定义，即：

国际军事安全是世界维度下主权国家、国家集团和次国家组织等主要行为主体，客观上不存在遭受武力攻击、伤害、颠覆等危险或威胁现实，主观上不存在因这种危险或威胁和抵御这种危险或威胁能力被削弱所导致的恐惧，以军事内容为主的国家安全外溢至国际空间的军事领域综合战略性国际关系状态。

如果再加上一个扩展性解释，则需加上：它可能由诸多目的引发并导致军事后果的一种，既是国际安全的一个重要分支，也是国际军事的重要内容。

第二节　国际军事安全的基本问题及主要内容

通过上面对国际军事安全概念的分析，我们不难看出，国际军事安全这一概念是人类经历了若干战争后，结合新的历史时期出现的一些新变化和新特点，为维护国际和平与稳定进行深入思考后所得出的。本节将探讨其涉及的基本问题和主要内容。

一、国际军事安全的基本问题

国际军事安全涉及的基本问题主要体现在国际间军事关系和相关的军事实践上，其中军事关系可以是双边的也可能是多边的，行为体可以是国家也可以是超国家的国际组织或次国家组织。同时，这些基本问题则包括国际军事安全的主要内容、基本特征、制约因素和地位作用等。

从国际军事关系的基本属性中我们不难发现，这样的问题具有涵盖范围宽和涉及问题广的客观现实。例如，《国际军事安全》一书中，在“国际军事安全”的词条下设置了“国际军事安全相关理论”、“国际军事安全相关机制”、“国家安全决策机构”、“国际争端与冲突”、“突发事件”、“国际恐怖主义与反恐怖斗争”和“国际军备控制与裁军”等几个大项，每个大项下都有若干小项和延伸词条，共计975页，约95万字，足以说明这个问题。

那么，什么是国际军事安全的基本问题呢？很显然，国际军事安全的首要问题是战争与和平问题。在此基础上延伸开来，它涉及到国际秩序和互信机制建立等国际重大问题，当然也涉及到国际社会的冲突与控制问题。它不仅仅涉及国际政治，也涉及国内政治，特别是国内政治外溢产生的一些重大问题和影响。当然，它首要涉及的是军事问题，涉及到国家军事力量的建设和发展以及军事力量的目标。而所有这一切都与发动战争或制止战争有关，即战争与和平。

战争与和平问题可谓贯穿人类发展史，它们是一对不可分割的一个事物的两个方面。但是，有关为什么会发生战争的追问一直延续，“答案可谓五花八门，从国际关系体系的本质到人类的基因构成，应有尽有。但没有一种获得所有人的公认，因此这个问题被人们一再提起”①。为赢得战争，同时也是为了缔造和平，与战争有关的问题研究一直是经久不衰的课题。中国古有以《孙子兵法》等经典兵法构成的《武经七书》② 集大成之作，西方有以克劳塞维茨的《战争论》和约米尼的《战争艺术》为代表的一批有关战争理论著作。

由于过去几个世纪国际政治的中心在欧洲，权力之争使得欧洲成为战争频发地区。因此，有关战争与和平问题的理论研究，欧洲国家

---

① ［加］卡列维·霍尔斯蒂著，王浦劬等译：《和平与战争：1648—1989年的武装冲突与国际秩序》，北京大学出版社，2005年8月版，“前言”第5页。

② 《武经七书》是北宋朝廷作为官书颁行的兵法丛书，是中国古代第一部军事教科书。它由《孙子兵法》、《吴子兵法》、《六韬》、《司马法》、《三略》、《尉缭子》和《李卫公问对》七部著名兵书汇编而成。

（加上美国）也就显得相对发达。特别是随着人们对战争危害的认识，各种防止战争的战略和安全体系也相继建立，例如：威斯特伐利亚体系下的均势制衡；维也纳体系下的联合掣肘；俾斯麦同盟体系下的军事结盟；凡尔赛—华盛顿体系下的群雄分控；雅尔塔体系下的两极霸权和冷战后的“一超多强”形势下的共同安全、合作安全等等，这些都是国际军事安全的重要体系和安全战略思维。其间，一些重要的安全理论也相继形成，如均势理论、地缘政治理论、威慑理论、有限主权论、预防性攻击理论、霸权稳定论，直到现在的新安全观理论等等。尽管这些理论不都是从纯军事角度来论证国际安全的，但军事问题都是其论述中必不可少的重要内容。

从更宽广的视野看，国际军事安全问题与国际安全战略思维有密不可分的关系。世界从城邦（诸侯）国家向封建帝国发展时期，再到向民族国家转变时期，形成了各式各样的安全思维，特别是西方国家与之相关的著述颇丰。其中，无论是公元前的柏拉图“理想国的组织及其中的四德”思想和“统治者的共同生活”理念①、亚里士多德“理想的城邦”和“稳定的政体与执政者素质”思维②，还是17世纪的“国际法之父”格老秀斯（Hugo Grotius）以自然法则的观点探讨战争与和平法的理论③、18世纪德国哲学家康德的由自由主义国家联合起来建立“永久和平”的设想④、19世纪英国哲学家威廉·葛德文有关战争的原因与目的的讨论⑤、20世纪被称为理想主义学派“最雄辩的

---

① 《古希腊罗马哲学》，商务印书馆，1961年版，第221—232页。

② ［古希腊］亚里士多德著，吴寿彭译：《政治学》卷二、卷五、卷七，商务印书馆，1965年8月。

③ Hugo Grotius, *On the Law of War and Peace*, http: //www. constitution. org/gro/djbp. htm.

④ ［德］康德著，何兆武译：《历史理性批判文集》，商务印书馆，1991年6月版，第97—130页。

⑤ ［英］威廉·葛德文著，何慕李译：《政治正义论》第二卷，商务印书馆，1980年4月版，第413—416页。

和最有影响的代言人”美国第28届总统伍德罗·威尔逊作为实现战后“世界和平纲领”的“十四点计划”① 以及其后人们耳熟能详的卡尔·多伊奇的“一体化理论”、汉斯·摩根索的“现实主义六原则”、肯尼斯·华尔兹的“关于战争三概念”、斯坦利·霍夫曼的“评均势”、亨利·基辛格的“世界新秩序”、罗伯特·基欧汉的“国际机制稳定论”等等，都是西方安全战略思维的代表。

冷战后，西方的这种安全战略思维进入了一个更加活跃的时期，出现了一批有影响的学者和论著。例如：塞缪尔·亨廷顿的《文明的冲突与世界秩序的重建》中有关“一个多极和多文化的世界”、“断层战争与秩序”和“文明间战争与秩序”的论述；约瑟夫·奈的《与谁争锋：美国力量的转变》和《美国霸权的困惑——美国为什么不能独断专行》中有关“软力量”作用的观点以及在《理解国际冲突：理论与历史》中有关“世界新秩序”的讨论；戴维·赫尔德等的《全球大变革：全球化时代的政治、经济和文化》中有关“全球化政治的出现”和“无组织的地缘政治——区域化和全球政治”问题的讨论；星野昭吉的《变动中的世界政治——当代国际关系理论沉思录》中有关“世界体系中的全球冲突结构”的论述；米尔斯海默《大国政治的悲剧》中有关“无政府状态与权力竞争”和“大国战争的原因”问题的探讨等等。应该说，这些有关国际安全的战略思维，虽然都是学术探讨，但从历史角度看，这些学术探讨都一定程度地影响着决策者们在参与国际政治竞争中的具体政策制定和行动基础，其中很多都涉及到国际军事安全问题，因而对国际军事安全的影响无法忽视。

中国作为文明古国，5000年的文明史中，也一直伴随着战争，并在历史进程中形成了丰富的治国安邦安全战略思维。除前文已提及的《孙子兵法》外，无论是远古时期管仲《管子》中的“八观”、“七法”、

① 《美国研究词典》，中国社会科学出版社，2002年6月版，第798—799页。

"霸言"思想，尉缭《尉缭子》[①] 中"道胜"为本的战略思想，诸葛亮"隆中对"里"三分天下"的战略分析和构想，近代康有为《大同书》中的"保疆土而延国命"和"世界大同"思想，直到现代毛泽东"冷眼向洋看世界"下的"中间地带"、"第二中间地带"和"三个世界"理论等内涵丰富的大战略思想，邓小平在"和平与发展是当代世界两大问题"战略判断下的"改革开放"的重要战略思维，江泽民"建立公正合理的国际新秩序"和胡锦涛以"和谐世界"为目标的"新安全观"，都是中国历史上最为重要的国家安全战略和国际安全战略思维演进中的亮点。

随着时代的发展和变化，当今世界"和平与发展"已经成为时代主题，全球化发展，非传统安全威胁不断加大，影响国家和国际安全的因素也在不断增加，军事已经不是唯一影响国家和国际安全的因素，甚至军事手段也不是维护国家和国际安全的唯一手段。但是种种这些现实并不意味着"战争"已经从人类历史上消失，局部战争依然频发，人类仍然面临着战争威胁。国际领域的军事斗争依然激烈，不仅影响着国家间关系，也影响地区安全形势的变化，国家主权和领土（包括领海）完整仍是主权国家最核心的安全利益，军事安全仍旧是影响主权国家乃至人类生存与发展的重要安全因素。

同时，值得注意的是，由于国际军事安全是一种"活的"状态，随着国际形势的变化自身也会发生新的变化，其涉及的问题和内容也会随之变化和发展，只有不断跟踪、认真研究才能把握国际军事安全的基本特征，最终找到科学解决国际军事安全困境的出路。

二、国际军事安全涉及的主要内容

国际军事安全涉及的问题和领域众多，其涵盖内容也十分庞杂。

① 有关《尉缭子》的作者说法不一。因为，战国时期有两个尉缭：一位是梁惠王时人，另一位是秦始皇时人。

但从相对狭义的视角看，国际军事安全涉及的基本内容主要有：国际争端与武装冲突、国际军事威慑、国际军控[①]、国际军事安全政策、国际军事安全机制、国际军事危机管理、国际军事安全体系/格局、国际军事安全理论等。从广义上说，以上内容和由此扩展到相关领域的问题，都是国际军事安全涉及的内容。

（一）国际争端与武装冲突

国际争端是国家、国家集团或次国家组织等主要行为体因利益分歧和矛盾引发的争执，其互不相让的结果极易导致严重的对抗直至武装冲突。因此，国际争端和武装冲突被认为是造成国际局势紧张和动荡的重要原因，从而成为影响国际军事安全的最重要因素，也自然是国际军事安全的主要内容。

国际政治领域有句经典名言，即“没有永久的朋友，没有永久的敌人，只有永久的利益”[②]。因此，“利益”（特别是核心利益）成为国家或国家集团以及次国家组织等世界主要行为体追求的最重要目标和处理一切关系的准则。但是，由于各自需求和认知上的差异，行为体对“利益”看法显然存在巨大的差异，这种差异在某些领域或某些问题上交集时，时常导致分歧和矛盾，进而因“议价”中的争执而走向

---

① 本书没有使用通常的“军备控制与裁军”而只使用“军控”表述，理由请见本节第三部分“国际军控”。

② 此话最早出自19世纪的英国外交大臣（后任首相）帕麦斯顿（Lord Palmerston，1784—1865）之口，后被英国首相温斯顿·丘吉尔（Winston Churchill，1874—1965年）引用过，并由此广为流传。帕麦斯顿的原话为：“We have no eternal allies and we have no perpetual enemies. Our interests are perpetual and eternal and those interests it is our duty to follow”（我们没有永远的朋友，我们也没有永恒的敌人。我们的利益是永久的，永恒的，这些利益是我们的职责所需遵循的）。丘吉尔引用时说成：“A nation has no permanent enemies and no permanent friends, only permanent interests”（一个国家没有永久的敌人和永久的朋友，只有永久的利益）。

对抗直至运用武力方式解决。在国际社会中，“利益”的内涵和外延是十分复杂多样的，总的来说可以划分为政治利益、经济利益、军事利益、社会公共利益等。其中政治利益牵扯的问题最为复杂，而作为政治利益中角逐权力的博弈最易引发冲突，攻击行为也往往伴随而生。尽管有关攻击性是否属于人类的本性的观点，心理学家、生理学家、生态学家和哲学家们的看法不尽相同，但是，攻击行为的确普遍存在于人类之中，有时所表现出的残忍程度远远高于动物。[①] 在国际社会中，由于制度的缺陷和人们对于利益追求及对权力的热衷，加之一些领导人的权威人格特性驱使，往往容易将事情推到一个极其危险状态而导致使用极端手段解决争端。

国际武装冲突是国际争端激化的结果，是国际政治领域最为严峻的情势。从辩证唯物主义和历史唯物史观看，军事历来与政治有着密不可分的关系。列宁说：“战争是政治的继续……‘世界霸权’是帝国主义政治的内容，而这种政治的继续便是帝国主义的战争。”[②] 这说明政治在人类生活中扮演着何等重要的角色。从经济人类学的视角看，早在原始交换活动中就已产生了与政治相关的因素。例如：印第安人的“波德拉兹”[③] 既是一种生产方式的法律形式，也具有政治性，因为它确立了权力、特权和不同的社会等级。同时，波德拉兹也具有意识形态的性质和功能，甚至是一种解决政治上的责任与权势高低的一种

① 英国学者安东尼·斯托尔认为：“我们一般用兽性或者兽行来比喻人的最可恶的残暴行为，这些词表明这种行为是那些比人类低等的动物的特征。但是实际上极端‘残暴’的行为只有人类才有。人们野蛮地相互残杀，这在自然界中是独一无二的。可悲的事实是，在地球上的一切动物中，人是最残酷、最无情的物种。”参见E. 阿伦森著，郑日昌、张珠江译：《社会心理学入门》，群众出版社，1987年版，第180页。

② 《列宁论帝国主义》，人民出版社，1974年版，第51页。

③ 在印第安民族中，居住在美洲西北部的西奴克（chinook）部落的土语，即“进食和吃饱的地方”。后来印第安人和民俗学家用“波德拉兹”标志一种牵涉财富和奢侈消费的交换与贡赋分配的制度。中国人类学家将其翻译成“夸富宴”。参见高宣扬著：《当代社会理论》（下），中国人民大学出版社，2005年版，第735页。

方式。[1]可见人们对权势、权威或权力的追求由来已久。在国家的历史斗争进程中发挥影响的，比起经济因素，上层建筑的各种因素同样十分明显，在各种因素的交互作用中，追逐权力或权威就是一项重要的内容。其中暴力革命就是展示权威的一种方式。因此，恩格斯曾指出："革命无疑是天下最权威的东西。革命就是一部分人用枪杆、刺刀、大炮，即用非常权威的手段强迫另一部分人接受自己的意志。获得胜利的政党如果不愿失去自己努力争得的成果，就必须凭借它的武器对反动派造成恐惧，来维持自己的统治。要是巴黎公社不依靠对付资产阶级的武装人民的这个权威，它能支持一天以上吗？反过来说，难道我们没有理由责备公社把这个权威用得太少了吗？"[2]同样，在国际政治领域，对于权力的追求常常是引发冲突的重要原因。这不仅涉及国际政治的目的，也涉及国际政治实践中的手段。有关国际政治的目的，犹如汉斯·摩根索所言，"国际政治与所有政治一样，是寻求权力的斗争。无论国际政治的终极目的是什么，权力永远是其迫切的目标"，因为，"无论何时，只要他们通过国际政治途径朝着自己的目标迈进，他们一定就是在攫取权力"[3]。在这种语境下，追逐权力的过程中，在与另外一种同样目的的势力相遇时，对抗就可能产生，为征服这种对抗力量，使其最终服从自己的意志，武装冲突和战争在所难免。而为取得冲突和战争的优势和最终胜利，军事力量的建设就会上升至国家的重要位置，军备竞赛等问题也就同时出现。

事实上，因国际争端导致武装冲突的另一个直接原因就是前文所提到的权威人格问题。权威人格（Authoritarian Personality）往往导致极权人物的出现。尽管一直未弄清究竟是形势需要并召唤着极权人物，

---

① 高宣扬著：《当代社会理论》（下），中国人民大学出版社，2005年版，第739页。

②《马克思恩格斯选集》第2卷，人民出版社，1972年版，第553—554页。

③ Hans J. Morgenthau, Revised by Kenneth W. Thompson, *Politics Among Nations: The Struggle for Power and Peace*, Peking University Press, Jan, 2005, p. 31.

还是这些人的人格特征造成了使其存在的似乎合理的形势，但事实是所有政治制度都不时地产生这类个人，有时还造成灾难性后果。因为这种权威人格特征“是在对复杂问题寻求简单化解决办法时的那种固执、武断、顽固和僵化。在政治上，这往往导致使用威胁、高压和武力来消除反对派和反对意见”①。冷战期间美国和苏联之间的危险对抗无疑就包含着这种权威人格的作用。

从以上的论述中，已经非常清楚地看到，造成和影响国际争端与武装冲突的因素是繁杂的，笔者只是挂一漏万地进行了一些简单说明，但无论如何，它作为国际军事安全的主要甚至是重要内容是不容置疑的。在全球化深入发展的今天，尽管合作已经成为主流意识，但是，主权国家作为国际主要行为体，国家利益的扩展也在不断深入，竞争因素导致的国际间利益碰撞也在不断增加，国家利益矛盾和分歧导致的争执也在增多且时而表现得十分剧烈。特别是在世界仍处于一种无政府状态，对权力的追逐并没有停止，即便是作为超级大国的美国，还在大声向世界宣誓“不当世界第二”②。此外，一些非传统安全导致的国际争端不断增加，其中一些诸如能源危机、水危机和粮食危机等，这些涉及人类生存的问题引发武装冲突的几率正在增加，给国际军事安全研究提供了新的视角。

（二）国际军事威慑

“威慑”一词是典型的军事用语，是指“国家或政治集团之间，通过显示武力或表示准备使用武力的决心，以期迫使对方不敢采取敌对

① ［澳］约翰·伯顿著，谭朝洁、马学印译：《全球冲突：国际危机的国内根源》，世纪出版集团上海人民出版社，2007年1月版，第44页。

② 美国总统奥巴马在2010年1月27日在美国国会发表上任后的首次国情咨文时表示，绝不接受美国沦为世界第二。

行动或使行动升级的军事行为，是军事斗争的一种方式”①。同时，“在其最一般的形式上，威慑就是让对手相信，他为采取某种行动而付出的代价或所冒的风险会大于收益”②。

从上面的定义中我们可以看出，威慑可分为两个层次（或两个阶段），第一个层次（或阶段）是炫耀武力，第二个层次（或阶段）是在炫耀武力的基础上宣示准备使用武力。它既是追求全新利益的手段，也是维护既得利益的方式，其终极目标就是使敌人不攻自破，属军事斗争的最高层次，即所谓“不战而屈人之兵，善之善者也”③。在实际运用中，它甚至被作为军事外交的一种手段或“诡计”，甚至是“讹诈”，即通过有意炫耀真实的或虚幻的武力，向对手传达一种信息——一旦使用这种强大的军事力量就可以使对手遭受难以承受的损失，从而使对手放弃或退出权力和利益竞争，抑或在竞争中让渡利益。实践上，威慑在世界历史上屡见不鲜，理论上被列为“威权政策”④ 的重要内容。

威慑是个复杂的概念，因为它“既是军事技术概念，也是心理—

---

① 中国人民解放军军事科学院编：《中国人民解放军军语》，军事科学出版社，1997 年 9 月版，第 10 页。

② 亚历山大·乔治（Alexander L. George）和理查德·什莫克（Richard Smoke）的观点，转引自［美］詹姆斯·多尔蒂、小罗伯特·普法尔茨格拉夫著，阎学通、陈寒溪等译：《争论中的国际关系理论》（第五版），世界知识出版社，2003 年 1 月版，第 371 页。

③ 孙武语，出自《孙子兵法》。

④ 在关于“威权政策”问题的理论探讨中，汉斯·摩根索认为，威权——实力的声望——既被当作战争的威慑力量又可以是对战争的准备。而理想的状况是自己国家的威望之强大足以不战而屈人之兵。同时，人们也会期望，一旦威权政策失效，在实际战争爆发前对自己的武装力量的动员，还可使自己国家在局势中抢占先机。参见：Hans J. Morgenthau, Revised by Kenneth W. Thompson, *Politics Among Nations: The Struggle for Power and Peace*, Peking University Press, Jan, 2005, pp. 86－100.

政治概念"[①]。理论上讲，威慑的基础既基于实力，也基于决心，但实际上更重要的是最终取决于对手对威慑的认识和评估，取决于其对利益得失的计算。这就使得即便真实的实力和决心都不足，但对手认可，"虚张声势"也可以获得威慑的成功。反之亦然。同时，威慑还涉及到"理性"与"非理性"问题，即理论上讲威慑的运用者是理性的[②]，但受威慑者一旦做出非理性的选择，威慑必然失败。

"威慑"这个概念与前面的"争端"是相联系的，是解决国际争端或为达到某种目的而使用的一种解决方式，是武装冲突的一种"软形式"，即，虽有武装冲突中使用武力的因素，却无实际直接动武形成的冲突行动。它既可能是武装冲突的前奏，也可能是消除武装冲突的结局。从解决国际争端的程序看，一般来说首选的应是和平的外交或司法方式，其中包括谈判、斡旋、仲裁、调解、劝慰以及直接的讨价还价等。这是一个十分繁琐、复杂和艰难的过程，成功则相安无事，但往往问题是当事方在核心利益上分歧巨大而拒绝这种程序，此时直接的武力对抗在所难免，其结果是使各方都付出高昂代价。

前文也谈到战争的起源问题，从进攻现实主义者的视角看，"无政府状态是战争的最深层次原因"，因为"在一个无政府体系中国家生存的最好办法便是拥有更多而非更少的权力。在这种无政府状态中，其他国家拥有某种或许敌对的进攻性能力与意图，……驱使国家尽可能

---

① ［美］詹姆斯·多尔蒂、小罗伯特·普法尔茨格拉夫著，阎学通、陈寒溪等译：《争论中的国际关系理论》（第五版），世界知识出版社，2003年1月版，第379页。

② 有关这个问题是有争论的，很多理论家对现代政府是理性行为体的假设表示怀疑，认为官僚机构进行理性决策时面临着种种障碍。甚至认为，即便政府机构构想在危机时刻做出理性决策，他们也未必能够做出最佳选择。参见［美］詹姆斯·多尔蒂、小罗伯特·普法尔茨格拉夫著，阎学通、陈寒溪等译：《争论中的国际关系理论》（第五版），世界知识出版社，2003年1月版，第385—388页。

地追逐权力，有时候就意味着要与对手开战”①。由于冲突或开战并不一定能够获取胜利，或即便获取胜利其付出的代价也十分高昂，因此在“性价比”估算时，战争手段常常只能是备选手段。由于威慑要比实际开战成本低得多，其作为外交的辅助手段又常常十分有效，故而常被力量强国所使用。这就不难理解为何美国对伊朗恨之入骨，并占有绝对的军事优势，却在处理伊朗核问题时一再宣称要对其动武而始终不见动手的原因了。因为伊朗独特的国际战略地位，使得美国人认为动武将付出难以承受的代价。② 此外，由于“核武器问世给战争增加了新的内涵，即一个作家所说的‘双重死亡’：不仅是个人丧生，而且在某些情况下整个人类的生存都会受到威胁”③。因此，威慑有了新的内涵并显示出其特殊的效用，核威慑成为军事威慑的最高形式。

“威慑”这个概念还与“安全威胁”相联系。一方的威慑势必造成另一方或多方的安全指数降低、威胁指数上升。超级大国美国奉行的霸权主义和强权政治，使得众多国家面临着“威慑”，而其在“单边主义”下为谋求绝对安全的“先发制人”和“预防性干预”理念同样对一些国家形成威慑。特别是冷战后，积压已久的各种矛盾不断涌现，尤其是领土、民族、宗教、资源等问题的争端不仅明显增多而且不断加剧，军控与防扩散问题十分突出，对国际军事安全形势形成的压力和挑战可谓是空前的。在解决这些争端过程中，一些国家显然面临着军事威慑造成的安全威胁。例如，在解决朝鲜核问题与伊朗核问题中，美国等西方国家一再利用军事威慑（威胁）手段，宣称对其进行军事打击。而朝鲜和伊朗同样依据自身优势针锋相对进行“反威慑”，宣称对周边敌对国家进行报复性军事打击，威慑与反威慑的较量导致地区

---

① ［美］约翰·米尔斯海默著，王义桅、唐小松译：《大国政治的悲剧》，上海世纪出版集团上海人民出版社，2008 年 1 月版，第 367 页。

② 有关这一问题请参见刘强著：《伊朗国际战略地位论——一种全球多视角的解析》，世界知识出版社，2007 年 2 月版。

③ ［美］小约瑟夫·奈著，张小明译：《理解国际冲突：理论与历史》，上海世纪出版集团上海人民出版社，2009 年 7 月版，第 2页。

安全形势的复杂和紧张。

因此，在国际军事安全中，“军事威慑”不仅已成为一些国家的重要军事战略实践，也已形成了一种相对完整的战略理论体系——威慑战略，甚至被认为“冷战40年里，没有任何一个概念能像核威慑那样主导国际战略理论”①。这样，军事威慑作为国际军事安全的主要内容也就不可能有任何异议了。

（三）国际军控

控制和削减军备是个极为敏感和复杂的问题，不仅涉及各军事大国的国家安全利益，也涉及中小国家乃至全球的安全利益，因此必然成为国际军事安全的重要内容。

在基本概念上，与美国习惯使用“军备控制”（arms control）而苏联/俄罗斯习惯使用“裁军”（disarmament）一词不同，我国通常习惯使用“军备控制与裁军”（或简称军控与裁军）来表示相同含义的概念。但是，经有关专家考证，“目前国内外均尚无统一且权威的定义”②。从现有的主要定义看，“军备控制”一般是指“国际上对于武器的研制、试验、部署或使用的限制。从广义上说，军备控制含有裁军的相关概念”③或“国际社会对各国军事装备的发展、试验、部署和使用的限制。目的在于减轻军事存在的危险和一旦战争爆发时实行相对克制。一般通过国际协定来完成”④。“裁军”是指“由联合国这类国际

① ［美］詹姆斯·多尔蒂、小罗伯特·普法尔茨格拉夫著，阎学通、陈寒溪等译：《争论中的国际关系理论》（第五版），世界知识出版社，2003年1月版，第371页。

② 滕建群等著：《国际军备控制与裁军概论》，世界知识出版社，2009年11月版，第3页。

③ ［美］《不列颠百科全书》（中文版），第1卷，1999年版，第490页。

④ 《中国大百科全书》（简明版），第5卷，中国大百科出版社，1998年9月版，第2549页。

组织通过全面国际协议，削减并限制各国武装”① 或“旨在销毁或裁减战争工具，是防止战争的极重要条件之一”②。

从语言和内容上看，“军备控制”与“裁军”是相互涵盖的概念，如果仅从中文（汉语）词义上做解释似乎还行得通，即对“军备”进行“调控”，因为从广义上讲，“军备”不仅仅指“军事装备”还包括“军队编制”。③ 但由于“arms control”一词已经有了其特定的内涵，所以，如果将“arms control”（军备控制）与“disarmament”（裁军）混合使用，在现实中将出现问题。为此，有专家指出，“让‘军备控制’包含‘裁军’的内涵尚可，因为它已得到比较广泛的认可，而且应用的比较普遍；但把‘裁军’一词包含‘军备控制’则不妥，因为《不扩散核武器条约》、《导弹及技术控制制度》和《联合国常规武器转让登记册》等，不涉及裁军，它们均只属于军备控制的范畴，不能叫作裁军”④。因此，“如果将这两个概念叠加在一起，严格的表达方式应该是‘军备控制与裁军’”⑤。但在实际使用上，在我国依然存在着问题，即我国负责“军备控制与裁军”事务的大使被称为“裁军大使”，而作为职能部门在外交部设立的机构叫“军控司”。这不仅从一个侧面反映出我国在这一概念问题上的不统一性，也反映出职能部门对这一问题本身认识的模糊性，至少反映我国在这一问题的认识上正处于过渡期。

应该说，“军备控制与裁军”的表述是将国际上“军备控制”与“裁军”基本含义概括和融合后的结果。但是，依笔者愚见，这样的中文（汉语）表述同样存在问题，即同义词叠加所导致的表述臃赘问题。

---

① ［美］《不列颠百科全书》（中文版），第1卷，1999年版，第490页。

② ［苏］《苏联军事百科全书》（中文版），第1卷，战士出版社，1982年版，第24页。

③ 见“军备”词条，中国社会科学院语言研究所词典编辑室编：《现代汉语词典》（修订本），商务印书馆，1996年7月修订第3版，第692页。

④ 滕建群等著：《国际军备控制与裁军概论》，世界知识出版社，2009年11月版，第5页。

⑤ 刘华秋：《军备控制与裁军手册》，国防工业出版社，2000年版，第1页。

如前所述，“军备”一词不仅包括“军事装备”还包括“军队编制”。“裁军”是指“裁减武装人员和军事装备”①。这样一来，“军备控制与裁军”的含义就成了：控制军事装备和军队编制与裁减武装人员和军事装备。在这里，“军事装备”和“军队编制”（武装人员与之内涵几乎一致）就出现了语言表述重复问题。因此，仅从中文（汉语）的表述看，将“军备控制与裁军”的表述改为“军备调控”、“军备限控”或“军备限制与削减”、“军备限控与削减”等则都比较贴切。而直接称作“军备控制与削减”，简称“军控”则更加可行，这样既可以将这个概念的表述更加精准，也易于适应多年来的表述习惯。因此，笔者在本书后面部分将一律使用“军控”一词来表述与“军备控制”与“裁军”相关的概念。

军控所涵盖的范围十分广阔。从谈判涉及的领域看，它包括核军控、禁止核试验、禁止为核武器生产裂变材料、禁止化学武器、禁止生物武器、防止外空武器化、防止大规模杀伤性武器及其运载工具的扩散、常规军控（即“军备控制与裁军”）、建立信任措施、核查技术等等。从研究工作看，包括三个方面：1. 基础研究。国际安全理论与军控理论研究；建立模型分析和系统分析技术以及定量和定性相结合的研究方法；建立军控信息数据库等。2. 技术研究。研究武器的潜力和未来发展前景及其对军事战略和军控带来的影响；研究军控协议的核查技术；研究武器及其材料的销毁等技术。3. 政策研究。在基础研究和技术研究的基础上，根据变化的国际形势及国家战略目标，研究军控政策，以及军控项目谈判对策。② 可见，从理论上讲，由于其融合了社会科学和自然科学等多学科内容，故而是门综合科学；从技术上看，由于所涉及的内容涉及尖端技术，故而是个技术含量极高的领域；

---

① 中国社会科学院语言研究所词典编辑室编：《现代汉语词典》（修订本），商务印书馆，1996 年 7 月修订第 3 版，第 115 页。

② 参见滕建群等著：《国际军备控制与裁军概论》，世界知识出版社，2009 年 11 月版，第 9—10 页。

从政策上看，由于涉及国家安全利益和斗争技巧，故而是个敏感且复杂的博弈程序。

国际军控的终极目的是为了减少军事力量（包括人员和装备）对人类生存与发展、和平与稳定的威胁，特别是自核武器问世后，这个问题变得更加现实和严峻。因此，削减和限制核武器以及防核扩散和反核扩散成为当今世界军控领域最重要的内容。因为从现实情况看，尽管世界众多国家已经宣布放弃和研制核武器而成为“弃核国家”，国际承认的“有核国家”特别是核大国削减核武器谈判仍在进行，但同时，一些无核国家也在积极努力开发核技术并寻求发展和获得核武器。在这个过程中，某些国家经多年秘密研制最终成为“事实拥核国家”，某些国家尽管没有研制但已拥有足够生产核武器的能力，成为“潜在拥核国家”，某些国家被质疑以发展民用核技术之名行发展核武器之实，成为“核问题国家”。更为严重的现实是，随着国际形势的变化，恐怖主义重新抬头，一些恐怖组织正在努力寻求核生化武器，由于恐怖主义的性质，一旦其获得这些具有毁灭人类及其文明的武器，后果不堪设想。因此，针对新形势进行防核扩散成为当今国际社会极为严峻的现实问题。这些都是国际军控领域值得关注和研究的内容，也是国际军事安全领域值得关注和研究的内容。

（四）国际军事安全政策

国际军事安全政策是世界主要行为体为确保自身免受武力攻击、伤害、颠覆等危险或威胁以及抵御这种危险或威胁能力不被削弱而制定的军事行动依据和准则。它是影响国际军事安全的重要因素和内容。

国际军事安全政策的制定与实施是个庞大复杂的系统工程，它的制定需要行为体长期就国际社会中的各种军事因素对自身安全形成的现实影响进行观察和分析，并对其发展趋势和潜在的可能影响进行预测判断，从而在把握国际军事总体局势的基础上，制定出能够最大限度维护自身利益的行动依据和准则。这其中不仅包含着相关安全理论，还包括国家安全战略，因此，它既是国际安全战略的选择过程，更是一种安全思维的具体化过程。它可能是国家总体战略的重要组成部分，有时甚至可能直接成为国家的总体战略。

例如，冷战时期美国的遏制政策从某种意义上说就是这种情况。二战后美国对于新对手苏联的出现应该采取怎样的政策，其决策过程就足以说明这个问题。面对苏联的进一步扩张，美国精英们在为如何找到一种抵御行动的合理基础问题所困惑时，乔治·凯南的"长电报"（Long Telegram）解决了这个问题，他们找到了苏联外交政策的本质①，并认为美国的甘言美语无法将其改变，因为"美国与苏联的目标和哲学无法调和"② 而必须预备从事长期斗争。在这种总体分析和判断的基础上，美国国务院于 1946 年 4 月 1 日向跨部门委员会提出一份备忘录，第一次系统地陈述了美国的新外交政策，决定"先以外交手法，必要时以军力分析方式让它相信：它的现行外交政策路线只会把苏联带上灾祸之路"③。这个新的外交政策经过一段时间的修订，最终演化为"只有在苏联力量受到制衡时，克里姆林宫的政策才会改弦更张，对苏联侵犯美国，或侵犯攸关我们安全的世界某地区之主要遏阻力，将是我们的军事力量"④。随着时间的推移，这项自出台之日起就一直备受质疑、争论不断的原本针对苏联的安全政策——遏制政策，最终

---

① 乔治·凯南在"长电报"中认为，美国不应以苏联的蛮横而自谴，因为苏联外交政策的根源深植在苏联制度本身之内。他认为苏联外交政策本质上乃是共产主义意识形态的狂热，以及旧沙皇扩张主义两者的混合体。同时，俄罗斯本质上存在不安全感，害怕外国渗透，害怕西方世界与本国直接接触，不认为协定或妥协可以获得安全。

② 乔治·凯南"长电报"报中的判断。参见［美］亨利·基辛格著，顾淑馨、林添贵译：《大外交》，海南出版社，1998 年 1 月版，第 402 页。

③ ［美］亨利·基辛格著，顾淑馨、林添贵译：《大外交》，海南出版社，1998 年 1 月版，第 402 页。

④ 这是当时美国总统顾问克拉克·柯立福（Clark Clifford）1946 年 9 月 24 日的一份最高机密研究文件中的观点，后被美国采纳。参见［美］亨利·基辛格著，顾淑馨、林添贵译：《大外交》，海南出版社，1998 年 1 月版，第 403 页。

演化为美国的全球安全战略。同时，这项政策不仅形成了一套系统的理论——遏制理论，也造就了理论和政策的载体——北大西洋公约组织。由于它的安全性质浓重，所以是典型的具有国际意义的军事安全政策。尽管其饱受争议①，并因“放弃谈判手段、浪费了美国相对实力最强的宝贵时机——美国依然拥有原子独占优势的时机。的确，以遏制为假设前提——实力阵地尚待建构——而言，冷战变成以军力为主，也予人西方居于相对弱势的不正确印象”②，但美国在经过一个时代的“自我折磨”和“遍体鳞伤”后，最终“达成了早先预定的大多数目标”③。

现实中，影响国际军事安全政策制定的因素很多，其中至少包括国际总体形势的判断、对手情况的分析判断、自身力量的评估、文化传统、决策者个人的素质和目标的选择设定。因此，一项军事安全政策也会因上述一些因素的变化进行调整，它总体上是一种动态的结构，既有一定的稳定性，也有一定的变化性，是一定时间内国家安全思维的反映。例如，随着国际格局的突变，冷战后美俄两国都对其国家军事安全政策（战略）进行过多次重大调整。美国从“地区防务”战略到“灵活与选择参与”战略、“塑造—反应—准备”战略、“先发制人”战略和2009年起开始的“均衡”战略，总体上实行的是新干涉主义和预防性防务政策，具有明显的进攻性。俄罗斯则从“纯防御”战略到“积极防御”战略、“现实遏制”战略、“以核力量为主的遏制”战略和

① 第一种批判来自以沃尔特·李普曼（Walter Lippmann）为首的“现实主义学派”，认为遏制政策导致心理和地缘政治的过度伸张，以致耗竭了美国资源。第二种批评的代言人是温斯顿·丘吉尔，他反对要等到建立实力阵地后再进行谈判的主张。因为西方国家的实力在冷战开始之际最为强盛，此后逐渐相对缩小而使谈判力量相对日趋缩小。第三种批评的代表人物是亨利·华莱士（Henry Wallace），他根本否定美国有道德权力采取遏制政策。他认为，假定双方在基本道德上相等，苏联在中欧的实力范围合乎法统，美国反对它，只会加剧双方的紧张，主张美国应该以片面决定结束冷战。

② ［美］亨利·基辛格著，顾淑馨、林添贵译：《大外交》，海南出版社，1998年1月版，第408页。

③ 同上书，第424页。

2009年起开始实施的“综合手段（政治、军事、外交、经济、信息等）并举的战略遏制”战略。总体看，俄罗斯实行的是一种以核威慑为支撑的防御性防务政策，进攻性相对较小。

政策是行动的指南。大国特别是超级大国的军事安全政策（战略）的变化，对世界军事安全形势的影响作用巨大，“大国一致”原则下的国际社会同样受到影响，不仅影响国际军事安全政策的制定，也影响着国际军事安全政策的实施。对国际军事安全政策的深入了解和掌握，有利于把握国际军事安全态势和格局。

（五）国际军事安全机制

机制是指自然现象和社会现象中其内部组织和运行变化的规律。作为一种无政府体系的世界，与国内政治完全不同的是，国际政治属于另外一个政治空间和体系范畴，因此，不同的机制也在发挥着不同的作用。特别是由于这种无政府和无秩序的国际社会状态，“国际政治的世界不存在稳定的统治机构、以普遍价值取向为基础的政治共同体，以及政治归属感。国家所拥有的权力成为国际政治的核心，由此展开国际政治的权力斗争”①。这就意味着，国际军事安全机制是以国家为核心的世界主要行为体在国际政治空间中通过以军事安全为主的利益和权力博弈形成的一系列规范（包括原则、规则）、行为载体和具有规律性的决策程序。它甚至可以说是一种契约安排，这样一来，规范的作用就显得至关重要，它成为将多元社会和世界维系在一起的基础，更是国际军事安全机制形成的前提。

从国际军事安全机制的层次上看，大致可分为国家间（双边或多边）军事安全机制、区域性军事安全机制和全球性军事安全机制。国

① ［日］鸭武彦主编：《权力政治的变化——现实主义的困境》，日本评论社，1994年版，第223页。转引自［日］星野昭吉著，刘小林、梁云祥译：《全球化时代的世界政治——世界政治的行为主体与结构》，社会科学文献出版社，2004年2月版，第276页。

家间（双边或多边）军事安全机制是国际军事安全机制的最基本单位，是国家间在军事安全领域重要行动的规范和程序。其中至少包括建立军事信任和磋商措施、军控、签订安全或和平条约、发表联合声明、进行联合军演、共同研发武器装备平台、缔结战略同盟等。区域性军事安全机制是在双边和多边军事安全机制基础上在更大范围形成的一种契约安排，其载体多为区域性军事安全组织，例如北大西洋公约组织、华沙条约组织。甚至是一些以大安全观为主旨的区域性组织，如上海合作组织等。区域性军事安全机制与国家间（双边或多边）军事安全机制在很多内容上有相同之处，如发表联合声明、进行联合军演、共同研发武器装备平台等。不同的是成员更多、地域更广和协调更复杂。全球性军事安全机制是国际军事安全机制的最高形式，其载体是以联合国为首的诸多具有全球性质和功能的国际（特别是与军事有直接关系）组织，例如，联合国下属的安全理事会、国际法院、国际原子能机构、全面禁止核试验条约组织筹备委员会、禁止化学武器组织等。在这些机构运作下形成的诸如《不扩散核武器条约》框架下的防扩散机制，反恐联盟（合作）机制以及若干与军事安全相关的决议和由众多国家签署的国际条约，都是全球性军事安全的重要内容。

有关“规范”产生、维持和改变政治规范进程的因素被认为有三种，即生态的、社会的和内在的。同时，“生态进程来源于行为体与其环境的关系模式。社会进程根源于行为体自身之间的关系。顾名思义，内在的进程是从行为体的内在特征出发的。因此内在进程是还原性的，而生态进程与社会进程则不可还原于个体行为体（从而在某种意义上是体系性的）”①。可以说，规范提供了一个长期稳定的制度性框架，以避免行为体在某些事务上因利益分歧而进行调整的反复互动。作为利益追求，规范对行为体的利益或者偏好者的塑造，可能与国际体系的战略规定（例如，现实主义的势力均衡理论所论述的那样）或者合作

① ［美］彼得·卡赞斯坦主编，宋伟、刘铁娃译：《国家安全的文化：世界政治中的规范与认同》，北京大学出版社，2009年3月版，第445页。

功能主义需求完全相反。一些选择与这些国家面临的外部威胁没有多大关系。现代性的全球规范塑造了国家精英的利益，指导他们注意到作为地位和实力象征的现代化（但常常不合适的）军备。作为手段，规范不仅影响到行为体的利益，也影响到行为体选择将它们的偏好与政策相结合的方式。或者更准确地说，规范决定了国家认为哪些手段或者途径是可用的、合适的。换句话说，规范塑造了行为体如何认识和接受那些它们赖以完成目标的方法和技术。作为一种结构，规范不仅影响到行为体的利益和对手段的认识，也影响到其他的规范性结构。行为规范可以鼓励特定的国家认同，在一个层次上普遍性的、根本的规范，可能在另一层次塑造特定的规范。在政治环境中，不仅认同塑造着行为规范，行为规范同样可以与认同的观念进行有利的互动。①

事实上，对于规范或机制的研究，在国际关系理论中有不同的研究视角和研究方法，各理论学派对这个问题有不同的认识观点。其中，"有关冲突与合作的战略与博弈研究视角都采用了经济学方法的一般形式，以理解战略选择的动态和形成行为体决策的环境（成本）"②。新古典主义认为，"在多重均衡的情况下，制度可以协调期望与行动。因此关注制度令理论家们可以考察各种处理不确定性、获取信息和交易成本问题的机制，而不是假设一个完美的、毫无冲突的市场"③。结构主义理论采取一种自上而下的逻辑，从物质因素——社会中亚群体的相对位置以及它们之间物质能力的分配——和社会因素——行为体行为

① ［美］彼得·卡赞斯坦主编，宋伟、刘铁娃译：《国家安全的文化：世界政治中的规范与认同》，北京大学出版社，2009年3月版，第438—441页。

② Duncan Snidal, "The Game Theory of International Politics," in Kenneth Oye, ed., Cooperation Under Anarchy (Princeton: Princeton University Press, 1986); Arthur Stein, Why Nations Cooperate (Ithaca: Cornell University Press, 1990). 转引自［美］彼得·卡赞斯坦主编，宋伟、刘铁娃译：《国家安全的文化：世界政治中的规范与认同》，北京大学出版社，2009年3月版，第432页。

③ ［美］彼得·卡赞斯坦主编，宋伟、刘铁娃译：《国家安全的文化：世界政治中的规范与认同》，北京大学出版社，2009年3月版，第433—434页。

的文化背景即作为社会特征的主导信念和认识——入手考察规范，认为这些背景下形成的规范并不起多大作用。而新自由制度主义者明确地承认了那些制约和推动个体选择的集体规则（规范），但是他们仍然将行为体认同及其利益本身视为先验存在和固定不变的，认为规范（包含在制度之中）仅仅产生于理性利己主义的选择。这跟大多数"社会学"的机制理论流派有着很大的区别。[①] 新自由制度主义更愿意承认，规范、惯例和原则随着时间的推移有可能独立于"物质"结构，因此能够发挥有限的独立作用，等等。[②]

做上述探讨的目的在于使我们了解，机制（规范）是个十分复杂的问题。但是，有一点是肯定的，即在无政府的国家社会状态下，机制（规范）是不可或缺的，否则就不可能出现国际关系交往中的一些最基本的原则，例如国际法原则、主权原则、民族自决原则和为绝大多数国家所接受的著名"和平共处五项原则"等。这至少反映出行为体期望通过机制（规范）约束彼此的行为，在共同认定的范围有序行事，以减少摩擦和争执，最大限度维护各自利益。

从大安全观的视角看，由于当今世界呈现出总体倾向于"合作"的趋势，因此，以合作性制度为特色的安全思维不断出现，在传统的"集体安全"基础上，出现了"共同安全"、"合作安全"和"安全共同体"等新的安全模式。这些安全思维，超越了传统的通过制度安排构成模式，试图构建一种以安全具有相互性的理解为基础，或是以对安全本身以及解决安全问题方式的共同认知高度一致性为前提的安全模式。在传统的安全理念中，军事因素较多，例如第一次世界大战后形成的集体安全模式，主张以集体安全取代均势体系，即通过建立一种

---

① 社会学者奥兰·扬（Oran Young）把制度定义为"受到承认的实践，包括容易辨认的角色，管理承担这些角色的行为体之间关系的规则或者协定的集合"（Oran Young, "International Regimes Toward a New Theory of Institutions", *World Politics 39*, 1986, p. 107）。

② ［美］彼得·卡赞斯坦主编，宋伟、刘铁娃译：《国家安全的文化：世界政治中的规范与认同》，北京大学出版社，2009 年 3 月版，第 436 页。

集体的力量来威慑和制止可能出现的侵略，形成“一方有难，八方支援”的集体应对（包括使用军事手段和制裁方式）的契约制度，国际联盟就是这种理念的载体。但是，这种理念和模式并未能在全球范围内有效地抑制战争和侵略行为。尽管如此，作为一种安全模式，它在不断完善中依然前行。后来取代了国际联盟的联合国，其大国一致原则的集体安全机制，尽管不尽完美，但依然是今天世界安全领域的相对“权威”平台，在维护世界和平上发挥着重大作用，遍布世界的维持和平行动，就是其典型的代表。但是，联合国集体安全机制暴露出的假设理想条件[①]在现实中屡遭严峻挑战，常常无法阻止战争的爆发，甚至被理论家们认为这预示着集体安全理念或模式的不可行。这就使人们意识到必须要寻求一种更有效的模式来弥补或彻底改变这种安全困境。共同安全、合作安全和安全共同体理念正是在这种状况下出现的。其中，“共同安全”是解决“集体安全”缺陷，特别是两大力量阵营结盟对抗机构导致的安全困境的一种安全理念和解决方案。[②] 因为，通过对实践的理论考察，人们发现，在相互依存的时代背景下，没有任何国家能够仅仅依靠自己的行为获得安全。其目标就是要推动一种积极的进程，构建一种更为安全和稳定的国际秩序，即一个由常规武器维持的无核武器的和平与安全，进而增加国家和国际资源的再分配，

---

① 汉斯·摩根索认为：“集体安全要想成为防止战争的一种机制，必须满足三个前提条件：（1）集体体系必须在任何时候都能聚集到反对潜在的侵略者和侵略者联盟的压倒性优势力量，使后者永远不敢对集体体系所维护的秩序进行挑战；（2）至少它们的联合力量总和能满足条件（1）的国家，必须对他们要维护的安全具有相同的认知；（3）那些国家必须要使它们相互冲突的政治利益服从于共同利益，后者是从所有成员国的集体防御的角度来定义的。”参见 Hans J. Morgenthau, Revised by Kenneth W. Thompson, *Politics Among Nations: The Struggle for Power and Peace*, Peking University Press, Jan, 2005, p. 452。

② 联合国依据1982年由安全与裁军问题独立委员会（也称“帕尔梅委员会”）提供的一份名为《共同安全：生存的蓝图》报告，于1983年12月20日经大会通过了一项决议（UN General Assembly 38/199H），决定组建一个政府间小组，对安全概念进行综合性研究，其中“共同安全”就是最主要的研究内容之一。

从而建立一个人类生活质量有所改善的世界。[①]

“合作安全”是“共同安全”基础上的进一步深化，是一种旨在建立起对安全具有互动性的认知基础上的，相互进行保证的安全机制。它更多主张尽可能地通过军事手段以外的非对抗手段解决和处理问题，其中包括建立信任措施、伙伴关系、安全组织等，通过这些渠道进行有效的沟通，在多边框架下抵御或消除军事安全以及其他安全问题。因为，“合作安全力求在实现安全的渐进过程中改变国家行为，从与他国的竞争变为与他国的合作。在这里，安全的内涵在发生变化，它超越了传统的军事范围，把环境、经济和社会也纳入进来”[②]。由此可见，这种将合作作为假设前提的安全思维和由此建立起的安全机制，几乎完全摒弃了军事手段，这显然是全球化背景下国家间关系变化导致的安全思维使然。但是，由于竞争（有时甚至演化为对抗）因素并未完全消失，这种安全机制在现实中必然会遭遇巨大的挑战。

另一种具有区域性特点的安全机制——安全共同体机制被称为“安全合作的高级阶段”，它“是指一群人已聚集到这样的程度，即真正确信彼此间不应以武力相危害，而必须以其他的方式来解决争端”。其前提是，“这种共同体是由主权国家组成的，组成共同体的国家拥有共同的制度、共同的价值观、共同的共同体感，它们凝聚的程度已达到彼此间形成了对国际体系和平变化的可依赖的预期”[③]。目前这种安全机制的主要代表就是欧洲安全共同体，其载体就是欧洲联盟（European Union）。欧盟在其内部构建起一个相互安全信任的可依赖和平预期的同时，一体化的推进程度不断提速。特别是2009年年底《里斯本

---

① Study Series 14，*Concepts of Security*，A/40/533，United Nations Publication，1985，p. 14，pp. v—vi.

② 李少军主编：《国际战略学》，中国社会科学出版社，2009年6月版，第114页。

③ Emanuel Adler and Michael Barnett，*Security Community*，Cambridge: Cambridge University Press，1998，pp. 6—7. 转引自李少军主编：《国际战略学》，中国社会科学出版社，2009年6月版，第117页。

条约》的正式生效，表明其对外战略特别是军事战略也开始逐步走向一体化。

总体看，当今世界正处在一个各种安全理念和思维并存，各种安全机制并行的历史阶段。国际军事安全机制受这些理念、思维的影响，正处在一个复杂的变化过程之中。中国政府于 1997 年初起提出了摒弃冷战思维、树立新安全观的战略主张，并逐渐形成了以“互信、互利、平等、协作”为核心的“新安全观”①。这种以“通过对话增进互信，通过合作促进共同安全”为宗旨的新安全思维，是对“集体安全”、“共同安全”和“合作安全”等诸多安全理念“去粗取精”的“优化”结果，对于构建新型国际安全机制特别是新型国际军事安全机制无疑将产生重大影响。

（六）国际军事危机管理

要想说明国际军事危机管理问题，必须首先厘清“危机”和“军事危机”的概念。首先，“危机”本身就是一个复杂的问题，人们根据不同的视角得出不同的结论。因此，我们也不得不花点笔墨将这个问题进行一些梳理和分析，在最终弄清“危机”的内涵和本质后，其他问题也就迎刃而解了。

---

① 中国“新安全观”从一种抽象理念主张，演变成具有理论内涵的战略思想，是经过几年的思索和论证最终形成的。2002 年 9 月 13 日，中国外交部长唐家璇在第 57 届联合国大会上，第一次向全世界全面完整地阐述了“新安全观”。即，“互信，是指超越意识形态和社会制度的异同，摒弃冷战思维和强权政治心态，互不猜疑，互不敌视，各国应该经常就各自安全防务政策以及重大行动展开对话和相互通报；互利，是指顺应全球化趋势发展的客观要求，各国应该在维护本国利益的同时，相互尊重对方的安全利益，为对方创造条件，实现共同安全；平等，是指无论国家大小强弱，都是国际社会的一员，应该相互尊重，平等相待，不干涉别国内政，推动国际关系民主化；协作，是指以和平的方式解决争端，就共同关心的安全问题进行广泛深入的合作，消除隐患，防止战争和冲突的发生。”参见“唐家璇在联大阐述互信互利平等协作新安全观（全文）”，新华网，http: //news. xinhuanet. com/newscenter/2002－09/14/content _ 561237. htm。

现代汉语（中文）的“危机”是指“危险的根由”和“严重困难的关头”[①]。日语中“危機”（危机）意为“大変なことになるかも知れないあやうい時や場合。危険な状態”[②]（可能出现严重事情的危亡时刻或情形。危险的状态）。英语中“crisis”（危机）是指“1. a：the turning point for better or worse in an acute disease or fever（重病或发热减轻或加重的转折点）。b：a paroxysmal attack of pain，distress，or disordered function（病痛、焦虑、官能失调的突发点）。c：an emotionally significant event or radical change of status in a person's life（个体情感经历的重大事件或人生的转折点）；2. the decisive moment（as in a literary plot）（文学故事情节中的关键时刻）；3. a：an unstable or crucial time or state of affairs in which a decisive change is impending（事件即将发生重大转变的一种不稳定的、或情急的时刻或状况）。b：a situation that has reached a critical phase（达到关键时期的情况或形势）”。[③]

仅从词义上看，现代汉语（中文）中的“危机”主要是指一种严峻的危难时刻，是一种“坏事”，但“关头”（意为：起决定作用的时机或转折点）一词又透露出某种不确定性。甚至有人认为“危机这两个中文字已明白地说明，危机是两个事实的结合：即‘危险’和‘转机’”[④] 或“危险和机遇伴生，就是所谓危机”[⑤]。英语的“危机”则显

---

① 中国社会科学院语言研究所词典编辑室编：《现代汉语词典》（修订本），商务印书馆，1996 年 7 月修订第 3 版，第 1305 页。

② 新村出编：『広辞苑』、昭和 51 年 11 月版、第 516ページ。

③ *Webster's Ninth New Collegiate Dictionary*，MERRIAM－WEBSTER INC.，Publishers Springfield，Massachusetts，U. S. A.，1984，p. 307. 括号内为笔者对词条解释的翻译。

④ 吉柏特·布来森·拉萨（Gilbert Brenson－Lazán）、玛利亚·玛西迪·沙曼多·迪亚兹（María Mercedes Sarmiento Díaz）著，蔡淑芳、开拓文教基金会译：《引导心理暨社会重建——危机和灾难处理手册》，开拓文教基金会、蕃薯藤数位科技股份有限公司、中华儿童暨家庭扶助基金会，2002 年 7 月版，第 1 页。

⑤ 百度百科，http：//baike. baidu. com/view/735524. htm。

现出明确的“乐观”，认为是一种介于“好与坏”、“危与安”的游离状态之间，既有“病入膏肓”而无可救药的可能性，也有“转危为安”而柳暗花明的可能性。只有日语对“危机”的解释最为悲观，毫无转折的可能性。但三种语言对“危机”的解释的基本内涵十分接近（尽管英语的含义稍微宽泛些），都体现出“危机”是一种“情形”可能恶化或关系到生死存亡的时刻。

不同的领域对于危机的解释也不尽相同，这些解释几乎偏离了其“词义”本身，更多地与某种“行为”联系起来解释和定义。例如，在经济领域，“危机”被定义为，“是一个会引起潜在负面影响的具有不确定性的事件，这种事件及其后果可能对组织及其员工、产品、资产和声誉造成巨大的伤害”① 或“危机具有四个显著特征：即急需快速作出决策、严重缺乏必要的训练有素的员工、相关物资资料紧缺、处理时间有限”②。从人文社会科学的角度出发，“危机”被认为是“任何一个创伤事件都可能引起个人的、家庭的或社区的危机。然而危机并不是坏事，在生命的发展过程中，危机可说是正常、自然的甚至是必须的”③。在国际政治领域，“危机”被定义为“是一种威胁到决策主体优先目标的形势，在这种形势中，决策主体作出反应的时间非常有限，且形势常常向令其出乎意料的方向发展”④；或“危机是一种严重威胁社会系统基本价值和行为结构的形势，在这种形势中，决策集团必须

---

① 巴顿（BARTON）语。参见游昌乔：“危机的定义和特点”，致信网，http：//www.mie168.com/manage/2004－12/13629.htm。

② 福斯特（Forster）语。资料来源同上。

③ 吉柏特·布来森·拉萨（Gilbert Brenson－Lazán）、玛利亚·玛西迪·沙曼多·迪亚兹（María Mercedes Sarmiento Díaz）著，蔡淑芳、开拓文教基金会译：《引导心理暨社会重建——危机和灾难处理手册》，开拓文教基金会、蕃薯藤数位科技股份有限公司、中华儿童暨家庭扶助基金会，2002 年 7 月版，第 1 页。

④ C. F. Hermann，*International Crisis：Insights From Behavioral Research*，New York，Free Press，1972，p. 13.

在短时间和极不确定的情况下作出关键性决策”①；抑或“危机现象可以狭义地定义为在利益冲突发展到一定阶段的短期政治决策过程”② 和“一段剧变和集体紧张的时期。在这段时间里，日常的生活方式和社会体系的核心价值受到威胁，且威胁的方式是我们意想不到的，甚至是无法想象的”③。在有关危机的研究中，罗森塔尔还进一步解释称，危机研究长期以来为自然灾害、外敌威胁和突发灾难所主导，这些概念对现代社会的危机来说有些狭窄；今天的危机不是具体的事件，而是一个多种力量以不可预见和破坏的方式互动过程的演进；现代危机越来越具有复杂性、相互依赖性和政治化的特点。这些定义不仅视角不同，结论也各异，有的认为危机是一种“状态”，有的认为是“事件”，有的认为是“过程”，有的认为是“形势”。甚至还有许许多多的定义，如：

1. 危机是当人们面对重要生活目标的阻碍时产生的一种状态，这里的阻碍，是指在一定时间内，使用常规的解决方法不能解决的问题。危机是一段时间的解体和混乱，在此期间可能有过多次失败的解决问题的尝试。

2. 危机是生活目标的阻碍所导致的，人们相信用常规的选择和行为无法克服这种障碍。

3. 危机之所以是危机，是因为个体知道自己无法对某种境遇做出反应。

4. 危机是一些个人的困难和境遇，这些困难和境遇使得人们无能为力，不能有意识主宰自己的生活。

---

① Uriel Rosenthal, etc (ed.), *Coping with Crisis, the Management of Disasters, Riots, an Terrorism*, Springfileld, Illinois: Charles C. Thomas Publisher Ltd. 1989, p. 10.

② 赵子聿、贤峰礼著：《国家安全危机决策》，时事出版社，2006 年 12 月版，第 1 页。

③ Uriel Rosenthal, etc. (ed.), *Managing Crisis: Threat, Dilemmas, Opportunities*, Springfileld, Illinois: Charles C. Thomas Publisher Ltd. 2001, p. 6.

5. 危机是一种解体状态，在这种状态中，人们遭受重要生活目标的挫折，或其生活周期和应付刺激的方法受到严重破坏。它指的是个人因这种破坏所产生的害怕、震惊、悲伤的感觉，而不是破坏本身。

6. 危机是一种认识，是当事人认为某一事件或境遇是个人的资源应付机制所无法解决的困难，从而导致个体情感、认知和行为方面的功能失调。①

基于以上对"危机"定义的梳理，笔者倾向于认为"危机"是一种形势或状态，故而我们可以将"军事危机"定义为：主权国家、国家集团或次国家组织等国际主要行为体面临军事冲突或战争严重危险关头的情形和游离于战争与和平之间的未卜形势，是众多安全危机中的重要组成部分。而"国际军事危机"则是主权国家、国家集团或次国家组织等国际主要行为体之间因利益纷争而导致的一种面临军事冲突或战争严重危险关头的情形和影响国际军事安全的最为严峻的形势，是战争与和平的重要转折点，是影响世界和平的最危急时刻。

就"危机"的普遍性而言，它具有突发性、威胁性、破坏性、紧迫性、不确定性和舆论关注性等特征。同时，危机通常会经历潜伏期、发展期、爆发期和恢复期。危机造成的原因既有"天灾"，也有"人祸"，依据不同的性质可分为政治危机、军事危机、外交危机、经济危机、民族宗教危机、生态危机等，依据其影响范围和层次，危机小至个人或组织，大到国家、地区和全球，即形成了诸如全球危机、国际危机、地区危机、组织危机和个人危机等。② 其中，国际危机被认为"通常是指国家外部平衡状态被打破，国家对外部环境恶性突变的正常平衡和控制暂时失败，需要用大的对外行动来达到新的平衡。国内危

① "危机的概念"，广西师范大学教育科学学院网络资源平台，http://wlzy.jky.gxnu.edu.cn/xqyzh/caocao/zhuanti/8/kc/tj/400.htm.htm。

② 中国现代国际关系研究所危机管理与对策中心编著：《国际危机管理概论》，时事出版社，2003年3月版，第6—9页。

机和国际危机往往相互联系密切，重大的国内危机往往伴随某种程度的国际危机，而重大的国际危机也容易诱发一定程度的国内危机”[①]。

就军事危机而言，其产生的原因显然不属于“天灾”而完全属于“人祸”。其产生的作用力因行为体和程度的差异表现出不同的范围和“烈度”，其中双边军事危机可称为国家间“小幅震荡”，区域性军事危机则是多国间的“强烈地震”，而众多国家引发的军事危机就是“天崩地裂和山呼海啸”。没有有效的控制手段和机制，军事危机一旦演变成全球性的冲突和战争，对人类而言后果就是灾难性的，两次世界大战就是最好例证。

危机管理（Crisis Management）基本上可以断定是个“进口”词汇，在西方更多地被称为危机沟通管理（Crisis Communication Management），主要运用于经济领域。“危机管理是指企业通过危机监测、危机预警、危机决策和危机处理，达到避免、减少危机产生的危害，总结危机发生、发展的规律，对危机处理科学化、系统化的一种新型管理体系。”[②] 它属于管理学范畴。应该说，危机管理与危机是相伴共生的，即人们出于对危机的恐惧，萌生出寻求如何将这种严重的危情转危为安以及将危险、痛苦和损失等降至最低的本能动机。

从这样的概念出发，作为“军事危机管理”最完美的理想目标，就是通过监控机制消除危机形成的潜在因素，将危机消灭在萌芽状态；而一旦发生则通过预警机制及时发出预警信息，通过健全的决策机制有效应对和化解，使之不至于恶化而导致战争灾难。这样，军事危机管理即可定义为：主要行为体通过危机监控、预警和决策手段，避免、减少各类因素导致军事冲突或战争严重危险关头的情形出现和对已经发生的处理和善后等的科学化和系统化的运作体系。在此基础上，国

① 赵子聿、贤峰礼著：《国家安全危机决策》，时事出版社，2006年12月版，第32页。

② “危机管理”，互动百科网站，http://www.hudong.com/wiki/%E5%8D%B1%E6%9C%BA%E7%AE%A1%E7%90%86。

际军事危机管理即可定义为，世界主要行为体通过危机监控、预警和决策手段，避免、减少各类因素导致世界维度下的军事冲突或战争严重危险关头情形的出现和对已经发生的处理和善后等的科学化和系统化的运作体系。它是预防、控制和遏制国际冲突向战争升级的必要手段，是维护世界和平的重要措施。

就危机管理和处理的一般性规律而言，有以下原则，即：第一，当危机发生时，将公众的利益置于首位；第二，当危机发生时，局部利益要服从组织全局利益；第三，当危机发生时，组织应立即成为第一消息来源，掌握对外发布信息的主动权。作为对策，一是要做好预防工作，其中包括树立危机意识、建立预警系统、建立管理机构、制定管理计划；二是进行准确的危机确认，包括做好日常的信息收集、分类管理，以捕捉危机发生前的信息，在出现危机征兆时，尽快确认危机的类型，为有效的危机控制做好前期工作；三是科学有效地处理危机，包括决策迅速、方案可行、行动果断和力度到位；四是积极的善后，包括消除危机处理后遗留问题和影响以及对危机管理工作进行全面的评价（包括对预警系统的组织和工作程序、危机处理计划、危机决策等各方面的评价，要详尽地列出危机管理工作中存在的各种问题）。① 美国前总统理查德·尼克松从个人经历角度对危机处理予以了总结。他认为“忘我”是一个人在危机时刻所能够有的最大财产。“自私”（照严格的字面意义而不是照一般的意义）是最大的负担。没有一个人能在对可能非他所能控制的事件进行充分考虑之前，真正知道他能够胜任什么。在危机中抱有自信，大都依赖于在有可能做好准备的情况下做好足够的准备，在战斗中保持沉着并拥有勇敢无畏的精神。通过一个有决心的行动，他就不会再去考虑那些造成畏惧的理由，从而集中全部精力去赢得战斗。当然，经验在处理危机中是个十分重要的因素。最困难的是犹豫不决的关头——斗争还是逃跑。而最危险的时刻则是危机后的余波。因此，应付危机必须有创

① “危机管理”，互动百科网站，http：//www.hudong.com/wiki/%E5%8D%B1%E6%9C%BA%E7%AE%A1%E7%90%86。

造力。它要求发挥一个人的全部才能。而我们既然生活在个人对危机的反应可能影响未来多少世纪的人类命运这样一个时代，我们就必须全力以赴地去学习我们能够学会的一切，并这样来磨炼我们的反应能力。①

国际社会是由主权国家、国家集团或次国家组织等主要行为体为主体构成的，而说到底，是由人构成的，危机管理机制的制定是由人来完成的，危机的具体处理也是由人去实践的。因此，从尼克松在经历数次危机后总结出的一些具有个人色彩的经验和教训中，我们依然可以将其套用至国际军事危机管理中。其反映出的不再仅仅是简单的个人因素，而是个人因素的总和，但是具体到某个国家层面时，其主要决策者的个人因素则直接影响到危机的管理结果，对于国际军事危机的管理也具有同样的内涵。但从国际层面上看，最大的挑战莫过于国际社会处于无政府状态，国际军事危机管理显然缺少绝对权威的“政府”（抑或前文提到的“组织”），这就意味着谁来组织国际军事危机管理体系的运作？即谁来监控？谁来预警？谁来决策？谁来处理？谁来善后？就现行国际体系看，也只有联合国可以勉为其难，但由于联合国并非世界政府，如前所述，联合国集体安全机制是有假设理想条件的，即“集体安全要想成为防止战争的一种机制，必须满足三个前提条件：（1）集体体系必须在任何时候都能聚集到反对潜在的侵略者和侵略者联盟的压倒性优势力量，使后者永远不敢对集体体系所维护的秩序进行挑战；（2）至少它们的联合力量总和能满足条件（1）的国家，必须对他们要维护的安全具有相同的认知；（3）那些国家必须要使它们相互冲突的政治利益服从于共同利益，后者是从所有成员国

① ［美］R. M. 尼克松著，北京大学法律系和中央民族学院研究室《六次危机》翻译组译：《六次危机》，商务印书馆，1972年1月版，第5—9页。

的集体防御的角度来定义的”[1]。由于这种假设理想条件很难全部满足，因此，在现实中联合国这种集体安全模式屡遭严峻挑战，常常无法阻止战争的爆发，美国于2003年3月20日发动的伊拉克战争就是最好的例证。

由此可见，如果说一般性质的危机管理抑或一国的军事危机管理尚且很难实施，那么国际军事管理简直就是一个不可完成的任务。如果说普通的危机管理是门学问和科学的话，那么国际军事危机管理就是一门超级高深的学问和科学。因为，国际军事危机管理的成败，直接导致的结果是国际社会的和平与战争问题，甚至关系到人类及其文明存亡的问题。因此，国际军事危机管理毫无疑问是国际军事安全的最重要内容之一，是研究国际军事安全的一个重大命题。

（七）国际军事安全体系/格局

国际体系、国际格局抑或国际结构常见于在国际政治理论著述之中。对于三者间内涵的异同，历来有着不同的认识。其中有关国际格局与国际结构的内涵似乎没有争论，因为它们都是来自同一个英语词汇“international structure”，属同一个词汇的两种翻译。但是，国际格局与国际体系（international system）是否为一回事，则有不同的看法。

中国学者一般认为，国际政治格局与国际政治体系的含义基本相同，它们都是国际社会的客观存在，主要以国家为依托、基本上是它们相互作用的产物，只不过范围大小、作用程度不完全相同。[2] 或世界格局、国际关系体系、世界政治结构的含义相近，主要指国际战略力

① Hans J. Morgenthau, Revised by Kenneth W. Thompson, *Politics Among Nations: The Struggle for Power and Peace*, Peking University Press, Jan, 2005, p. 452.

② 梁守德、洪银娴著：《国际政治学概论》，中央编译出版社，1994年版，第127页。

量间某种相对稳定的联系与系统。[①] 后来学者基本沿用了这种理解，在定义这个问题时认为，“所谓格局，是指事物内在的结构、规模或样式。国际格局，指的是国际上各种力量中心之间在一定历史时期内相互联系、相互作用而形成的一种结构状态”[②]。同时，“国际格局的概念与西方新现实主义和新自由主义所说的‘国际结构’或‘国际体系’实际上是一回事”[③]。因此，在《国际军事安全》中，“国际安全格局”词条的解释是“见国际安全体系”，即“国际行为体之间相互联系和相互作用而在一定历史阶段形成的国际关系整体，由主要大国关系构成、主导国际关系发展趋势并关系到国际总体安全与稳定，又称国际体系”[④]。但是，也有学者认为，“国际关系格局与国际关系体系是两个不同的概念，二者既有联系又有区别。国际关系体系指的是各种国际行为体（主要是国家）之间各种形式的关系（主要是政治关系）相互联系、相互作用构成的，并按一定规律运动的统一体；而国际关系格局则是指这个统一体的内部结构和外在形态，是这个统一体按一定规律运动的具体体现。从这个意义上讲，国际关系格局是寓于国际关系体系的母腹之中。它的存在、运行不能脱离国际关系体系，它的发展变化也要受到整个国际关系体系一定阶段特征的制约”[⑤]。或者是，“国际体系是由其互动的各组成部分构成的，具有结构、功能并与环境相互作用的有机整体”和“现代国际体系结构展现在全球层次上，是世界主要大国、国家集团在一定历史时期内互动而形成的相对稳定的国际

① 张季良：《略论世界格局的演变》，载《国际关系学院学报》，1986年第4期，第7页。

② 宋新宁、陈岳主编：《国际政治学概论》，中国人民大学出版社，2000年1月版，第75页。

③ 李义虎著：《国际格局论》，北京出版社，2004年8月版，第35页。

④ 赵丕主编：中国军事百科全书（第二版）《国际军事安全》（学科分册Ⅰ），中国大百科全书出版社，2008年5月版，第20页。

⑤ 刘长敏著：《国际关系体系与格局（1618—1945）——理论框架与历史变迁》，世界知识出版社，2002年7月版，第103页。

核心结构和战略态势，它是体系内能够对全球重大事态发展发挥作用的单位，即所谓‘极’，在利益和力量对比基础上构成的国际格局”[1]。按照以上学者的说法，“体系”是“实体”，而“格局”是“实体”构成的“体制”；“国际体系结构”也可称为“国际格局”。

我们既然考察的是“国际军事安全体系”，那就必须首先将“体系”问题厘清。然而，这显然是个十分复杂的问题，不仅牵扯到这一词汇发明者的本来用意，也牵扯到翻译后的中文表达[2]，更涉及其复杂的内在关系。因为“国际体系是单元经由互动而形成的整体。体系构成的标准是单元的互动要达到影响彼此间政策的程度。作为社会系统，国际体系与自然系统的最大不同是具有社会意义。每一个国际体系都存在特定的‘问题领域’和属性。由于每个行为体都会参与多个‘问题’的互动，而问题之间又有密切联系，因此体系之间会呈现复杂的联系。在叠加的体系结构之下，单元行为会受到不同的影响与塑造。对于单元与体系之间的双向关系，人们不但应了解各主流体系理论所阐释的单一机理和确定性，而且要思考复杂的因果链条和相关关系所导致的系统效应，以及这种效应所导致的不确定性”[3]。有关这个问题，国外国际政治学者们视角各有不同，结论也不尽一致，争论也在继续。

既然尚未争论清楚，笔者姑且先将这个概念作为近义词来统一表述，并综合以上概念，将国际军事安全体系/格局定义为：世界主要行为体构成的各力量中心之间相互联系和作用下，在一定时间段形成的一种相对稳定的以武装力量为主的综合力量结构所形成的一种状态。

---

① 俞正樑著：《国际关系与全球政治——21世纪国际关系学导论》，复旦大学出版社，2007年8月版，第65、70页。

② 这两个词汇的英文表述是 international system（中文译为国际体系）和 international structure（中文译为国际结构或国际格局）。

③ 李少军：《怎样认识国际体系?》，载《世界经济与政治》2009年第6期，第13页。

应该说，“国际军事安全体系/格局”是个全新的专业术语。因为，当笔者使用“百度”和“谷歌”（google）搜索引擎对“国际军事安全体系”和“国际军事安全格局”进行搜索时，结果都是令人意外地“抱歉”称“没有找到与‘国际军事安全体系’相关的网页”或“未找到符合‘国际军事安全体系’的结果”。① 显然，人们尚未将这个词汇作为一个完整的术语来使用。

事实上，由于历史上所有出现的国际安全体系/格局，几乎都是经历战争后以军事安全为主要内容形成的，也许人们也就不再将“军事”一词加入其中。无论是以均势制衡为理念的威斯特伐利亚体系，还是以联合掣肘为理念的维也纳体系，以军事结盟为理念的俾斯麦同盟体系，以群雄分控为理念的凡尔赛—华盛顿体系，以及二战后形成的两极霸权特点的雅尔塔体系，直至目前的一超多强的国际安全体系都是如此。同时，由于“就最广义的理解而言，可以把各行为主体相互作用的领域归入军事安全”②，所以人们已习惯将这种国际体系/格局视为国际军事安全体系/格局。但是随着国际形势的变化，特别是非传统安全影响的不断深入，将国际军事安全作为独立单元进行考察，将“国际军事安全体系/格局”作为独立术语来使用的必要性也就十分清晰。

从国际格局的角度看，有学者认为其构成的基本单位为“极”，并由此构成了多极、两极和单极，也由此形成了相关理论，即“多极稳定论”、“两极稳定论”和“单极稳定论”，③ 以及由此延伸出的诸如均势理论、地缘政治理论、威慑理论、有限主权论、预防性攻击理论、霸权论和新安全观理论等，并形成了一些理论学派，如现实主义政治学

---

① 搜索时间为2010年2月5日14时36分。

② ［俄］B.M. 库拉金著，钮菊生、雷晓菊译：《国际安全》，武汉大学出版社，2009年3月版，第3页。

③ 参见李义虎著：《国际格局论》，北京出版社，2004年8月版。

派、自由主义政治学派、民主和平论学派等。至于国际体系/格局演变和转换的动力，有学者认为其根本原因是生产的发展与国家实力的消长；直接原因是大国对外战略和国家定位的调整；推动因素是战争的催化作用；特殊因素是个人在国际关系中的作用。① 显然，在这些因素之中，实力因素是最为重要的，而作为军事安全，军事实力又是最为重要的。这些“极”的形成依靠的是综合国力，但能够称之为“极”的，如果缺少了足够的军事力量，无论如何都不可能。也就是说，以军事力量为主的综合国家力量是影响军事安全体系/格局形成的最重要因素。

此外，我们在考察国际军事安全体系/格局后不难发现，在现代国际关系领域，它是寓于国际格局内的一个重要组成部分，即是国际战略大体系/格局下世界主要行为体构成的各力量中心之间相互联系和作用下在一定时间段形成的一种相对稳定的武装力量结构状态。它与国际政治体系/格局、国际经济体系/格局一起构成国际战略格局。在国际军事安全领域，国际军事安全体系/格局，影响并规制着整个世界军事安全态势，是对世界安全形势影响最大的因素，故而也是国际军事安全的最主要内容。

（八）国际军事安全理论

对于安全的研究自古有之。先是出于对个人、族群安全，后相继扩展至城邦、国家和国际层面，逐渐形成了各种安全理论。事实上，与国际军事安全相关的理论众多，有时甚至难以分清哪些是与国际军事安全有直接关系，哪些是与国际军事安全有间接关系。因此，当我们对国际军事安全所涉及的主要内容有了相对明晰的认识后，与国际军事安全相关的理论也就比较清楚了。

---

① 参见刘长敏著：《国际关系体系与格局（1618—1945）——理论框架与历史变迁》，世界知识出版社，2002 年 7 月版，第 134—143 页。

为了对这一问题有更明确和深入的认识，在此，我们仍有必要重新回到对“国际军事安全”概念的理解上。关于国际军事安全的概念前文已有了较为详尽的论述，并给出了相关定义，即国际军事安全是世界维度下主权国家、国家集团和次国家组织等主要行为主体，客观上不存在遭受武力攻击、伤害、颠覆等危险或威胁现实，主观上不存在因这种危险或威胁和抵御这种危险或威胁能力被削弱所导致的恐惧，以军事内容为主的国家安全外溢至国际空间的军事领域综合战略性国际关系状态。显然这是个涉及领域相当广泛的问题，因此，从广义上讲，一切军事理论、安全理论、国际关系理论、国际政治理论、国际经济理论、国际社会理论等等，都可视为其相关理论。但是，从相对狭义的角度看，只有那些与国际军事安全有着最直接关系的理论体系，可称之为国际军事安全理论。在这些理论体系中，最具代表性的有：战争理论、和平理论、均势理论、地缘政治理论、威慑理论、震慑论、有限主权论、预防性攻击理论、霸权稳定论、单极稳定论、多极稳定论、安全博弈论、宏观冲突理论、微观冲突理论、有限主权理论、国家安全战略理论和新安全观理论等等。以上这些理论都是与军事安全有着最直接关系的理论，可被视为是国际军事安全的相关理论。有关这众多理论中的一些重要理论及其对国际军事安全的影响，将在本书的第四章对其进行专门论述，在此略去。

但必须要指出的是，“就大多数国家来说，主要的安全矛盾存在于本国的安全和其他国家的安全之间”①，因此，出于维护国家安全的考虑，特别是基于实力安全理念形成的安全困境，国家间的安全利益具有一定的不相容性，极具冲突性，特别是军事领域的权力竞争具有零

① ［英］巴里·布赞（Barry Buzan）著，闫健、李剑译：《人、国家与恐惧——后冷战时代的国家安全研究议程》，中央编译出版社，2009 年 11 月版，第 345 页。

和的特点，国家安全战略对国际安全的影响就显现出来。从理论指导实践的唯物主义观点看，各种与军事安全相关的理论对国家战略选择具有影响是自然的。因此，对各种与军事安全相关理论的研究，有利于理解一国的国家安全战略的形成基础和内涵，也有利于探讨如何构建一种国际安全战略体系/格局，以维护世界和平与稳定，促进世界繁荣与发展。

第三节 国内外有关国际军事安全问题的研究现状

近年来，国际安全问题研究已成为我国国际政治领域的一个热点，各种著述不断出现，形成了一批研究成果。但是，严格意义上说，专门研究国际军事安全的著述在浩如烟海的国际安全问题的著述中可谓凤毛麟角。这主要是因为我国有关国际军事安全问题的理论研究总体起步较晚所致。直到 2001 年 1 月，国际军事学才被我国正式列入军事科学研究体系，成为军事科学体系下的一级学科，国际军事安全的相关问题也被纳入国际军事学的研究范畴。同年，“国际军事学概论”被正式列为全军军事科研“十五”计划重点课题。作为该课题的最终成果，中国军事科学院世界军事研究部李效东研究员主编的《国际军事学概论》(军事科学出版社，2004 年 12 月版)，首次将国际军事安全问题纳入这一学科进行研究。同时，经国家民政部批准，由一批从事国际军事安全和外国军事研究的专家、学者组成的中国军事科学学会国际军事分会，于 2003 年 11 月 24 日在军事科学院成立，随后在国防大学外训系举行了“伊拉克战争后的亚太安全与新军事变革”国际军事安全研讨会。2008 年 5 月出版的《中国军事百科全书》(第二版)，也首次将“国际军事安全”作为一个学科分册进行编辑出版。至此，应该说，我国才真正进入了国际军事安全研究的起步阶段。

但是，对国际军事安全问题的相关问题的学术讨论在此之前就已有之。公开发表的文章主要有：国防大学孟祥青、宋平撰写的《世界形势深刻变化对国际军事安全的影响》（载《当代世界》1998年第6期）[①]。翌年，孟祥青又撰写了《世纪之交高技术发展对战争与和平的影响》（载《世界经济与政治》1999年第3期）[②] 和《高技术发展对跨世纪国际军事安全的深刻影响》（载《太平洋学报》1999年第4期）[③]。北京大学李义虎撰写了《科索沃战争所带来的国际政治思考》（载《世

① 文章主要论述了冷战结束以来，世界军事安全形势在经历了起伏不定、风雨飘摇的动荡之后，开始出现相对平稳发展的势头，军事安全的战略地位有所恢复和提高。在这一敏感性和对抗性较强的领域中，缓和与合作的势头也在发展，建立合作安全机制的努力取得成效；大国之间的军事对话与协调势头不断增强；国际军控与裁军进一步全球化、全面化；主要国家军事改革相继启动，新军事变革方兴未艾。与此同时，军事安全领域中的不稳定因素依然存在并有新的变化，继续构成世界和平与发展主旋律中的不和谐音调。从总体上看，军事安全领域呈现的新特点同近两年世界经济政治形势的深刻变化相互一致并互相影响，世界经济、政治、军事安全三者之间的依存性、制约性增强。继经济的区域化和全球一体化趋势之后，在政治和军事安全领域谋求区域合作和全球合作的各方努力也正在启动，这对21世纪的国际关系带来深刻影响。

② 文章认为：科技革命与国际安全历来有着不解之缘，历史上的科技进步不仅使人类从未摆脱战争的厄运，反而使战争愈演愈烈。世纪之交高技术的发展对战争与和平带来的影响极为复杂，既能给世界和平增加新的安全系数，抵制大战爆发，又可能引发更广泛意义上的各类局部冲突，战争形态、战争样式将发生重大变化。高技术作为一把“双刃剑”，对跨世纪战争与和平的两面性影响十分突出。

③ 文章从新军事革命、军事格局、安全关系以及战争与和平出发，论述了高技术与军事安全之间的内在联系，提出了三个观点：1. 高技术发展直接引发了一场声势浩大的新军事革命，使人类军事活动受到前所未有的冲击和震撼；2. 现代科技革命的突飞猛进使对抗性较强的军事安全领域逐步形成既合作协调又对抗竞争、以合作为主的新型关系；3. 和平与战争的前景扑朔迷离，世界大战的危险进一步降低，局部战争的频率、规模和强度在不可测中又有其一定的可控性，21世纪世界安全的总体形势将更为复杂多变。

界经济与政治》1999年第7期)[①]。欧阳立平、吴兴佐、楚树龙撰写了《国际军事安全形势的现状、特点及展望》(载《现代国际关系》2000年第2期)。其后，中国现代国际关系研究所的欧阳立平、吴兴佐撰写了《当前世界军事安全形势的几个特点》(载《现代国际关系》2006年第5期)[②]。军事科学院的任向群发表过《世界军事安全日趋复杂》(载《瞭望新闻周刊》2006年10月2日)[③]。中国现代国际关系研究所的吴兴佐、齐琳撰写了《当前世界军事安全形势特点》(载《现代国际关系》2007年第5期)[④]，武汉大学政治与公共管理学院的徐能武和华中农业大学经贸学院

---

① 文章以地缘政治的视角，对科索沃战争给国际格局变化带来的冲击进行了分析。文章认为，科索沃战争已超出地区热点问题的范围而带来了国际关系结构、地缘政治的转折性变动。北约新战略概念的推行，说明单极化已开始阻断多极化趋势。大陆心脏地带出现“黑洞”，边缘地带的东西两向因出现军事同盟强化(即北约东扩和美日安保体制扩大化)而对大陆心脏地带形成压迫之势。国际政治将加速变化，超过国内问题的变化速度。目前局势说明，国际社会要恢复多极化进程，必须首先看到多极化制约不了单极，对付单极的方法只能是以两极体制的合理构建重新配置国际力量的资源，然后才能拉动多极化再度布局的杠杆。恢复两极体制的实质，是恢复大三角关系格局，削弱美国的战略地位，以使中国外交获得充分的回旋余地。

② 文章认为，当前世界军事安全形势的基本特点是不确定性增多，传统与非传统安全威胁相互交织。各国军队都在为应对不确定的安全环境作超前布局，力图营造有利于自身的军事安全环境，实现军队的功能转型。与此同时，世界军事领域斗争更加尖锐，新旧安全观激烈碰撞，国际反扩散机制矛盾凸显。如何在维持本国安全利益与世界和平利益两者间求取平衡，成为世界各国特别是大国军事安全战略必须通盘考虑的基本问题。

③ 文章认为，当前世界军事形势正呈现出一些与以往有所不同的新趋向。反恐战争陷入泥潭，战争走向长期化和全球化。黎以战争没有赢家，却使中东地区更加硝烟弥漫。各国军事合作日趋活跃，但军事关系更为复杂。新一轮核军备竞赛已悄然开启，核扩散形势更加严峻，太空军事化已不可避免。

④ 文章认为，当前世界军事安全形势在历经“9·11”反恐战争5周年后开始进入又一个间歇期与转型期，在欧亚大陆的边缘“危机弧”地带甚至全球层面出现少有的震荡局面。面对新的局势与挑战，世界各国更加注重对自身的战略审视，出台具有转折性与全局性的整军举措，从而引发世界军事格局、各国军事思维与军事功能的重新建构。具体而言，美国单边军事力量进一步膨胀，但备受内外因素牵制，世界范围内的军事角逐更趋复杂，核扩散与核升级日益激烈，陆海天空多方位军备竞赛全面开启，使世界军事呈现出单极与多元、合作与竞争、间歇与转型、稳定与流变等多重色彩相互交织的局面。

的金赛美联合撰写了《论军事技术与冷战后国际安全机制的成长》（载《东南亚纵横》2009 年第 6 期）[①]。加之一些带有年度评估性质的文章以及著作，例如国防大学主编出版的《世界军事形势分析》（国防大学出版社）和军事科学院世界军事研究部主编出版的《世界军事发展年度报告》（军事科学出版社）算是严格意义上有关国际军事安全问题的探讨，总体看上去少得可怜。

同时，近年来国人对于国际关系理论和国家安全的研究方兴未艾，但与之相比专门研究国际军事安全相关的专著则十分鲜见，问世的也多为运用不同视角对国际关系和中国国家安全相关问题的理论著作，国际视野下的“军事安全”色彩不浓。除了前文所述李效东主编的《国际军事学概论》（军事科学出版社，2004 年 12 月版）中辟有专门部分探讨国际军事安全问题外，唐永胜、徐弃郁合著的《寻求复杂的平衡：国际安全机制与主权国家的参与》（世界知识出版社，2005 年 3 月版）[②]，蒲宁、陈晓东合著的《国际冲突研究》（时事出版社，2007 年 1 月版）[③]，滕建群等合著的《国

① 文章认为，冷战后，随着军事技术的加速发展，国际安全领域出现明显的权力转移与问题性质、内容的变化，国际安全机制沿着不同的路径快速成长。

② 全书围绕国际安全机制发展轨迹及其演变逻辑展开分析，并注重以下三个方面问题的探讨：第一，研究国际安全机制的内在动力与矛盾，探讨国际安全机制的演变轨迹及未来发展趋势；第二，分析主权国家面对国际安全机制所做的不同选择、背后的考虑以及利益得失；第三，理清中国与国际安全机制关系发展的脉络，进而寻求中国在日益复杂的安全网络关系中较为合适的战略和政策的选择空间。总体上说，这是一项应用理论研究，而强化战略性和综合性分析则是在整个写作过程中对自我的要求与约束。本书属于社科院“十五”重大课题“中国与国际组织——加入与适应的过程”研究工作的延伸和深入。

③ 本书是一部关于国际冲突研究的政治理论专著，全书从理论探讨入手，通过对国际冲突的性质与类型、根源与过程、功能与解决方法的论述，阐明了国际冲突的一般理论，并以大量丰富的历史材料生动描述了国际冲突的发展演变、特征变迁，对冷战后国际冲突的特点进行了分析、归纳，这对认识国际冲突的特征、把握其规律，了解其历史和现状，具有一定的参考价值。

际军备控制与裁军概论》(世界知识出版社，2009年11月版)[①]，杨毅主编的《国家安全战略理论》(时事出版社，2008年9月版)[②]，中国现代国际关系研究所危机管理与对策研究中心编著的《国际危机管理概论》(时事出版社，2003年3月版)[③]，李彬、吴日强主编的《国际战略与国家安全：科学技术的视角》(中国传媒大学出版社，2008年11月版)[④] 和徐能武著《国际安全机制：理论与分析》(中国社会科学

① 本著作的框架设计分为上、中、下三部分：第一部分是军备控制与裁军学基础理论；第二部分是军备控制与裁军学的基本领域；第三部分是军备控制与裁军的主要措施。我们试图全面涵盖国际军控与裁军的各方面内容，并对其理论与实践进行评述，填补了国内军控与裁军教科书的空缺。

② 本书是国防大学战略研究所承担的2006年国家社会科学基金项目《中国国家安全战略理论与安全构想》的子课题，由资深战略学家杨毅少将主编，是我国第一部专门论述安全战略理论的重要著作。全书推理脉络清晰、历史资料翔实，尤其是对中国切身的安全战略要求有独到的把握，填补了国家安全学科领域的一项空白，为维护国家安全架设起由思维通向实践的阶梯，既是一部严谨的学术专著，也是一部高质量的战略学教课书。

③ 本书介绍了国际危机管理的相关概念，介绍了俄罗斯、美国、韩国、以色列等国的危机管理机制，同时介绍了危机管理的案例。

④《国际战略与国家安全》所收录的研究成果表明我们的研究逐渐走向成熟，并具有以下一些特点。第一，这些研究以中国的安全关切作为出发点。随着中国经济的高速发展，中国对外政策逐渐成为国际上的关注重点。国际学术界针对中国提出了很多疑问，例如，一些国际机制是否应该接受中国参加？对这些疑问的讨论和回答，总的来说仍属于外部视角。本研究完全从中国视角来考察国际机制问题，例如，既有国际机制是否得到了其创始国的尊重和遵守？如何建立符合中国利益的国际机制？这样的讨论是对中国安全关切的表达，也有助于我们独立地、平等地参与国际交流。第二，《国际战略与国家安全》的研究大多以技术论证为依据。这种技术与政策相结合的分析能够提供一些精致的、可操作的政策评价和建议。例如，反导与外空相关的安全困境，其后果是怎样的？如何规避这些安全困境？这种定量的、技术性的分析和建议比较容易与实际政策结合，也比较容易在国际交流中达成共识，建立认识共同体（epistemic community）。第三，《国际战略与国家安全》的研究基本上都采用微观视角，挖掘国际安全互动中的微观因素，例如，考察特殊群体对于国际安全问题的独特看法以及作为等。这种微观研究方法有助于分析一些原本非常重要但是可能会被忽略的国际安全因素。

出版社，2008 年 11 月版）[①] 等，都是对国际军事安全相关理论问题的研究专著，但又都算不上是“综合”、“全面”且“系统”地探讨国际军事安全的理论著作。

与我国研究状况不同的是，西方世界，特别是美国对于国际安全问题（其中一些带有很强军事色彩）的研究著作颇丰。仅就已经翻译成中文的来看至少就有，美国当代著名的战略思想家、前美国总统国家安全事务助理兹比格纽·布热津斯基著《大棋局：美国的首要地位及其地缘战略》（中国国际问题研究所译，上海人民出版社，2007 年 1 月版）[②]，美国学者威廉森·默里（Williamson Murray）、英国学者麦格雷戈·诺克斯（Macgregor Knox）和美国学者阿尔文·伯恩斯坦（Alvin Bernstein）合著的《缔造战略：统治者、国家与战争》（时殷弘等

① 该书主要运用国际关系学、政治学的有关理论，从理论与实践相结合的角度对国际安全机制进行了较深入的基础理论性研究。从纵向角度，梳理了国际安全机制历史演变的过程；从横向展开的角度，剖析了国际安全体系中的类型结构及相互关系；结合历史和实例分析，探讨了国际安全机制的合法性与有效性。本书是一部从全新角度系统探讨国际安全机制理论问题的专著，具有一定的前瞻性和现实意义。

② 该书认为，美国作为世界唯一的超级大国，在全世界占有军事优势，是世界经济增长的主要推动力，在尖端科技领域地位领先，“美国文化”具有吸引力。不过美国不仅是第一个唯一的超级大国，也是最后一个超级大国。他预计到 2015 年左右，美国将失去世界霸权地位。在此之前，为了未雨绸缪，需要早作准备，建立符合美国利益的国际秩序。为此，美国必须防止另一个超级大国的兴起，和任何一种威胁美国霸权地位的反美联盟的出现。布热津斯基博士的全球战略构想将欧亚大陆看作关键地区。他列出欧亚大陆地缘战略国家和地缘政治支轴国家各五个，对它们在欧亚大陆的地位、发展前景、政策走向以及同美国的利害关系一一作出分析判断，并就美国对它们的政策提出建议，其中有关中国的评述占有较大篇幅。

译，世界知识出版社，2004年2月版）[1]，美国学者阿尔文·托夫勒、海蒂·托夫勒的《战争与反战争》（严丽川译，中信出版社，2007年3月版）[2]，美国学者米尔斯海默的《大国政治的悲剧》（王义桅、唐小松译，上海人民出版社，2008年1月版）[3]，美国学者汉斯·摩根索的《国家间政治：权力斗争与和平》（徐昕、郝望、李保平译，北京大学出版社，2006年11月版）[4]，美国小约瑟夫·奈的《理解国际冲突：

① 本书的编者是被誉为当今战略史和战略思想研究领域最杰出的学者之一的威廉森·默里等人，参加本书撰写的多位著名的战略史学家对军政领导人在回应外部挑战时逐渐形成和明确表达的战略的方式进行了历史的考察和展示。本书的研究对象无论从横向还是从纵向来说都是空前的，是大战略和战略研究领域的经典著作之一。本书分专题对几千年来的几个主要国家的战略思想做了比较详尽的分析，主要内容包括：伯罗奔尼撒战争中雅典的战略；尚武国家的战略：罗马及其对迦太基的战争；14至17世纪的中国战略；哈布斯堡西班牙的战略缔造：腓力二世的“霸权图谋”；路易十四治下的战略缔造；英国的战略和政策；意大利的战略；1919至1945年的英国战略；幼稚天真的美国战略；法国的安全幻觉；苏联阶级战争的战略；以色列战略的演变：不安全心理与绝对安全追求等等。本书是研究战略和战略历史的经典读物，在全世界范围内有着广泛的影响。

② 阿尔文·托夫勒和海蒂·托夫勒夫妇在这本书中，对人类有史以来人们时常探讨的关于战争与和平的话题进行了深刻透彻的剖析。这两位未来学家认为：人们创造财富的途径也是发动战争的途径。今天商业活动中发生的革命性变化也会在世界各国军队和未来战争中有所反映。为此，托夫勒夫妇认为，当务之急是，我们在进行变革时，也需要缔造和平。

③ 该书于2001年10月在美国出版以后，便在国际关系理论界和新闻界引起了巨大反响。在冷战后理论界一片“历史终结论”、“大战过时论”和“民主和平论”的声音中，作者指出在一个没有国际权威统治他国的世界里，大国一律损人利己，追逐权力，并成为支配性国家，在此过程中大国间必然产生冲突，这就是国家的悲剧，作为本书的结论，作者认为中国将是美国最大的威胁。

④ 本书是西方国际关系理论中现实主义学派的经典之作。正如副标题“权力斗争与和平”所标示的那样，论著旨在揭示国际政治的本质——权力斗争，并探索缔造世界和平的途径。作者阐释了作为其理论核心的政治现实主义六项原则，指出国际社会中的各个国家为自身的权力和利益而斗争；在现存的国际体系中，只有通过讲究艺术的传统外交手段达成国家间的妥协与和解，才能为形成一个有中央政府权威的世界国家，以缔造普遍和平铺平道路。

理论与历史》（第七版）（张晓明译，上海人民出版社，2009 年 7 月版）[①]，美国保罗·肯尼迪的《战争与和平的大战略》（时殷弘等译，世界知识出版社，2005 年 1 月版）[②]，美国学者琼斯、帕斯夸尔、斯特德曼的《权力与责任：构建跨国威胁时代的国际秩序》（秦亚青等译，世界知识出版社，2009 年 3 月版）[③]，美国学者卡赞斯坦主编的《国家安全的文化：世界政治中的规范与认同》（宋伟、刘铁娃译，北京大学出版社，2009 年 3 月版）[④]，英国学者巴里·布赞（Barry Buzan）著

---

① 这本由著名学者和前政策制定参与者——小约瑟夫·奈所撰写的教科书，简明扼要、深入透彻地介绍了世界政治研究。它熟练地把历史与理论结合起来，评说国际行为体之间的冲突与合作，从而为学生提供了一个理解当今国际事务的框架。《理解国际冲突》是一部可读性很强的概览性著作，它阐述了从第一次世界大战到现代恐怖主义、信息革命以及全球治理的诸多内容，回答和提出了有关国际关系未来发展的重要问题。

② 本书近乎里程碑式地代表了大战略理论思想在当代的首要关键性发展。本书首次非常明确地提出：大战略不仅适用于战时，也适用于平时，只要一国有其根本的政法目标，就应当有为之服务的大战略，就大战略而言特别重要的是，无论在平时还是战时，都须争取实现目的与手段之间深思熟虑的平衡。保罗·肯尼迪为本书撰写的纲领性的第一章尤其具有理论重要性。同等重要的是，本书还组合了迈克尔·霍华德、J. H. 埃利奥特、阿瑟·费里尔、埃利奥特·科恩、康多莉扎·赖斯等著名战略史家的相关论文，大战略研究的时空范围开始大为扩展，从传统的欧洲到全球，从古罗马和现代初期的西班牙到当代的美国和苏联，大战略的理论思想因此更为充实、精细和具有说服力。

③ 该书面对气候变化、核扩散、恐怖主义、冲突、贫穷、疾病、经济、动荡等一系列威胁，描绘了一幅以负责任主权为基础的国际秩序的蓝图。

④ 该书汇集了包括亚历山大·温特、玛莎·费丽莫、伊丽莎白·基尔、江忆恩等在内十六位美国一流学者的学术论文。本书集中探讨的是规范、认同和文化在国际国内安全中的影响问题，将建构主义的基本观点第一次全面地运用于实证领域。它涉及到了从 19 世纪 20 年代的希腊独立运动到今天的巴以谈判这样漫长的历史，思考了从核武器和化学武器使用禁令到人道主义干涉这样迫切的国际问题。本书的问世代表着美国学术界一场知识运动的高峰，奠定了国家安全和全球事务研究的新框架，宣告建构主义已经发展成为一种独立于现实主义和理性主义的理论分析方法。著名的社会建构主义学者泰德·霍普夫（Ted Hopf）盛赞它是

《人、国家与恐惧——后冷战时代的国家安全研究议程》（闫健、李剑译，中央编译出版社，2009 年 11 月版）[①]，英国学者巴里·布赞与丹麦学者奥利·维夫（Ole Waever）和迪·怀尔德（Jaap De Wilde）合著的《新安全论》（朱宁译，浙江人民出版社，2003 年版）[②]，英国学者保罗·罗杰斯（Paul Rogers）著《失控：21 世纪的全球安全》（肖欢容译，新华出版社，2004 年 1 月版）[③]，澳大利亚学者克雷格·A.斯奈德（Craig A. Snyder）等著《当代安全与战略》（徐纬地等译，吉

"把建构主义和安全研究结合起来的第一次尝试之作"、"必将成为国际关系理论的一部新的经典"。直到今天，我们仍然很难看到有另外一本著作能如此全面、深刻地探讨社会建构主义；可以想见，它以前是、现在是、将来也还会是那些想深入了解建构主义国际关系理论的读者的案头必备之作。

① 本书作者基于华尔兹将国际关系分为个人、国家和国际体系三个分析层次的分析架构编写了本书。全书共分十章，内容包括：个人安全与国家安全；国家安全与国家性质；安全与国际政治体系；地区安全等。本书致力于在安全理论建构方面有所开创。布赞教授的努力表明，安全理论的建构不仅有利于国际安全研究的深入进展，而且有可能为整个国际关系研究提供新的研究范式。

② 以巴瑞·布赞、奥利·维夫领军的欧洲建构主义安全研究——哥本哈根学派，由于提出复合安全理论和非安全化理论，成为西方安全研究领域最为显赫的流派。这一学派通过社会建构主义途径，研究谁以及在何种条件下能够实施安全化。他们认为，安全不过是一种特殊类型的政治而已，反对将安全解释理想化的做法，提出不应当扩展安全外延，而应朝"非安全化"方向努力。本书为国际关系研究之社会建构主义的重要理论文献，亦是冷战后西方安全研究最为经典之作。

③ 保罗·罗杰斯对西方的安全观念进行了大胆的思考，提出了全球不安全的核心问题。本书是理解目前国际危机的基本参考著作。在本书的第一版中，罗杰斯甚至正确地预测到了美国对这种大的恐怖袭击的可能反应。罗杰斯分析了冷战大规模杀伤性武器的遗产、人类行为对全球生态体系的影响，超级资本主义的增长及其导致的贫困与不安全、对能源和战略性资源的竞争、生物武器、反对权力中心的准军事行动。

林人民出版社，2001 年 8 月版）[①]，俄罗斯学者 B. M. 库拉金著《国际安全》（纽菊生、雷晓菊译，武汉大学出版社，2009 年 3 月版）[②] 等等，不胜枚举。但是，与中国的研究现状几乎相同的是，同样没有"综合"、"全面"且"系统"地研究国际军事安全理论的专著。

日本的相关研究也不少，例如：篠田英朗著『国際社会の秩序（シリーズ国際関係論）』（東京大学出版会，2007 年 9 月）[③]，杉田米行編著『アジア太平洋地域における平和構築——その歴史と現状分析』（大学教育出版，2007 年 4 月）[④]，磯村早苗、山田康博編『いま戦争を問う——グローバル時代の平和学、平和学の安全保障論』（法

① 本书出版于 1999 年，可以说它是西方学者研究国际安全和战略问题的一部较新和较有分量的著作。该书有以下几个明显的特点：首先，该书是为适应冷战后新的国际安全环境、新的国际战略现实需要而对安全与战略理论进行的重新审视与研究。其次，该书作者虽然都是西方人士，但其中大多不是美国人。第三，该书从多个不同的角度和领域对安全与战略问题进行了探讨。最后，军事安全仍是本书的重心。本书以冷战后新的国际安全环境、新的国际战略现实需要为背景，对安全与战略理论进行了重新审视。本书对冷战后头十年影响深远的变化进行了深入的考察，并将安全研究的范围从纯军事的战略研究领域扩展到非军事领域，对安全研究进行了全面、客观的探讨，全面反映了西方国际政治、安全和战略理论研究的最新进展。

② 该书全面介绍了当代军事政治安全领域的各种进程。在分析当今国际安全新体系形成的主要趋势的同时，认真研究了恐怖主义的一些具体问题，研究了大规模杀伤性武器的扩散、武器冲突、常规武器和核武器的监督等问题，并对当今世界主要地区的军事政治局势进行了详细的探讨。

③ 《国际社会的秩序（系列国际关系论）》一书主要论述了什么是国际社会，其秩序是如何形成的等问题。该书从国际社会的秩序是依据人类的价值观形成的立场出发，着眼于其主要价值规范，分析了国际秩序的历史发展与现状。

④ 《亚太地区和平构建的历史与现状分析》基于对"以新视角分析亚太地区的安全保障问题"的共同问题意识，汇集了跨学科的论点，共收录了"美中接近与国际孤立中的台湾"、"NPT 的界限出现与国防态势"等共 9 篇论文。

律文化社，2004年7月)[①]，鴨武彦著『国際安全保障の構想』（岩波書店，1999年12月)[②]，山本武彦編『国際安全保障の新展開——冷戦とその後』（早稲田大学出版部，1999年11月)[③]，吉川元著『国際安全保障論——戦争と平和，そして人間の安全保障の軌跡』（有斐閣，2007年11月)[④]，村上陽一郎、千葉眞編『平和と和解のグランドデザイン——東アジアにおける共生を求めて』（風行社，2009年11月)[⑤] 等等，加上日本史料调查会每年编撰、汇集其一年有关世界军事动向的研究成果年鉴（例如『世界軍事情勢2009年版』）和防卫省、国际问题研究所等编撰一些紧跟形势的研究报告等，但也没有“综合”、“全面”且“系统”研究国际军事安全的理论学术著述。

综合以上国内外有关国际军事安全的研究现状不难看出，我国在该领域的研究远不及国外，但国外的研究同样缺少系统和综合研究成果。而随着全球化的不断发展，国家与国际社会的联系不断加深，国际军事安全对国家军事安全的影响也日益加深。尽管国际安全的内涵不断扩展，非传统安全对国家安全的影响日益加深，但以军事安全为

① 《询问当代战争——全球化时代的和平学、和平学的安全保障论》是一本纪念日本和平学会成立30周年，以探讨日本和平学当今的研究程度的系列图书。其中第2卷主要探讨了“9·11”事件后的世界安全、和平构建、军控等课题，以探寻没有战争和恐怖主义世界的条件。

② 《国际安全保障的构想》主要探讨了如何构建国际安全机制。本书获得第12届石桥湛山奖。

③ 《国际安全保障的新展开——冷战及其之后》是一本论述冷战后国际安全问题的论文集，收录的文章主要探讨了冷战结束对国际安全带来了怎样的影响，论点主要涉及安全理论与从现实出发如何维护地区安全。

④ 《国际安全保障论——战争与和平及人类安全保障的轨迹》主要论及国际和平到底是怎样的和平，所谓维护安全到底是维护谁的安全。该书以这样的疑问为基点，详细剖析了二战后联合国的安全观、冷战时期特有的战争与和平方式和安全观的形成过程。

⑤ 《和平与和解的战略设计——寻求东亚的共生》以和平、安全、共生相关问题为基本视点，以各种角度考察了构筑和平的大战略理论，是国际基督教大学共同研究项目成果的整合。

主的传统安全依然是国家安全的核心内容，国际军事安全可以说已成为研究国家军事安全甚至国家总体安全的基础。因此，深入研究国际军事安全，探寻其内在规律，把握其发展趋势，已经成为维护中国国家安全的重要课题。也正是基于这种目的，特别是作为军人学者，我们选择了这一在国内外理论界几乎完全空白的课题进行系统研究，以期能为国家安全特别是国家军事安全贡献自己应尽的绵薄之力。

第一部分

国际军事安全思维与国际安全体系

国际军事安全思维是在漫长的人类发展历史过程中逐渐形成的，历经多年无数次的战争最终构建起国际军事安全体系。随着国际安全形势的不断变化，人们的国际安全战略思维历经深刻嬗变，国际军事安全体系也不断发生变化，从无序的丛林法则，经以均势制衡为主要目的的威斯特伐利亚体系、以联合掣肘为目的的维也纳体系、以军事结盟为特色的俾斯麦同盟体系、以群雄分控为特色的凡尔赛—华盛顿体系和两极霸权的雅尔塔体系，直到正在逐步形成的以新安全观为特色的多极化体系。其间，政治家和军事家以及学者们对国际军事安全问题的思考，不仅形成了多种理论成果，也对国际军事安全形势产生了不同的影响。

第一章

国际军事安全的产生

由于“从人类的最早记录起到现在的时代为止，战争一直是他们生活中居于支配地位的因素。在人类历史中，没有一个时代是完全没有战争的，也很少有一代以上的人是不经过大型战乱的”[①]，特别是，“在地球上出现文明的5500年当中，发生了15000多次战争和武装冲突，有几十亿人丧生。人类在其存在的整个历史进程中，只有约300年生活在和平环境下，也就是说在每100年内只有不到一个星期的和平生活”[②]。因此，军事安全问题一直是人类的重大课题。然而，战争无论从形式还是从规模，是历经多年历史演变而逐渐发展的。早期的军事活动不仅无章法可循，更未上升至安全体系。自从城邦国家出现后，军事活动变得复杂严峻，国家间为获得军事安全，相互联系和活动不断增多，但总体上仍处于一种无序的状态之下，处于开始向有序的国际安全体系过渡期。

① ［英］J. F. C. 富勒著，钮先钟译：《西洋世界军事史》，广西师范大学出版社，2004年8月版，原序。

② ［俄］弗・伊・斯里普琴科著，张铁华主译：《第六代战争》，新华出版社，2004年1月版，第15页。

第一节　军队的产生和军事活动的出现

应该说，自从有了人类生产活动，利益冲突就不可避免，当冲突达到一定程度即升级为武装冲突。

从现代意义来看，远古时代的武装冲突尚不属于“军事冲突”，也就是说，跟“军事”无关。因为“军事”和“军队”是国家（至少是城邦）出现以后才产生的。但是，这些武装冲突已是标准的“战争”，因为它已经符合了“集体”和“有组织”使用“暴力”行为等有关“战争”定义的要素。因此，尽管在远古时代没有“军事”，但“战争”已经出现。即“自从人们开始在肥沃的底格里斯河和幼发拉底河流域以及尼罗河流域定居下来，并为保卫他们所在的农业社会使它免遭觊觎其平原的游牧民族的挑战以来，战争一直与人们的求生图存密切相关。冲突从来不是历史进程的一种罕见现象，而是它的常见现象。战争既创造文明，又受文明发展的影响。战争从未在人类生活中长时间地停顿过”①。

然而，人类历史上真正意义上的战争是原始社会后期出现的。它作为军事的主要内容，“是人类社会一定发展阶段上的矛盾的一种最高的斗争形式”②。据考古资料证明，原始状态的战争起源于原始社会晚期的母系氏族公社时期，约在中石器时代的初期，也可能更早一些。考古学家在西班牙勒文特地区发现了约在中石器时代的原始人作战的岩画，画面生动地反映了原始人手持弓矢、相互对射的场面。这证明

---

① ［美］小戴维·佐克、罗宾·海厄姆著，军事科学院外国军事研究部译：《简明战争史》，商务印书馆，1982 年 6 月版，第 1—2 页。

② 中国军事百科全书编审委员会编：《中国军事百科全书·军事历史 I》，军事科学出版社，1997 年 7 月版，第 1 页。

在这以前就有了战争，战争至今约有10000年的历史。[①]

战争的产生与私有制的发展有着密不可分的关系，随着私有制的发展，争夺财富的斗争也伴随而来，最终演化为极端暴力行为——战争。正如恩格斯在《家庭、私有制和国家的起源》一文中所指出的那样："在英雄时代的希腊社会制度中，古代的氏族组织还是很有活力的，不过我们也看到，它的瓦解已经开始：由子女继承财产的父权制，促进了财产累积于家庭中，并且使家庭变成一种与氏族对立的力量；财产的差别，通过世袭显贵和王权的最初萌芽的形成，对社会制度发生反作用；奴隶制起初虽然仅限于俘虏，但已经开辟了奴役同部落人甚至同氏族人的前景；古代部落对部落的战争，已经开始蜕变为在陆上和海上为攫夺家畜、奴隶和财宝而不断进行的抢劫，变为一种正常的营生，一句话，财富被当作最高福利而受到赞美和崇敬，古代氏族制度被滥用来替暴力掠夺财富的行为辩护。"[②] 也就是说，当时的氏族部落并无任何约束地凭借自己的实力堂而皇之地通过暴力行动进行财富的掠夺和积累。英国学者富勒将当时战争的原因称为"生物性的和经济性的"[③]。从此战争成为人类生活的常态。

据古史记载，上埃及、下埃及两个王国统一的战争，发生在公元前3500年之前（也有称是公元前4000年、公元前5000年）。上埃及征服下埃及，统一埃及的战争发生在公元前3200年至公元前2930年。公元前26世纪至公元前2371年，苏美尔城邦拉格什与温马国为争夺土地、水源而进行的四次拉格什-温马战争，已有铭文记载。而在中国，炎帝侵凌诸侯，黄帝与其战于阪泉之野的战争，发生在公元前2530年。公元前3500年在苏美尔出现了铜的冶金术，公元前3200年

---

① 参见"战争起源、根源与原因"，人民网，http：//military. china. com/episteme/ll/023. html。

② ［德］弗里德里希·恩格斯：《家庭、私有制和国家的起源》，载《马克思恩格斯选集》第4卷，人民出版社，1972年第1版，第104页。

③ ［英］J. F. C. 富勒著，钮先钟译：《西洋世界军事史》，广西师范大学出版社，2004年8月版，第2页。

古埃及已广泛使用青铜器。金属的出现，使生产力大为提高。约在5000年前，父系氏族公社开始取代母系氏族公社。随着社会分工、农业、畜牧业、手工业和商品的发展，生产物品有了剩余，出现了私有财产，逐步萌芽了私有制和阶级，从而使原始状态的战争蜕变为抢占、掠夺财富和奴隶的战争。在欧亚大陆的连接地区，早在公元前3000年，农业技术的发展为发动战争提供了必要的物质保障的同时，也开始"在人们心中注入了一种扩张版图的冲动。不断增多却被固定在土地上的人们在寻求更为高效的方法以保护并获得更为高产的土地"①，最终，战争引发了社会的转型。例如，古希腊就是在不断的战争中导致城邦（城市国家）的出现，并成为西方军事实践的始源，并最终导致东西方的巨大冲突和战争。

因此，战争的发展、防卫的需要促使城邦（小国）的形成和城市的发展。世界上最早有城墙的城市耶利哥城建于公元前7350年之前，面积约4万平方米。到公元前5400年，已有占地13万平方米的城市。在中国郑州、赤峰等地区有44座石城遗址，大约建于6000年前，最大者占地10万平方米。原始社会末期的征服、统一战争，加速了原始公社制的解体，促进了奴隶社会和国家的产生，使人类由野蛮时代进入了文明时代。②

城邦之间的战争使得战争的规模开始变大，也变得残酷起来。一方面，为了消除复仇的隐患和霸占更多的财物，屠城成为基本的战争结局。另一方面，技术的进步使得武器的杀伤能力变大，也就使得杀戮变得更加残忍。加之，例如"古代的近东，既没有什么固定的军事原则，也没有任何约定俗成的战争仪式能限制那些战斗者们自身之间

① ［美］杰弗里·帕克等著，傅景川等译：《剑桥战争史》，吉林人民出版社，1999年1月版，第12页。

② 参见"战争起源、根源与原因"，人民网，http：//military. china. com/episteme/ll/023. html。

的战争”[1]，就使得战争成为毁灭人类的重要方式。

然而，如前所述，此时以及后来的相当长一段时间里，尚未产生专门从事武装活动的稳定人员，也就是说尚未形成由专门人员组成的“军队”，而是处于“全民皆兵”状态，即作战人员只是临时抽取，作战集体也是临时组建的，作战兵器与生产工具几乎毫无区别。对当时的情况，恩格斯曾有过详细的描述，即“住得日益稠密的居民，对内和对外都不得不更紧密地团结起来。亲属部落的联盟，到处都成为必要的了；不久，各亲属部落的融合，从而各个部落领土融合为一个民族的共同领土，也成为必要的了。民族的军事首长——勒克斯、巴赛勒斯、提乌丹斯——成了不可缺少的常设的公职人员。在不存在人民大会的地方，也出现了人民大会。军事首长、议事会和人民大会发展为军事民主制的氏族社会的各机关。其所以称为军事民主制，是因为战争以及进行战争的组织现在已在履行民族生活的正常职能。邻人的财富刺激了各民族的贪欲，在这些民族那里，获取财富已成为最重要的生活目的之一。他们是野蛮人：进行掠夺在他们看来是比进行创造的劳动更容易甚至更荣誉的事情。以前进行战争，只是为了对侵犯进行报复，或者是为了扩大已经感到不够的领土；现在进行战争，则纯粹是为了掠夺，战争成为经常的职业了。在新的设防城市的周围屹立着高峻的墙壁并非无故：它们的壕沟深陷为氏族制度的墓穴，而它们的城楼已经耸入文明时代了。内部也发生了同样的情形。掠夺战争加强了最高军事首长以及下级军事首长的权力；习惯地由同一家庭选出他们的后继者的办法，特别是从父权制确立以来，就逐渐转变为世袭制，人们最初是容忍，后来是要求，最后便僭取这种世袭制了；世袭王权和世袭贵族的基础奠定下来了。于是，氏族制度的机关就逐渐脱离了自己在人民、氏族、胞族和部落中的根子，而整个氏族制度就转化为自己的对立物：它从一个自由处理自己事务的部落组织转变为掠

① ［美］杰弗里·帕克等著，傅景川等译：《剑桥战争史》，吉林人民出版社，1999年1月版，第21页。

夺和压迫邻人的组织，而它的各机关也相应地从人民意志的工具转变为旨在反对自己人民的一个独立的统治和压迫机关了”①。不过，恩格斯文中所提到的“军事首长”尚不属于现代意义上的军队指挥员，主要就是因为此时军队尚未从社会生活中剥离出来。但是，这些完全可视为现代意义上的“军事活动”的萌芽。

随着城邦国家的出现和技术的发展，战争变得越来越庞大和复杂，这就使得人类不得不考虑组建专门人员构成的集体来从事这项危险而意义重大的活动，于是“军队”和“军事”也就逐渐出现了。因此，“人类社会有了战争，也就逐渐有了准备战争和实施战争的各种活动。这些活动主要包括军队的组织和训练，武器装备的研制和生产，战略战术的确定和应用，战争物资的储备和供应，以及军事思想的继承和发展等。”② 至此，为维护自身安全的相关军事安全活动也就开始出现。

第二节 “丛林法则”下的国家间军事安全活动

早期的国家间军事安全活动，由于相互间没有任何“法理”甚至道德的约束，所依据的是“弱肉强食”的丛林法则，不仅使得战争频发，也使得军事安全活动变得更加重要。因此，孙武在《孙子兵法》开篇便说，“兵者，国之大事者也，死生之道，存亡之理，不可不察也”③。

① ［德］弗里德里希·恩格斯：《家庭、私有制和国家的起源》，载《马克思恩格斯选集》第4卷，人民出版社，1972年第1版，第160—161页。

② 高锐：《军事历史》，载中国军事百科全书编审委员会编：《中国军事百科全书·军事历史Ⅰ》，军事科学出版社，1997年7月版，第1页。

③ 蔡英杰校注：《孙子兵法》，高等教育出版社，2010年3月版，第1页。

由于没有任何约束，战争变得无法控制。无论是游牧民族为获取新草地对农耕民族的进攻，还是农耕民族为获取更多的耕地而向游牧民族进攻，这种为获得生存空间而进行的战争一直持续着。以西方为例，“在公元前1200年到公元前1000年之间，全部西方世界都处在混乱之中。各个种族和民族都纷纷向各方向移动，以征服和逃避征服”①。而在东方的中国，有原始部落战争、巩固和扩大奴隶制国家的战争、不同部族的奴隶主争夺统治权的战争、奴隶和平民反抗奴隶主贵族压迫的战争等，频繁的战争更造成民不聊生。早在公元前26～前22世纪，就先后发生过神农氏时代的神农伐斧燧之战，黄帝时代的黄帝、蚩尤涿鹿之战和黄帝、炎帝阪泉之战，尧时代的尧攻驩兜丹水之战，舜、禹时代的舜、禹对三苗之战。到了春秋、战国时代，战争更是连年不断，兵燹如常。

此时的“军事”活动，无外乎征服和抵御征服两大类，根本目的在于在确保自身的安全独立的基础上壮大自己，同时削弱、消灭或征服敌人。同时，无论是氏族部落还是民族国家，单凭一己力量难以确保自身安全，结盟自然而然是最好的选择。因此，发展对外关系，建立邦交、订立盟约和形成联盟等是早期国家间军事安全活动的基本形式，其目的是抵御甚至报复可能对自己国家造成伤害或已经造成伤害的国家。

在这个时期，西方发生了许多时间长、规模大的战争，例如著名的希腊与波斯之间的战争。波斯王子居鲁士②依靠精良的军队不断征城掠地，三年间就征服了米底王国的全部领土。其间，慑于其威名，一些敌国的良将也纷纷倒戈并成为其干将。吕底亚国王克罗伊斯③在向爱琴海方向扩张的过程中，与波斯人发生了利益碰撞。而居鲁士的节节

① ［英］J. F. C. 富勒著，钮先钟译：《西洋世界军事史》，广西师范大学出版社，2004年8月版，第11页。

② 波斯人称之为库鲁希（Kurush），而希腊人称之为居鲁士（Cyrus）。

③ 克罗伊斯（Croesus，公元前560—前546在位）是吕底亚国王阿里亚特（Alyattes，公元前617—前650在位）的儿子。

胜利导致克罗伊斯担心自己的王国将成为下一个目标。因此，不得不暂时放弃向爱琴海扩张的计划，开始寻求与埃及、新巴比伦（迦勒底）和斯巴达等国缔结同盟，以共同预防和应对居鲁士的可能攻势。在与波斯人争斗的过程中，克罗伊斯不断派遣使臣周游于盟国，试图组成联军，以讨伐波斯人。[①] 尽管在阿波罗神的“神喻”[②] 下，克罗伊斯深信自己一定能够摧毁居鲁士统领下的王国，并发动了对波斯人的战争，但最终在与居鲁士的战争中惨败并成为阶下囚。然而，在其后200年的波希战争中，此类的结盟和国家间为求安全而进行的军事交往活动却十分活跃，并一直延续。

在中国，诸侯争霸的春秋时期，“会盟”是当时国家间军事安全活动的主要形式。这一时期的两次“弭兵会盟”对于促成晋、楚两大强国的和平相处具有重要的意义，而弱小国家宋国则在其中扮演了非常重要的角色。

由此可见，结盟是最古老也最为实用的国家间军事安全活动形式和方式。在西方历史上，其中一个具有重要意义的同盟建立，可谓开创了西方现代意义上的结盟先河，这就是公元前6世纪建立的伯罗奔尼撒同盟（Peloponnesian League）。尽管从内容和性质上看，各加盟国之间仍拥有相互交战的自由，但这种松散的同盟在“一致对外”方面却有着共同利益，它不仅揭示了结盟的最为本质的作用，也显示出现

---

① 最初，克罗伊斯欲派出使者赶赴德尔斐、波奇斯的阿巴伊、多多拿、安菲亚拉乌斯、特罗佛尼乌斯以及米利都的布朗奇达伊的神庙寻求神的意旨。除上述希腊神庙外，一些使者还去了利比亚，以求得利比亚阿蒙神的指示。克罗伊斯派遣这些使节，是要试试神的预言是否灵验，如果灵验的话，他就可以再派遣使节请示神，他——吕底亚王克罗伊斯，能否对波斯人发动远征。特别是，如果可以的话，他可否需要一个盟友来帮助他。参见［古希腊］希罗多德著，吴玉芬、易洪波编译：《希波战争史》，重庆出版社，2007年3月版，第26页。

② 神给克罗伊斯的预言是：如果他出兵波斯，那么他就可以灭掉一个大帝国，并且神还忠告克罗伊斯，让他在最强的希腊人中选择他的盟友。［古希腊］希罗多德著，吴玉芬、易洪波编译：《希波战争史》，重庆出版社，2007年3月版，第26页。

代国际军事安全的某些特征。某种意义上，部落联盟的机制或做法应是国家间军事安全活动的萌芽。

第三节 国际军事安全的萌芽

国际军事安全活动是以国家为行为体的，因此，它是伴随着国家出现和交往而开始的。尽管国际军事安全基本上属于近现代国际社会特有的现象，但是其形成与发展却经历了一个十分漫长的过程。

部落间的联合或结盟最初旨在共同采取军事行动，袭击敌人或对付外来侵略。而“伴随着原始社会的瓦解，阶级和国家逐渐产生，国家与国家之间的冲突与战争随之出现，国家间军事安全活动也应运而生”①。从另一个角度看，是军事活动，即战争催生了民族和国家的形成，而民族国家产生后，征服与被征服的战争依然不断。随着战争这一传统的军事活动不断发展，旨在预防战争、抵御战争和赢得战争的军事安全活动亦随之发展。

欧洲封建领主和天主教会先后对地中海沿岸地区发动了 8 次历时近 200 年的“十字军东征”。907 年，基辅罗斯进攻拜占庭首都君士坦丁堡（今伊斯坦布尔），迫使拜占庭签订有利于基辅罗斯的通商条约。12 世纪中叶，德意志国王弗里德里希一世先后多次入侵意大利，战败后双方签订了《康斯坦茨和约》（1183 年），规定了有关结盟、停战、媾和、割让领土、战争赔偿和战争法规等事项②。而这些通过结盟、媾和、割让领土、战争赔偿和制定战争法规的做法，从具体方式上或为加强实力，或对战败者进行惩罚，或通过制定战争法规来规定“游戏

① 赵丕主编：《中国军事百科全书》（第二版）《国际军事安全》（学科分册Ⅰ），中国大百科全书出版社，2008 年 5 月版，第 7 页。

② 同上书，第 8 页。

规则”，总之都是为了寻求国家和地区间的军事安全、和平与稳定。这些不仅是国际军事安全的萌芽，也为后来的国际军事安全体系最终形成奠定了基础。

作为当时世界的中心，中世纪的欧洲邦国林立，西欧有英格兰王国、苏格兰王国、葡萄牙王国、西班牙王国、法兰西王国、德意志“神圣罗马帝国”、奥地利大公国，意大利半岛上有威尼斯共和国、热那亚共和国、教皇国，东欧有匈牙利王国、波兰王国、立陶宛大公国、条顿骑士团领地、俄罗斯，北欧有丹麦王国、挪威王国和瑞典王国（兼有芬兰）。[①] 自古以来大国征伐小国不断，国际军事安全遵循的是“弱肉强食”的丛林法则。由于古代各国的经济往来并不密切，科学技术落后，交通不便，国家之间的关系通常在狭窄的范围内发展。这一时期有关战争、媾和、结盟、派使和信守条约等方面的规则和制度也未形成体系。直到16世纪时，西欧封建国家的统一，才为以后民族国家为主体建立国际秩序铺平了道路。那时的欧洲呈现出“皇帝主世俗，教皇操灵界”的局面，并形成了一个“统一世界”的观念——“神圣罗马帝国”。在这种情况下，其他国家的主权是被否定的，国际军事安全操控在强权手中。

从早期的国际关系史看，有一个事件对后来的国际军事安全影响极为重大，那就是众所周知的“地理大发现”。它使欧洲与世界的联系更加密切，促进了商贸流通和经济发展，形成了大西洋两岸的国际市场，但同时也导致各列强在对世界殖民过程中矛盾加深。其中，西班牙和葡萄牙在中南美洲建立了“拉丁化”的殖民帝国，葡萄牙人甚至还封锁了红海的商路，占领东非沿岸的基洛亚和蒙巴萨（1505年），进而在印度的卡利卡特、卡纳诺尔和科钦等地建立要塞，甚至侵占果阿（1510年）、马六甲（1511年），开始与暹罗、马鲁古群岛和中国往来。1557年，葡萄牙人租用澳门为定居点，由此侵入中国南海。而

① 王绳祖主编：《国际关系史·第一卷（1648—1814）》，世界知识出版社，1995年12月版，第7页。

英、法和荷兰等国则抢占北美洲作为殖民地，继而触角伸至亚洲。在激烈的殖民地争夺过程中，先是英国利用西班牙与法国的矛盾，通过外交上的纵横捭阖与西班牙周旋①，并最终在军事上击败西班牙“无敌舰队”②，彻底荡涤了西班牙的海上霸权。后有荷兰舰队在马六甲海峡击败西班牙与葡萄牙的联合海陆军。实力不仅成为争霸的基础，也为“弱肉强食”提供了保障，是生存和发展的前提。

世界各大洲或地区的接触和交往随着地理大发现的发展逐渐展开。在1500年前后，“各地区民族或国家仍处于极不平衡的经济及政治发展阶段上，国际间形成了几种各具特色的国家体系：东亚封贡体系，穆斯林世界（包括西亚和北非），欧洲秩序（后来加上俄罗斯），还有刚出现的美洲殖民地体系”③。在这些国家体系中，几乎都是依靠实力平衡国家间关系。无论是出于生物性的还是经济性的原因，战争几乎成为当时的时代基本象征，这一点从世界战争史中一目了然。为争夺世界霸权，列强不断扩充军事实力，这既是出于加强商贸的需要，更是以期在征城掠地和开疆拓土的划分世界过程中占据优势。

---

① 1485—1642年的英国，以资本主义手工业工场的繁荣和对外贸易的发达为背景，都铎王朝（1485年—1603年）和斯图亚特王朝（1603年—1649年、1660年—1714年）先后都实行重商主义政策。都铎王朝的伊丽莎白一世（1558年—1603年在位）在对外关系方面，主要是抵制罗马教皇和西班牙天主教会的反对势力，保护英国宗教改革和“新贵族”的利益。西班牙国王腓力二世曾经向伊丽莎白一世求婚；不但图谋推翻英国新教会，并企图将英国合并于西班牙帝国之内。伊丽莎白一世和她的外交大臣巧妙地利用西班牙与法国和尼德兰之间的矛盾，联合国际上新教的势力以与天主教集团相对抗。同时，鉴于西班牙的强大，英国将战争尽可能推迟，争取时间储备力量。

② 1566年，尼德兰爆发了反西班牙统治的革命，英国给予外交上和物资上的帮助，从此与西班牙发生公开冲突。1588年，西班牙派遣一支包括130艘战船的“无敌舰队”进攻英国。两国海军大战于英国海峡（7月）。结果西班牙舰船大半葬于海底，而英方仅损失1艘船，水兵死亡不到100人。

③ 王绳祖主编：《国际关系史·第一卷（1648—1814）》，世界知识出版社，1995年12月版，第1页。

应该指出的是，在以国际会议方式解决国际矛盾和国际战争前，由于欧洲国家中的主要列强均信奉基督教，罗马教皇的调停一度成为避免战争的一种解决方案。例如：在“地理大发现”期间，葡萄牙和西班牙在争夺海外殖民地问题上出现矛盾和争端，两国均欲将其探险船队发现的土地宣布为本国属地。为解决此争端，在罗马教皇的调停和仲裁下，葡萄牙和西班牙两国先后达成了《阿尔卡萨瓦斯条约》（1480 年 3 月 6 日）和《托尔德西拉斯条约》（1494 年 6 月 7 日）。其中，《托尔德西拉斯条约》是在教皇调停下，西班牙国王查理一世与葡萄牙国王若奥二世经过一年谈判才在西班牙的托尔德西利亚斯镇正式缔结的，依据该条约，双方同意将该线西移至佛得角群岛以西 370 里格（2220 千米）处（约西经 43°40′），从北极到南极划出一条分界线，线以东发现的土地属葡萄牙，线以西发现的土地属西班牙。葡萄牙获得巴西，西班牙占有拉丁美洲其他地区和西印度群岛。1506 年，教皇尤利乌斯二世批准《托尔德西拉斯条约》。这种依据教皇调停，以经纬线划分地盘并通过条约形式完成的分界线被后来的史学家们称为“教皇子午线”①。

客观上说，尽管这种方式尚不属于现代国际安全体系下的国际安

① 1492 年，哥伦布首次直航到达美洲大陆，西班牙开始向美洲实行大量移民和实施军事征服政策，同时决定将美洲新大陆宣布为自己的殖民地。此举引发葡西两国争端。葡萄牙主张沿加那利群岛的纬线划一条东西线，线以南属葡萄牙，线以北属西班牙。西班牙则主张按由北到南的经线划分。两国为此争执不下，最终西班牙请求教皇裁决。1493 年 3—9 月，教皇亚历山大六世连续四次发布训谕。第一、二道训谕授予西班牙对哥伦布已经发现或将被发现的不属于基督教统治者的陆地和海洋中的陆地以主权。1493 年 5 月 4 日的第三道训谕决定，以亚速尔群岛和佛得角群岛以西 100 里格（1 里格约合 6 千米）处从北极到南极的经线划线，线以东属葡萄牙，线以西属西班牙。两国都有权在属于自己范围的海面追击或夺取外国船只，向船只征税，按本国法律审判船员。第四道训谕将西属领地扩大到包括西印度群岛在内的所有大陆。有关“教皇子午线”问题，参见赵丕主编：《中国军事百科全书》（第二版）《国际军事安全》（学科分册 I），中国大百科全书出版社，2008 年 5 月版，第 23—24 页。同时参见王绳祖主编：《国际关系史·第一卷（1648—1814）》，世界知识出版社，1995 年 12 月版，第 22 页。

全机制范畴，但是，这种以教皇调停仲裁的手段，为避免葡萄牙和西班牙两国的军事冲突发挥了重要作用，也是国际军事安全发展阶段的一个重要的里程碑式的举措。这种方式在后来解决西班牙和葡萄牙纷争中继续发挥了作用，《萨拉戈萨条约》就是其产物。①

然而，从另一个角度看，“教皇子午线”却开创了国际关系史上殖民列强“合法”瓜分世界的先例。通过上述条约，西班牙占领除巴西以外的整个中南美洲。葡萄牙除占领了巴西外，在教皇的“允诺”下，“有权”占领亚洲和非洲新发现的广袤土地，但由于葡萄牙的国力所限，最终实际上只占有西非沿海一些殖民据点和印度南端至马六甲的商站。同时，“各国的这些殖民地起初是处在彼此分割的状态之中，它们之间的冲突多于合作，对立多于联系，长期以来未能形成一个‘互相联系与互相制约’的整体”②。教皇和教会则成为国际上的一种具有一定法理地位的解决范式，对约束国家间的行为，防止冲突起到了一定的作用。

但是，从整个世界看，丛林法则依然是维护自身安全的最基本理念，也是整个国际军事安全体系建立前的一种基本状态。即便是在教皇调停下的西班牙和葡萄牙，同样存在着实力因素的差距而导致最终获取殖民地多少的问题。由于实力的优势，西班牙在瓜分殖民地的过程中，获得了远比葡萄牙更为广大的土地和更多的殖民地。

可见，在国际安全体系建立前，民族国家要想维护自身的安全，就必须扩充实力，意欲获取更多的利益同样需要扩充实力，实力是一

---

① 1508年，尤利乌斯二世又授予西班牙国王充当西印度群岛基督教“监护人”的名义与权力。此后，罗马教会一再发出敕令，支持西班牙和葡萄牙殖民扩张。麦哲伦船队环球航行后，西葡两国在太平洋又发生争端。1529年，在教皇克莱门特七世仲裁下，两国在西班牙的城市萨拉戈萨签订《萨拉戈萨条约》，规定摩鹿加群岛（今马鲁古群岛）以东17°处从北极到南极划出分界线，线以东新发现的土地为西班牙属地，线以西为葡萄牙属地。

② 高岱：《论殖民主义体系的形成与构成》，载《北京大学学报·哲社版》，1999年第1期。

切安全和利益的基础。实力既是一种维护和平的手段，也是破坏和平的罪魁祸首。“教皇子午线”一类的调停，虽然对稳定局势、平衡对手发挥了一定的作用，但它并不能成为解决国际争端的永久方案，更无法制止战争的爆发。国际军事安全问题依然缺少一个长期有效的解决方案。

中国《春秋》三传之一的《春秋左氏传》（简称《左传》），比较完整地记录了春秋时代各国政治、经济、军事、外交和文化等各个方面的情况。该书提出了“兵为国之大事不可弭”这一观点的同时，又指出兵为凶器，当止戈为武。① 充分体现了“止戈为武”这一战争与和平的辩证统一思想。因此，无论是“止戈为武”，还是“化剑为犁”，或是“化干戈为玉帛”，都集中体现了中国古代追求“国际”军事安全目标的和平理念。即便是世人熟知的秦始皇构筑长城，同样也是“利用它由墙、壕、障、燧以及军用道路等组成的筑城体系，和由它而产生的预有准备、以逸待劳等有利因素，在被动形势下夺取主动权，以达到巩固国防的战略目的”②。因此，构筑长城反映出的是固守家园的防御性国家安全理念，是一种和平的国际军事安全理念。但是，这种被动的防御性“国际”安全理念，依然没有能够构成一种主动的军事安全解决方案。

因此，从国际上看，直到17世纪初至欧洲《威斯特伐利亚和约》

---

① 《左传·宣公十二年》记载，楚庄王率军大败晋军于邲，他的部属潘党建议，在邲地修筑一个显示武功的垒台，以昭示子孙，显示武力。对此，楚庄王说，从文字构成来说，“武”是“止”与“戈”的结合，即止息和制止干戈之义，并强调进行战争、使用武力有七种美德，即禁止暴乱、消除武力、发扬美德、树立功业、安定人民、协和万邦、增加财富。参见姜国柱著：《中国军事思想通史·先秦卷》，中国社会科学出版社，2006年11月版，第104页。

② 《中国军事史》编写组：《中国历代军事思想》，解放军出版社，2007年1月版，第179—180页。

的签订和“三十年战争”[①] 结束后，出现了为数众多的独立主权国家，才形成了近代主权国家之间崭新的国际关系，同时国际军事安全出现了“相对均势状态的格局”[②]。因此，一般认为，威斯特伐利亚国际军事安全体系的建立，标志着现代意义上的国际军事安全体系的形成，而在此之前的一切有关国家间的军事安全活动，只能算是现代国际军事安全的萌芽。

① “三十年战争”（1618—1648 年）是欧洲从封建时代跨进资本主义时代、中世纪国际关系转入近代国际关系交替时期在欧洲所爆发的第一次大规模的战争。这场旷日持久、时断时续的战争，是在不同阶段、不同交战国基于各自不同的利益和目的，几乎全部在德意志国土上进行的。政治背景复杂，矛盾错综交叉，既反映了德意志内部神圣罗马帝国皇帝与各诸侯之间、诸侯各邦之间在宗教、经济、政体、领土等方面的纷争，也反映了欧洲邻国借机干预德意志事务，为自己扩疆拓土、争夺霸权的斗争。它是奥地利—西班牙的哈布斯堡政权轴心国同新教国家及法国之间的一场范围极其广泛的武装冲突与较量。战争的导火索是布拉格的起义者将斐迪南派遣的两名天主教徒钦差，掷出了 20 多米的窗外，史称“掷出窗外事件”，致使奥地利哈布斯堡王朝决定以武力征服捷克。

② 王绳祖主编：《国际关系史·第一卷（1648—1814）》，世界知识出版社，1995 年 12 月版，第 63 页。

第二章

国际安全体系下的国际军事安全

国际安全体系是在历经多年战乱，民族国家历经反思后构建起的一种维护国际安全的结构性机制。尽管这种机制从某种意义上是后人加以“冠名”的，但由于其基本内涵的差异，仍显示出不同的特征。

自原始部落时期起，战争就始终伴随着人类的发展。直至 1648 年 10 月 24 日《威斯特伐利亚和约》签订前，世界解决国际矛盾和国际战争的方式主要依靠的是丛林法则，说到底，当时的世界就是一种弱肉强食的生存环境。仅以西方世界为例，“在公元前 1200 年到公元前 1000 年之间，全部西方世界都处在混乱之中。各个种族和民族都纷纷向各方向移动，以征服和逃避征服”①。这实际上就是一种侵吞与反侵吞的对抗过程。

① ［英］J. F. C. 富勒著，钮先钟译：《西洋世界军事史》，广西师范大学出版社，2004 年 8 月版，第 11 页。

第一节　均势制衡：威斯特伐利亚体系下的国际军事安全

殖民地的争夺和商业战争的兴起，导致欧洲主要大国间的矛盾进一步加深，特别是一些新兴国家面对西班牙和葡萄牙的殖民扩张和商业霸权，再也不能无动于衷。因为，它们意识到如果再不采取行动——开辟殖民地和抢占商业市场，则机会将永远丧失。于是，欧洲进入了一段新的战争时期。

一、威斯特伐利亚体系的形成

在这场殖民地和商业战争中，荷兰和英国逐渐击败西班牙和葡萄牙，成为新的霸主。而英国不仅于1588年7月在海上击败了西班牙的“无敌舰队”，还以先前航海家们在北美东部建立的多个基地为基础，于1607～1733年间，依靠驱逐土著居民和新教徒移民方式，在北美东部大西洋沿岸的狭长地带先后建立了13个殖民州。同时，依靠成立新印度公司，开辟东方市场，以印度为基地向亚洲腹地渗透。

荷兰则通过“尼德兰革命”宣布独立，脱离西班牙的统治，形成了一个由资产阶级化贵族统治的国家，经济空前繁荣，“取得了欧洲第一个商业资本主义国家的地位”①，并依靠其强大的商船和舰队东征西杀，势力范围北至波罗的海，南达好望角，西至美国东海岸，东到印度尼西亚。

欧洲其他国家也处于兴起和发展阶段，不同的战略目标和利益争

① 王绳祖主编：《国际关系史·第一卷（1648—1814）》，世界知识出版社，1995年12月版，第32页。

夺，以及新教联盟和天主教同盟的对立，使得国家关系错综复杂、风云变幻。“三十年战争”更将整个欧洲拖入了近代历史上第一次大规模战乱，直至《威斯特伐利亚和约》的签订才宣告结束。“三十年战争”“实际上是欧洲主权国家以‘均势’的名义讨伐哈布斯堡王朝的一次大规模联合行动”[①]。战争最终以1648年10月24日缔结的《威斯特伐利亚和约》结束，该条约标志着威斯特伐利亚体系的形成，对国际军事安全体系的形成发展具有重要意义。

二、均势理念的实践与威斯特伐利亚体系

《威斯特伐利亚和约》缔约的结果是：法国、瑞典和德意志的新教诸侯得到大片的土地；皇帝的权力受到限制，各诸侯国拥有独立外交权，并获得军费赔偿；瑞士和荷兰的独立获得缔约国的承认；卡尔文新派可以享受与路德教派同样的权利，打破了罗马帝国神权下的世界主权论；各国逐渐建立了常驻使节，有利于增进各国之间的邦交；实践了格老秀斯提出的国家主权、国家领土与国家独立等在国际关系中应该遵守的准则；规定缔约国不得破坏和平条款，创立了对违约国可实施集体制裁，以国际会议解决国际争端的先例。同时，“《威斯特伐利亚和约》把一百多年改革时代中欧洲政治进程的诸种特征以法律的形式固定了下来，使主权成为近代国际体系的基石。这项和约通常被看作是中世纪欧洲基督教世界共同体崩溃的标志，也是近代国际关系史的开端”[②]。此后的1713年，在结束西班牙继承战争的《乌特勒支和约》中明文宣布“力量均衡是相互友好和各方持久和谐的最好和最牢

① 郭华榕、徐天新主编：《欧洲的分与合》，北京：京华出版社，1999年版，第129页。转引自杨国顺：《威斯特伐利亚体系和维也纳体系的形成和特征》，载《辽宁大学学报（哲学社会科学版）》，2005年1月版，第33卷第1期，第97页。

② 计秋枫：《略论近代欧洲国际体系的建立与演变》，载《江苏社会科学》，1995年第5期，第114页。

固的基础”，本和约的宗旨就是要“通过力量均衡建立基督教世界的和平和安宁”[①]。事实上，这是世界上首次以外交文件的形式提出“均势”概念，并成为后来欧洲国家一致认同的外交和安全政策。

“三十年战争”后，原有的一些强势国家特别是哈布斯堡帝国被彻底削弱，欧洲一时出现了人们期待的“力量均衡”。欧洲列强英、法、奥地利及稍后加入强国行列的普鲁士和俄罗斯均把维护均势格局的思想贯彻到了政治现实之中。虽然一些国家试图夺取在欧洲国际体系中的优势或霸权地位，但它们却无一例外地遭到其他国家的联合抵制而归于失败。[②] 至此，人们显然从“均势”中看到了维护国际军事安全的前景和希望，即利用这种力量的牵制和联合行动，对试图破坏均势的国家进行惩罚，消除挑战均势体系的威胁。然而，理想与现实总是存在着巨大的差距。在《威斯特伐利亚和约》签订后的100多年里，欧洲发生了那么多次战争，就是“均势”并非是能够完全制止战争的灵丹妙药的最好证明，一些弱国成为这一体系下的最大利益受损者。因为“均势的主要功效并非保证和平，而是保护国家体系本身”[③]，甚至，“建立均势和推卸责任是大国用来阻止敌人颠覆均势的主要战略。通过建立均势，受威胁的国家本身必须参与遏制危险的对手。换句话说，它们愿意担负遏制和必要时抗击入侵者的重任。而采用推卸责任的战略，它们就可以设法让另一大国遏制入侵者，自己则冷眼旁观。受威胁的国家常常会采用推卸责任而不是均势战略，因为在战争爆发时，推卸责任者（buck－passer）可避免与侵略者打斗的代价”[④]。同时，

① 王绳祖等编：《国际关系史资料选编》，法律出版社，1988年版，第22页。

② 参见计秋枫：《略论近代欧洲国际体系的建立与演变》，载《江苏社会科学》，1995年第5期，第115页。

③ William C. Olson，etc.（ed.），“The Theory and Practice of International Relations，” *New Jorsey*，1983，p. 136.

④ ［美］约翰·米尔斯海默著，王义桅、唐小松译：《大国政治的悲剧》（第一版），上海世纪出版集团上海人民出版社，2008年1月版，第155—156页。

“均势”还有一个所谓“相关补偿”的规制，即：当一个强国的力量有所增加时，其他列强就应得到相应的补偿以维持原有的平衡，而这只有通过牺牲弱国的利益为代价才能实现。这就使得弱小国家既无法通过力量建设构成与大国的均势，也无法像大国一样通过推卸责任来规避威胁。这就意味着“均势”只能确保大国之间的一种稳定和平衡，大国是利益的获取者，而小国和弱国如不采取“跟着强者走”（bandwagoning）战略，将被排除在体系之外，利益受损更加严重。即便如此，小国和弱国依然是大国权力争夺中的牺牲品。历史上这种例证数不胜数，其中，18 世纪瓜分西班牙、瑞典和波兰等国家，19 世纪瓜分亚洲和非洲诸多殖民地，都是欧洲列强在“均势”理念和机制下的产物。可见，“均势”不过是大国之间的一场利益重新分配的游戏。

三、威斯特伐利亚体系下的国际军事安全

尽管威斯特伐利亚体系的建立为欧洲和平确立了某种解决方案，但没能阻止战争的爆发。欧洲内部战争不断，军事安全格局发生了重大变化，欧洲依然经历着战火的煎熬。在其后 166 年间（到 1814 年维也纳会议召开）的相互权力争夺过程中，英国与荷兰、波兰与瑞典、瑞典与丹麦、奥地利与土耳其、法国与西班牙和荷兰、俄国与瑞典、英国与西班牙、法国与葡萄牙之间战争不断。通过一系列战争，国家间的实力对比发生了重大变化。其中势力变化最大的是西班牙、葡萄牙、荷兰和瑞典等国，到 18 世纪末，它们已从大国序列中退出，而英国、法国、俄国、奥地利和普鲁士等国则成为欧洲政治舞台的主角。另外一些国家的命运则更为悲惨，如乌克兰被俄国兼并（1654 年）；波兰先后三次被俄、普、奥三国瓜分直至最终消亡（1795 年）；芬兰被俄国侵占（1808 年）等等。

在此期间，资本主义开始在欧洲迅速发展，伴随着工业化的迅速发展，列强的综合国力不断增强，其中军事实力的增强更使其殖民扩张力度加大。荷兰东印度公司侵占南非开普敦殖民地（1652 年）；英

国攻占西班牙殖民地牙买加（1655 年）；英国征服印度并占领孟加拉邦（1757 年）；英国侵占迈索尔（1799 年）；英国将塞拉利昂变为直属殖民地，侵占印度尼西亚（1816 年）等等，非洲和亚洲的一些国家在欧洲列强的扩张中沦为殖民地或半殖民地。

从军事上看，有两个国家的变化最值得关注，一个是法国，另一个是英国。法国在“三十年战争”中获益最大，是威斯特伐利亚体系的坚决维护者。当法国遭遇西班牙对其发起的挑战时，只能以战争形式回应。法国先是联合英国对付西班牙，并最终迫使战败的西班牙承认《威斯特伐利亚和约》；后又通过“遗产战争”和法荷战争确立的一定优势地位，特别是通过与荷兰签署的《奈梅根和约》，获取了巨大利益。[①] 因此，《奈梅根和约》的签订被认为是大大推进了法国的欧洲霸权政策，“是法国在欧洲最强盛时期的标志”[②]。从此之后，经过一个世纪的对外战争、掠夺邻国领土、蹂躏他国主权，以及采取恐吓欺诈、以强凌弱等种种手段，法国在列强林立的欧洲确立了霸权地位。但是，“法国欧洲霸权的建立，破坏了国际关系的道德准则，也破坏了欧洲国际安宁，严重地阻碍了国际社会和平事业的发展”[③]。同时，法国的霸

---

① 1678 年 8 月和荷兰签订了对法有利的《奈梅根和约》。根据这个和约，法国虽然没有实现对荷战争的原定计划，而且还向荷兰降低了关税；但是，路易十四却用各个击破的外交手段与各方单独谈判，在欧洲谋得更多的权益；对皇帝，他放弃菲利浦斯堡的占领，而取得了弗赖堡的占领权；对西班牙，则强占了它的弗朗什孔泰和佛兰德斯的康布雷与瓦朗西延；对洛林公爵让其收复失地，但不许在城市里设防（此条未生效）；对勃兰登堡，使之陷入外交孤立，逼其交出它所占领的瑞典领地，并转而投靠法国；还有一些德意志小邦，在法国外交摆弄下，也被迫向法国作了就范的保证；此外他还打破国际惯例，第一次用法文代替拉丁文书写国际条约，提高了法国的国际威信。参见王绳祖主编：《国际关系史·第一卷（1648—1814）》，世界知识出版社，1995 年 12 月版，第 113 页。

② ［苏］弗·彼·波将金主编：《外交史》第 1 卷（上），三联书店，1979 年版，第 352 页。

③ 王绳祖主编：《国际关系史·第一卷（1648—1814）》，世界知识出版社，1995 年 12 月版，第 115 页。

权确立之路，使欧洲重新陷入弱肉强食的强权政治深渊。法国霸权的确立，改变了欧洲固有的政治格局，形成了独霸欧洲的格局。只是，这种格局因法国自身难以克服的问题而未能长久，逐渐被后来兴起的力量中心所取代。

英国从1649年起加紧建设海军。从1649年至1660年，短短的11年中，一共建造了98艘军舰，加上夺取的军舰，英国海军在1660年已有207艘军舰。其远征船队都配备了较强的火力，大都装备了至少86门大炮，有的甚至装备150门大炮。[①] 如此强大的海上力量，为英国争夺海上霸权奠定了物质基础。已经建立了“全球海上马车夫”地位的荷兰，依靠其强大的海上力量与英国争夺海上霸权和海上贸易的垄断权，但最终还是不敌英国，在1652～1653年的战争中败北，并经过一年多的谈判，最终签署了《威斯敏斯特和约》[②]，标志着荷兰势力的衰落，加之后来的两次与英国战争，荷兰的海上霸主地位彻底丧失。而英国不仅从荷兰手中夺得了荷兰的一些原有殖民地，更是在军事上确立了自己的优势。特别是1640年至1688年的48年间，英国出现所

① ［苏］叶·阿·科明斯基、雅·亚·列维茨基主编：《十七世纪英国资产阶级革命》(上)，商务印书馆，1990年版，第647页。转引自王绳祖主编：《国际关系史·第一卷（1648—1814)》，世界知识出版社，1995年12月版，第79页。

② 1654年4月5日，英国与荷兰双方缔结《威斯敏斯特和约》。条约规定荷兰不得与欧洲以外的英国岛屿和殖民地通商，英国也不得同欧洲以外的荷兰岛屿和殖民地通商。这等于荷兰被迫承认了1651年10月9日英国议会通过的《航海条例》(该条例规定，自1651年12月1日起，凡是在亚洲、非洲和美洲或其他岛屿生产或制造的一切商品或货物，只有用英国船员管理的英国船只才能运入英国的领土；欧洲国家出产或制造的产品和货物，或用英国船或用生产该项商品国家的船，才可运到英国的领土；不准英国人进口通过某种外来的中介运来的该地区不生产的商品；只有英国船所捕的鱼制成的鱼品，才许可英国进口，从英国出口的鱼品只能用英国商船，而且这些船上的船长和大多数船员都应该是英国人)；荷兰保证赔偿从1611—1652年给英国东印度公司造成的损失，惩办1623年在安波那岛杀害英国人的罪犯；发给证书的私掠船被认为是合法（荷兰在此之前要求禁止颁发此类私掠船证书)。条约附加的秘密条款规定，荷兰声明不选举奥伦治亲王为荷兰执政。

谓的“光荣革命”三步曲，即武装革命推翻封建王权、斯图亚特王朝复辟和确立君主立宪政体，英国的实力不断壮大，在争夺海外殖民地和海上战略据点的对外扩张活动中，英国开始更多地采取攻势，不仅从西班牙手中夺取了直布罗陀海峡，控制了通往地中海的咽喉要道，还在北美和印度夺取了法国的大片殖民地。

四、欧洲协调与均势的作用

从历史上看，“均势”也不是近代欧洲国际体系中惟一的运行原则。由于战争往往是维持均势的最后必要手段，因此，当一场大规模破坏性的反霸权战争结束后，对战争的代价心有余悸的欧洲政治家们便试图寻求以合作来替代对抗，这导致了“欧洲协调”（Concert of Europe）的出现。路易十四之后以“英法协约”为核心的大国协调，曾在数年内有效制止了欧洲的动荡；拿破仑战争之后神圣同盟体系则被看作是最成功的协调机制；有人甚至把19世纪后期的欧洲政治也称为“欧洲协调”。① 在20世纪，“欧洲协调”也曾在扩大的范围内重现过两次，即1919～1920年“国际联盟”的有效活动期和1945～1946年联合国的创始期。但所有这些协调的一个共同特点就是持续时间极为短暂，当各国尤其是大国之间的利益冲突达到一定的激烈程度时，“协调”便告崩溃，国际体系回复到以力量为依据的均势格局。②

从本质上说，均势是指这样一种特定状态：处于势均力敌状态的任何一方无法承担试图改变已形成的权力平衡状况的代价，或没有能力、没有决心来改变这一状况。前者明显的如冷战期间美苏之间的核

---

① Robert Jervis，“From Balance to Concert，” *World Politics*， Vol. 36 (1985)，No. 1，p. 58.

② 计秋枫：《略论近代欧洲国际体系的建立与演变》，载《江苏社会科学》，1995年第5期，第116页。

均势；后者如欧洲协调时期的经典均势。从军事角度讲均势是一种进攻与防御的战略平衡状态；而以经济学的术语来说更为确切，即均势是一种“帕累托最优”（Pareto Optimum）状态。[①] 作为国际政治理论中最古老、最持久、最有争议的理论之一，均势论在西方国际关系理论中，尤其是古典现实主义与结构现实主义中得到了广泛阐述。“均势”甚至被认为是一切国际政治理论的基础或“政治的物理定律”[②]，以致于肯尼思·华尔兹断言：“如果有什么特别的国际政治理论的话，均势理论就是。”[③] 因此，这种以主权平等为基础的近代国际安全体系，尽管有这样或那样的问题，但“均势”思维还是历经岁月从其发源地扩展至全球，甚至成为一些人追捧的理论。

这种“均势制衡”的安全理念，虽然没有给《威斯特伐利亚和约》后国际军事安全带来持久的和平，但它毕竟开创了一种新的维护国际军事安全的方式。应该说以《威斯特伐利亚和约》为基础建立起来的威斯特伐利亚体系，初步确立了多国并存的国际均势格局，虽然“势力均衡”并不稳固，但却确立了以平等、主权为基础的国际关系准则，并在条约签订后长达几百年的时间里成为解决各国间矛盾冲突的基本方法之一。《威斯特伐利亚和约》还建立了以国际会议方式和平解决国际争端的模式，通过召开国际会议，有效地解决了领土划分及赔款、宗教等复杂问题，此后和平商议、协调解决已经成为解决国际争端的主要模式。

---

① 王义桅著：《超越均势：全球治理与大国合作》，上海三联书店，2008年4月版，第4页。

② A. J. P. Taylor, “The Struggle for Mastery in Europe, 1848—1918,” *New York and Lodon*: *Oxford University Press*, 1954.

③ Kenneth Waltz, “The Theory of International Politics,” *Reading*, *MA*: *Addison—Wesley*, 1979. p. 117.

第二节 联合掣肘：维也纳体系下的国际军事安全

威斯特伐利亚体系下的欧洲，历经变化已经成为世界政治和经济的中心。但是，全球范围内为争夺霸权而进行的战争并没有减少，总体安全也没有出现人们期待的局面。同时，欧洲各国的政治形势也发生着重大变化，特别是“资本主义的发展强化了各国对现实国家利益的追求，人权的理念和民主共和的思想猛烈地冲击着专制主义的旧体制”①。英国通过资产阶级革命夺取政权，扩张性进一步加强。法国在资产阶级革命中获得新的发展动力。俄国则在此期间不断扩展地盘。美国发动了独立战争脱离了英国统治，并积极参与海外殖民扩张。在各自利益的驱使下，在权力争夺中，列强间的联盟变化莫测，敌友转换频繁，使得国际军事安全形势错综复杂。威斯特伐利亚体系下所构建的“均势”结构已经因新的列强崛起而名存实亡。特别是拿破仑时期的法国在意欲称霸整个欧洲的征战中，严重损害着威斯特伐利亚体系下的国际军事安全格局。尽管法国在争霸欧洲的过程中连连得手，摧毁了欧洲大陆上几乎所有君主制国家，但终因树敌过多和20多年的连年征战耗尽国力，在英国与俄国、普鲁士、西班牙、奥地利等国先后组织的7次反法同盟的联合反击下，拿破仑帝国彻底解体。欧洲的安全体系开始面临着必然的调整。

一、维也纳体系的形成及其内涵

1814～1815年欧洲列强在打败拿破仑后于维也纳召开和会，经过讨价还价后，最终于1815年6月9日达成《最后议定书》。它调

① “威斯特伐利亚和会”，百度百科，http：//baike.baidu.com/view/1982541.htm。

整了拿破仑战争后欧洲国家的疆域，以恢复欧洲政治军事力量的新平衡——均势。因为“维也纳会议政治家相信五大国之间势力取得均衡，即可导致欧洲的安宁和繁荣，实现哲学家们多年企望的永久和平”①。尽管这看起来仍然是威斯特伐利亚体系理念的实践，但由于《最后议定书》改变了欧洲原有的政治版图，事实上已经构建起一个完全不同于以前的体系，这个体系被后人称为“维也纳体系”。

维也纳体系的最大特点是，欧洲各国从联合打败法国扩张中得到启示，发现“联合掣肘”是防止大国称霸、维护欧洲和国际安全的有效手段。因此，其后出现的《神圣同盟条约》（1815 年 9 月 20 日），惩治法国的《第二次巴黎和约》（1815 年 11 月 20 日）和英、俄、奥、普签订的《四国同盟条约》（1815 年 11 月 20 日）都是这种安全思维的体现。依据相关条约，盟国不仅实现了对法国的驻军占领，还使法国割地、赔款，以此削弱法国的实力，使之无法再次挑战和平。

此外，维也纳体系还正式确立了“欧洲协调”这一处理国际问题的机制。英、俄、奥、普、法五大国以定期会议形式商讨共同关心的问题，因此，大国也成为欧洲事务的协调体。显然，大国们在努力恢复欧洲均势的同时，又融入了协调机制，这对维护欧洲的和平与稳定发挥了重要作用。在这种体系下，其后大约 100 年中，欧洲的总体军事安全形势是相对稳定的。同时，由于这种机制与当今的联合国集体安全机制中的大国一致原则理念十分相似，或可看成是集体安全机制的雏形。

二、维也纳体系下的国际军事安全

尽管各大国希望通过联合掣肘的方式来阻止某国为谋求私利挑战欧洲秩序。但是，欧洲列强的殖民扩张并没有停止，反而变本加厉。

① 王绳祖主编：《国际关系史·第二卷（1814—1871）》，世界知识出版社，1995 年 12 月版，第 15 页。

其中“神圣同盟”支持西班牙派遣军队干涉拉美的殖民地独立运动，甚至法国也参与其中，派军舰游弋于美洲各国沿海，配合西班牙的行动。同时，为了西班牙能专注于海外行动，法国还于1823年3月派出10万军队，武装镇压西班牙革命，恢复斐迪南七世的统治。

值得注意的是，此时的大国协调机制出现了裂痕。英国因其在拉美的重要政治和经济利益，放弃了“欧洲协调”原则，不支持武力干涉拉美殖民地独立运动，因而与俄、普、奥形成对立局面。英国在经济上采取贷款、投资和贸易手段控制了几乎所有拉美国家的经济；政治上以支援拉美各国独立战争为名获得拉美国家的支持；军事上直接派出志愿兵参与反对西班牙殖民者的斗争，并最终于1825年元旦承认哥伦比亚、阿根廷、墨西哥这三个与英国贸易和投资最多的国家为独立国家，随后又承认了葡属巴西的独立，并对这些国家派遣领事和代办，同时订立商约。英国外交大臣乔治·坎宁在后来给英国驻巴黎大使格兰维尔的信中踌躇满志地写道：“事业已经完成，钉子已经钉下，西班牙美洲解放了；倘若我们处理我们的事业不糟糕，它（指西班牙美洲）是属于英国的。”[①] 这深刻反映出英国在争夺拉美国家斗争中的深谋远虑。

同时，这一时期正是美国实力不断增长的过程。此时的美国在美洲的扩张进行得如火如荼，通过政治、经济和军事手段成功地夺取了不少原属西班牙的多块殖民地，甚至想构建一个南北美洲组成的“伟大的美洲体系”或“美洲人类自由联盟”，以此削弱欧洲的影响和维护自身安全。面对欧洲列强对拉美国家独立运动的武装干涉，美国通过“门罗宣言”[②] 高举“美洲是美洲人的美洲”旗帜，笼络拉美国家人心。

---

① ［美］福斯特主编：《美洲政治史纲》，三联书店，1956年版，第201页。转引自王绳祖主编：《国际关系史·第二卷（1814—1871）》，世界知识出版社，1995年12月版，第51页。

② 1823年12月2日，由美国总统门罗向国会提交的由国务卿亚当斯拟定的国情咨文，咨文中有关外交方面的主要内容被称为“门罗宣言”，集中反映为三个基本原则，即“反对欧洲国家再在美洲夺取殖民地”原则、“不干涉”原则和“美洲体系”原则。

但美国只是口惠而实不至，并未采取实质性行动来抵御欧洲人的威胁和入侵拉美，甚至拒绝一些拉美国家要求结成反欧联盟的建议，致使英国和法国继续在拉美扩大殖民势力。而美国则趁机通过各种方式，包括使用武力开疆拓土。据有关学者统计，门罗主义成为美国早期扩张主义政策的有力工具，从1819～1853年，其扩张的领土面积达130万平方英里，约为1819年以前美国国土总面积的80%。到19世纪中叶前，美国领土已由沿大西洋13个州的狭长地带一直扩展到太平洋沿岸。[①] 可见，如果说欧洲的殖民扩张对拉美国家来说是令人痛苦的，美国的门罗主义给拉美国家带来的灾难则是致命的。拉美国家可谓腹背受敌，国家安全丝毫没有保障。

在维也纳体系下，俄国的实力不断增强，对外扩张的势头不断加强。在解决希腊问题上，法国与英国和俄国结成了对土耳其的“三国联盟”，联合对土耳其施压，并最终于1827年10月20日重创土耳其海军。俄国通过此役取得了在黑海地区的绝对优势，并顺势于1828年4月26日正式对土耳其宣战，经过一年多的征战，俄国取得对土耳其战争的胜利，依靠《亚德里亚堡条约》获得了巨大的权益。[②] 但是，此条约引发了欧洲其他列强的不满和抗议。尽管如此，由于俄国在希腊问

---

① 参见王绳祖主编：《国际关系史·第二卷（1814—1871）》，世界知识出版社，1995年12月版，第69页。

② 条约于1829年9月14日签订，条约规定：普鲁特河仍为俄土两国边界，从此河与摩尔达维亚领土相连之处直到多瑙河汇合点。从此处以下，边界线沿多瑙河至圣乔治河入海湾；多瑙河各支流所形成的一切岛屿属于俄国。在高加索，从库班河口远至圣尼古拉港的整段黑海沿岸地区永远划归俄罗斯帝国统治。多瑙河两公国仍处于土耳其政府的宗主权之下，但由俄国来负责保证两公国的福利，保障两公国享有信教自由、充分安全、独立和自由贸易的权利。土耳其政府在条约中郑重宣布：保证塞尔维亚信教自由，保证俄国臣民在奥斯曼帝国全境内享有充分的绝对的贸易自由，保证黑海的商业和航运的绝对自由。条约还破天荒规定土耳其政府对俄国此次战费“提供适当的赔偿”。

题上进行了一定的妥协，既得利益依然得以维护。土耳其与埃及战争爆发后，俄国积极介入，希望从中获取利益。俄国一方面向埃及施压迫其停火，另一方面出兵援助土耳其。但俄此举引发法、英、奥的恐惧，通过外交斡旋和军事施压，最终促使土埃签订了《屈塔希亚和约》[①]（1833 年 4 月 8 日），土埃冲突暂告一段落。而作为这场危机最大的赢家俄国，其后不仅从与土耳其签署的《温卡尔-伊斯凯莱西条约》（1833 年 7 月 8 日）中获得了舰队可以自由出入达达尼尔海峡的权利而事实上控制了该海峡，还通过与奥地利签订合作条约（后普鲁士表示支持该条约的总方针）的结盟，形成了与英法对立的局面，从而形成了欧洲力量的一种新的平衡结构。

但是，土耳其与埃及的再次冲突使得欧洲其他列强因追求利益而强力介入，同样，因利益驱使，列强之间的关系出现了新的分化与组合。英国因明确接近俄国的外交倾向而导致与法国关系紧张，而俄国则顺势联英排法；奥地利和普鲁士也逐渐靠近英俄，致使法国处于孤立状态。然而，尽管列强之间存在着这样或那样的矛盾和利益冲突，但在共同维护地区安全问题上最终还是达成基本一致，特别是在有关战略水道达达尼尔海峡和博斯普鲁斯海峡的管控和封锁问题上达成一致，共同签署了《伦敦海峡公约》（1841 年 7 月 13 日）。从该公约的签署情况看，既体现出联合掣肘所发挥出的重要作用的一面，也体现出军事结盟对于维护国际军事安全所发挥的重要作用。俄国因此公约实际上丧失了在《温卡尔-伊斯凯莱西条约》中获得的利益，而英国通过联合俄国，既成功地遏制了法国，也从新的公约中获得了最多的利益——成功地渗透到叙利亚、黎巴嫩和埃及的政治和经济中。从安全角度看，列强将对重要战略水道达达尼尔海峡和博斯普鲁斯海峡的管控，由俄国独占变为列强共管，从而减少了在战略要地争夺上的矛盾，

① 根据和约，苏丹把叙利亚部和阿达纳一带割给穆罕默德·阿里。5 月末，苏丹发布赦令，赦免穆罕默德，阿里父子叛乱罪，恢复他的埃及总督职务。

一定程度上维护了列强的共同利益。因此，“《伦敦海峡公约》是英国外交的胜利和俄国外交的失败。法国和奥地利虽在其中获利不多，但是它们却在近东外交中找到一个共同的立足点，这就是英、法、奥联合起来，绝不让俄国控制两海峡和奥斯曼帝国”①。这给后来的克里米亚战争爆发埋下祸根。

维也纳体系运行期间，正是欧洲民族主义运动开始兴盛之时，欧洲主要国家在民族主义运动中，纷纷爆发革命，列强在应对国内问题的同时，相互之间的固有矛盾没有解决，新的矛盾却不断出现，最终导致矛盾激化。其中，不满现状的俄国欲通过对付法国和土耳其的挑战而打破原来的欧洲战略格局。1853 年 7 月 3 日俄国派 8 万俄军渡过普鲁特河，占领了多瑙河西岸的两个公国。英国和法国在共同利益的驱使下，建立联盟并将各自舰队驶入黑海，发出最后通牒，要求俄国军舰退回本国港内。遭到俄国的拒绝后，法、英先后对俄宣战，奥地利与普鲁士也在军事和外交上对俄施加压力，并最终在克里米亚地区进行了会战。这样，原本俄国与土耳其的战争演变成为英法与俄国的对决，并随着事态的变化演化成为英、法、奥联盟对抗俄国的局面。最终俄军在一系列会战中，以损失 30 多万人的代价输掉了克里米亚战争。联合掣肘再次发挥功效。经过一番外交博弈，法国、奥地利、英国、普鲁士、俄国、撒丁和土耳其七国签订了和平友好总条约，即《巴黎和约》。

受战争和《巴黎和约》的影响，欧洲列强的实力和影响发生了新的变化：俄国的欧洲霸权势力受到很大的削弱；英国因俄国势力的衰落而成为近东的霸主；法国因在战争中的突出作用和在和谈期间的出色表现地位上升明显；奥地利虽获得了一定的安全利益，但却因其拙劣的外交表现而与各国关系不佳；土耳其丧失了对一些欧洲附属国的统

① 王绳祖主编：《国际关系史·第二卷（1814—1871）》，世界知识出版社，1995 年 12 月版，第 107 页。

治，且因经济难以复苏实力大减；值得注意的是，法国与俄国成为新的联合伙伴；而普鲁士则在俾斯麦的纵横捭阖下，利用王朝战争统一了德国；撒丁王国也利用各种优势完成了意大利的统一。这样，在中欧和南欧均出现了新的统一大国，欧洲的政治版图被重新绘制。

从全球的视角看，欧洲势力的强大，并未给世界带来和平。反而欧洲列强依靠其强大的实力对全球进行进一步殖民扩张。在亚太地区，英国在印度镇压反抗殖民地的斗争后，进一步加强了对印度的统治，并将势力渗透到东南亚。法国则向太平洋的岛屿进军，并与英国展开争夺战，“到19世纪末20世纪初，太平洋上的岛屿逐个被帝国主义瓜分完毕”[①]。日本也在美国的炮舰政策下被迫开放门户，成为西方列强攫取利益的场所。俄国通过战争割取了波斯的大片领土，进而侵占了差不多整个中亚地区。而英国在与俄国的争夺中则占领了阿富汗。在非洲地区，列强的争夺更加激烈，特别是英法势力几乎遍布非洲。

中国更是灾难深重。中国在西方列强的坚船利炮下输掉了第一次鸦片战争，签署了近代第一个丧权辱国的条约——《南京条约》（1842年8月29日），并为其他西方列强入侵中国打开了方便之门。这就有了后来的与美国签订的《望厦条约》（1844年7月3日）和与法国签订的《黄埔条约》（1844年10月24日）。此外，基于“利益均沾”原则，中国还被迫与葡萄牙、比利时、瑞典和挪威等国签署了一系列不平等条约，中国的国家利益受到极大损害。但列强并不满足，发动第二次鸦片战争，迫使清政府与英国和法国分别签订了《天津条约》（1858年6月26、27日）和《北京条约》（1860年10月24、25日）。俄国人则趁火打劫，先是逼迫清朝黑龙江将军奕山签订了《瑷珲条约》（1858年5月28日），侵占中国大片领土，后又通过《北京条约》再次侵占中国大片领土，加上其他手段侵占的领土，俄国在几年时间内共攫取中国领土达140多万平方公里。而列强的入侵也使中国的半殖

① 王绳祖主编：《国际关系史·第二卷（1814—1871）》，世界知识出版社，1995年12月版，第226页。

民地半封建体制进一步畸形发展。

三、对维也纳体系的再认识

从历史的角度看，维也纳体系——这种建立在损害小国和弱国安全利益之上的安全体系，尽管依靠联合掣肘下的欧洲协调，基本维持了欧洲近百年的相对稳定和安全，但同时这种保护下的殖民扩张，对于国际军事安全来说，显然是一种异化了的安全体系。同时，在这种体系下，民族主义运动依然不断发展并伴随着革命甚至战争，可谓危机四伏。维也纳体系也终因实力平衡被打破而脆弱不堪，特别是它对于整个世界来说并不是一个有效安全的体系，仅仅维护了大国的安全利益，而小国和弱国的安全利益却受到了极大的损害。

从维也纳体系下的国际军事安全态势不难看出，如果说均势制衡、欧洲协调和联合掣肘给欧洲带来的是相对的和平，那么其给包括中国在内的其他地区国家带来的则是灾难性的国家利益损失。这是彻头彻尾的国际军事安全不平衡，是列强制衡下的强取豪夺，是现代意义上国际军事安全的另一个极度黑暗时期。而经历了欧洲深刻的变化，“神圣同盟”开始逐渐瓦解，1848 年起席卷欧洲的大革命和其后的各种战争，导致了欧洲原有力量平衡的打破，这吹响了维也纳体系彻底瓦解的号角。这充分说明，在追求国家安全利益的过程中，大国的联合掣肘在一定时期和一定范围内可以阻止某个国家对国际军事安全机制的破坏和冲击，但是，在各自的安全利益的作用下，在无政府的国际环境中，利益集团的重组必将打破原有的力量平衡，这无疑将导致国际军事安全格局的改变，从而影响国际军事安全朝着新的方向发展。

第三节 军事结盟：俾斯麦同盟体系下的国际军事安全

普鲁士在“铁血”首相俾斯麦①的内外政策和手段运作下，通过三次王朝战争（即1864年的德丹战争、1866年的普奥战争和1871年的普法战争）实现了德国的统一。普法战争不仅使德国最终统一，还促使法国爆发革命，推翻并结束了法国王朝统治的历史。但是，最终签订的《法兰克福和约》则使法国割地、赔款，国家利益大损，而德国则不仅在利益上收获颇丰，更重要的是为未来发展成为欧洲列强奠定了良好的基础。

一、俾斯麦同盟体系的形成

俾斯麦同盟体系是经过一系列的复杂结盟关系建立起来的。政治上，凭借变通的现实主义外交手段完成德国统一后，俾斯麦通过利用大国间矛盾，签订了一系列条约来维持欧洲大陆的均势，逐渐使德国成为欧洲政治的中心舞台。经济上，通过金融改革和有力的经济政策特别是工业革命，促使资本主义经济快速发展，仅仅经过约30年的努

① 奥托·冯·俾斯麦（Otto von Bismarck，1815—1898）为普鲁士首相兼外交大臣（1862—1890），是德国近代史上杰出的政治家和外交家，被称为“铁血宰相”。其对国际政治的著名论断是：“当代的重大问题不是通过演说与多数人的决议所能解决的——这正是1848年和1849年所犯的大错误——而是要用铁和血来解决。”参见［英］艾伦·帕麦尔著：《俾斯麦传》，商务印书馆，1982年版，第98页。

力就完成了英国近百年的经济发展路程，成为欧洲经济第一强国。① 军事上，德国凭借其殷实的经济基础（其中包括法国的 50 亿法郎战争赔款），不断加大军费预算，发展武器装备。到 1902 年德国的军费开支已达 87453.6 万马克，仅低于英国（121830 万马克）和俄国（95801.5 万马克）。② 德国军队人数 1800 年已达 51.03 万人。③ 至此，德国已成长为一个真正的欧洲巨人，但也开始变成国际秩序的挑战者。德国通过一系列军事结盟方式，构建起欧洲新的力量体系。应该说，普法战争的胜利和德意志帝国的建立是俾斯麦体系建立的最根本基础。

尽管德国的统一使得德国焕发出勃勃生机，国家实力不断增长，已经成为欧洲最强大的国家，“但由于其地缘政治的不利（处于强国的包围之中），德国的外交政策主要是为了保持均势而不是为了改变均势。俾斯麦以均势外交为原则，推行确保德国在欧洲大陆霸权地位的‘大陆政策’。其大陆政策和均势外交，是通过一系列同盟和国际条约

① 俾斯麦首先通过统一货币（发行帝国马克）和建立中央银行规范金融体系，同时统一经商法规，还把铁路置于国家的严格控制之下，并通过关税保护为国家需要提供服务。在俾斯麦营造的这个国内统一市场和统一经济体系中，德国人系统地利用了欧美工业、经济发展方面的成功经验，彻底地加以改造吸收，到 19 世纪末，德国在短短 30 年时间内就走完了英国人用 100 年才走完的路——工业化道路，跻身于世界工业强国之林。德国从 19 世纪 50 年代开始到 20 世纪初，出现了真正经济高涨的局面，其最重要的原因是，德国在 19 世纪 60 年代发出了以电力工业为主要标志的第二次产业革命。德国第一次产业革命完成于 19 世纪 80 年代，第二次产业革命使德国出现了一系列新兴工业部门，并推动德国经济出现“跳跃式”的发展。20 世纪初，即 1903 年，德国的国民生产总值超过英国居欧洲首位。1905 年到 1909 年，钢铁平均年产量德国为 1130 万吨，英国为 609 万吨；生铁平均年产量德国为 1067 万吨，英国为 986 万吨。1907 年德国的发电量为 32 亿瓦小时，英国为 14 亿千瓦小时。1872 年德国的铁路运行公里数超过英国后，差距逐年扩大，1910 年德国为 61209 公里，英国为 32184 公里。

② 以上数据参见 Frederic. C. Howe, “Why War?” *Seattle*, *USA*, 1970, p. 151。

③ 王绳祖主编：《国际关系史·第三卷（1871—1918）》，世界知识出版社，1995 年 12 月版，第 358 页。

来实现的：一是1873年的德、俄、奥同盟；二是1879年的德奥秘密军事同盟，矛头指向俄国；三是其他反法、反俄同盟，如德、奥、罗同盟（1883），旨在反俄；英、意、奥、西班牙签订《地中海协定》（1887），针对法俄以及德俄《再保险条约》。通过这些同盟和条约，俾斯麦极力压抑德国实力的展现，把德国的影响限定在欧洲大陆，维持欧洲的现状。他相当成功地实现了他的外交构想，为日后德国的外交战略奠定了基础”①。

普法战争后，欧洲秩序和安全基本上是依靠“三皇联盟”② 的外交安排来维系的。“然而，三皇联盟毕竟是以奥俄接近开始的松散联合，三方都可接受的共同点仅仅在维持欧洲现状。因此，三皇联盟这个保守主义政治结构只是普法战争以后欧洲大国关系处于牵制状态的一种反映，而奥俄保持合作则是这个联盟的基础。”③ 终于，这种联盟的脆弱性在1875年的德法危机中显现出来：当德国意欲通过军事威慑方式震慑法国时，遭到了英、俄、奥联合起来的不同方式的干预，最终计划流产。德国不仅没有达成目的，还暴露了其优势地位对欧洲的威胁性。但是，该同盟在后来的一系列危机和冲突中还是发挥了一定的作用，特别是在联合应对俄国对土耳其的战争危机中，尽管意见并不完全一致，但最终还是在柏林会议后签订的《柏林条约》（1878年7月13日）中发挥了重要作用。《柏林条约》使欧洲列强的权力再次得到重新分配，形成了一种新的均势格局，为防止大国之间爆发战争发挥了重要作用。

然而，德国与俄国之间的矛盾是实实在在的，这种矛盾不仅反映在政治分歧上，也反映在经济纠纷上，且在1879年达到了一个高潮。

---

① 刘新华：《地缘政治、国际体系变迁与德国外交战略的选择》，载《德国研究》，2004年第1期，第27页。

② 三皇联盟指的是德国、奥地利和俄国三国皇帝通过签署《兴勃隆协定》（1873年）而确立的一种同盟关系，以期望孤立法国并以此来维护欧洲的均势。

③ 王绳祖主编：《国际关系史·第三卷（1871—1918）》，世界知识出版社，1995年12月版，第11页。

政治上，德国在落实《柏林条约》的欧洲巴尔干委员会里改变通常的调停立场，转而支持奥英等国的多数观点，这使得俄国沙皇大为震怒；[①] 经济上，德国开始对俄国1877年以来对德国工业商品进口征收高额关税进行报复；[②] 军事上，俄国开始在靠近德奥边境地区修筑铁路和集结兵力，以加强对西邻大国的防御力量。在此情况下，俾斯麦开始考虑德国与奥匈帝国结盟，以维护其在欧洲的霸主地位和更多利益。俾斯麦认为："奥国如果不能从我们处得到支持，就将进一步倒向西方大国或者在俄国压力下背着德国与它联手，那样就可能出现对德国来说最可怕的'考尼茨式同盟（奥、法、俄）的噩梦'。"[③] 最终，俾斯麦成功克服德皇的阻力，与奥匈帝国签订了以俄国为假想敌的《德奥同盟条约》[④]（1879年10月7日）。但是，德奥同盟虽然实现了俾斯麦德国欲在欧洲构建均势并主宰欧洲局势的目的，却也引发了与俄国矛盾的

---

① 俄国沙皇亚历山大二世取消了出席他的舅父德国威廉一世皇帝金婚庆祝活动的安排。1879年8月15日，沙皇终于给威廉一世发出了那封在历史上以"打了一记耳光"而出名的亲笔信，强烈抱怨德国没有在近东问题上对俄国1870年时的友好态度给予应有的回报，俾斯麦因个人对哥尔恰科夫的偏见而置国家利益于不顾，如此下去必将给两国关系造成灾难性的后果。

② 德国先是借口俄国伏尔加河下游发生瘟疫封锁德俄边界，严禁俄国牲畜输入，接着又提高各类谷物的进口税，并于7月在国会通过新关税法，从而给急需靠农产品出口获取资金的俄国经济带来很大损失。

③《欧洲各国内阁的重大政策》（Die Grosse Politik der Europaischen Kabinette，1871—1914.）第3卷，柏林，1922年版，第449、455页。转引自王绳祖主编：《国际关系史·第三卷（1871—1918)》，世界知识出版社，1995年12月版，第54页。

④ 条约规定：缔约国一方如遭到俄国的进攻，两缔约国应以全部军事力量实行互助，缔约国一方如遭到另一国家进攻，缔约国另一方应对其盟国采取善意中立，但如果该进攻的国家得到俄国的支持，缔约国双方应协同作战直至共同议和；条约有效期为五年，经协商可予延期和修改；缔约双方对条约保守秘密，但在俄国军备构成威胁时应及时通知沙皇，对任何本缔约国一方之进攻将被视作是对缔约国双方的进攻。

进一步深化，并导致后来法俄同盟的形成，进而形成了欧洲两大对抗性集团的出现。

事实上，作为俾斯麦建立欧洲同盟体系的构想，德奥同盟只是其中的一个步骤，它只是俾斯麦确保欧洲秩序的一个基础性构件。俾斯麦深知，要想维护欧洲的真正和平，绝少不了俄国的作用。于是，重新回到“三皇联盟”框架，成为一种必然的考虑方案。而俄国也因惧怕德奥联盟危及其国家安全利益，也抱有同样的想法。在防止英国坐大的共同考虑之下，1881 年 6 月 18 日，《三皇同盟条约》终于在柏林秘密签订。因此，《三皇同盟条约》被认为是“俾斯麦结盟体系组建过程中的关键的一步，它在条约有效期间构成了这个体系的主架。”因为，如果说“1879 年的德奥同盟对俾斯麦来说尚具有一定的策略性质，而 1881 年的三皇同盟则是他所维护的欧洲保守秩序的具体体现，德国通过欧陆三大帝国的重新联合保证了在欧洲政治中的主导地位”①。而为了进一步加强和巩固德国的势力以及克服“三皇联盟”的脆弱性，1882 年 5 月 20 日，德国与奥地利和意大利在维也纳签订条约，形成了旨在防止法国与俄国结盟带来安全威胁的三国联盟。其后，罗马尼亚也加入了这个所谓的“和平同盟”体系，至此，由俾斯麦一手策划的结盟体系建设基本完成，并开始支配欧洲的政治。

二、俾斯麦同盟体系下的国际军事安全

俾斯麦结盟体系尽管强化了列强之间的协调，但固有的结构性矛盾依然存在，并影响着欧洲局势的进一步复杂化。其中在巴尔干半岛和东欧地区的利益冲突，使得德国为首的“和平联盟”与俄、法等国的矛盾进一步加深。经过对联盟的改造，即加强相互间关系与同时控制巴尔干和法国的能力，使得所谓的“和平联盟”更具军事进攻性，

---

① 王绳祖主编：《国际关系史・第三卷（1871—1918）》，世界知识出版社，1995 年 12 月版，第 61 页。

这事实上也证明了"三皇联盟"的彻底瓦解。为此，俾斯麦开始调整其构建的联盟体系。德国利用英国与法俄之间的矛盾，在通过外交协调促成英国、意大利和奥匈帝国订立了旨在联合控制法国的《地中海协定》（1877年2月22日英意，3月24日奥匈帝国加入）的基础上，又订立了旨在遏制俄国在近东势力的第二次《地中海协定》（1887年12月12、16日）。在这两个协定订立期间，1887年6月18日，德国与俄国之间又秘密签订了《再保险条约》[①]，德国试图以此消除俄国与法国可能结盟而带来的威胁。

三、俾斯麦同盟体系的效能与问题

一系列的条约和结盟，构成了俾斯麦德国操控下的一个庞杂的欧洲安全体系。德国的目的十分明显，即通过一系列的结盟，形成一种相互牵制又可保持自身攻守自如的欧洲大陆霸主地位。但是，也正是这些相互缠绕的复杂的联盟体系，构成了一个矛盾而脆弱的国家安全关系网。联盟体系虽然给德国带来了诸多的安全感，但却并没有解决

① 该约为期三年，内容对外保密，主要规定：(1) 缔约国一方如与第三大国处于战争状态，另一方则应对该方恪守善意中立并努力使冲突局部化。但此规定不适用于缔约国之一对奥国或对法国进攻的情况；(2) 德国承认俄国在历史上取得的巴尔干权利，特别是它在保加利亚和东鲁米利亚占有决定性优势的合法性，两国约定未经事先协议不得改变巴尔干领土现状；(3) 重申封闭海峡是个欧洲原则，禁止土耳其将该地区交外国使用。条约附有一份《秘密补充议定书》，内容是德国承允将一如既往地支持俄国在保加利亚重建"合法的正规政府"，不允许前大公亚历山大复位；俄国如果在必要时采取保卫黑海门户的措施，德国答应保持友好中立并给予"道义和外交上的支持"。这个条约虽然并没有赋予德国像《三国同盟条约》那样的对法行动自由，但一定程度上构成了对俄国的一种束缚，防止它和法国建立反德同盟。德奥同盟既已保证奥国在法国对德战争时的中立，现在又保证了俄国在同样情况下的中立，因此这个条约在历史上被称为《再保险条约》。参见王绳祖主编：《国际关系史·第三卷（1871—1918）》，世界知识出版社，1995年12月版，第81页。

欧洲政治中的基本矛盾，诸如德国与法国的矛盾，更没有解决奥匈帝国与俄国的矛盾，相反，却最终催化了法国与俄国结盟，并由此形成了欧洲大陆上两大军事集团——德奥与法俄——对抗的局面。

因此，可以说俾斯麦的结盟体系尽管表面上维持了欧洲大陆的和平，但却从根本上改变了欧洲大陆的力量平衡，给和平局面带来了危机。因为固有矛盾和战略互信的缺失，使得欧洲大国之间敌友界限模糊，各种利益纠缠集结，到1912年，所谓的三国协约（Triple Entente）——俄、英、法三国并协同塞尔维亚和三国同盟（Triple Alliance）——德、奥、意三国（包括德国与罗马尼亚秘密结盟）的两大军事对抗集团彻底形成，并均致力于加强军事力量建设，最终导致“安全困境”的出现——军备竞赛加剧。1902～1911年的10年间，德国的军费开支增长至125902.9万马克，增长了30.5%；意大利达47258.3万马克，增长了40.2%；奥匈帝国达54880万马克，增长了26.8%；俄国达128532.8万马克，增长了25.4%；法国达105211.1万马克，增长了21.3%；英国达145248.3万马克，增长了16.1%。[①]到第一次世界大战爆发前的1913年，德国军费猛增为20亿马克，占全部国家预算的一半。在1879～1914年的35年中，德国的军费增长了3.7倍。[②]

英德海军军备的竞赛尤为激烈。德国1898年通过了第一个海军扩建法案，即《海军法》，计划6年间（1898～1903年）建造11艘装甲舰、5艘大型装甲巡洋舰、17艘有装甲巡洋舰和63艘驱逐舰。德国这个计划随着形势的变化先后在1900年、1906年、1908年和1912年几度调整和扩大。据1912年的法案，德国海军舰只数量将增加到41艘战列舰、20艘装甲巡洋舰、144艘驱逐舰和72艘潜艇。其中，特别优

① 以上数据参见 Frederic. C. Howe, “Why War?” *Seattle*, *USA*, 1970, p. 151。

② 戴耀先主编：《德意志军事思想研究》，军事科学出版社，1999年6月版，第459页。

先发展战列舰。1908～1912年，德国每年投入生产的战列舰为4艘，比以前增加了一倍。[①] 而到第一次世界大战爆发前夕，经过40多年的建设，德国海军已拥有50余艘战舰、77艘鱼雷艇和28艘潜艇，被编为远洋舰队（3个分舰队、1个侦察舰队和7支鱼雷舰队，共装备大型战舰35艘、鱼雷艇多艘）、巡洋舰队、鱼雷舰监察部（1艘战舰和7支鱼雷舰队）、基尔潜艇监部（2艘巡洋舰、1艘特种舰和2支潜艇舰队），此外，停泊在国外的舰队装备战舰12艘。[②] 除了海军竞赛外，各国的陆军规模也都有不同程度的扩大。到1914年，德国共有51个师，75.4万人；奥匈50个师，44.5万人；法国有54个师，76.7万人；俄国有107个师，144万人；英国不把重点放在扩充陆军上，只有6个师，25.23万人。而各国受过军训的人数分别为：俄国565万人，法国506.7万人，英国120.3万人，德国490万人；奥匈300万人。这样，各国都使自己在战争爆发时能动员数以百万计的庞大军队，超过了常备军的3～4倍之多。[③]

两大集团的军备竞赛所导致的激烈对抗最终在巴尔干引爆——第一次世界大战爆发。对此，有学者认为："诚然，同盟的目的本是要保护缔约国的安全，而结果却可能适得其反。某国可能因有同盟的支持遂敢于冒险，奥帝国是也；某国又可能因受同盟的拖累而被卷入危机，德国是也。概括地说，同盟关系愈强固、愈密切，则对和平的威胁也愈大。反而言之，比较宽松模糊的同盟关系将使同盟国在采取行动之

① 王绳祖主编：《国际关系史·第三卷（1871—1918）》，世界知识出版社，1995年12月版，第000页。

② 参见［德］赫尔曼：《德国军事史》，贝尔纳德—格雷弗出版社，美因河畔法兰克福，1968年德文版，第284页。转引自戴耀先主编：《德意志军事思想研究》，军事科学出版社，1999年6月版，第466—467页。

③ 王绳祖主编：《国际关系史·第三卷（1871—1918）》，世界知识出版社，1995年12月版，第359页。

前必须先行协商，因而对危机足以产生冷却作用。”① 由此可见，从根本上说，俾斯麦的同盟体系不仅没能维护欧洲的军事安全，反而成为孕育战争的温床。

同时，必须指出的是，尽管德国努力维持欧洲大陆的均势，以一种和平的姿态示人，但是在欧洲大陆以外，其固有的扩张本性却显露无疑。其中1897年德国为其商业利益和所谓的安全感派遣舰队侵略中国就是最明显的一例。威廉二世对临行的海军作了“竖起德意志帝国之鹰盾牌”的讲演。整个讲演充满扩张主义的基调：“只有在帝国权力的庇护下，德意志商业才有安全感，才能稳固地发展和繁荣起来。”德国著名的社会学家韦伯在1896年举行的第五届福音社会大会的发言中也称：“我们需要更多的国外地盘，我们需要通过扩大市场获得更多经济机会，而在当今这最终有赖于我们向国外扩大的政治势力。在东亚沿海部署一打船只在一定时刻比掌握一打可以废止的贸易协定更有价值。保证我国大众在国内生计持久并且有可能不断改善提高的惟一途径就是扩大德国的势力范围，对此我国大众应该开始有清醒的认识。”② 德国的扩张意识尽显无遗。而正是这种扩张意识，使得德国运用各种手段进行殖民扩张，殖民地地盘随之不断扩大，“到1914年德国殖民地的面积达290万平方公里”③。

同样，与维也纳体系时期一样，俾斯麦构建的联盟体系使得欧洲暂时处于一种相对稳定的局面，这给帝国主义列强侵蚀世界弱小国家提供了契机。其间，在远东，英国吞并了缅甸，越南成为法国的殖民地，朝鲜沦为日本的半殖民地。中国最为悲惨，俄国霸占了伊犁，日

① 钮先钟著：《历史与战略：中西军事史新论》，广西师范大学出版社，2003年10月版，第240—241页。

② ［英］比瑟姆：《马克斯·韦伯与现代政治思想》，浙江人民出版社，1989年版，第146—147页。转引自辛向阳：《霸权崛起与挑战国家范式分析》，载《当代世界与社会主义》，2004年第4期。

③ 参见“马克思主义基本原理概论”（网络课程），华南师范大学精品课程网站，http：//yuanli. scnu. edu. cn/Lesson%200/chapter%202/3/2. html。

本强占了琉球并入侵台湾，德国占领胶州湾，英国占据威海卫，葡萄牙占据澳门半岛，列强在中国划分势力范围，将中国瓜分。在非洲，英占领埃及，法国占领突尼斯，比利时实际管控了刚果（金），法国控制了刚果（布）等，帝国主义列强通过划定“势力范围”和通过武力“有效占领”，到1900年，“被瓜分的非洲领土增加到90.4%；到1912年，则占领了96%”①。在美洲，英国通过支持智利发动太平洋战争最终成为在南美最大的资本势力；美国的强权政治有所发展，将古巴沦为半殖民地国家。此外，美国通过对西班牙的战争胜利，奠定了其世界大国的地位并加入到帝国主义争霸的行列，以“大棒政策”和“金元外交”横行拉美。英国与日本签署《英日同盟条约》（1902年1月30日）正式结盟，也促使日本挑战俄国在远东的霸权——日俄战争（1904～1905年）的爆发。

综上所述，不难看出，俾斯麦通过军事结盟构成的欧洲均势并未给国际社会带来安全。以全球视野看，列强的军事结盟和相互协调，尽管给自己争得了一定的安全空间，但它们的联合也使不发达国家成为列强鱼肉，任其宰割，根本无安全可言。更为重要的是，俾斯麦的结盟体系最终不仅没能维护欧洲的和平，反而导致对抗性军事集团的出现，而剧烈的对抗则导致惨烈的第一次世界大战爆发，国际军事安全再次受到了极大的挑战。

第四节　群雄分控：凡尔赛—华盛顿体系下的国际军事安全

大国争霸导致的第一次世界大战使世界众多国家和人民遭受了巨

---

① 王绳祖主编：《国际关系史·第三卷（1871—1918）》，世界知识出版社，1995年12月版，第105页。

大的损失。这场原本想“速战速决”的战争结果历时4年又3个多月。“参战国之多、作战部队之众、战线之长和战斗之激烈，史无前例。共有33个国家15亿人口卷入战争，战火遍及欧洲、非洲和亚洲。双方共动员兵力7000余万人，亡约1000万，伤2000余万。其中，协约国主要国家（俄、法、英、意、美、日、罗、塞、比、希、葡、黑山）共动员军队4218万余人，损失2210万余人，其中亡515万余人、伤1283万余人、被俘和失踪412万余人；同盟国（德、奥、土、保）共动员军队2285万人，损失1540万余人，其中亡338万余人、伤838万余人、被俘和失踪362万余人”[①]。之所以造成如此空前的惨重后果，是因为“在命运之神的安排下，第一次世界大战使国际无政府状态与现代大规模工业化战争结合了起来”[②]。第一次世界大战不仅标志着俾斯麦结盟体系的彻底失败，也深刻揭示出国际军事安全的复杂性，同时也预示着国际安全体系必将再次发生重大调整和改变。

一、凡尔赛—华盛顿体系的形成

第一次世界大战改变了国家力量的对比，原有的均势被彻底打破。德国的实力被削弱，不得不暂时退出争霸行列；老牌帝国俄国、奥匈和土耳其灰飞烟灭；英法虽然依旧立于霸权国之林，但实力同样遭到削弱；美国和日本则通过战争实力大增并凭借战胜国的优势成为新兴大国。更为重要的是，战争期间，各地反战浪潮风起云涌，民族主义不断发展，沙文主义受到挑战，许多国家爆发了旨在夺取政权的革命斗争并取得胜利。其中，最具改变世界格局意义的是1917年爆发的俄国十月革命。革命推翻了沙皇统治的军事封建的帝国主义政权，在占

① 中国军事百科编审委员会：《中国军事百科全书·军事历史Ⅰ》，军事科学出版社，1997年7月版，第240页。

② ［美］保罗·肯尼迪著，卿劼译：《联合国过去与未来》，海南出版社，2008年12月版，第6页。

世界面积六分之一的国家建立起第一个无产阶级专政的社会主义国家。受此鼓舞，从1918年到1923年，中欧、南欧、西欧许多国家先后爆发了无产阶级革命运动或罢工斗争，对整个资本主义营垒以猛烈的冲击。整个20世纪20年代，中国、西亚、北非和东南亚的民族解放运动蓬勃发展，曾掀起一个高潮。西方的无产阶级革命运动和东方的民族解放运动汇合成为一股历史进步的潮流。“国际关系体系中出现了社会主义和资本主义两种社会制度国家间的相处、交往和矛盾。”①

战后进行的巴黎和会因拒绝社会主义性质的俄国参加，战败国也被拒之门外，仅是美、英、意、法为核心的战胜国的闭门会议，因此一直被称为帝国主义重新瓜分世界的分赃会议。会后签订了《巴黎和平条约》②，其中《凡尔赛和约》最为重要，它是协约国强加给战败德国的一种惩罚性条约，通过领土割让、军事限制和赔款等手段彻底削弱德国，以此作为构建战后欧洲新秩序的基础。而作为在战争中成长为世界大国的美国，基于构建世界新秩序和扩展其影响力的设想，总统威尔逊提出了要建立一个国际联盟来维护世界和平。因为威尔逊认为“没有国际联盟，和平结构就会失去生命力”③，它可以成为“和平的可靠保障”④，并能维护集体安全。威尔逊的建议最终得到巴黎和会大会的认同。于是，随着1920年1月10日国联盟约与对德《凡尔赛和约》的正式生效，以“缔约各国，为增进国际间合作并保持其和平与安全起见，特允承受不从事战争之义务，维持各国间公开、公正、

---

① 王绳祖主编：《国际关系史·第四卷（1817—1929）》，世界知识出版社，1995年12月版，第3—4页。

② 《巴黎和平条约》是诸多条约的总称，它包括对德和约《凡尔赛和约》、对奥和约《日耳曼条约》、对匈和约《特里亚农条约》、对保和约《纳伊条约》和对土和约《色佛尔条约》。

③ T. A. Bailey, “A Diplomatic History of the American People,” *New York*, 1964, p. 608.

④ W. F. Kuehl, Seeking World Order, The United States and International Organization to 1920, *Nashville*, 1969, p. 271.

荣誉之邦交”[①] 为宗旨的国际联盟正式建立。以《凡尔赛和约》为基本架构和以国际联盟为支柱的国际秩序被称为凡尔赛体系。

对于凡尔赛体系，列宁曾尖锐指出：“靠《凡尔赛和约》来维系的整个国际体系，国际秩序是建立在火山上的。”[②] 这不仅深刻指出了这一体系的脆弱性，也暗示了这一体系的支柱——国际联盟的脆弱性。有关国际联盟的性质，自其成立以来就有不同的看法。作为马克思列宁主义经典论断，列宁曾称其为“实际上是一群你抢我夺的强盗的联盟”[③]。改革开放前，我国绝大多数学者也基本遵循这样的观点。改革开放后，人们对这一问题开始有了新的看法。王绳祖主编的《国际关系史》中，将国际联盟称为“表面上是历史上第一次出现的维护世界和平的全球性组织，实质上却是反对社会主义苏维埃国家的联盟”[④]。李铁成在其专著《联合国五十年》中认为，“国联是战胜国为巩固战后资本主义世界的新秩序建立的。它既是凡尔赛体系的产物，又是维护凡尔赛体系的工具”[⑤]。笔者认为，由于国际联盟具有明显的意识形态色彩，因此，将其归类为以帝国主义国家为首的联盟并非毫无道理。但是，总体和客观地看，国际联盟是历史变化过程中传统大国与新兴大国之间构建新的国际战略均势的一个必然产物，其战略构想是想通过遏制霸权国家（包括新兴社会主义大国），避免其挑战国际军事安全，以此达到抑制战争和维护既得利益的目的。而从单纯的内涵看，它基本上还是一个为维护大国利益、防止战争再次爆发的一个国际性组织，尽管它存在着诸多内在矛盾和外在问题。

凡尔赛体系建立后，人们期待着国联能够成为维护世界和平的工

① 《国际条约集（1917—1923）》，世界知识出版社，1961年版，第266页。

② 《列宁全集》第31卷，人民出版社，1960年版，第292页。

③ 同上书，第289页。

④ 王绳祖主编：《国际关系史·第四卷（1817—1929）》，世界知识出版社，1995年12月版，第93页。

⑤ 李铁成著：《联合国五十年》（增订本），中国书籍出版社，1996年10月版，第21页。

具。但令人始料不及的是，积极倡导建立国联的美国尽管在写有国联盟约的《凡尔赛和约》上签了字，却未能在国内立法程序——参议院批准——中过关，参议院以压倒多数拒绝批准这一和约。失去了世界经济强国和新兴政治大国——美国——的国联，显然成为一个先天不足的“侏儒”，在解决很多重大国际安全问题时明显力不从心。因为，依据《凡尔赛和约》和国联的职责，很多重大且难以解决的问题都必须由国联处理，而没有美国的支持和参与，这些重大且难以解决的问题要想顺利推进显然不切实际，这也无形中损害了国联的形象。更为重要的是，美国放弃加入国联，给原本就对国联心存疑虑的国家起到了很大的负面示范作用，更激励了战败国特别是德国反对凡尔赛体系的极端民族主义情绪。

美国退出国联既是孤立主义的反映，也是利益得不到满足的一种反抗。缺少了美国的国联实际上变成了依然是以欧洲列强为核心的机构，凡尔赛体系也就很难反映真正最广泛的国际意义。而美国一方面放弃国联，一方面于1921年8月分别与德国、奥地利和匈牙利签订双边和约。尽管这些双边和约没有涉及国联，但却保留了《凡尔赛和约》中美国应有的权利，并试图建立起一个没有国联盟约缺点的新的国家联合体。美国与上述国家单独签署和约，一定程度上维护了美国的国家安全利益，但却也将其他国家如法国推向了不安全的境地。因为，在巴黎和会上，为换取与美国签署《法美共同防御条约》，法国放弃了以莱茵河为安全边界的计划，期望依靠与美国的条约来维护自身安全。而美国拒绝国联后，此条约也自然流产，这使得法国面对德国后来的发展感到十分紧张，不安全感油然而生，只能依靠与东欧小国签署盟约来弥补失去美国的军事安全保障，同时借以维护其在欧洲的霸权，此实属无奈之举。

尽管国联在维护国际安全上制定了诸多规定，其中包括使用武力手段来惩罚危害成员国安全的国家。但几乎所有国家都对此表示怀疑，依然通过大力发展军备来维护国家安全，这就使得军备竞赛如火如荼。在太平洋上，经过大战崛起的日本不断增加军费开支，与美国争夺海上军事优势。仅1913～1921年的8年间，日本的海军军费就从960万英镑增加到7500万英镑。[①] 同时，考虑到英国的海上优势，美国极力推动限制军备。此外，由于中国具有重要战略价值，列强对中国的争夺也不断加剧，因此，“中国问题”成为列强最为关注的远东及太平洋问题的核心。于是1921年11月12日，以限制军备、远东及太平洋问题为议题的会议在华盛顿召开。来自比利时、中国、法国、荷兰、意大利、日本、葡萄牙、英国（含加拿大、澳大利亚、新西兰、印度代表）和美国共9个代表团参加了会议。

华盛顿会议促成了美、英、法、日签署《关于太平洋岛屿属地和领地的条约》，即《四国条约》（1921年12月13日）；《关于太平洋岛屿属地和领地的条约的声明》，即《四国声明》（1921年12月13日）；美、英、法、意、日签署了《美、英、法、意、日五国关于海军军备条约》，即《五国海军协定》（1922年2月6日）；与会的9个代表团还签订了《九国关于中国事件应适用各原则及政策之条约》，即《九国条约》或《九国公约》（1922年2月6日）等条约，进一步确立了战胜国的利益和大国间的均势。根据会议期间签订的各种条约和决议案及声明，构成了华盛顿体系的基本逻辑内涵。由于华盛顿体系明显是对凡尔赛体系的一种完善或补充，都是西方帝国主义大国主宰的国际关系体系，两者相辅相成共同影响着后来的国际关系特别是国际军事安全形势，因此，人们通常也将这两个体系合并在一起，称之为凡尔赛—华盛顿体系。

二、凡尔赛—华盛顿体系下的国际军事安全形势

凡尔赛—华盛顿体系的建立，是大国力量重新整合并构成新的均势的举措。尽管它将新生的社会主义制度国家苏俄排除于体系之外，

① 王绳祖主编：《国际关系史·第四卷（1817—1929）》，世界知识出版社，1995年12月版，第104页。

具有纯粹的资本主义或帝国主义性质，体系内的西方列强也具有一定的战略利益趋同性，但却并非是一个和谐的整体。不仅体系内部存在着各种矛盾和问题，还形成了整个体系与苏俄对抗的局面。在这样的体系下，国际军事安全呈现出更深刻的复杂性和更大的危险性。

首先，这种体系带有明显的报复和惩罚性质。无论是《凡尔赛和约》还是华盛顿会议期间签订的一些条约，均在排除战败国的情况下，强制性地对战败国进行“灭绝性”的制裁。以德国为例，《凡尔赛和约》规定的条款几乎是要将其彻底“榨干”，条约“使德国疆域缩小14.3%，可耕地减少14.6%，铁矿减少74.5%，煤矿减少26%，商船由750万吨减少到50万吨”①。有关赔偿更是苛刻至极。和会之前，英国和法国甚至提出“要德国赔偿一切”的要求，包括全部军事费用，尽管这种要求最终在美国的反对下没有实施，但赔偿委员会最终还是确定了德国应赔偿1320亿马克，这一数额大大超出了德国的国力。为保障支付赔款的种种措施，德国甚至必须让渡大量主权。因为和约规定：赔偿委员会对德国赔款事宜有监督权、办理权、解释有关赔款条款权，并在德国不履行赔款义务时提出处置办法。军备问题上，和约规定：解散德军总参谋部，军队兵额限定为10万人，军官不得超过4000人，条约还规定了军械弹药的最高限额，而德军的任务只限于维持境内治安和边境防卫。此外，还禁止德国制造和装备化学武器、坦克和装甲车，禁止进出口任何武器。关于海军，条约对德国舰只也有明确限制，海军士兵限定为1.5万人，海军军官为1500人，实际德国海军基本不复存在。凡商船上的人员不得接受海军训练，禁止德国陆海军保有航空队，条约还废除了强制性兵役。这样一些条款是在武力威胁的情况下逼迫德国签署的，德国在复仇和严惩理念下彻底被削弱。此外，奥匈帝国解体，新成立的奥地利的土地大面积缩减，仅剩下

① 王绳祖主编：《国际关系史·第四卷（1817—1929）》，世界知识出版社，1995年12月版，第92页。

8.4 万平方公里。对奥和约还规定奥陆军不得超过 3 万人。对匈牙利的《特里亚农条约》使得其领土面积比旧帝国时期减少了 71.4%，且规定其陆军人数不得超过 3.5 万。通过以上这些条约，战败国基本被肢解并跌入世界二流国家行列。

第二，体系下大国力量对比变化导致新的不平衡。惩罚性措施的目的是想向那些意欲发动战争的国家发出一个警示，即发动战争、破坏和平者必将受到严惩。但从另一个角度看，这也是战胜国特别是大国重新分配力量的一种途径。固有敌手力量的衰弱，自己的力量自然获得相对的提升。其中，英国尽管是公认的战争最大胜利者，不仅夺取了德国大部分殖民地，也获得了土耳其的绝大部分中东领地，但也背上了沉重的债务负担（国内公债从战争开始时的 6.5 亿英镑，增加到 80 亿英镑，另欠下美国 9 亿英镑，约合 42 亿美元）。原有的海军实力也因战争损失严重。由于地理位置的特殊性和维护全球殖民利益的需求，英国海军曾为自己制定了“二强标准”，即英国海军力量必须超过世界第二、第三两个海军强国联合力量的标准，即不仅要做到第一，还要做到超一流。然而，战后情况发生重大变化，尽管其依然保有一定的海上优势，但其称霸海洋的基础已经受到动摇。法国因战争不仅丧失了大量重要基础设施，还欠了美国战争债款 34 亿美元。但由于对德国军力的限制，法国陆军一跃成为欧洲陆上霸主。意大利原本就薄弱的工业体系在战后变得更加贫瘠，也成为欧洲最贫弱国家。如前所述，战争却使美国和日本成为最大的赢家，特别是美国。由于美国本土远离欧洲主战场，良好的安全性使其成为战争的后勤补给基地。这不仅使美国的外贸大量增加，军需生产还使其工业和农业得到了快速发展。更为重要的是，在金融领域，纽约取代伦敦成为世界金融中心，世界黄金储备的 40%（近 45 亿美元）集中在美国手中。同时，美国从战前债务国变成战后债权国。战争结束后，欧洲共欠下美国战争债款约 100 亿美元，加上美国海外投资的 70 亿美元，美国一跃成为世界经济最强国。借助强大的经济支撑，美国开始打造世界最强的海上力量。

日本则利用战争扩展势力范围，战后运用掠夺的资源[①]迅速发展经济，并以确立对东亚的“优势地位”为战略目标，不断扩展军力，成为东亚的军事强国。

第三，体系并未消除内、外部矛盾且有所深化。《凡尔赛和约》的签订，并非表示签字国对这个条约所构成的体系十分满意。从欧洲国家看，战胜国中只有英国因获利最多而表现得较为满意，其他国家几乎均对此感到失望。而战败国因受到苛刻的惩罚，更对这个体系表现出仇恨，也为后来的复仇（第二次世界大战）埋下祸根。新兴主权国家的出现，领土的重新划分，致使民族矛盾进一步复杂、深化。其中德国被分割得七零八落，这为后来德国纳粹的崛起提供了重要的理论依据[②]，也成为最终摧毁这个体系的源头。而华盛顿体系是帝国主义大国之间妥协的产物，固有的分歧和矛盾被暂时掩盖起来。军备协定也不过是一纸空文，签约国均根据自身的战略需求不断突破，特别是相互

---

① 日本将主要资源来源目标定位为中国。日本大藏相胜田主计，在1918年12月所写的《菊之分根》中称：“经过这次世界大战，日本还必须充实国防。但在这次战争中，日本最感到困难的就是铁矿依赖国外供应，而一旦进口困难或断绝来源，民间造船、建筑、铁道等方面的材料就要陷入困境，国防上需要充实的材料，也同样要有困难。此外，现今我国上层或中层社会以及军队、学生最需要的洋服、毛巾等等的羊毛材料，尽管我国政府和民间多年努力，但还是不能充分生产……中国铁矿丰富、煤炭丰富、石油有前景，又适宜棉花的栽培、羊的饲养。总之，其他我国国民经济所必要者，以及在实现国防计划方面所必需的原料物资，几乎都需要来自支那。因此，无论从这种关系上，还是从帝国的独立上来考虑，经常在日支两国建立充分联系，都是最为紧急的。我认为，支那问题中最为重要的即主要之点就在这里。”铃木武雄监修：《西原借款资料研究》，东京大学出版会，1972年版，第290—291页。转引自米庆余著：《近代日本的东亚战略和政策》，人民出版社，2007年8月版，第304页。

② 1920年2月，希特勒在慕尼黑提出的第一个纳粹纲领开宗明义便要求：“联合一切的日耳曼民族去组成一个伟大的德国”，“取消凡尔赛和圣日耳曼的和平条约。参见［英］考尔登：《革命的四大主潮》，青年协会书局，1937年版，第96页。

间的防范心理导致军备竞赛的出现，成为发动战争的基石。作为体系外部的矛盾，凡尔赛—华盛顿体系下西方资本主义国家与新兴的社会主义国家苏联形成了体系对抗，一定程度上构成了尽管脆弱尚且和平的均势。但是，这种深刻的对抗性的矛盾，呈现出“西强苏弱”的特点，使苏联时刻面临西方列强发起的战争威胁。因此，国际军事安全呈现出体系对抗和不稳固的均势。

第四，体系理念的强制性和操作的软弱性导致公信度和约束力降低。作为凡尔赛—华盛顿体系支柱的国际联盟，其盟约在涉及对于和平的控制时提及：各成员国在诉诸武力弥补其利益损失之前，必须服从于和平处理问题的形式。国联的委员会也被授予了调停的权力。这些权力被用于那些不服从法律处理的棘手的政治争议之中。这样，这个组织试图和平解决那些重大的、将国家的根本利益牵涉其中的国际纠纷，要致力于“净化世界、纠正世界、改善世界”①。因此，“事实上，这一契约反映了康德式的理念，即在第10条款中规定，每一个联盟成员国有义务抵制对外侵略，维护领土完整，从而提供共同安全，同时，授权联盟委员会建议这些义务将如何履行”②。然而，由于“那些无力的、善意的宣言导致了国际联盟的脆弱”③，使得这一理念价值未能实现。不仅如此，特别是当小国和弱国出现冲突和矛盾时，国联不

① 美国总统威尔逊在国联大会上手按《圣经》宣读了国联盟约初稿后，发表演说时称：“一个富有生命力的文件诞生了。”“它的文字明确保证反对侵略。”它“是一个致力于净化世界、纠正世界、改善世界的文件”，“是一个切实可行的文件。”参见 W. F. Kuehl，“Seeking World Order，The United States and International Organization to 1920，” *Nashville*，1969，p. 271 和 A. Walworth， “Wilson and His Peacemakers，American Diplomacy at the Paris Peace Conference，” 1919，New York，1986，p. 120。

② ［美］小科尼利厄斯·F. 墨菲著，王起亮等译，王文导读：《世界治理——一种观念史的研究》，世界知识出版社，2007年2月版，第107—108页。

③ ［美］保罗·肯尼迪著，卿劼译：《联合国过去与未来》，海南出版社，2008年12月版，第25页。

仅不能独立公正地解决问题，甚至可能被大国操纵，成为大国助纣为虐的工具。“科孚岛事件”① 的处理就是典型的例证，因为，事实上协约国大使会议和国联理事会在处理这一事件上“完全扮演了一场政治双簧戏”②。尽管欧洲大国宣称有权解决这一危害主权国家和欧洲大陆安全的政治议题，并促成了《洛加诺公约》③ 的出笼，其目的是缓和各国间紧张局势，促进各国间政治、经济问题得到解决，在巩固欧洲和平与安全的同时，加速进行国联盟约规定的裁军工作。但是，事实证明，这种理想主义观念无法阻止权力争夺过程中既有均势的改变。德国不仅通过洛加诺会议甩掉了战败国的帽子，更是借此加入了国际联盟并成为常任理事国，重新回归欧洲列强的行列，同时，也“加强了西方资本主义国家对苏联的联合阵线”④。因此，国联理事会不仅不能有效解决大国之间的争端，其砝码反而偏向均势天平上破坏和平力量的一边。不仅反映其软弱的个性，其公信度和约束力也均受到极大的损害。尽管客观地说，国联成立的初衷是好的，在其成立后的整个20

① 1923年8月23日意大利一名将军恩里科·特利尼（大使会议的阿尔巴尼亚划界委员会的意大利委员）和两名意大利军事随员、一名翻译，还有一名阿尔巴尼亚人的司机，在希腊境内距阿尔巴尼亚边界极近的雅尼那地区遭到伏击身亡。意大利向希腊提出了苛刻的要求被拒绝后，8月31日，意大利一支海军猛烈炮轰位于地中海东北角科孚岛（属希腊）后并占领该岛。

② 国联理事会上，意大利坚持由大使会议裁决，认为国联无权过问。因此，大使会议不顾国联的讨论，明显偏袒理事会，最终国联理事会只能进行妥协，几乎完全按照意大利的意图行事。参见王绳祖主编：《国际关系史·第四卷（1817—1929）》，世界知识出版社，1995年12月版，第414—417页。

③ 1925年12月1日在伦敦签字，1926年9月14日生效。正式名称为《德国、比利时、法国、英国和意大利相互保证条约》，包括《莱茵相互保证公约》、《德比仲裁专约》、《德法仲裁专约》、《德波仲裁条约》和《德捷仲裁条约》。核心文件是《莱茵相互保证公约》。

④ 王绳祖主编：《国际关系史·第四卷（1817—1929）》，世界知识出版社，1995年12月版，第308页。

年代，也直接或间接地处理了不少国际纷争，包括在推动国际裁军方面也发挥了重要作用，其基本原则得到了一定的实践。但是，最终却因其自身固有的内在矛盾而受到广泛的质疑，现实中也成为一个短命的国际组织。

三、国际均势的变化与凡尔赛—华盛顿体系的解体

后来的历史证明，凡尔赛—华盛顿体系尽管在解决一些国际争端和冲突中发挥了一定的作用，但是，由于其本身暴露出的理念与现实的差距和重重矛盾，使其在面对列强的强权时显得无能为力，无法最终完成肩负的维护世界和平与稳定的重任，其所维护的和平与稳定是短暂的。从学理上看，作为凡尔赛—华盛顿体系支柱的国际联盟之所以没能像其发起者那样成为“富有生命力”的通过“共同行动、互相保障领土完整与政治独立”① 的国际组织，来维护世界的集体安全，就是由于理想与现实的差距与冲突，即一种与时代相脱节甚至可以说是理念过于超前所导致的。因此，“国联崩溃的根本原因可以追溯到更为基本的理论困境之中。那些设计国联的人显然忽略了民族国家的内在权力及其符号性的作用。他们并不能理解，只要世界被政治性地安排为国家间社会时，主权的实践就与国联的初衷背道而驰”②。这就是说，由于主权的根本属性和原则，当一个主权国家成为国家间社会的参与者时，就无法摆脱国家主权的利益束缚，使其自然选择超越一切的方式来维护和扩展其主权利益。在无政府状态下，国家主权之于国际社会，

① 这是美国总统威尔逊1916年在泛美联盟提出的集体安全思想的核心，也是其创建国际联盟的核心思想。

② ［美］小科尼利厄斯·F. 墨菲著，王起亮等译，王文导读：《世界治理——一种观念史的研究》，世界知识出版社，2007年2月版，第108页。

更强调其自身的合理性，很难奢望所有参与者在一个共同标准下，严格遵守约定，即便这种约定是主动的。这也是为何威尔逊倡导的“集体安全”失败的主要原因。对此，有学者明确指出：虽然国联强调集体安全，但国联的历史却是一部集体安全失败的记录。因为，第一，盟约既没有排除战争，也没有宣布战争为非法，这就使集体安全失去了法律上的鲜明支持。第二，集体安全措施几乎没有成效。第三，国联无力履行对违反盟约进行侵略战争的国家实行军事制裁的措施。[①] 因此，“就像一个亘古不变的神话，国家主权具有一种终极调整性的权威。正是这一主权的判断原则，国联契约中的安全协定遭到了削弱”[②]。

正是在复杂的国际环境变化中，各主权国家在维护和拓展主权利益的动力驱使下，开始突破原有的约定，走上了各自发展道路。而大国力量的发展，使得原有的均势逐渐被打破，国际社会形成了新的分化组合。其中，两件大事的发生更是导致凡尔赛—华盛顿体系受到了巨大的冲击：一是资本主义世界的经济危机；二是德国的重新崛起。而后来的绥靖政策更是导致了新的世界大战爆发，将这一体系彻底击溃。

首先，资本主义经济危机引发国家间的生存危机，1929～1933 年美国经济危机导致美国金融体系大灾难，由于美国在世界经济中的重要影响和与欧洲主要国家的经济关系，美国的经济危机最终超越疆界，引发资本主义世界经济危机以及空前的世界性地缘政治危机。不仅帝国主义国家内部之间发生了矛盾与冲突，帝国主义国家与社会主义国家的矛盾也有所加深；不仅欧洲国家之间出现了新的矛盾，跨大西洋之间的国家关系也出现问题，而远在东亚的日本由于其崛起和扩展生存

① 参见于琳琦著：《国际联盟的历程》，黑龙江人民出版社，2003 年 3 月版，第 181 页。

② ［美］小科尼利厄斯·F. 墨菲著，王起亮等译，王文导读：《世界治理——一种观念史的研究》，世界知识出版社，2007 年 2 月版，第 109 页。

空间的理念与欧洲一些国家的理念不谋而合，加之反共的意识形态趋同，最终导致了法西斯“轴心”的形成，这也是促使后来反法西斯“同盟”形成的重要原因。

其次，德国的崛起打破了欧洲的均势，成为战争的策源。从根本上说，德国的崛起是日耳曼民族自决的传统理念支撑和国际社会对其纵容相结合的产物。如前所述，《凡尔赛合约》致使德国被分割得七零八落，这强烈地刺激了具有悠久文明和强烈自信的德国人，得到喘息后的德国人变得更加奋发图强。然而，严重的经济危机使得德国的经济大幅下滑，加之受到极为苛刻的惩罚性制裁，中下层民众的生活水准极为困苦，民族情绪变得异常高涨，强烈期望能够打破凡尔赛—华盛顿体系的束缚，重新成为具有强大支配能力的世界力量中心。民众的这种情绪与纳粹狂热鼓吹的“复仇”思想碰撞在一起，不仅使得纳粹党魁阿道夫·希特勒成为德国的领袖，更使德国走上了扩军备战的道路，军事能力迅速得到回升，并通过吞并奥地利和军事力量进入莱茵非军事区来小试牛刀。但是，由于国际社会的软弱和列强各自“心怀鬼胎”，纵容了德国的扩张行为。这种示范性效应导致意大利和日本积极效仿，并最终导致德、意、日三个法西斯国家结成轴心国，成为挑战国际体系的主流国家，这种挑战不仅使国际军事安全遭受到巨大冲击，更给人类文明带来无法弥补的灾难。

总之，凡尔赛—华盛顿体系下的国际军事安全显然是十分脆弱的。理念与现实的差距，体系内在的矛盾性使得它无法在“集体安全”的理念下，完成维护“集体安全”。特别是尽管“西方国家和苏联的大部分民众都认为，自己的敌人在侵略和暴行方面有着‘与生俱来的’并且是不屈不挠的倾向”，且“它们都属于不会轻易被降伏的民族”[①]，但是，国际社会寄希望于道义来解决问题的理想主义思维，加上在追求国家利益中的自私心理，使得反和平的力量得到发展，国际军事安全

① ［美］保罗·肯尼迪著，卿劼译：《联合国过去与未来》，海南出版社，2008年12月版，第26页。

平衡被打破，最终导致了第二次世界大战的爆发。面对战争，凡尔赛—华盛顿体系自然成为摆设，在战后人们新的安全思维调试、教训反思和经验总结基础上，一个全新的旨在维护国际安全的国际性组织——联合国出现后，作为凡尔赛—华盛顿体系的支柱的国际联盟也走完了自己的道路，不得不于 1946 年 4 月 18 日宣布解体。这也就难怪有人喊出"国联死亡了，联合国万岁"[①] 的口号。

第五节 两极霸权：雅尔塔体系下的国际军事安全

在经历了比第一次世界大战更为惨烈的第二次世界大战后，人们开始反思以往的安全理念和安全举措是否合理，并开始寻求建立一个新的国际安全体系来防止战争、维护世界和平。

一、联合国的成立与雅尔塔体系的建立

国际联盟的失败使得以美国为首的世界主要大国开始寻求建立一个全新的国际秩序，因为"下决心要建立世界秩序的美国、英国和苏联的决策者，都在之前的 15 到 20 年间目睹了国际组织体系的崩溃，并有过痛心的经历"[②]，这次他们决定要武装起一个不再脆弱无力的新

① 这是曾参与筹建国际联盟的塞西尔勋爵在 1946 年 4 月 18 日国联最后一次大会决定解散国联后发出的感慨。转引自李铁成著：《联合国五十年》，中国书籍出版社，1996 年 10 月版，第 24 页。

② ［美］保罗·肯尼迪著，卿劼译：《联合国过去与未来》，海南出版社，2008 年 12 月版，第 25 页。

安全体系，这个安全体系将建立起一个“广泛而永久的普遍安全制度”①。

这种对战后国际安全体系建立的关切，后在敦巴顿橡树园会议（1944年8～10月）期间得以具体化，并最终决定建立一个以安全为主并涵盖其他领域的国际组织——联合国（United Nations），后经雅尔塔会议（1945年2月）进一步细化，确定了所谓的“雅尔塔公式”②，形成了一个强制与和平手段兼备的处理国际安全问题的基本模式和机制原则，即大国一致原则。

1945年4月25日，按照雅尔塔会议上的决定，与筹建联合国相关议程有关的会议在美国旧金山举行。经过2个月的协商讨论，6月25日，会议一致通过了《联合国宪章》。后除波兰10月15日补签外，其余50国的153名代表均于6月26日在宪章文本上签字。当10月24日按规定已有29个国家立法机关批准了其签字后，联合国从法律上正式成立，这51个国家也因此成为联合国创始会员国。因此，4月26日被定为“宪章日”，10月24日被确立为“联合国日”。

① 这是美国和英国签署的《大西洋宪章》中设定的未来世界安全制度目标。宪章设想“待纳粹暴政被最后毁灭后，两国希望可以重建和平，使各国俱能在其疆土以内安居乐业，并使全世界所有人类悉有自由生活，无所恐惧，亦不虞匮乏的保证”。其核心是“世界所有各国，无论为实际上或精神上的原因，必须放弃使用武力”。苏联后同意这个基本原则，也表示出同样的意愿，即“各国人民的任务就是要迅速而坚决地击溃德国及其盟国，建立一种使子孙后代摆脱罪恶的纳粹主义的战后和平体制”，以及战后“只有通过一个新的国际关系组织，将各民主国家联合在一个持久同盟的基础上”，才能“保证持久和正义的和平”。参见《国际条约集（1934—1944）》，世界知识出版社，1961年版，第337—338页。[苏] 戈尼昂斯基等著，武汉大学外语系等译：《外交史》第4卷，三联书店，1980年版，第246、337页。

② 所谓的“雅尔塔公式”是指决策的投票原则，即：1. 安理会每一理事国有一个投票权。2. 安理会关于程序事项的决议，应以七理事国的可决票通过。3. 安理会对于其他一切事项的决议，应以七理事国的可决票，包括全体常任理事国的同意票通过；但对于争端的和平解决和依区域办法或由区域机关而求地方争端之和平解决内各事项之决议，争端当事国不得投票。

联合国的成立是战时同盟国政治家们吸取以往国际组织特别是国际联盟失败教训的重新的思考产物，更是世界人民防止战争和期盼和平意愿的客观反映。这个以“维持国际和平及安全”、“增强普遍和平”和“促成国际合作”为宗旨[①]的全新国际组织的出现，标志着雅尔塔体系的真正形成，联合国构成了雅尔塔体系的支撑，《联合国宪章》则成为后来维护世界和平与发展的规范。

二、雅尔塔体系下的国际军事安全形势

雅尔塔体系的建立标志着国际军事安全格局进入了一个新的历史阶段，同时，这个体系形成不久就构成了一个前所未有的全球性复杂的国际关系格局——两极格局。之所以说其是前所未有的复杂格局，一是因为它完全不同于以往的欧洲中心格局，即欧洲不再是世界政治的中心，以欧洲均势为中心的传统多极国际关系格局彻底崩溃，取而代之的是经济、军事实力均具有巨大优势的美国和实力远超过欧洲传统强国的苏联。二是因为最终形成了以美国为首的西方资产阶级阵营和以苏联为首的社会主义阵营，两大阵营的对抗十分剧烈。三是建立了一个以联合国“集体安全”、“主权平等”和“大国一致”为原则的国际安全体系。此后的40多年中，整个国际社会便是在这样的国际格局中维持着一种“冷和平”。

第二次世界大战结束后，固有的意识形态问题暴露出来并上升为主要矛盾。在反法西斯时期形成的战时同盟国家开始分裂，国际军事安全进入了一个两极争霸的时期。由于美苏矛盾的不断加剧，特别是在东欧、中欧出现剧烈的对抗，以及在中东地区的伊朗和土耳其问题上的冲突，导致美国的国家安全战略出现重大调整，形成了以杜鲁门主义为核心的“遏制”战略，这也标志着“冷战”的全面开始。

冷战初期，由于美国国力的相对优势，一改战前的孤立主义，转

① 参见《联合国宪章》第一章第一条。

而寻求全球扩张。为了稳定周边，构建一个稳固的冷战基地，美国于1947年9月2日与拉美18个国家签订了《美洲国家间互助条约》，即《里约热内卢条约》。随后，拉美国家又于1948年3月20日成立了"美洲国家组织"。通过这两个动作，美国牢固控制起整个西半球，构建起战后第一个区域性政治和军事集团。然后，根据安全战略设计的需要，美国通过联合11个欧洲国家和加拿大建立了北大西洋公约组织（1949年8月24日），苏联则在其后联合7个欧洲国家建立了与之针锋相对的华沙条约组织（1955年5月14日）。至此，相互对抗的两大军事集团构成了影响后来国际军事安全格局支撑点，它不仅左右着欧洲的政治、军事局势，也深刻影响着世界的政治、军事局势。随着两大集团的不断发展，美国和苏联的作用不断凸显，并最终构建了美国和苏联两个超级大国争夺世界霸权的两极格局。

美国的扩张攻势首先在亚太地区展开，通过发动或支持一些地区战争、建立军事集团等手段，加大对共产主义的遏制。其中最具代表性的就是美国操纵联合国，以"联合国军"为旗号发动朝鲜战争；通过对法国和越南保大集团的军事援助，扩大印度支那战争；通过与英、法、澳、新、菲、泰、巴基斯坦七国签订《东南亚集体防务条约》（1954年3月），形成与北约遥相呼应之势。这样，美国"从东北亚经西太平洋、东南亚、中东、地中海、西欧到北大西洋，建立起了一个包括40多国、在美国控制下包围社会主义国家的庞大的军事条约网，作为美国争夺中间地带的一种特殊手段"①。

在"遏制"战略之后，美国在冷战期间进行了多次军事战略调整，先后出现过"大规模报复"战略、"灵活反应"战略、"现实威慑"战略、"新灵活反应"战略和"超越遏制"战略等，都是根据国际形势的变化，特别是针对苏联保持优势而进行的。苏联则也制定了一系列相应的战略来对抗美国。而作为冷战国际军事安全的重要标志，军备竞

① 王绳祖主编：《国际关系史·第八卷（1949—1959）》，世界知识出版社，1995年12月版，"本卷前言"第10页。

赛特别是核军备竞赛的不断升级深刻影响着国际军事安全局势的变化。应该说，美苏核军备竞赛尽管造成了人类面临着核毁灭的威胁，但也正是由于美苏双方的“核均势”，一定程度上避免了世界大战的发生。尽管如此，冷战期间，“热战”依然时有发生，严重影响着国际军事安全态势。其中最具影响力的除了朝鲜战争外，还有越南战争、苏联入侵阿富汗、五次中东战争、两伊战争等和众多武装冲突。这些战争或武装冲突，要么是美国或苏联直接发动的，要么都有其背景即代理人战争，总之都是冷战的副产品。

值得特别一提的是，冷战开始之时也正是新中国诞生之时，由于中国的地缘战略地位和实力特别是军事实力的不断壮大，使得其成为冷战时期重要的战略砝码。尤其是中苏关系的破裂和中美关系的缓和，使得冷战的天平倾斜至美国一侧。而随着中国恢复联合国合法席位，和在第三世界中影响力的不断扩大，成为维护国际军事安全的一支重要力量，在解决重大国际军事安全问题上不断发挥着越来越重要的影响。

总体来看，雅尔塔体系下的国际军事安全具有以下几个主要特点：

首先，雅尔塔体系是一个“先天不足”的安全体系。之所以说其先天不足，主要是说其并没有实现雅尔塔会议时制定的美苏合作的目标，而是朝着相反的方向发展，并最终分化成两大政治、军事集团，进而形成剧烈的对抗。这种大逆转不仅给国际军事安全带来了巨大的挑战，也增添了深刻的复杂性。

其次，核武器的出现和美国与苏联的核军备竞赛，不仅导致核威慑战略的出现，也引发了核武器的进一步扩展，一些国家纷纷开始研制核武器，核武器成为制约战争的一种威慑方式和手段，也构成了“核均势”和“核慑止”，一定程度上阻止了世界大战的再度爆发，并在一段时间里构建了对抗中的缓和。

第三，在新的国际安全体系下，配合着民族独立与解放运动，一些殖民地国家纷纷独立，并逐渐形成“第三世界”，在联合国框架下成为国际社会的一股重要政治、军事力量，成为美苏展开争夺的对象，

一定程度上成为国际军事安全的平衡点。

第四，意识形态是对抗的重要根源，其影响不仅仅局限于政治和军事领域，还一定程度上扩展到经济和文化领域，遏制与反遏制、制裁与反制裁成为主要国际关系模式。不仅制约了国际社会的经济发展，也对人类文明的进步造成了重大的障碍。

第五，整个雅尔塔体系是以美苏冷战为主要内容的，作为这一体系的主要支撑的联合国，因美苏对抗和大国一致原则特别是否决权机制，没能发挥应有的作用。尽管世界大战没有再次发生，但局部战争和武装冲突一直不断，对国际军事安全造成了巨大的冲击。

第六，在雅尔塔体系中，美国一直处于优势地位，并充分利用苏联内外部的各种矛盾和问题，适时调整其对外战略，特别是后来里根政府推行的对苏“综合政策”[①]几乎耗尽了苏联的资源和最大限度地压缩了苏联的政治军事空间，使之最终走向解体之路。

三、雅尔塔体系的瓦解

美国利用强大的经济和技术优势，以军备竞赛特别是“星球大战计划”为载体，拖垮了苏联的经济。更为重要的是，美国以军事、政治、经济和外交等综合手段在苏联的传统地缘政治势力范围特别是东欧制造麻烦，先后通过“推回”战略、“解放”战略、“渐进”战略（搭桥战略）和“区别”战略等对东欧进行分化与“和平演变”，这些战略不仅使东欧国家问题频出，也使苏东关系矛盾重重，更使东欧不断脱离苏联的掌控，最终导致的是集团核心支撑根基——华沙条约组织和经济互助合作委员会的解体。而柏林墙的倒塌形成的德国统一，更是加速了两极格局的终结。至此，雅尔塔体系基本走到了终点，而使这倾斜大厦倒塌的最后一指薄力就是苏联的解体。

---

① 作为综合政策，其实际内涵为一种以军备竞赛、星球大战计划带来的技术挑战以及经济制裁、技术禁运的经济战“三位一体”的战略。

雅尔塔体系下的两极格局的终结，标志着冷战的结束和新的国际格局的出现，其对国际军事安全态势的影响也是巨大的。如果说“冷战是以军事实力为后盾、意识形态为主要武器、争夺地缘政治优势的斗争”[①]，那么，雅尔塔体系则是在这种斗争中两个超级大国领导下的集团构成的一种“冷和平”的格局。

在整个冷战期间，美苏对抗严重干扰了作为雅尔塔体系支柱的联合国的正常运行。据统计，“从1945年联合国成立到1990年5月，安理会常任理事国共行使否决权279次，其中绝大部分为美苏两国所使用”[②]。但客观地说，联合国在维护世界和平与稳定上，总体上还是发挥了很大的功效。其最主要的成绩就体现在不断成熟的维持和平行动上。虽然“联合国维和行动是联合国在对地区冲突调解不成功、强制不适用的历史背景下，作为临时性‘维持’和平措施而产生的”[③]，但是，整个冷战期间，依然实施了18项维和行动，对解决国家冲突，维持地区与世界和平与稳定，发挥了积极作用。

随着冷战的结束和雅尔塔体系的终结，激烈对抗局面有所缓和，联合国较之冷战期间发挥出更加积极的作用，国际军事安全态势相对进入了一个平稳期。但是，冷战的结束并未将冷战思维一起带进坟墓，它依然在影响着国家间的安全战略选择。在新的国际环境下，一超多强格局逐渐形成，而全球化又给国家安全提出了全新的挑战。国际军事安全开始朝着一个多元复杂的结构发展。但是，在国际格局尚未形成一个稳定的国际结构前，国际军事安全仍必将面临着巨大的挑战。

---

① 中国国际关系学会主编：《国际关系史·第十二卷（1990—1999）》，世界知识出版社，2006年12月版，第71页。

② 中国国际战略学会军控与裁军研究中心编著：《当代国际维和行动》，军事谊文出版社，2006年6月版，第36页。

③ 同上书，第35页。

第三章

国际军事安全思维的发展与激变

自国际军事安全概念形成以来，随着人类社会的不断发展，人们对于“安全”的认识也不断改变。从传统的角度看，军事安全是传统安全的重要内容，也是人类有关安全思维和理念的基本源头，其主要维护的是民族国家的政治、军事安全利益；其主要关注点在于民族国家这一世界主要行为体本身。但是，随着冷战的结束、“全球化”[①] 的出现、世界力量中心结构的变化、国际社会主要行为体之间的联系逐渐增多等因素，旧的矛盾虽有所缓解，但新的矛盾不断出现，使世界的主要威胁源出现了新变化。在此环境下，占统治地位的以“军事力量的威胁、使用和控制”寻求权力的安全观，已无法适应新时代和新情况。因此，“新安全观”[②] 应运而生。在“新安全观”中，“国家”从关注的目的变为实现安全的手段。[③] 这主要是基于国际社会的巨大变化，即全球化导致传统安全与非传统安全相互交织、融合发展而引发的诸多“全球性问题”的出现，诸如恐怖主义和以核武器为主的大规

① 此处的全球化不仅包括经济全球化，也包含其他领域的全球化，是一种泛指。

② 此处的“新安全观”是泛指，既包含西方区别于传统的安全观理念，也包括中国所主导的新安全观理念。

③ 参见 Ken Booth and Peter Vale, “Security in Southern Africa: After Apartheid, Beyond Realism,” *International Affairs*, Vol. 71, No. 2 (April 1995), p. 293.

模杀伤性武器的扩散等问题也呈现出“全球化”特点，且形势不断恶化，传统的安全理念已无法应对这些全球性的“新”问题。上述新安全观是国际安全理念的一个发展，它超越了传统安全理念，折射出在新的国际环境变化中人们对于解决安全问题的全新思考。因此，这既可以说是国际安全思维的发展，也可以说是安全理念的一种激变。

第一节　冷战前和冷战期间的国际军事安全思维

国际军事安全思维首先深刻影响着世界主要行为体的军事（国防）安全战略选择和制定，而后影响国际军事安全局势的变化。同时，历史上不同时期的国际军事安全思维，具有明显的时代特色和痕迹，我们不妨将其统称为“传统安全观”。

自“国家安全”[①] 的概念出现后，特别是冷战前的漫长历史中，国家安全的概念几乎完全等同于军事安全。安全思维几乎就是战争思维，因为处于无政府状态下的国际社会，对于权力的追求需要通过暴力手段来使对手屈服并服从自己的意志。战争不仅是征城掠地的手段，也是实现政治理念的途径。最早的“帝国”思维与机制的建立就可以充分说明这一点，从中国的历代封建帝国到西方的古罗马、古波斯帝国，到后来的奥斯曼帝国和法、英帝国，古今中外莫不如此。

冷战以前，世界的政治中心在欧洲，利益的争夺导致欧洲战事不断，国际军事安全的主要思维也自然多源于欧洲，其形成的成果自然多为战争理论。在这些理论中所透露出的安全思维，其最主要特征是：军事结盟和军备竞赛成为维护国家安全的主要方式和途径。这既源于

① 此处的“国家安全”并非现代意义上的“国家安全”，有关现代意义上的国家安全请参见本书“绪论”第一节中的相关内容。

"零和"理念，也是当时历史环境所决定的。

进入近现代即19世纪和20世纪，国际安全战略思维进入了全胜期，以新的军事方法和观念为代表的各类安全思维层出不穷。这些新的军事思想和观念，包括19世纪最具代表性三位大家的战略思想，即拿破仑的崇尚实力（主要是大军团配以重火力）为基础的"全民皆兵"（nation in arms）军事观念和制度；[①] 被称为战略思想启蒙学派的"集大成者"和"最后宗师"的约米尼（Antoine Henri Jomini）在其《大军作战论》（*Traité des grandes operations militaires*，英译名为 *Treatise on Grand Military Operations*）和《战争艺术》（*Précis de l' Art de la Guerre*，英译名为 *Summary of the Art of War*）中所反映出的有关对战略问题的新认识，特别是在《战争艺术》中，有关战略、战术和后勤三者之间的互动关系的论述，具有现代诸兵种联合作战的雏形思想，更重要的是他还深入探讨了外交对战争的关系问题，以及对于海权的重视和科技与武器的重视思想，并提出了"千万不要同时进行两个大规模的战争"的战略思想；[②] 克劳塞维茨《战争论》中最具划

① 拿破仑（Napoléon Bonaparte，1769—1821）被认为是继承了法国大革命的历史遗产，其发动的战争是法国革命的延续和扩大，因此，甚至被克劳塞维茨称为"革命皇帝"。他创造性地改革兵役制度，并将军队归还于人民，战争是为自由、平等和博爱而战而不是为了帝王，并改变了旧欧洲军队的军队高官只能出自贵族的习俗，这就使得军队的精神面貌焕然一新，其精神威力远大于其他军队，同时，他创立了大军团（下面辖有许多个师，每个师都由步、骑、炮三兵种以及其他支援单位所混合组成）的作战方式，并注重装备火力的配备，已形成军事上的绝对优势来取得战争的胜利。参见钮先钟著：《西方战略史》，广西师范大学出版社，2003年2月版，第175—191页。

② 约米尼（Antoine Henri Jomini，1779—1869）被认为是真正的无师自通、独往独来的军事战略家。他对基本观念曾作澄清的解释，对基本原则曾作客观的分析，他把科学研究的精神和方法带入这个一向被认为不能"科学化"的神秘领域，尤其是他使其同时代的人认清智慧在战争中的地位。这也许是约米尼对战略思想史最大的贡献。参见 Michael Howard，"Jomini and the Classical Tradition in Military Thought，" in *Studies in War and Peace*（Viking Press，1971）。

时代意义的“有限战争与绝对战争”二分论和“战争为政策的工具”战争政治论思想。[①] 总体来看，19世纪初到20世纪初（1815～1914年）的100年时间里，欧洲处于相对和平的时期，直至19世纪末，基本都维持在维也纳会议框架下的均势体系。其间，政治、经济、社会、科技等方面有了长足进步。受此影响，战略思想的演进也呈现出新的特点和时代特色。同时，出现了一些具有重要代表性的军事安全战略大家，其中最具代表性的无疑是德国的毛奇和美国的马汉。他们的战略思想蕴涵着地缘战略思维，不仅对当时，对后世也有着巨大的影响。毛奇的贡献主要在于他继承了克劳塞维茨“战争是政策的工具”思想，

① 克劳塞维茨（Carl Philip Gottlieb von Clausewitz，1780—1831）在西方战略思想史中有着极高的地位，可谓西方的孙子。他的战略思想因其著作浩繁，难以简单概括，但是，其最具创新意义的思想，除了有关作战理论外，就是“有限战争与绝对战争”和“战争为政策的工具”思想。有关为什么战争应分为两类，克劳塞维茨曾提出三种不同的解释。第一种解释是以历史经验为基础。即政治（文化）环境决定战争是否为总体或有限。第二种解释是所谓“绝对战争”是合乎逻辑、合乎自然的战争。在现实世界中，所有的战争都达不到此种绝对理想，其原因是战争并非一种孤立的活动，而受到许多外在因素的影响。所以，交战双方的意图以及战争发展的方向都不可完全合乎理想或逻辑。因此，现实战争也必然为有限战争。第三种解释是，除了外来的限制，战争本身还隐藏着一种内在的限制，此种内在的限制就是克劳塞维茨所强调的“摩擦”。而毁灭性的战争（war of destruction）并非惟一的战争形式。而有关“战争是政策的工具”则主要反映了克劳塞维茨的思想中最基本观念之一，即绝对战争并不一定非要居于优先地位。他在《战争论》中写道：“战争的政治目标足以影响其军事目标。”“在检讨了战争的性质与个人及社会其他利益之间的关系之后，我们发现许多互相冲突的因素会彼此抵消，于是也就会产生一种统一作用。……此种统一观念即为战争仅为政治关系之一部分，所以其本身并非一个独立的事物。”“战争是不可以遵从其自己的法则的，它必须被视为另外一种全体的一部分——而这个全体即为政策。”“政治观点对军事观点的屈服将违反常识；战争是由政策所宣布，政策为主体，而战争只是它的工具，因此本末不可倒置。”（以上引文出自克劳塞维茨著，钮先钟译：《战争论》，广西师范大学出版社，2003年10月版，第140—143页）

主要建立一个当时体系下的德国国家安全战略。[①] 而马汉的战略思维则更有创新意义，他将维护国家安全利益的基线从陆地延伸到海洋。他以《海权对历史的影响，1660～1783》（*The Influence of Sea Power upon History*，1660～1783）和《海权对法国革命及帝国的影响》（*The Influence of Sea Power upon the French Revolution and Empire*）两部姊妹巨著，奠定"海权论"鼻祖的地位，并对后世产生了巨大影响。[②]

纵观这一时期的国际军事安全战略思维，有学者将其基本现象总结为："（1）就观念而言，战略开始从军事层面升到大战略层面；（2）就地理而言，国际关系开始从欧洲推展到全世界；（3）战略已非军人专利，文人战略家开始出现；（4）海洋开始变成一个新的战略领域；（5）工业革命和科技发展对战略造成前所未有的重大冲击。"[③] 这意味着军事安全战略思维开始发生重大转变，形成了全球视野即真正的国际化。同时，也意味着军事安全战略思维的领域已经逐渐脱离了纯粹的军事层面；维护国家军事安全的根基和基线也由陆地向海洋发展；工业基础和技术优势成为维护国家安全的一个重要支柱。

从另一个层面上看，这一时期也出现了一些如何构建世界和平的思考。其中，作为美国开始登上国际舞台的重要标志，美国第 28 届总

---

① 毛奇（Helmuth Carl Bernard von Moltke，1800—1891）是普德学派的代表人物，重视技术优势的发挥，强调机动性，主张冒险，因此其早期核心的军事安全战略思维是：在不将欧洲秩序重大破坏的前提下，配合国家对外政策，依靠自己的力量，速战速决。当普法战争结束、德国统一后，毛奇的军事安全战略思维发生了转变，他认为德国对欧洲现状应感到满意，而且领土的扩张将危害种族的完整，对德国有害无益，但同时又强调德国有其特殊地理位置，即腹背受敌，遂使其面对着其所独有的安全问题，因此应该居安思危，加强备战，以此维护德国的国家安全。

② 马汉（Alfred Thayer Mahan，1840—1914）的海权论思想将在第四章具体论述，此处略去。

③ 钮先钟著：《西方战略史》，广西师范大学出版社，2003 年 2 月版，第 283 页。

统伍德罗·威尔逊的“十四点原则”（也称“十四点计划”），可谓是为一战后所设计的“世界和平纲领”。[①] 同时，原来一批活跃在欧洲的学者也由于战争逃往美国，这些学者中包括汉斯·摩根索、斯坦利·霍夫曼、卡尔·多伊奇、亨利·基辛格等，有关国际关系研究的中心也从欧洲移至美国，上述学者以及后来学者的诸多国际安全思想，如卡尔·多伊奇的一体化理论、汉斯·摩根索的现实主义六原则、肯尼斯·华尔兹有关对人、国家和战争的思考、亨利·基辛格实力加均势的现实主义理论等等，对世界均产生了重大影响。

进入20世纪的中后期，国际安全战略思维又发生了深刻变化。由于均势战略的失败，国际军事安全环境变得恶化，直接导致了两次世界大战。因为，“欧洲各国之间所建立的同盟体系，不仅不能维持权力平衡的稳定，反而足以制造危机。外交政策逐渐丧失其应有的弹性，而受到军事战略的牵制。其最后的结果是外交政策不再是以促进和平为目的，反而变成帮助准备战争的工具。等到危机发生时，外交当局也就完全丧失主动应变的能力，反而听任军人盲目地走向毁灭的途径”[②]。这不仅反映出国际安全战略思维的好战性，也与当时发达国家扩张意识膨胀有关。人们不得不对此开始反思，因此出现了一些有关国际军事安全的新思维。但是，这些新思维和新思想很快就被淹没在冷战思维的巨大浪潮之中。

以美国与苏联两大集团之间激烈对抗而形成的冷战持续了40多年，在这40多年中，意识形态的激烈碰撞、无休止的军备竞赛和地缘政治势力范围的争夺，成为主要安全思维的基础和源泉。在不断的调整中，美国先后出现了杜鲁门主义、艾森豪威尔主义、肯尼迪的和平战略、约翰逊主义、尼克松主义、里根主义、超越遏制战略。苏联提

① 有关“十四点计划”的具体内容，参见《美国研究词典》，中国社会科学出版社，2002年6月版，第798—799页。

② 钮先钟著：《西方战略史》，广西师范大学出版社，2003年2月版，第421—422页。

出了两个阵营、两个平行市场、赫鲁晓夫的和平共处总路线、勃烈日涅夫主义以及戈尔巴乔夫的外交新思维等。虽然这些国家安全战略各有不同的内容实质，但总体并未跳出战争与和平的安全思维逻辑。但是，值得一提的是，第二次世界大战结束后完善了的联合国框架下的集体安全理念和机制，尽管有着这样那样的不足，也常常受到人们的质疑，却在维护世界安全方面的确发挥了不小的作用。还有一点也必须指出的是，第二次世界大战后，世界之所以没有再次爆发世界性战争，并非占据主动的以美国为首的西方势力的战略思维的胜利，而是核武器的巨大破坏性功能所发挥的威慑性作用，更是苏联核能力快速提升造成的与美国力量的平衡所致。

总之，从民族国家的视角看，在整个冷战前和冷战时期的漫长历史过程中，国际军事安全的主题是战争与和平问题，主要的安全威胁来自国外的国家行为体。因此，“民族国家的安全——国家安全被认为是国际安全的基本要素”[①]。这一时期，帝国和霸权的主要安全思维是如何进行扩张，其他国家的主要安全思维则是如何在帝国的扩张中不被侵吞。地缘战略家们论述的海权论、陆权论、空权论、边缘地带论等都折射出控制世界的帝国霸权思维。从国际关系理论上看，这种对于权力的追求过程中，“国际政治体系可能导致行为体始料未及的结果”[②]。特别是体系维护者与体系对抗者之间的矛盾和冲突，最终可能导致国际体系的重构。而这主要是由于实力结构变化所造成的。这一时期国际军事安全的一个最显著特征是以国家生存为安全目的的，因此，国家安全是无二的重要关注点。而国家安全中军事安全处于核心地位，具有绝对的优先性，“因为这里涉及的是对最珍贵的东西的直接

---

① ［俄］B. M. 库拉金著，纽菊生、雷晓菊译：《国际安全》，武汉大学出版社，2009年3月版，第3页。

② ［美］小约瑟夫·奈著，张小明译：《理解国际冲突：理论与历史》（第七版），上海人民出版社，2009年7月版，第45页。

的和间接的威胁——对人的生命和国家活力的威胁”[1]。因此，军事安全一直被认为是“高级政治”，这也就是缘何国家最高政治领导人同时也是最高军事领袖[2]。而在这个战争与革命理念占据主要位置的时代，捍卫国家生存和实现民族解放成为国际军事安全的最主要表现形式。

第二节　冷战后国际军事安全思维的激变

20世纪80年代末，东欧局势发生剧变，东、西德国实现统一宣告雅尔塔体制崩溃，而苏联解体则标志着两极格局的彻底终结。这两件大事的发生则意味着长达40多年的冷战宣告结束。冷战的结束，不仅标志着国际政治格局发生了划时代的变化，也使国际安全形势发生了巨大的变化。严重对抗的两极格局的消失、多极化呼声趋强和一超多强的现实，传统威胁依然存在但有所减弱、新安全威胁的出现并不断加重，以经济全球化为主的几乎各个领域的全球化现实与趋势，这些因素不仅使人们面对越来越多的共同问题，也越来越多的拥有共同的利益，使得人们在对待威胁的认识上发生了激变。

影响国际军事安全理念变化的原因是多元且复杂的。但是最为重要的是国际安全环境变化所带来的人们对安全威胁认识的变化。

冷战结束后，两极平衡被打破，美国一超独霸的局面使得人们看到，发生世界大战的可能性已经微乎其微，“和平与发展”已开始取代

① ［俄］B. M. 库拉金著，纽菊生、雷晓菊译：《国际安全》，武汉大学出版社，2009年3月版，第2—3页。

② 例如，当年拿破仑就身兼国家元首和最高军事统帅达15年之久。如今绝大多数国家元首同时为国家最高军事统帅。

“战争与革命”成为时代的主题。①“发展”替代“生存”成为最重要的国家安全选项。② 但是，这并不意味着武装冲突和战争已经远离了人类。人们发现，在国际安全局势总体缓和的大背景下，武装冲突和局部战争开始不断增多，且多表现为国家内部冲突。据相关统计结果显示“从冷战结束到21世纪开始的时候，世界上所发生的116次冲突中，有89次纯粹是国家内部的冲突，还有20次是有外国干涉的内部冲突”③。现代武装冲突的单位时间消耗比以往任何时候都要巨大④，在导致大量人员伤亡的同时，还引发严重的人道主义灾难。更为严重的是，“有超过80个国家行为体、2个地区组织以及200多个非政府组织卷入了冲突之中”⑤。导致这一局面出现的最重要原因是，冷战结

① 邓小平是这个判断的最重要代表人物，他于20世纪80年代中期就提出了“和平与发展是时代的主题”判断。参见《邓小平文选》第3卷，人民出版社，1993年版，第289页。

② 以霍布斯为代表的西方传统安全理念认为，在世界无政府状态下，生存是国家的最高目标，没有其他目标可以超过，因为它是“既定”的。参见 Richard Smoke, *National Security and the Nuclear Dilemma: An Introduction to the American Experience in the Cold War*, 3rd ed.（New York: McGraw—Hill, 1993), p. 330。此注释为该书作者所加。

③ Michael Erikson and Peter Wallensteen, “Armed Conflict, 1989－2003,” *Journal of Peace Research* 41 : 5 (September 2004), p. 626. 转引自［美］小约瑟夫·奈著，张小明译：《理解国际冲突：理论与历史》，上海人民出版社，2009年7月版，第199页。

④ 单从物资消耗指标来看，海湾战争分别比第二次世界大战、朝鲜战争、越南战争、第四次中东战争和马岛战争提高了20倍、10倍、7.5倍、4.2倍和3.5倍。海湾战争只打了42天，以美国为首的多国部队耗资即达611亿美元之巨，比一个中等发展中国家全年国民生产总值还要高。参见姚有志主编：《战争战略论》，解放军出版社，2005年8月版，第76页。

⑤ Peter Wallersten and Margareta Sollenberg, “Armed Conflict 1989－2000,” in Margareta Sollenberg, ed., *States in Armed Conflict* 2000 (Uppsala University, Sweden: Department of Peace and Conflict Research, Report No. 60, 2001), pp. 10－12. 转引自［美］小约瑟夫·奈著，张小明译：《理解国际冲突：理论与历史》，上海人民出版社，2009年7月版，第199页。

束并未将一切威胁世界的因素都带进坟墓，相反，冷战时期掩盖的种族、宗教等问题却开始逐渐暴露出来并不断尖锐化，与固有的领土等问题综合作用，导致地区安全形势复杂严峻。而在集体安全机制为主导的国际体系下，“总是会产生促使大国和国际组织进行干涉的压力”①。于是，霸权主义和干涉主义找到了适合自己施展的场所，它们的卷入，使得问题变得更加复杂化。

冷战后的另一个巨大变化和趋势是全球化的出现和发展，这使得世界变得更小、联系更加紧密。人们在全球化的现实和趋势面前，越来越多地面临着共同利益的同时，也越来越多地面对着共同的威胁。特别是，由于总体上威胁国家主体和领土完整的以军事安全为主的安全威胁相对减少，以国际恐怖主义、武器（特别是核武器为主的大规模杀伤性武器）扩散、环境恶化（污染导致的疾病、变暖导致的自然灾害和粮食减产）和能源短缺等所谓新威胁的急剧上升，导致人们对安全威胁源的判断开始发生转变。

针对这些新变化，传统的国家安全观和国际安全观都发生了巨大转变。从国家安全观方面看，有学者认为，“总体上看，冷战结束以来，国家安全观的变化具有五个方面的共同趋势：一是在安全利益观念方面，重视生存安全，但更加突出发展安全；二是在安全威胁观念方面，突出不确定威胁，但仍然重视确定性威胁；三是在安全价值观念方面，由注重意识形态转向重视共同利益；四是在安全战略观念方面，由军事安全转向综合安全，五是在安全效益观念方面，注重提高综合安全效益”②。同时认为，“国家安全观之所以会发生这些变化，主要有下列原因造成：一是时代主题的转换使局部战争与经济发展失调成

① ［美］小约瑟夫·奈著，张小明译：《理解国际冲突：理论与历史》，上海人民出版社，2009年7月版，第199页。

② 张学明著：《冷战后国家安全观的变化》，国防大学出版社，2003年8月版，第55页。

为国家安全的主要威胁；二是国际格局的变迁造成国家间安全关系中的不确定性因素增多；三是经济全球化提升了经济安全的地位，促进了全球范围的安全合作；四是科学技术的迅猛发展导致信息安全问题日益突出；五是国家内政的变化推动安全观念的转换”①。这种综述，基本反映了冷战后民族国家在维护国家安全时的基本思维定式和主要原因。

从国际安全观方面看，“一直持续到世纪之交的21世纪初，远离了冷战的各国都能遵循这样的方针，即不让那些从本质上来说是新的威胁的‘火药’发生爆炸。人们在这个时刻清楚地意识到，在国际安全领域正在发生着深刻的、‘结构’性的变动，保障国际安全，需要新的战略思维，需要新的物质技术基础，需要新的军事政治体制和国际组织权力结构”②。这主要是基于国际安全问题的新变化和新要求而言的。有关国际安全的主要威胁，尽管存在着不同的认识，但总体上还是有共识的。有学者将冷战后的国际安全问题的主要来源归纳为6种，即一是冷战时代遗留下来的问题，如朝鲜半岛问题、中东和平问题等；二是冷战后时代产生的问题，如波黑问题、北约东扩与欧洲安全问题、核扩散问题等；三是一些国家内部动乱、政局不稳、甚至武装冲突和内战所引起的周边地区的问题，像卢旺达、布隆迪、扎伊尔（民主刚果）国内所发生的武装冲突，苏丹国内政府军与南部的反政府武装之间的冲突等；四是冷战后“强权主义”政治干预和单方面对别国实行经济制裁的加剧，以及个别大国在双边关系及全球政策中依然崇尚“冷战思维”的“威慑”、“遏制”概念，因而时常导致双边关系出现矛盾、紧张甚至对抗，引起周边国家的担忧及所在地区局势的不稳定；

---

① 张学明著：《冷战后国家安全观的变化》，国防大学出版社，2003年8月版，第55页。

② ［俄］B.M. 库拉金著，纽菊生、雷晓菊译：《国际安全》，武汉大学出版社，2009年3月版，第39页。

五是国家间一些历史长期遗留的有关领土、岛屿、海洋疆界的划分和归属的争端问题，如日本和韩国关于“竹岛”或“独岛”之争，秘鲁和厄瓜多尔为亚马逊河塞纳帕流域划分纠纷爆发军事冲突；六是历史上长期形成的民族、部族、宗教矛盾至今未能解决，在冷战后时代则更多以一种要求“自治自决”或“分离立国”的形式爆发出来，并呈现向外蔓延扩大的趋势，如阿富汗与非洲一些国家内部的部族冲突，塞浦路斯希腊族与土耳其族之间的对抗等。这些争端、冲突的影响都已超出国界而辐射到周边地区国家，并引起国际社会的关注。[①] 当然还有后来变得越来越严重的国际恐怖主义问题和严重的资源短缺问题。这些新威胁被学者们称为“非传统安全”威胁。传统的安全理念和理论已经无法为维护国家安全和国际安全提供支撑。

在这种情形下，新的国际安全战略思维层出不穷。其中最具代表性的就是综合安全观或新安全观[②]的出现。有关新安全观的基本特征，有学者将其概括为四个方面，即：第一，对安全的威胁既来自国外，也来自国内，甚至国内问题的紧迫性已超出外国侵略的威胁；第二，不仅国家面临着安全威胁，而且个人乃至世界都存在安全问题，后者的安全是前者安全的保障；第三，解决安全问题的途径主要是合作，合作的动力来自经济相互依赖所提供的利益刺激和利益牵制，合作的途

① 俞晓秋：《正在形成的“新安全观”》，载《世界知识》，1997年第24期，第4—5页。

② 有关“新安全观”的内涵，有学者认为它是一个宽泛而缺乏严密定义的概念，既包括人们对“安全”这一概念的认识，如什么是安全、什么是对安全的威胁、如何获得安全等；也包括学术上对安全的整体性研究或对某一种安全问题的研究。它的提出在很大程度上是为了区别于在冷战中占统治地位的以“军事力量的威胁、使用和控制”（注：Stephen M. Walt，“The Renaissance of Security Studies,” *International Studies Quarterly*，Vol. 35，No. 2（June 1991），p. 212.）为主要内容的传统安全观。参见韩丽：《无处不在的威胁——“新安全观”概念质疑》，载《世界经济与政治》，2000年第10期，第64—65页。

径则是国际机制和国际规范所提供的制度性框架；第四，安全并非绝对价值，安全与其他价值如自由、人权之间，以及国内安全与国际安全之间存在着冲突。①

从现实看，新安全观不仅反映在人们对“综合安全”或“国际安全问题综合化”或“地区安全综合保障”等理念的趋同，也反映在解决国际安全问题的方式需要通过多边合作而不是单边主义来实现的理念推崇。

新安全观的出现很大程度上体现了人们对“全球性问题”的担心和重视，以及全球化所带来的国家与国家之间、国内事务与国际事务之间界限的模糊。它不仅对军事威胁在安全评估中的主导地位提出质疑，而且对民族国家在安全政策中的主体地位提出挑战。② 在几乎所有的新安全观中，“国家变成了安全的手段而不是目的”③。对某些人来说，与其说国家能够解决安全问题，不如说国家本身就是安全问题的一部分，因为它死守着过时的主权观念不放，阻碍对其领土界限内发生的人类所面临的挑战采取集体行动，从而使狭隘的思想和自私的行为永远存在下去。而且，与外国敌人相比，国家更可能成为其公民的人身安全和福利的直接威胁。④

毛泽东曾指出：“一切战争指导规律，依照历史的发展而发展，依照战争的发展而发展，一成不变的东西是没有的。”⑤ 因此，有关国际

① Richard H. Ullman, “Redefining Security,” *International Security*, Vol. 8, No. 1 (Summer 1983), pp. 129－153.

② Norman Myers, *Ultimate Security* (New York: W. W. Norton & Company, 1993); Emma Rothschild, “What Is Security?” *DAEDALUS*, Vol. 124, No. 3 (Summer 1995), pp. 53－98.

③ Ken Booth and Peter Vale, “Security in Southern Africa: After Apartheid, Beyond Realism,” *International Affairs*, Vol. 71, No. 2 (April 1995), p. 293.

④ Commission on Global Governance, *Our Global Neighborhood* (Oxford: Oxford University Press, 1995), p. 81.

⑤ 毛泽东：《中国革命战争的战略问题》，载《毛泽东选集》（第一卷），人民出版社，1991年6月版，第173页。

安全思维也同样不可能是一成不变的，它同样因国家安全形势的变化而变化，依照历史的发展而发展。

上述的新安全观是以西方为主体的基本观念，而历经发展后，中国的新安全观则以具有实际内涵和可操作性逐渐引起国际社会的广泛关注，成为诸多新安全观中的一抹亮色。

第三节 “一超多强”格局下的国际军事安全思维

冷战结束后，美国成为世界惟一超级大国，借冷战胜利的余威和超强实力地位，建立一个由美国领导下的世界——单极世界——成为美国的战略目标。但是，众多力量中心的崛起和世界多极化的战略诉求，成为美国推行单极世界战略目标的最大制衡力量，单极与多极之争也成为后冷战时期国际关系中最为突出的特征之一。在这种一超独大、多强并起的世界格局下，国际军事安全也发生着深刻的变化。

苏联解体，美国失去了现实战略对手，在新的战略选择中，美国没有选择新孤立主义（Neo - Isolationism）所倡导的“自扫门前雪”的战略主张，[①] 而是融合了选择性接触（Selective Engagement）和合作安全（Cooperative Security）战略的部分内容，最终将其定为以优势主

① 美国新孤立主义认为苏联垮台后，美国不再面临一个像苏联那样的全球性竞争对手的挑战，因此主张美国应重点关注自身的经济、社会问题，少卷入国外事务，甚至建议将北约的未来交给欧洲处理，实行非结盟战略，即使是人道主义援助也应限于自然灾害范围。

导（Primacy）战略[①]为核心的“参与和扩展战略”。[②] 可以说，“参与和扩展战略”完全是为实现美国霸权世界战略目标所设计的。其主要的认知出发点是基于：作为世界头号经济和军事大国，作为民主价值观的首要实践者，美国必须发挥全球领导作用，而这种领导作用从来没有像现在这么重要，倘若我们在国外发挥领导作用，美国将会更加安全和更加繁荣昌盛。[③]

从战略文化的视角看，美国的这种战略选择，基本反映了其国家安全战略思维模式，即零和博弈的国家安全观、“世界领袖”的目标观、崇尚实力的力量观、软硬兼重的手段观和实用主义的途径观。[④] 事实上，这是国际环境变化后美国战略文化在美国战略选择中的必然反映。

从国际关系理论上看，属于进攻性现实主义所描绘的大国政治的悲剧——为求生存和获得更多的利益，只能追求更多的权力，而最理想的就是成为现存体系中的霸权国。

应该说，苏联解体后的一段时间里，作为世界惟一超级大国的美国，其势力四处伸张，势不可挡。特别是萨达姆入侵科威特更是给其以展示世界领袖的机会，海湾战争的快速取胜和展示出的全新战法和

---

① “优势主导战略”亦称“确保领导地位战略”。

② 1993年1月，克林顿就任美国总统。当年9月21日，其国家安全事务助理安东尼·莱克在约翰·霍普金斯大学发表题为“从遏制到扩展”的演讲，正式提出了克林顿政府的“扩展战略”。1994年，为批判和反对新孤立主义，克林顿政府又将“扩展战略”发展为“参与和扩展战略”，并以《国家参与和扩展安全战略》为题向国会提交了其任期内第一份国家安全战略报告。此后，克林顿政府又在1997年和2000年先后向国会提交国家安全战略报告，两份报告均以《新世纪的国家安全战略》为题。第一份报告可以说是克林顿整个任期内国家安全战略的“脚本”，后两份报告均以此为基调。

③ 这是在1994年克林顿政府向国会提交的《国家参与和扩展安全战略》（报告）中的表述。参见梅孜编译：《美国国家安全战略报告汇编》，时事出版社，1996年版，第247页。

④ 有关美国国家安全战略思维模式问题的详细论述，参见赵景芳著：《美国战略文化研究》，时事出版社，2009年11月版，第109—115页。

高技术武器装备，使得“美国神话”不断被放大。以“预防性外交”为理念的维护国际安全思维，使其更多地介入到国家内部的冲突之中，几乎全世界都可以看到美国军事介入的身影，世界警察形象逐渐定型。在连续增长的经济资本支持下，美国的这种势头不断发展、膨胀，不仅挑战一般国家的核心利益，甚至开始挑战大国的核心国家利益。

事实上，美国是想建立一个新的国际社会新秩序，将美国的价值观推向全世界。这一点自冷战一结束就已体现出来。不仅共和党总统老布什称：“我们期待各国有超越冷战的新伙伴关系。这个伙伴关系要以咨商、合作和集体行动为基础，尤其要透过国际组织和区域组织集体行动。这个伙伴关系是依原则和法治而团结，并借由平均分摊成本与承诺所支持。这个伙伴关系的目标是增进民主，增进繁荣，增进和平和裁减军备。”[①] 民主党总统克林顿仍称：“在新的危险与机会交替的时代里，我们最大的目标必须是扩大、强化全世界以市场为基础的民主社会。冷战期间，我们寻求遏制威胁，以保存自由体制。现在，我们寻求扩大生存在自由体制下的国家圈，因为我们的梦想是，有朝一日，世界上每个人的意见与精力，都得以在繁盛的民主世界中充分表达，人人合作，和平生活。”[②] 而现实中，美国却以世界领导者的角色控制世界。因此，美国的这种战略意愿和现实所为，印证美国学者所称的一个现象，即“美国的精英们常常用理想主义术语谈论外交政策，却以现实主义方式行事”[③]。

在这种基本态势下，国际军事安全基本呈现出美国包打天下的局面。但国际形势的深刻变化也是美国始料未及的。美国过分插手世界事物，使美国成为一些国家和非国家组织的靶标，反美成为世界的新

① ［美］亨利·基辛格著，顾淑馨、林添贵译：《大外交》，海南出版社，1998年1月版，第746页。

② 同上。

③ ［美］约翰·米尔斯海默著，王义桅、唐小松译：《大国政治的悲剧》，上海人民出版社，2008年1月版，第34页。

潮流。“9·11”事件正是这种反美主义的一种最为极端的表现形式。

“9·11”事件不仅打破了美国“本土安全的神话”，更给美国人的心理造成了前所未有的巨大冲击，原有的安全理念——地理的优越性可确保美国安全——在这次严重的恐怖主义袭击中彻底被颠覆。同时，此次恐怖袭击事件也激怒了美国人，及其超强的自尊背后的超强实力，使其发出了“要么站在美国一边，要么站在恐怖分子一边”之非友即敌、非白即黑的霸道战略宣言。

至此，美国的国家安全战略发生了自冷战以来的最根本调整。正如有学者所认为的那样：美国对外战略的手段和途径，从冷战时期表现为意识形态攻击、政治对抗、经济封锁与军事威慑的“全面遏制”，经由冷战后以价值观输出和经贸扩张为主的“超越遏制”与“参与和扩展”，过渡到“9·11”事件后的“新帝国”扩张：在以绝对军事优势防范和遏制中国和俄罗斯等潜在对手的同时，进行全球反恐反扩散，对“邪恶轴心”等邪恶势力发动“预防性战争”，对其实现“政权更换”和“民主化改造”。作为美国对外战略的主要手段，美国军事战略发生了显著变化，其重点从冷战时期的“威慑性遏制”，经过冷战后的“地区性防务”、“灵活与选择性参与”，演变为“9·11”事件后的以攻防一体的绝对军事优势为后盾的“预防性战争”。“威慑性遏制”的实质是以强大常规军力和第二次核打击力量慑止强大对手的进攻，其有效性建立在双方“确保相互摧毁”的力量均势和恐怖共识上，因而排除了军事“单边主义”和“先发制人”。“预防性战争”则是赤裸裸的军事“单边主义”和“超级先发制人”。把“预防性战争”、“政权更换”和“民主化改造”作为“新帝国”扩张的主要手段与途径，是“9·11时代”美国国家安全战略手段与途径的危险“创新”，其危险在于它加剧和扩大国际军备竞赛和“安全困境”、造成地区动荡、威胁世界和平与发展。[①]

阿富汗战争和伊拉克战争的发生，正是美国“先发制人”和“单

---

① 郑保国：《“9·11时代”美国对外战略的危险“创新”》，载《外交评论：外交学院学报》，2007年第5期，第84页。

边主义”的具体实践。战争推翻了塔利班政权，打散了“基地”组织；推翻了萨达姆政权，建立了美国标准的新的民主政权。但是，塔利班没有消亡，“基地”组织从阿富汗走向全世界；伊拉克教派冲突更加激烈，美国希望的民主并未成为伊拉克稳定的基础。相反的是，阿富汗和伊拉克成为全球恐怖主义活动最为猖獗的国家，地区安全形势成为全球的关注焦点。美国傲然的态度，也使新的大国关系处于更加复杂的阶段，国际反恐联盟也因美国在反恐问题上的双重标准和单边主义走入名存实亡的境地。因此，可以说，美国新的国家安全战略，特别是反恐战争带来的是国际军事安全局势的新混乱。

尽管奥巴马上台后，受金融危机影响，对于新威胁有了新认识，国家安全战略思维有所调整，欲以“均衡”战略获得更多的安全与发展，维护美国的战略利益。因此，要增强与外部世界的“接触”、“倾听”和“磋商”，同时希望美国的盟友在国际事务上做出更多努力。[①]无论是此后推出的“阿富汗-巴基斯坦反恐新战略”[②] 还是《2010 美国

① 2009年2月7日美国副总统拜登在出席第45届慕尼黑安全会议时，首次向国际社会阐明了美国新的外交政策。参见“拜登首次定调美国外交新政”，新华网，http://news.xinhuanet.com/world/2009－02/08/content_10782738.htm。

② 这一战略的主旨为：为了集中精力抗击我国人民面临的最大威胁，美国再也不能因伊拉克的战事而不向阿富汗提供资源。为了加强阿富汗和巴基斯坦的军事、治理和经济能力，我们必须动员国际社会提供支持。为了战胜不受边界限制和无视战争规则的敌人，我们必须认识到阿富汗和巴基斯坦的未来存在着基本的相互联系——因此我任命理查德·霍尔布鲁克大使担任负责这两国事务的特别代表，与戴维·彼得雷乌斯上将密切合作，协调我们在民政和军事方面的努力；美国将寻求与阿富汗和巴基斯坦建立持久的伙伴关系，增派1.7万人的部队和经济建设专家，调动一切力量战胜“基地”组织，保卫美国和该地区人民；强调实施阿富汗战略将与联合国协作，计划成立一个新的阿富汗和巴基斯坦事务联络组，该联络组成员包括与该地区安全利益攸关的各方，不仅有北约盟国及其他合作伙伴，还将包括中亚各国、海湾国家及俄罗斯、印度和中国。详见：“奥巴马宣布美国在阿富汗和巴基斯坦新战略讲话全文”，中国工程技术信息网，http://www.cetin.net.cn/cetin2/servlet/cetin/action/HtmlDocumentAction? baseid＝1&docno＝377942。

国家安全战略报告》（2010年5月），都反映出美国要放弃上届政府的“单边主义”和“先发制人”战略，合作意愿有所上升。但是，“事实上，美国维护其全球霸权地位的战略思维并没有因金融危机而改变，只是为确保国家不摔进‘死亡’谷底，开始进行了一定的战略收缩”[①]，这点只要从其依然维持着全球最高的军费开支且预算不断增长中就可看出。

第四节　“非传统安全”理念对传统安全思维的挑战

有关“非传统安全”问题的讨论可追溯至20世纪60年代。有感于当时人们过于重视国家间关系，特别是片面强调政治因素以及在安全上过分依赖武器系统和军事科技手段，英国学派的著名代表人物赫德利·布尔撰文批评这种将“安全研究”简单地等同于“战略研究”的现象，认为战略和安全问题专家们都“过分注重和分析内部稳定并拥有最先进武器的国家之间的经典性冲突，却还没有习惯研究那些不稳定国家内部及相互之间的冲突……这些冲突现在更普遍、更有代表性”[②]。但是，由于意识形态占据了安全研究的重要位置，即便是种族主义或民族主义，乃至恐怖主义已经成为威胁国家安全的一个重要因素，但并未引起人们在这个问题上的“新思考”，这也是导致赫德利·布尔的观点并没有得到普遍重视的主要原因。尽管如此，不可否认的

① 刘强主编：《2009·国际安全》，时事出版社，2010年3月版，第6页。

② Hedley Bull, “Strategic Studies and Its Critics,” *World Politics*, vol. 20, no. 4 (July 1968), p. 605.

是，20世纪60年代是安全研究“第一个真正意义上的黄金时期”①。这个时期，有关安全问题的研究和理论呈现出多元繁荣景象，特别是具有后世影响的一些安全理论的出现。其中威慑理论的产生和发展就是这一时期最具代表性的研究成果。但此时仍未出现“非传统安全”的概念，安全关注的焦点依然是主权国家的政治性和如何抵御外部威胁，所谓安全问题依然停留在国家层面上，即“安全”和“国家安全”。这一现象直到20世纪70年代“国际安全”取代“国家安全”后才发生根本性的变化。

“非传统安全”真正进入国际社会的视野，并为所有研究安全问题者所认同，始于1980年的“布伦特报告”（Brandt Report）②。报告首次提出了应该用“非传统的方法”看待安全问题，并提议解决国际安全的重要途径之一是各国能够更多地重视“非传统安全”。③ 同时，一些学者也纷纷展开对军事安全问题以外安全新领域的研究和论述，特别是经济安全、环境安全问题成为研究和关注的重点。其中包括美国著名国际政治经济学家理查德·乌尔曼提出国家安全以及国际安全概念应予扩大，使之包容非军事性的全球问题，构成对安全威胁的范围应该包括自然灾变等环境与生态恶化所带来的恶果，“非军事安全”应该是安全关注和安全研究的重要内容。④ 杰西卡·塔克曼·马修斯强调国家安全和国际安全必须将世界资源、环境和人口问题包括进来。⑤ 巴瑞·布赞更是主张将经济、社会与环境问题同政治和军事问题并列，

---

① Steven Walt, “The Renaissance of Security Studies,” *International Security Quarterly*, vol. 35, no. 2 (Fall 1991), pp. 211—239.

② “布伦特报告”的全称是“北方和南方：生存计划”。

③ Trevor C. Salmon (ed.), *Issues in International Relations*, London and New York: Routledge, 2000, pp. 61—62。

④ Richard Ullman, Redefining Security, *International Security*, vol. 8, no. 1 (Winter 1983).

⑤ Jessica Tuchman Mathews, “Redefining Security,” *Foreign Affairs*, Vol. 68, No. 2 (Spring 1989).

认为对安全的威胁并非只来自军事，受安全问题影响的不仅有国家，还有社会和个人。[①] 等等。所有上述研究可谓“非传统安全”问题研究的发端。但是由于当时的国际社会环境，特别是东西方的严重对峙，意识形态领域的较量仍在继续，核战争的阴影依然没有消除，军事威胁依然是国际军事安全的主要问题，因此，上述学者的讨论并未能够引起广泛的共识。

随着冷战的结束，国家安全环境发生巨变，安全议题也随之发生了彻底调整。其最典型的问题就是，既然人们一直关注的世界大战威胁（主要是核战争威胁）已经大大地降低，那么还有什么是威胁国际社会安全的重要问题呢？也就是说，除了人们一直关注的军事威胁外，人们是否还面临着其他安全威胁呢？关于这个问题的思考为人们研究安全问题打开了一扇窗。所有带有浓重政治色彩并与战争威胁或称“军事威胁”以外的问题，开始得到人们的重点关注。特别是 1994 年联合国秘书长加利在“联合国发展报告”中呼吁，国际社会应该完成从“核安全到人的安全、或者人的安全的基本概念”的转移，安全的决定性因素，应该不再是单纯的“缺乏威胁”，而应是让所有的人免于饥饿、疾病和压迫的威胁，使人类享有“平安”。[②] 至此，“非传统安全”一词开始不断地出现在各种相关的研究刊物甚至官方文件中。进入 21 世纪后，这种研究的热度越来越高，在实践层面上，甚至联合国秘书长安南于 2002 年 1 月正式宣布成立“人类安全委员会”（Commission for Human Security，CHS)，以专门负责“威胁世界和平的两大邪恶力量：匮乏与恐惧”。联合国努力推动“人类安全”的做法，不仅使这一概念开始深入人心，也将联合国的全球管理作用提升到新的理论高度，以至于自由主义者认为，“人的安全”这种新观念已经占据了

---

① Barry Buzan，*People*，*States and Fear*，Chapel Hill，N. C.：University of North Carolina，1983，pp. 54－128.

② *UN Development Program*：1994，New York：Oxford University Press，1994.

“外交政策讨论的中心位置”。[①] 因此，有中国学者认为，“‘非传统安全’同‘合作安全’、‘综合安全’以及‘共同安全’一起，构成了对以国家和军事为关注点的传统安全追求和观察方式的挑战和否定”[②]。非传统安全的重要地位一目了然。

从以上的情况不难看出，我们不能说非传统安全是从传统安全中脱胎而出的，因为，非传统安全是新时代背景的产物，其所涵盖的问题特点与性质，与传统安全具有明显的区别。但它的出现却与传统安全有着密不可分的相互联系。如今，它们相互联系、相互作用，构成了国际安全的两个方面，并在一定条件下相互转换，对国际安全构成影响。

关于非传统安全，至今也无一个公认的权威定义，不同的学者根据自己的理解对其进行不同的解释。其中一种认为“非传统安全”一词的含义可表述为：“由非政治和非威胁本国和别国乃至地区与全球发展、稳定和安全的跨国性问题以及与此相应的一种新安全观和新的安全研究领域”[③]。这种比较宽泛和综合性的解释，基本涵盖了非传统安全的内涵和外延，其基本特性比较清晰地得到了反映。事实上，非传统安全涵盖了除传统的政治和军事安全以外的所有全球性安全和与人类生存相关的安全问题。在全球化的作用之下，这些安全问题的影响面之广、影响程度之深，都是以往传统安全所没有的。它不仅扩展了人们对安全问题的认识，导致安全观的转变和扩展，最终促成“新安全观”的形成，也使人们将国际安全的行为主体，从国家更多地转向了非国家行为主体。

更值得关注的是，由于非传统安全问题的日益深化，国家权力开

① Gary King and Christopher JL Murray, “Rethinking Human Security,” *Political Science Quarterly*, Vol. 116, No. 4 (winter, 2002), p. 585.

② 朱锋：《“非传统安全”解析》，载《中国社会科学》，2004年第4期，第143页。

③ 陆忠伟主编：《非传统安全论》，时事出版社，2003年11月版，第20页，

始受到越来越多的挑战。因为，“在过去400年，安全大都是和国家紧密联系在一起的。它长久以来（尽管不是所有的时候）意味着‘保护不受武装外国人的有组织的暴力侵袭’（‘外国人’暗示着‘不像我们的人’），传统意义上的国家即民族国家，这是从1648年在欧洲出现以来一直是把‘我们’与‘他们’区分开来的占支配地位的组织原则。由此，安全的界定与国家联系在一起并不奇怪……国家不仅是安全的主要提供者，还是安全的主要解释者。在历史上的大多数时间里，‘安全’的含意是由统治者来确定的”①。但是，非传统安全问题的出现，使得这一切都发生了变化。非传统安全问题，例如国际恐怖主义问题、气候变化问题、跨国犯罪问题、武装冲突或自然灾害导致的大规模难民潮和人道主义危机问题等等，绝大多数带有全球性（部分具有地区性）的性质。传统的国际主要行为体——国家，无论是在能力上还是资源上，都开始难以独自应对。需要最广泛的国际合作才能解决。而解决这些问题时，国家常常必须要让渡出部分国家利益。特别在霸权主义和强权政治的高压下，在生存权高于政治权或人权高于主权的观念主导下，一些国家在面对带有“溢出”效应的国家内部问题时，越来越多地受到外部的政治压力，甚至军事干涉，国家主权受到前所未有的挑战。

说到底，非传统安全问题是全球化（globalization）发展下人们对安全问题的全新解读，是国际安全思维的一次激变。它使得安全问题超越了国家疆界，“所有的人第一次开始分享着同一个历史”② 的同时，也必须面对同一种威胁。在关注传统的政治和军事安全的同时，必须更加高度关注这些具有“全球性”和“跨国性”的问题。因此，非传

① Del Rosso，Stephen “the Insecure State：Reflection on the ‘State’ and ‘Security’ in a Changing World.” 转引自 Paul B. Stares ed.，*The New Security Agenda ：A Global Survey*，Tokyo，Japan Center for International Exchange，1998，p. 42。

② Raymond Aron，*The Industrial Society：Three Essays on Ideology and Development*，Frederick A. Praeger，New York，1967，p. 7.

统安全问题是国际社会必须共同面对的挑战，只能通过更多的合作才能解决。但是，由于非传统安全问题具有复杂性和多元性，并在一定条件下与传统安全能够产生互动关系，所以不仅给国际军事安全提出了新的命题，也必将给国际军事安全带来全新影响。

第四章

国际军事安全的相关理论及其影响

与国际军事安全相关的理论尽管纷繁复杂，但也可归纳出一些狭义的与国际军事安全有着最直接关系的理论体系。在这些理论体系中，最具代表性的有：均势理论、地缘政治理论、威慑理论、有限主权论、霸权稳定论、新安全观等。这些理论一方面源于国际范围军事安全实践的高度抽象、概括和总结，一方面展现了理论研究工作者对国际军事安全领域独到的观察视角。更重要的是，这些理论自出现以来塑造了各种各样的国家安全战略模式，对世界的军事安全活动产生了意义深远的指导作用。

第一节　均势理论

均势理论是国际政治中的古老理论之一，它的产生和发展对后来的国际关系产生过重大影响，在国际军事安全上扮演着十分重要的角色。

一、均势理论的形成

肯尼思·华尔兹曾说："如果有什么特别的国际政治理论的话，均势理论就是。"[①] "均势"（The Balance of Power）又称"势力均衡"，均势理论是西方国际关系理论中古老而重要的理论之一，是现实主义理论流派的重要组成部分。早在古代，均势思想就已经萌芽，希腊城邦国家之间出现了较早的均势状态。古希腊历史学家修昔底德所著的《伯罗奔尼撒战争史》中就体现了均势思想。他认为，战争的根源是雅典权势的不断增长引起了斯巴达等其他希腊城邦国家的恐惧，这种恐惧所带来的不仅是雅典与其他城邦国家之间的猜疑，而且是双方之间的战争准备，他对雅典和斯巴达各自领导的城邦国家之间的相互制衡状态进行了描述。

均势成为一种外交谋略是在欧洲中世纪以后。"真正使权力平衡成为国家对外政策理论基础，并将其加以系统阐述，是在中世纪以后。伯纳多·鲁塞莱（1449～1514 年）第一个系统地运用了均势原理分析了意大利北部城邦国之间的争夺。1600 年之后，'均势'一词出现在欧洲国家的外交文件之中，路易十四公开使用这个名字来描述法国的外交政策"[②]。到了近代，大卫·休谟第一次对均势思想进行了系统阐述，他所写的《论势力均衡》是西方最早的关于均势思想的文章，他认为国家间的权力分配应该遵循平衡的原则。随着包括牛顿力学在内的物理学、生物学的产生与发展，均势思想也与之相联系，把作用力与反作用力、平衡等概念应用到社会科学领域。于是也就有了"化学家提到稳定均衡的溶解；经济学家认识到各种互相抵消的

---

① Kenneth Waltz, *The Theory of International Politics*, Reading, MA: Addison－Wesley, 1979, p. 117.

② 王义桅著：《超越均势：全球治理与大国合作》，上海三联书店，2008 年版，第 19 页。

力量之间的平衡，如供求平衡；生物学家警告人类不要采取破坏有机体同环境间自然平衡的活动；政治学家经常用制衡和平衡的概念分析国内利益集团之间或政府机构之间的互相作用”①，足见“均势”理念的广泛影响。

进入核时代后，均势理论产生了新的“威胁均衡”和“恐怖均衡”的形态。这主要因为，“在古典均势结构中，由于力量发展的绝对不平衡性总会导致大国或联盟关系的分化和重组，这种分化和重组常常借助暴力和战争的手段来完成，所以，均势的破坏或重建过程常常伴随着大规模战争。但是核武器的出现，它巨大的毁灭性以及它给人们带来的恐惧感，对大国军事政策产生了威慑作用，特别是当双方都拥有能力确保摧毁对方时，双方都会减少正面冲突的可能，以避免将危机升级到核战争的地步”②。显然，核武器不仅改变了“均衡”的基本内涵，也改变了“均衡”的形式。

汉斯·摩根索在《国家间的政治》一书中指出均势有四种不同的含义：针对一定事态的一种政策；一种实际存在的事态；大体均等的强权分配；泛指任何强权分配。③ 他主要把均势分为均势的结构和为了维持均势的政策，二者都是国际社会的稳定性因素。摩根索还强调均势是国际政治现实中唯一的、必然的结果，把均势绝对化，这是一种理想化的均势。事实上，均势理论的内涵十分广泛，总体来讲主要有以下三方面：第一，均势是指一种状态，即通过国际社会各种力量之间的相互作用和牵制，彼此平衡、抵消而形成的一种相对稳定的状态。如前所述，摩根索就认为均势是一种特殊的状态，是由于权势大致平均地在一些国家之间分配所造成的。因此，有学者认为，“从本质上

① ［美］詹姆斯·多尔蒂、小罗伯特·普法尔茨格拉夫著，阎学通等译：《争论中的国际关系理论》，世界知识出版社，2003年版，第44页。

② 苏长和：《关于均势理论的几点思考》，载《欧洲》，1997年第4期，第38页。

③ ［美］汉斯·摩根索著，卢明华等译：《国际纵横策论》，上海译文出版社，1995年版，第223页。

说，均势是指这样一种特定状态：处于均势状态的任何一方无法承担试图改变已形成的均势状况的代价，或没有能力、没有决心来改变这一状况。从军事角度讲，均势是一种进攻与防御的战略平衡状态。而以经济学的术语来说更为确切，即均势是一种“帕累托最优”（Pareto optimum）状态”[①]。第二，均势是指一种体系，即“均势作为一种体系指的是在一个多国的社会，所有的主要行为体通过平衡过程保持它们各自的身份、统一和独立”[②]。从国际体系发展的历史看，曾有四个典型的国际均势体系：威斯特伐利亚体系、维也纳体系、凡尔赛—华盛顿体系、雅尔塔体系。第三，均势是指一些国际行为体为追求稳定所奉行的一种外交谋略、外交手段和对外政策。霍夫曼认为均势是一种关于权力的艺术，它强调用非暴力以保持紧张的国际关系，所以均势是显示武力的艺术，而不是运用武力的艺术，是希望通过构建武力的强势，构建一种武力平衡，而避免一方运用武力造成彼此的伤害。而作为外交手段意义上的均势包括互惠补偿原则，这主要体现在领土补偿原则上。1713年，西班牙王位继承战争结束之后签订的《乌德勒支和约》，第一次把均势原则正式写入国际文件，在法律上承认以领土补偿的方式实现均势。英国积极推行均势政策，并在和约中获益最大，确保了其海上和殖民的优势地位。1815年，维也纳会议的《最后议定书》根据正统主义、遏制和补偿三原则重新划定了拿破仑战争后的欧洲版图，重建了欧洲的均势及和平。维也纳会议还任命了一个统计委员会，专门负责估算领土，使领土补偿原则进一步趋向完善。欧洲大国在公开和秘密外交中，以小国的领土作为相互补偿以换取大国关系平衡的实例不胜枚举。

① 尚伟：《均势理论与世界秩序》，载《西南师范大学学报》，2005年第2期，第121页。

② ［美］詹姆斯·多尔蒂、小罗伯特·普法尔茨格拉夫著，阎学通等译：《争论中的国际关系理论》，世界知识出版社，2003年版，第45页。

二、均势理论的影响

国内外学者对均势理论的评价褒贬不一。国际关系现实主义流派认为均势状态为国际关系演变中最切实的选择，均势必然带来和平。自由主义流派则认为均势是强权政治和大国政治的产物，均势必然会导致战争。可见均势理论在历史实践中的影响是双重的，是一把双刃剑，即均势既有维持和保证国际社会的和平与稳定的功效，有时也能导致冲突或战争，更为重要的是，因其主旨是保障主要大国利益，所以，小国利益经常受到危害，甚至成为大国利益的牺牲品。特别是由于“均势的主要功能并不在于保持和平，而是保持这个体系本身，因此当没有其他办法来阻止一个潜在的国家获取霸权的时候，均势就需要战争来达到这一目的”[①]。因此，从历史实践中不难发现，均势显然并不能制止战争。在历史上的均势体系中无不包括众多的冲突和战争，即便是在维也纳均势体系这个均势黄金时代，同样也充满了欧洲列强对殖民地的血腥战争。为此，赫德利·布尔甚至认为均势是战争的根源。英国历史学家爱德华·古利克于1943年并非杞人忧天地写道：“如果我们和我们的政治家没有改变均势以其现在的存在方式并非必然的国家体系的话，等待我们的将会是一个不安的未来，要求我们不得不去思考平衡一个全副武装的国家，第三次、第四次乃至第五次世界大战将不可避免。”[②]

在当今经济全球化的时代，世界各国对国家绝对利益的关注要大于相对利益，这从某种意义上说有利于防止强国为攫取利益而破坏国际稳定与和平，有利于推动人类文明进步。在这种形势下，“一种新的

---

① Hedley Bull, “ The Balance of Power and International Order,” in *The Theory and Practice of International Relations*, 5th. edition, p. 108.

② 参见王义桅著：《超越均势：全球治理与大国合作》，上海三联书店，2008年版，第260页。

'新均势'正在形成，其主体不仅包含传统的国家间均势，而且推广到并且越来越多地表现为区域间均势（亚太、美洲和欧洲板块），其客体将会是政治、军事与经济乃至文化均势的复合，其过程既有自动趋向使然（全球化惯性），又是各国能力的结果（地区国家间联合与霸权国推动相并行），其环境将是全球化与一体化的统一"①。

尽管如此，均势作为一种外交手段仍然体现在当今世界国家的对外政策中，甚至成为大国谋求霸权的手段。冷战后，美国成为世界惟一的超级大国，在全球范围积极谋求优势和霸权，其对外战略表现为一种新霸权均势战略，即凭借强大的经济、军事实力和军事同盟，以充当"离岸制衡者"的角色，维持世界相对的均势格局，最终实现美国治下的和平。伊拉克战争和阿富汗战争某种意义上就是美国这种理念——以美国价值观改造世界，构建美国统治下的和平——的产物。进入21世纪后，美国受到各方力量掣肘，特别是受2008年金融危机的影响，尽管综合实力仍无人能比，但其主宰国际事务的能力显然有所下降，奥巴马政府推出了"均衡"战略，世界经济格局与政治格局也正在悄然发生变化，全球各力量中心尤其是新兴力量中心的实力不断上升，各力量中心之间以及它们与美国之间的互动已经构成当今时代国际体系的重要特征。国际军事安全也将在新的国际体系形成过程中维持一种平衡，哪怕这种平衡是暂时的。

第二节　地缘政治理论

地缘政治理论自出现之日起，就影响甚至改造了政治战略家们对于国家安全的战略决策，至今仍是人们分析国际战略形势的重要理论

① 王义桅著：《超越均势：全球治理与大国合作》，上海三联书店，2008年版，第259页。

依据之一。

一、地缘政治理论的形成

研究地理因素在政治、军事中的作用并付诸实践由来已久。在中国古代的《孙子兵法》中，地理因素就被认为是决定战争胜负的五大因素之一。古希腊的巴门尼德、亚里士多德、柏拉图等哲人也不乏地缘政治的经典思想，提出了依据温度区不同来划分社会政治结构的观点。15～16世纪的地理大发现，使人类的地缘政治空间得到了空前的拓展，人们开始用全球的视角观察地缘政治问题。与此同时，伴随着资本主义原始积累的血腥扩展和早期殖民扩张的野蛮推进，地缘政治开始留下资本主义发展的历史痕迹。

在西方地缘政治理论形成的过程中，西方三大地缘学说的地位是十分重要的，也就是马汉的“海权论”、麦金德的“心脏地带”理论和斯皮克曼的“边缘地带”理论。

马汉是美国著名海军战略家、历史学家。他的海权论产生于欧洲帝国主义扩张进入最后阶段，美国正在上升为世界大国地位的时代背景下。马汉的海权论思想主要体现在他的《海权对历史的影响：1660～1783年》、《海上力量对法国大革命和帝国的影响》和《海上力量的影响与1812年战争的关系》这三本著作中。马汉通过考察世界历史霸权的演变与发展，得出结论：争霸世界的关键在于夺取制海权，并且将这种能力与一个国家的繁荣和历史进程最有效地联系在一起。①

近代英帝国主义的兴起与英国成为海军强国的历史，为马汉的理论提供了参考依据，马汉主要分析了英帝国主义在全球海洋的扩张历史，

① 刘从德著：《地缘政治学——历史、方法与世界格局》，华中师范大学出版社，1998年版，第55页。

他对英国海军的发展及海上霸权形成作了深入研究，写出大量著作，形成了自己一套关于海权的理论与思想。在近代历史上，英国的殖民活动史是与英国海军发展、称霸海洋的历史密不可分的，马汉受此启发，认为制海权，特别是控制具有战略意义的狭窄航道，对于大国的地位至关重要。因为在当时技术条件下，海上交通比陆上便利，而且大陆板块都被海洋包围，有进入海洋之便的国家较之内陆国家，有更大机会获得大国地缘潜力。马汉的海权论认为任何一个国家或联盟，如果充分控制公海，就能控制世界的财富，从而控制全世界。所以，一个国家要想成为世界强国，必须有一支在国内、外拥有作战基地并能为庞大商船队提供辅助保障的、装备精良而训练有素的海军。此外，马汉还设定了一系列可用于指导美国海军战略决策的理论原则。他主张在巴拿马地峡开凿一条完全由美国控制的运河，占领太平洋上具有军事战略意义的三个要点：夏威夷、菲律宾、关岛。

哈尔福德·麦金德[①]是第一位试图在一种广阔的背景下，把地理和历史联系在一起来真实地探索世界观念的地理学家。[②] 他认为世界历史从根本上来说就是陆上国家与海上国家反复斗争的历史。他在 1904 年出版的影响世界的著作《历史的地理枢纽》中认为：欧亚大陆的中、北部平原上船只难以航行，但骑兵和火车却是可以通过的，随着铁路的出现和铁轨铺设里程数的增加，陆路的联系变得更加紧密，并且形成

① 哈尔福德·麦金德（Halford J. Mackinder，1861－1947），英国著名地理学家，被公认为“陆权论”的创立和集大成者。麦金德 1861 年 2 月 15 日出生于英国林肯郡的盖恩斯巴勒，父亲是一位乡村医生。他分别于 1883 年和 1884 年获得英国剑桥大学的生物学学位和近代史学学位，曾任伦敦大学地理学教授、英国国会议员、伦敦经济学院院长、英国航运会主席、英国枢密院顾问兼帝国经济委员会主席、英国皇家地理学会会长等多种职务，并于 1919—1920 年担任英国驻南俄高级专员，获“爵士”称号。

② ［英］杰弗里·帕克著：《二十世纪的西方地理政治思想》，解放军出版社，1992 年 2 月版，第 31 页。

了机动、高速的运输网络，从而把以前相对闭塞的欧亚大陆内陆地区和世界其他地方连为一体，所以他的结论是，这里是“历史的枢纽”地区。麦金德进一步认为俄国作为蒙古帝国的继承者，对欧亚大陆施加了重大的政治影响。这种影响依靠其强大的海军实力能够延伸到欧亚大陆的四大边缘地区，这四大边缘地区是东亚、南亚、中东和欧洲。第一次世界大战结束后，麦金德对自己的论点作了进一步的发展，1919 年他出版了《民主的理想与现实》，书中提出了“世界岛”和“心脏地带”的概念，由此形成他地缘政治思想的核心内容。麦金德将欧亚大陆称为世界岛，是因为这块大陆多少世纪以来一直是人类居住最密集并且人口最多的地区，它有着广阔的地理面积，自然成为了世界历史的基本舞台和世界政治斗争的中心地区。他把“历史的枢纽”地区改称为“心脏地带”。在连接在一起的亚欧大陆的北方，从东部的西伯利亚平原到西边的波德平原，从北部的北冰洋到南边的伊朗高原和兴都库什山这一广大的地域就是麦金德所说的“心脏地带”。以其为中心，构成了新月形，新月形又分为内新月形地带和外新月形地带，内新月形地带包括欧亚大陆的四大边缘地区，外新月形地带由不列颠诸岛、撒哈拉南部的非洲和日本组成。随着这一大陆组合的变化，形成了以心脏地带的陆上强国与新月形的海上强国之间的对立和对抗。麦金德认为“大空间范围的地理政治进程起码可认为是已被注定的”①，最终他得出了流传至今的著名的地缘政治公式：“谁统治东欧，谁就控制了心脏地区；谁统治心脏地区，谁就控制了世界岛；谁控制世界岛，谁就控制全世界。”② 麦金德的地缘政治理论，被后人认定为“陆权论”。

① ［英］杰弗里·帕克著：《二十世纪的西方地理政治思想》，解放军出版社，1992 年 2 月版，第 26 页。

② ［英］哈尔福德·麦金德著：《民主的理想与现实》，商务印书馆，1965 年 5 月版，第 134 页。

尼古拉斯·约翰·斯皮克曼①根据二战期间全球战略形势的改变，在批评和修正麦金德的“心脏地带”理论的基础上提出了“边缘地带”理论，他吸收了麦金德的理论内核——世界历史主要由陆海权二元对抗所构成，进一步发展和完善了陆权理论。他认为欧亚大陆的边缘地带是各个强国的地缘战略要地，是首先应该占领和控制的核心地区。斯皮克曼的“边缘地带”理论站在美国国家利益的角度，重新审视欧亚大陆在美国对外战略中的地位，具有鲜明的美国特色，而且对于美国抛弃国内的孤立主义倾向，积极参加反法西斯战争，以及在二战后把遏制战略作为对抗苏联的基本政策都产生了重要的影响。1942年，斯皮克曼出版了《美国的世界政治战略》一书，书中首次提出了具有战略意义的“边缘地带”的概念。1943年，斯皮克曼病故，其同事根据他生前著作及讲演稿整理编写成了《和平地理学》一书，并于1944年出版。斯皮克曼的边缘地带理论认为：边缘地带是指欧洲沿海地区、阿拉伯半岛和季风沿海地区，它包括法国、德国、西班牙、意大利、土耳其、中东地区、印度、中南半岛及中国等区域。他指出，欧亚大陆的边缘地带与所谓的心脏地带相比更为重要，因为它处于心脏地带和近海之间，是一个中心地带，特别是在陆上强国和海上强国的冲突中，起着一个缓冲阀和减震器的作用。边缘地带如果被单一的强国所完全控制，那么整个全球地缘政治均势格局将发生重大的变化。他套用麦金德广泛流传的地缘政治公式并做出了自己的修正：“谁支配着边缘地带，谁就控制欧亚

---

① 尼古拉斯·约翰·斯皮克曼（Nicholas John Spykman，1893—1943）出生在荷兰的阿姆斯特丹市，曾经是一名记者，在近东、中东和远东地区工作过近8年时间。1920年他移居美国求学，先后在加利福尼亚大学获得了学士学位和硕士学位，1923年在加利福尼亚大学获得了博士学位，此后在加利福尼亚大学任社会学和政治学讲师。1925年，斯皮克曼调至耶鲁大学任教，他的研究方向也从最初的社会学转向国际关系研究。他先后出任耶鲁大学国际关系系主任和耶鲁大学国际政治研究学院院长，直至1940年。斯皮克曼还曾担任罗斯福总统的顾问。

大陆；谁支配着欧亚大陆，谁就掌握世界的命运。”[①]

二、地缘政治理论的影响

由于地缘政治理论本身具有与现实关联紧密并用于指导实践的鲜明特征，从它诞生的那一天起就对国际军事安全产生了深刻的影响，从西方三大地缘学说对国家军事力量发展以及由此对国际军事安全产生的影响就可以看出这一点。

马汉的海权论对美国总统西奥多·罗斯福影响很深，他对马汉有很高的评价，认为马汉是“美国生活中最伟大、最有影响的人物之一”，还聘请马汉为总统的海军顾问。马汉对当时美国的对外政策产生了重要的影响，对美国的海军发展也起了关键作用，从而使美国海军力量不久跃居世界第二位，仅次于英国。因为他的海权思想“使美国海军从内战后的毁灭中振兴，为其专业基础和理论方向，从而有助于引导它在 1898 年、1918 年和 1945 年走向胜利，这一切同马汉紧密联系在一起”[②]。依据马汉的理论，由于美国面对两大洋，远离欧亚大陆，拥有安全的工业基础，具备发展海上力量的地理条件，而美国若想从一个地区性大国变成世界性强国，就必须发展海军。因此，马汉极力说服美国政府发展海上力量。也正是由于马汉海权思想和具体建议，美国政府才最终不仅开凿巴拿马运河以及拓展具有重要战略意义的海上殖民地，还不遗余力地大力发展海上力量，特别是具有远洋作战能力的海军，最终才使美国走出“孤立主义”并最终成为全球霸主。这或许可以说，没有马汉的海权思想，就不可能有美国今天世界上的地位。

① ［美］斯皮克曼著，刘愈之译：《和平地理学》，商务印书馆，1965 年 10 月版，第 78 页。

② ［美］罗伯特·西格著，刘学成等编译：《马汉》，天津人民出版社，1995 年版，第 209 页。

而马汉的海权思想至今还对世界大国的政治军事发展产生着重要影响。

麦金德的理论明显反映了几百年来英国传统的对欧洲大陆的恐惧：一旦欧洲大陆出现了一个霸权国家，必然会封锁英国与大陆的商贸往来，从海洋上威胁英国的海上贸易和交通，并等待时机入侵英伦三岛。因此英国的对外政策是采取大陆均势政策和均衡策略，以防止出现欧亚大陆的强国统治东欧和“心脏地带”的不利局面，麦金德的理论正是从这个目的出发的。麦金德曾警告英国的政客们，德国和俄国的联合已经对英国的海上帝国构成了威胁；欧亚大陆政治斗争的焦点已经从西欧转向东欧。尽管麦金德的理论将政治实力与地理区域简单地等同起来，从而使他的“心脏地带”说不可避免带有机械论的成分。但是，他对地理因素对国家之重要性的判断，即“由于对地理战略的无知，给国家利益造成的代价是难以估算的”[①] 也成为一些研究地缘战略问题学者经常引用的警句。他的地缘战略思想，影响了许多国家安全战略的制定，甚至有学者认为，“麦金德的理论奠定了美国遏制政策的基石”，而“凯南的战略，……，更确切地说，是直接以麦金德的思想为基础的”[②]。事实上还远不止如此，麦金德的思想，不仅影响了著名的布热津斯基的“大棋局论”，还影响了塞缪尔·亨廷顿的“文明冲突论”，对美国全球性的战略扩张和霸权思维具有挥之不去的重要影响。

边缘地带理论建立在意识形态对立基础之上，对第二次世界大战后美国全球战略的制定有着深远的影响，它与麦金德的理论一起成为美国对苏遏制的理论基础，也成为美国向欧亚大陆扩张的重要理由。这

① ［英］哈尔福德·麦金德著，林尔蔚、陈江译：《历史的地理枢纽》，商务印书馆，1985年版，第10页。

② ［英］杰弗里·帕克著，李亦鸣译：《二十世纪的西方地理政治思想》，解放军出版社，1992年版，第145页。

个理论促进了西方资本主义社会的合作，但并未给世界带来真正的和平与稳定，它加剧了美苏冷战和东西方对峙的局面。斯皮克曼继承了麦金德陆权与海权的分裂和对抗的二分法，并且十分注重地理与政治权力之间的紧密联系，他也因此获得了“美国的豪斯霍弗”的称号。实践中，美国决策者深受边缘地带理论的影响，甚至养成了“用点和线标示边缘地带上各个国家的政治、军事关系”的习惯，在斯皮克曼认为重要的“边缘地带”建立起一系列军事同盟关系，并结合强大的海权力量最终完成了对欧亚大陆的包围。而后来发生的朝鲜战争、越南战争，甚至后来的海湾战争、科索沃战争、阿富汗战争和伊拉克战争，几乎都发生在斯皮克曼认为的边缘地带上，也就带有明显的“边缘地带”理论影子。

第三节 威慑理论

一、威慑理论的形成

自从人类社会形成以后，伴随着各个部落、国家之间的利益纷争和冲突的出现和日趋激烈，威慑（deterrence）应运而生。中国早在《吕氏春秋》中就已经出现威慑一词，西方在古希腊时期也已经出现威慑的思想和实践。美国学者约翰·柯林斯认为，自从有战争以来就有威慑的概念，可见“威慑”是一个古老的词语。

现代意义上的威慑理论主要是在二战后的美国逐渐发展完善的。这不仅是因为美国是威慑战略的积极倡导和推进者，也是因为美国是将这一行为方式理论化的最主要推动者。美国前国务卿亨利·基辛格认为：“威慑就是设法向对方提出危险性，这种危险将使对方认为与其要获得的利益不成比例，因而使对方不敢采取某种行动。”[①] 据此，可以认为，“阐发这种特殊政治行为方式的理论是威慑理论，指导这种特殊政治行为方式的政策是威慑政策”[②]。它是影响国际军事安全的主要内容之一，有关这点在“绪论”部分已有论述，在此不再赘言。

有关威慑，基辛格首次提出了可靠的威慑所必须具备的三个要素：一是要有足以影响全局的威慑力量；二是要有使用威慑力量的决心和意志；三是要通过一定的途径使对方认识并相信以上两点。在构成军事威慑的三个基本条件中，实力是最基本的条件，决心则是军事威慑的灵魂，而信息的传递则是力量和决心得以产生威慑作用的必要条件。[③] 这就是说，首先，力量是构成威慑的基础。在国际格局中之所以总是以大国为主要构成要素，是因为大国拥有强大的实力。一个国家如果想让对手感受到来自它的压力与威胁，最首要的就是自身必须具备形成威慑的国力基础。其次，如果一国仅有威慑的力量而没有运用这种力量的决心，也达不成威慑的目的，一国只有让对手认识到它有能力并有魄力去威慑对手时，威慑战略才是可靠的。最后，国家的力量与运用力量的决心需要表现出来，并让对手接收到这样的信息，从而影响对手的判断，只有到这一步才最终构成了一个完整的威慑。当然如果想以自己的口头、行动上的表现影响对手对你的判断，就存在着不确定性，正如罗伯特·杰维斯在《心理与威慑》一书中指出：“威慑设定心理关系，所以，大多数有关威慑的分析忽视决策者的情绪、观念和（利益）计算，而代之以依赖建立在人类高度理性基础上的推

---

① Henry A. Kissinger，The *Necessity for Choice*，New York：Anchor Books，1962，p. 12.

② 姚云竹著：《战后美国威慑理论与政策》，国防大学出版社，1998年10月版，第10页。

③ 参见军事科学院战略研究部：《战略学》，军事科学出版社，2001年10月版，第232页。

理逻辑，是件很奇怪的事。”①

核武器出现后，它的巨大毁伤力成为威慑的重要依据，对国际斗争形势产生了深远的影响，威慑理论也因此有了重大发展，步入了核威慑的理论阶段。从纵向来看，核时代的威慑理论到20世纪80年代初大致经历了三个发展阶段。其中，第一个10年左右，即1945年至50年代中期，被称为“早期阶段”；差不多第二个10年，即50年代中期至60年代中期，被称为“黄金时期”；而60年代中期至80年代初则被认为是威慑研究的“第三次浪潮”。② 因为，美国是世界上第一个拥有核武器且逐渐发展成拥有最大核武库的国家，所以核威慑理论的研究也主要集中在美国。随着科学技术的不断发展与核武器的出现，威慑理论也从20世纪50年代开始进入繁荣发展的阶段。洲际弹道导弹的出现使核武器的运载方式产生重大进步，核武器小型化、多弹头分导技术的出现使核武器更易于进行实战。因此，“科学技术的发展演变在核时代一直是威慑理论变化的重要基础，这样，讨论核武器及其运载系统的技术问题就成为威慑研究中的一项重要内容，大量科技工作者由此加入了威慑研究的行列”③。这就使得这一理论随着时代的发展不断丰富且日臻成熟。

二、威慑理论的影响

在国内外古代、近代和现代史中，有很多通过威慑阻止另一国家采取对本国不利行动的事例。威慑的方式主要是军事行动，例如阻止对方的进攻、战争动员、部队调动和防御作战等或迫使对方提供军队

① 转引自吴莼思著：《威慑理论与导弹防御》，长征出版社，2001年11月版，第6—7页。

② 吴莼思著：《威慑理论与导弹防御》，长征出版社，2001年11月版，第41页。

③ 同上书，第56页。

和其他战争资源、协同作战、提供基地使用权和过境权等。此外，威慑的方式也可以是政治和经济行为，例如阻止对方与敌国结盟和缔结条约、提供经济援助、在战争期间保持中立，以及迫使对方与己方结盟和缔结条约、与第三国断绝外交和贸易关系等。现代威慑理论的形成与冷战的爆发处于同一时期，威慑理论深刻影响了东西方两大阵营之间的对抗，威慑在冷战时期主要指美国及其西方盟国针对苏联及其东方盟国的行为方式。这一时期威慑理论研究的重点是如何在东西方两大阵营之间实施和维持威慑。

威慑理论对冷战时期美国的国家安全战略和军事战略影响颇深，也对国际军事安全产生了重要影响。“从原则上说，威慑可通过发展强大的防御力量，或以惩罚相威胁来实现。第一种情况是使侵略者看到发动侵略必败而被威慑住；第二种情况是以侵略得不偿失来威慑侵略者，即侵略者所遭到的报复损失要超过它从战争中所牟取的利益”[①]。美国的“确保摧毁”战略[②]强调以惩罚相威胁，就是这种威慑理论的运用。麦克纳马拉任美国国防部长时，负责武器系统分析的助理国防部长阿兰·恩索文对“确保摧毁”战略的基本原则作过如下表述：“如果美国的战略力量的首要任务是威慑敌人不敢对美国发动第一次核打击，那么，美国必须具备第二次打击能力，也就是说，要具有这样一支战略力量，它能在精心策划的大规模核袭击中生存下来，其所剩的力量足以突破进攻者的防御体系，摧毁对方。即使在遭到突然袭击后，这种第二次打击能力必须完全可靠，而且还必须使敌人看得清清楚楚。这就是美国威慑战略的基石。苏联总是想方设法把美国确保摧毁能力削弱到我们不可接受的程度，只要威慑继续是美国的首要奋斗目标，

① ［美］罗杰·斯皮德著，秦志高译：《八十年代战略威慑》，战士出版社，1983年12月版，第9—10页。

② “确保摧毁”战略是指美国可以在苏联引发的战争核打击中成功生存下来，并具有反击苏联的核打击能力，这种能力必须确保能够摧毁苏联的大量政治、经济、军事目标。

美国就必须随时挫败苏联的这种企图。”①

实际上，早在1954年，美国艾森豪威尔政府就提出了“大规模报复”战略，这是历史上第一次明确提出核威慑战略，这一战略计划运用美国拥有的核优势抵消苏联在地区范围内拥有的常规优势。美国声称攻击苏联的大城市和工业中心，把威慑作为美国和其盟国的安全保障，以抵御苏联在欧洲局部的常规优势。而苏联很快也拥有了自己的核武器及其运载方式，这就使美国到了肯尼迪政府时期不得不放弃了“大规模报复”战略，转而采用“灵活反应”战略，强调核力量和常规力量相结合，根据苏联不同的威胁程度采取灵活的应对方式，认为核力量是“盾”而常规力量是“剑”。从而形成了“核常并用”的战略进攻和防御态势。

冷战后，针对国际安全环境重大变化调整威慑政策，成为美国政府的当务之急。在核威慑方面，美国政府在降低核武器作用和调整核政策的基础上，仍然保留了核武器在中央和延伸威慑领域的作用，同时针对第三世界国家，赋予核武器慑止大规模毁灭性武器扩散的新使命。威慑理论与政策更突出的变化是高度重视常规威慑，使之成为美国推行地区战略的重要手段。② 美国在海湾危机和海湾战争中均使用了威慑手段。在海湾危机中美国虽然运用威慑手段对伊拉克传达出美国干预的可能性，但并未慑阻伊拉克入侵科威特的军事行动，美国没有正确、有效地使用威慑以达到其战略目标。在伊拉克占领科威特后，美国通过向海湾地区部署兵力，实施“沙漠盾牌”行动继续威慑伊拉克。经过1个多月对海湾地区的持续增兵，美国为实战做好了充分准备，威慑虽然没有使伊拉克撤军，但也对其构成了很大压力，使其不敢采取进一步的军事行动，同时也为美国的战前准备赢得了时间。在

① ［美］罗杰·斯皮德著，秦志高译：《八十年代战略威慑》，战士出版社，1983年12月版，第25页。

② 姚云竹著：《战后美国威慑理论与政策》，国防大学出版社，1998年10月版，第132页。

伊拉克拒不执行联合国安理会第678号决议的情况下，以美国为首的联军开始实施“沙漠风暴”军事行动。在战时，美国继续对伊拉克进行威慑，使其不敢轻易使用生化武器，为美国最终赢得战争的胜利奠定了基础。

当今时代，核武器仍然是影响世界和平的最大破坏力量，核威慑依然具有重要的效能。例如面对北极军事化问题，俄罗斯总统梅德韦杰夫认为，北约仍在努力向俄罗斯边境方向扩大部署。他命令俄军从2011年起“大规模”升级军备。梅德韦杰夫说：“（我们的）首要任务是提高我军的战斗准备能力，首先是我军战略核武装的战斗准备能力。我军的核武装力量必须有能力完成所有旨在维护俄罗斯安全的任务。”[①] 2009年10月12日，俄罗斯战略火箭兵司令施瓦琴科在莫斯科郊区向媒体宣布，俄战略火箭兵将于12月开始换装RS—24新型多弹头洲际弹道导弹，并称这种新型导弹将加强俄战略火箭兵的作战打击能力，并将与已经装备部队的“白杨—M”单弹头洲际弹道导弹一起，成为俄战略火箭兵的主要战略核打击武器。[②] 10月15日，俄罗斯联邦安全会议秘书尼古拉·帕特鲁舍夫说，俄罗斯保留首先动用核武器抵制侵略的权利，在大规模战争和地区冲突中先发制人，捍卫国家安全。[③] 这种以核威慑为支撑的强硬姿态，明确宣示了俄罗斯维护国家利益的决心。可见，即便是进入后冷战时期，核威慑理念依然没有消失。据此，核威慑理论仍然是威慑理论中研究的重点，它必将会对当代国际军事安全产生持续而深远的影响。

---

① 参见“俄总统要求大规模升级军备”，载《参考消息》，2009年3月18日，第18295期，第2版。

② 俄战略火箭兵已多次成功试射RS—24型洲际弹道导弹。该导弹能有效突破敌方的反导弹防御系统，导弹分固定型和机动型两种，能携带约10个弹头，射程超过1万公里，将取代即将退役的RS—18和RS—20导弹。参见：“俄战略火箭兵12月开始换装新型洲际弹道导弹”，新华网莫斯科2009年10月12日电。

③ 参见“俄强调保留核武先发制人权”，新华网，http://news.xinhuanet.com/world/2009—10/16/content_12242849_1.htm。

第四节　有限主权论

一、有限主权论的形成

主权的产生与现代民族国家的形成密不可分，主权理论打破了中世纪以来罗马教皇在欧洲的神权统治，使现代民族国家得以建立，是当代国际关系最基本的理论和国际法的基本原则。中世纪以后，教皇的世界权力日益衰落，封建权力体系逐步瓦解，欧洲内战连绵，资本主义统一市场的要求与封建割据相互矛盾，皇帝和教皇继续占有国家财富引起了资本家的不满。文艺复兴、宗教改革运动和人文主义思潮催生了民族国家的形成。随着西欧封建社会逐步解体，资本主义渐渐形成，这一社会历史进程的发展，近代政治思想也逐步产生发展，近代国家主权理论也应运而生。当时的思想家开始打破中世纪的神学世界观，用人性代替神性，以人的眼光来观察和说明政治社会。与国家主权相关的理论也应运而生。法国著名政治思想家让·布丹最早对近代国家主权理论作了比较系统完整的阐释。在其代表性著作《国家论六卷》中，他第一次确定了“国家”和“主权”两个概念之间的联系，将主权看作是国家最本质的特征。而关于国家对外主权，比较系统进行阐述的是荷兰法学家胡果·格老秀斯。他考察了主权对外独立的性质，明确指出，主权就是不受另一个权力支配的权力，是国家的最高统治权。至此，近代意义上的国家主权概念基本形成，并作为一项基本原则应用于国际关系的实践活动。[①]

在第一次世界大战以后开始出现否定主权的声音。国际法学家

---

① 参见李忠武、孟威佳编：《国家领土主权概要》，吉林科学技术出版社，2005年12月版，第8页。

M·阿库斯特认为："自1914年以后便出现了相反的潮流。西方世界的国际法学家抛弃了有关主权和国家固有权利的旧教条。"[①] 主权在20世纪遭遇的挑战可以概括为以一战后初期、二战后初期和后冷战时期为浪潮的三个阶段：第一阶段包括从第一次世界大战到第二次世界大战爆发前；第二阶段包括从第二次世界大战到冷战结束前；第三阶段是指冷战结束以来。其中的代表人物有狄骥、凯尔逊、马里旦、亨金等人。狄骥是社会连带法学派的代表人物，他认为国内法和国际法的基础都是社会连带关系。由于国际关系的发展，传统的主权概念已经过时。主权概念会导致绝对主义，无力保护个人对抗国家的专横行为。他主张用"国家公务"概念代替国家主权，他把"公务"定义为：任何由于对实现和发展社会连带关系来说是必不可少而必须由政府加以调整和控制的活动。凯尔逊是规范法学派的代表人物，他在《主权问题与国际法理论》一书中提出了国际法优先说，他认为国际法与国内法是一个统一的法律体系，就国内法与国际法的关系而言，国际法的效力高于国内法，国内法的效力来自国际法。他还指出，国际法的制裁并非由超国家机构或其他更高的权威所实施，而是以"自助"的方式来实施。马里旦是自然法学派的代表人物，他在《人和国家》一书中提出了应当放弃主权和建立世界政府的主张。他在书中仔细分析了霍布斯和卢梭学说中的主权概念，认为主权在历史上一直与绝对主义相联系，对国际社会产生了危害。他还认为主权概念是成立世界政府的主要障碍。亨金是美国国际法学会会长，他的观点代表了冷战结束以后否定主权的理论思潮。他认为主权是一个"坏字眼"，因为在国内层面，主权被利用为"国家神话"，而在国际层面，主权是一个"替代思考和明确定义"的标语。

冷战后挑战主权的理论思潮，既是20世纪的第三阶段，也是跨世纪的、来势最凶猛的一次，同前两次浪潮相比，既存在着一定的连续

① ［英］M·阿库斯特著，汪暄等译：《现代国际法概论》，商务印书馆，1981年10月版，第19页。

性，更具新时代特色。它抛弃了前两次浪潮"乌托邦"式的规范主义，却又试图建立起一种更具威胁性的规范主义"乌托邦"。它不仅从经验上否定了主权，还试图用后现代主义彻底摧毁主权存在的意义，它没有停止于学理层面，而是深刻影响到国际关系的现实，进而对国际军事安全也产生了根本性影响。

二、有限主权论的影响

冷战以苏联和华约的解体而结束，两极世界消失了，美国的国际地位相对极大增强。美苏争霸的局面被美国一家独霸的局面所取代，美国成为世界上惟一的超级大国。各种形式的地区冲突和国内问题，为以美国为首的西方强国干涉别国内政提供了更多机会。在有限主权论的影响下，美国频频以武力手段解决国际争端，力图填补苏联解体后留下的力量真空地带。在乔治·W·布什任职期间，美国狂妄地认为，全球已经没有任何对手可与之匹敌，为了彻底控制并称霸全球，美国企图以频繁的武力干涉谋求"美国统治下的和平"。在处理地区性冲突时，美国动辄诉诸武力。在冷战结束后的5年当中，美国对外用兵40余次，这个频率比以往20多年还要高。[①] 主权与领土同属国家的重要要素，二者密切相关，而有限主权论经常漠视领土主权。如1991年海湾战争后美英在伊拉克北部和南部上空设置"禁飞区"。按理说，设置禁飞区是违反国际法和联合国宪章的，是对伊拉克领空主权的侵犯。而2003年发动的旨在推翻萨达姆政权的战争更是对一国主权的无视。

有限主权论认为，主权的合理公正行使是有一定的限度的，人道主义干涉就是为了使别国人民免遭超出限度的专横和持续的虐待而正当使用的强制行动。其理论实质是发达国家要以人权高于主权干涉发

① 朱崇坤编：《霸权的历程：美国军事战略冷观察》，新华出版社，2000年9月版，第288页。

展中国家的内政。由于国家的实力和国家利益的不同，发达国家和发展中国家在主权问题上经常存在较大分歧。发达国家所主张的有限主权论及主权过时论、人权高于主权、新干涉主义等在国际社会的实践都是对国家主权原则的践踏。例如联合国对索马里的干涉，这是自《联合国宪章》通过之后，安理会第一次授权进行单独或集体的人道主义干涉。索马里案例表明，这些所谓的人道主义干涉往往打着人道主义保护的旗帜，使用武力对一国进行干涉并在国际关系实践中对国家主权原则产生冲击。而“索马里行动”的失败，“不仅使索马里人民没能获得民主、正义以及和平，而且也使世界组织的声誉蒙受了打击，可以说这次行动毫无疑问地是一次严重的失败。各处的维和行动也因此蒙上了阴影，正如我们所见的，这给随后展开的卢旺达行动带来了破坏性后果”①。

虽然，有限主权论对发展中国家的主权造成了严重的侵蚀和冲击，发展中国家主动或被动出让一部分主权也成为事实，但是，还应看到，国际社会以尊重国家主权为核心内容的国家主权原则并未动摇。主权作为民族国家的本质属性和基本特征并未改变。主权仍然是民族国家的根本属性，主权国家仍然是构成国际社会的基本单位，并继续在国际关系中起决定性作用。国家主权的限制，无论是国家主权的让渡、相对弱化，还是国家主权的共享，并非是国家主权的完全弱化或者消亡。国家主权平等原则是指国家应具有的处理其内外事务的最高权享有同等的国际地位，国家的政治独立和领土完整不受侵犯，国家的内政不受干涉，国家不受任何其他国家、国家集团或国际组织的强制命令，国家除受其所自愿承担的国际义务的约束外，不受任何来自该国外部的非法限制。这一基本原则已得到国际社会的普遍承认，并早已写入了《联合国宪章》及有关国际条约。因此，主权不可分割性依然存在，主权与国家是不可分的，一国主权也不受他国主权的分割和限

① ［美］保罗·肯尼迪著，卿劼译：《联合国过去与未来》，海南出版社，2008年12月版，第89—90页。

制，主权不能被非法分割或限制。对于发展中国家来说，只有坚持主权原则，才能有效运用法律武器抵制发达国家所强加的不平等条件，从而争得与发达国家同等的国际地位。

如果有限主权论可以任意用于处理国家间关系，滥用武力必将无法得到控制，这将给国际军事安全带来灾难性后果。

第五节 霸权稳定论

一、霸权稳定论的形成

霸权稳定论属于国际关系理论中的现实主义流派，是西方国际政治经济学的核心理论之一。霸权国家是指在军事、政治、经济等方面具有压倒性优势的大国，能够领导、支配和影响别的国家。霸权体系是指霸权国家领导和统治下的世界体系。

霸权稳定论最早由美国麻省理工学院经济学家查尔斯·金德尔伯格在《萧条中的世界，1929～1939》一书中首先提出，他从世界经济领域论述了霸权稳定论。他把 20 世纪 30 年代世界经济大萧条产生的原因归结为霸权国家和霸权体系的缺失。按照他的解释，在 1929 年经济危机爆发时，英国的霸权已经衰落，无力保障国际清算体系，而美国不愿从英国那里接管维护世界经济体系的责任，从而导致世界经济体系的不稳定。他认为霸权国家的存在具有稳定世界经济的作用，霸权体系是自由经济制度的基础。因为国际经济关系中存在着一般经济生活中的公共产品，这主要包括自由开放贸易体制、稳定的国际货币和国际安全。这些公共产品可以给每个国家带来好处，但在国际社会缺乏最高权威时，一般国家都不愿提供这些公共产品，而只有霸权国家有能力、有意愿提供这些公共产品。因此霸权国家有责任保证提供自由贸易体制和稳定的货币等各种公共产品。当霸权国家兴盛的时候，国际经济秩序就保持稳定，而当霸权国家衰落的时候，国际经济秩序就开始动荡不安。

罗伯特·吉尔平进一步发展了霸权稳定论，他在《美国实力与跨国公司》一书中，从现象的解释、领导权的实质和国际经济结构的确定等三个方面发展了这一理论，把这一理论扩展到了国际政治、安全、军事等领域。吉尔平指出："只有存在一个霸权国，这个国家才能够利用本国的资源和影响去建立和管理以自由贸易、货币稳定和资本流动自由为基础的国际经济时，才有可能存在自由国际经济。"[①] 吉尔平把历史上罗马帝国、英帝国和美国统治时期看作霸权时期。地跨亚欧非的罗马帝国维持霸权近200年，在其强大的军事和经济实力的统治下，维持了很长的一段稳定和平的历史时期。近代欧洲工业革命后的英国以其绝对的经济优势和军事实力建立起的日不落帝国，维护了欧洲乃至世界100多年的稳定。他认为，之所以1850～1914年的世界经济相对稳定，是因为"其时，英国以自由贸易、金本位和海军提供领导作用"[②]。而二战后的美国充当了世界霸主的地位，形成了当代美国治下的世界和平与稳定，布雷顿森林体系的建立对维护国际经济秩序的稳定起到了重要作用。吉尔平认为霸权国家为了推广和维护以自己主导的国际体系，有责任向国际社会提供公共商品，也必须承担这种成本代价。他还指出霸权国家有其衰落的必然性，这是由三方面的原因导致的，一是市场经济的竞争机制使得霸权国家不能永远保持经济上的优势；二是霸权国家提供公共商品的成本代价过高；三是"搭便车"国

① ［美］罗伯特·吉尔平著，杨宇光等译：《全球政治经济学》，上海人民出版社，2003年4月版，第105页。

② ［美］罗伯特·吉尔平著，杨宇光等译：《国际关系政治经济学》，经济科学出版社，1989年10月版，第81页。

家对霸权国家的负面影响很深。吉尔平还认为霸权国家的衰落导致自由贸易体制的崩溃和国际秩序的瓦解，而新的霸权国家的产生只能依靠霸权战争这一唯一途径。随着霸权国家的衰落，其他有实力挑战霸权地位的国家必然要求世界权力的重新分配，新兴强权和旧有霸权国家之间以及新兴强权之间相互竞争，最终只能以战争形式来确定新的霸权国家。

新自由制度主义学派的罗伯特·基欧汉对霸权稳定论进行了修正，提出了霸权后理论。他给之前的霸权稳定论下的定义是："它假定主要大国所拥有的相对实力资源的变化可以说明国际体制。特别是，它认为单个国家主宰性的霸权结构最有利于一种强有力的国际体制的发展，这种体制的运行规范比较明确并得到遵循。根据这种理论，霸权结构的衰落可以被看作是与此相关的国际经济体制实力衰落的先兆。"[①] 他认为霸权国家衰落后国际秩序不会随之崩溃，这是由于：一方面，国际秩序中的核心国际制度是独立于霸权国家而产生作用的；另一方面，当霸权国家衰落后，其他国家也会为了自身和共同的国家利益继续维持国际制度的存在。

冷战后，美国面临前所未有的世界主导地位，有的美国学者认为冷战后的世界是美国主导下的单极世界。美国乔治大学的威廉·沃尔弗斯论证了"单极稳定论"的合理性，在新的时代条件下进一步发展了霸权稳定论。沃尔弗斯认为，由于苏联的解体，美国成为世界上惟一的霸权国家，美国面临着一个前所未有的战略机遇期，他论证了美国领导世界、构造国际体系和维护国际秩序的历史必然性，强调美国的霸权地位与国际体系的稳定密切相关，为美国的对外干涉提供理论支撑。事实上，"正是由于悲观的人性论、无政府状态假设及对道德的

① R. Keohane, The Theory of Hegemonic Stability and Changes in International Economic Regimes, 1967－1977 [J], *O. R. Holsti&Others Leds*, *Change In the International System*, Boulder, 1980, p. 132.

否定的价值观以及由此推演出的利益冲突论和绝对安全观，导致‘霸权稳定论’最终认为世界稳定与国际秩序的建立要求霸权国去建立一个以小国弱国权益为代价的权力等级体系，以树立霸权的权力地位与领导权威”[①]。这种典型的霸权逻辑不仅无法给世界带来安宁，更给弱小国家带来灾难。

二、霸权稳定论的影响

霸权稳定论在冷战后对国际军事安全产生了很大影响，这主要体现在美国的全球霸权战略中。从现实中我们发现，“霸权稳定论不只是一种学术理论，而且是现今美国对外政策的重要理论指导。冷战结束后，两霸相争的国际政治格局转变为一超多强。不少美国人认为世界是美国的单极世界，可以放手推行美国的政治经济和军事霸权”[②]。的确，20世纪90年代美国始终保持较高的经济增长率，经济实力大大提升，为其推行霸权政策奠定了物质基础。美国的国防开支持续增加，比其他主要大国的国防开支的总和还要多。美国综合国力的回升使其拥有其他任何国家都难以企及的强大实力，没有一个国家的实力能够与美国相匹敌，也没有任何国家或国家集团能够对美国的现有霸权地位构成重大威胁。

霸权稳定论强调霸权国家越强大，国际社会就越稳定。冷战结束后，美国加快了建立一超独霸之单极世界的全球战略步伐。老布什政府提出以美国为领导建立世界新秩序，谋求世界的领导地位，把霸权稳定论的思想运用于自身的对外战略，于1990年发动了海湾战争。克

① 李宝俊、李志永：《“和谐世界观”与“霸权稳定论”——一项比较分析》，载《教学与研究》，2008年第3期，第85页。

② 樊勇明：《霸权稳定论的理论与政策》，载《现代国际关系》，2000年第9期，第20页。

林顿政府时期，美国继续推行全球霸权战略，强调建立以美国为主导的国际新秩序。在《美国国家安全战略报告》中明确提出了“参与和扩展战略”，即为了巩固和扩大冷战成果进而谋求领导世界，必须在全世界范围内扩展美国的价值观念、市场经济制度和自由力量。1998年的科索沃战争是美国推行全球霸权战略的例证，美国宣称为制止种族灭绝、民族清洗的行为而对南联盟进行军事干预是一场正义的、合法的战争，然而实质上美国是以人道主义为借口，利用军事手段干涉别国内政，推行新干涉主义政策。

“9·11”事件后，小布什政府推行的单边主义和先发制人的军事打击就是“霸权稳定论”在美国实践和运用的典型。小布什政府力图维护美国在世界上的单极霸权。美国进一步加强在欧亚大陆的地缘战略部署，不断向欧亚大陆的内陆地区渗透，以达到继续控制欧亚大陆这一全球地缘战略中心的目的。美国在欧亚大陆东西两翼强化与欧洲、日本、韩国等盟国的联盟战略，加强与盟国的军事合作，坚持北约东扩，在军事上加紧对东南亚地区的渗透；在欧亚大陆南线借反恐和大规模杀伤性武器问题先后发动阿富汗战争和伊拉克战争，力图主导中东局势；在欧亚大陆内陆腹地的中亚建立军事基地，谋划“颜色革命”。“美以反恐为旗号，在中东、南亚、中亚、东南亚、东北亚等地开辟新基地、增派军事力量以及增加援助，在该地区的优势增大，取得了对亚洲濒海带的战略控制权”[①]。美国先后发动阿富汗战争以控制中亚、发动伊拉克战争以加强对海湾地区的控制，美国还进行全球军力调整，改变了之前的“前沿部署”战略，不断扩大在东南亚、南亚的军事存在。种种这些举动都对国际军事安全理论和实践造成了巨大冲击，国际军事安全形势也因此而变得深刻而复杂。

① 林利民：《“9·11”以来美国地缘战略的调整及其影响》，载《世界经济与政治》，2004年第5期，第36—37页。

第六节 新安全观

“新安全观”是泛指那些区别与传统安全思维构成的安全思想。它的出现既有国际形势变化的诱因，也是人们在新的历史时期对如何维护国际安全的重新思考的结果。它的形成和发展对当今国际军事安全具有重要意义。

一、新安全观的形成

当今世界，各国间的交往中，协调、协商和合作已成为大趋势。人类共同面对许多全球性问题，诸如恐怖主义、环境危机、贫困问题、资源匮乏、粮食危机、水危机和核战争威胁等，这些问题用传统的安全观念和做法无法解决，需要各国间通过合作、协商、多边的方式来解决，而不是以冲突、对抗、单边的方式来解决。

冷战后，随着国际安全局势和国际关系的发展，安全的领域逐渐超出军事领域向其他领域扩展。国家安全利益的内涵与外延不断扩展，安全问题显著增多且越来越复杂化。传统的安全观念及安全战略已不能适应新的历史发展，需要进行更新才能适应新的历史时期国家经济政治发展的大趋势。世界主要国家都对各自的安全观念、安全战略和安全政策进行了调整，1987 年第 42 届联合国大会通过的挪威前首相布伦特兰夫人的报告《我们共同的未来》，在提出可持续发展这一重要概念的同时，还强调了必须扩大安全的定义，使国家安全与国际安全广泛关联的理念。这种新的、广义的安全思想在 1992 年联合国关于环境与发展的《里约热内卢宣言》、《21 世纪议程》及后来的联合国文献中继续得到强调，并发展成为联合国安全新概念的核心内容。到 20 世纪 90 年代，联合国的新安全观基本形成。1994 年联合国开发计划署的《人类发展报告》以及加利秘书长的《和平纲领》中都明确提出了从传统安全概念向新安全观念转变的必要性，并阐述了新安全观的基本特征和内容。特别是《和平纲领》中讨论了如何解决国际争端的建议和方法，首次提出通过联合国积极展开“预防性外交”并“全面介入”地区性冲突，并把冲突消灭在襁褓之中的解决办法。甚至认为，在必要时联合国应使用强制性手段，诸如经济制裁，直至武力来迫使有关国家实现和平。①

1996 年 7 月，中国在第三届东盟地区论坛会议上提出摒弃冷战思维，顺应时代潮流，共同培育和推广新的合作安全观。2001 年上海合作组织成立时，中国与各成员国共同倡导互信、互利、平等、协作的安全观。2002 年中国共产党第十六次代表大会的报告明确提出“安全上应该相互信任，树立互信、互利、平等和协作的新安全观，通过对话和合作解决争端，而不应诉诸武力或以武力相威胁”。以“互信、互利、平等、协作”为核心的中国的新型国家安全观，主张以和平手段解决国际争端，在维护自身安全的同时，也考虑他国的安全利益。这是一种和平共处的双赢、共赢的安全观，强调加强国际安全合作，以合作代替竞争，从而实现共同的安全目标。

2002 年 9 月 13 日，中国外交部长唐家璇在第 57 届联合国大会上，第一次向全世界全面完整地阐述了中国的“新安全观”，即“互信”是指超越意识形态和社会制度的异同，抛弃冷战思维和强权政治心态，互相信任，互不敌视，开展安全对话；“互利”是指互相尊重双方的安全利益，在实现自身安全利益的同时，为对方安全创造条件，实现共同安全；“平等”是指国家无论强弱大小，都是国际社会的一员，应平等相待，互相尊重，互不干涉内政，推动国际关系民主化；“协作”是指以和平方式进行协调，解决争端，就共同关心的安全问题开展广泛安全合作，消除隐患，防止战争和冲突的发生。互信是构成新安全观

① 参见《和平纲领：预防外交、建立和平与维持和平》，联合国文件：A/47/277－S/2411，1992。

的基础，互利是新安全观所要达到的目的，平等是新安全观的有力保障，协作是实践新安全观的途径。[①]

综上所述，新安全观是应因新形势和新问题的安全思维的一次重大改变，体现出人类应对安全问题的聪明智慧。

二、新安全观的影响

新安全观自提出以来对国际军事安全产生了一定影响，但也面临传统安全观的挑战。主要是当今世界的国际军事力量对比失衡加剧，一些国家大幅增加军费，积极扩军备战，强化军事同盟，动辄进行军事干涉，对一些发展中国家的军事威胁有所增大，对国际军事安全构成巨大挑战。

必须指出的是，中国在新安全观的影响下对国际军事安全做出了积极的贡献。其中，“在新安全观的指导下，中国开始改变怀疑、观望的消极态度，积极参与多边安全合作对话，参与国际安全规则的制定和联合国维和行动，举办联合军事演习和联合海上搜救演习以应对非传统安全领域的挑战。”[②] 新安全观强调“相互信任”是创造和平的前提和基础。中国的新安全观超越自身单方面的安全诉求，以互利合作保障各国间的共同安全。各国间的安全只能以国家间相互信任和国际间的普遍信任为基础，各种“威胁论”只能加剧各国间的猜疑和隔阂。新安全观强调的是共同安全，反对以牺牲他国的安全利益来谋求自身的“绝对安全”。强化和扩大军事同盟、进行军备竞赛只能使更多的国家增加不安全感，这会造成更多的不稳定，而不利于创造“双赢”和“共赢”的良好局面。

---

① 参见“唐家璇在联大阐述互信互利平等协作新安全观（全文）”，新华网，http：//news. xinhuanet. com/newscenter/2002－09/14/content _ 561237. htm。

② 韩献栋、［韩］金淳洙：《中国军事外交与新安全观》，载《现代国际关系》，2008 年第 2 期，第 54 页。

中国与周边国家建立军事互信是对新安全观在国际军事安全领域的成功实践。中国最初是从与俄罗斯、哈萨克斯坦、塔吉克斯坦和吉尔吉斯斯坦等四国加强边界地区的信任和裁军开始，最终发展成为上海五国机制。上海五国机制以讨论五国边境地区的军事问题为首要议题，此外还对五国间、本地区和世界的政治、经济、外交、安全等问题交换意见，协调彼此立场，广泛开展合作。2000 年，在“上海五国”机制内已建立起五国执法与安全、国防、外交等部门领导人的会晤机制。上海五国机制下领导的多边首脑会晤形成了各国政治、军事互信，不断消除了各国间互信的障碍，并最终成立了上海合作组织。

在解决领土争议方面，中国通过和平谈判，成功地解决了与俄罗斯、哈萨克斯坦、吉尔吉斯斯坦、塔吉克斯坦、越南、老挝等邻国的陆地边界问题。对仍然存在争议的问题，中国也与有关各方就在争议地区维持现状、通过和平手段解决争议达成共识。

为建立与东盟国家的政治、军事互信，1996 年 7 月，中国申请并成为东盟的对话伙伴国。2002 年，中国与东盟国家签署了《南海各方行为宣言》，强调通过友好协商谈判，和平解决南海有关争议，为维护中国的领土安全打下了基础，也为双方建立政治、军事互信，深化各领域的合作奠定了基础。1993 年和 1996 年，中、印两国政府两次签署了有关在边境实际控制线保持和平与安宁及建立军事互信措施的协定。

在军控方面，中国从 1995 年开始发表《中国的军备控制与裁军》白皮书，建立定期发布白皮书制度，以便世界各国了解中国的国防政策，有效回应了“中国威胁论”。中国还积极参与国际军事安全领域国际规则的制定和对话，参与了《全面禁止核试验条约》、《禁止化学武器公约》、《禁止生物武器公约》和《特定常规武器公约》等一系列重大国际军控谈判，2005 年举办了上海合作组织防务安全论坛，参与了东盟地区论坛安全政策会议，2006 年参加了东盟地区论坛安全政策会议，主办了上海合作组织国防部长会议、上海合作组织防务安全论坛以及首次“10＋1”亚太地区安全问题研讨班等。

凡以上种种实践，充分反映了中国在积极倡导和推进中国新安全观的核心理念，并证明以“互信、互利、平等、协作”为核心的中国新安全观不仅深化了中国与周边国家的睦邻友好关系，还解决了复杂的双边关系中长期争端的问题，最终实现双赢，为消除国际军事紧张关系提供了解决途径。相信随着中国新安全观的不断深化和推进，必将对国际军事安全形成较大的有益影响。

然而，纵观目前的国际安全形势，尽管新安全观得到了世界众多国家的推崇，但是，现实状况并不令人乐观。即便在金融危机的巨大影响下，世界主要国家的经济状况都出现了不同程度的困难，但以美国为首的西方国家的军费不降反升，在解决一些重大国际问题时，一再使用武力或以武力相威胁，造成地区紧张局势。这显然有悖于新安全观的理念，不仅对新安全观，对国际军事安全也构成巨大挑战。加之对一些非传统安全问题的解决如不能很好地实践，国际军事安全形势仍可能出现令人痛心的局面。

第二部分

国际军事安全的基本特征、影响因素及影响

国际军事安全有着区别于其他安全问题的基本特征，它在战争与和平的相互交替中发展，在对抗与缓和的相互交织中变化，在竞争与合作的并存中共生，在综合国力的提升中变得更加重要。但是，国际军事安全的形成和发展也有着诸多影响因素，这些影响因素综合作用，使其发生深刻变化，成为影响人类社会发展的一个核心因素、确保国家诸多领域安全的重要支撑要因、影响各国国防和军队建设发展的重要调解要素。因此，只有准确把握国际军事安全的基本特征和影响因素及其带来的影响，才能更好地认识国际军事安全的本质，掌握其发展变化的规律，制定出维护国际军事安全的政策，维护国际社会的安全与稳定。

第五章

国际军事安全的主要特征

国际军事安全问题贯穿于人类发展的始终，其中战争与和平相互交替、对抗与妥协相互交织、竞争与合作并存共生、综合国力与军事实力相互呼应，构成了国际军事安全的主要特征。这些主要特征的发展和变化，不仅给国际体系的变化带来重大影响，也给人类的发展提供了动力。

第一节　战争与和平相互交替

战争与和平是国际政治存在和发展的两种基本状态，是人类社会生活的两种不同表现形式，二者都是政治的继续。

战争是流血的政治，是解决国家之间政治矛盾的最高斗争形式。正如克劳塞维茨所说："那是一种用流血手段来解决的巨大利益冲突，而且也只因为如此，所以和其他的斗争会有所不同"①。"战争不仅是一种政治行为，而且更是一种真正的政治工具，一种政治交易的延续，

① ［德］克劳塞维茨著，钮先钟译：《战争论》，广西师范大学出版社，2003年10月第2版，第140页。

一种使用其他手段来执行的同样的工作"[1]。同时，战争也是"政治共同体之间的一类特殊行为"[2]。自从国家产生以来，战争就与国家间关系紧密联系在一起。在国际社会中，战争主要指国家和国家集团之间为一定政治目的而进行的武装斗争。当国家和国家集团之间的利益冲突过于激化以至于无法用和平手段解决时，国家或国家集团便会通过暴力的形式以实现自身利益，这样便产生了战争。战争有多种分类方法。比如，从战争性质上分，可以分为正义战争和非正义战争；从战争的规模和烈度分，可分为世界大战、局部战争和军事冲突三个规模层次。[3]

反之，和平是不流血的政治，是国家之间矛盾缓和的表现形式，是解决国家之间政治矛盾的另一种方式。《汉书》云："今政治和平，世无兵革。""和平"意即：政治安定，没有战乱。和平是与战争相对立的社会存在状态，可以说，和平是两次战争之间的"间隙"阶段。当国家和国家集团之间的利益冲突可以用非战争方式得到解决，那么社会便处于和平状态。国际社会中的和平，可以分为多种类型：第一，强权式和平。这种和平形式实际上是一种霸权主义统治下的和平，它是强国以强大的军事实力来影响和控制他国，建立符合自身利益的国际秩序的和平形式。第二，均势和平。人类历史上所出现的和平大部分是由于国际社会中有多个强权存在，互相掣肘制约，从而维持一种力量的均势而达成的和平形式。第三，休战式和平。这种和平形式是指敌对国家或政治集团在两次战争之间短暂的"和平"。[4]

---

① ［德］克劳塞维茨著，钮先钟译：《战争论》，广西师范大学出版社，2003年10月第2版，第14页。

② ［加］卡列维·霍尔斯蒂著，王浦劬等译：《和平与战争：1648—1989年的武装冲突与国际秩序》，北京大学出版社，2005年8月版，第1页。

③ 前苏联沙夫罗夫大将主编的《局部战争今昔》一书中即是这种分法，参见李效东主编：《国际军事学概论》，军事科学出版社，2004年12月版，第203页。

④ 林荣林等：《军事辩证法导论》，军事谊文出版社，1995年版，第75页。

战争与和平是解决国家之政治矛盾的两种不同方式，在人类社会的发展中，具有各自不同的作用。从这个意义上说，战争与和平相互对立、相互区别。但是，由于二者都是政治的继续，犹如一个整体的两个部分，不可截然分割，它们之间也是相互依存、相互包容的。第一，二者各自以对方作为自身存在的前提条件。无战争则无所谓之和平，无和平也无所谓之战争。第二，战争产生于和平时期的政治矛盾，政治矛盾的范围、尖锐程度决定了战争的广度和烈度。反之，和平的时机、范围、方式也是由战争状况所决定的。第三，总体战争状况下，可以包含局部和平存在。总体和平情况下，也可能存在局部战争。

从整个人类发展史的角度来看，战争持续的时间要比和平持续的时间长得多，正如英国军事理论家富勒在《西洋世界军事史》自序中所述，“战争是否为人类进化所必需的因素，固然还是有辩论之余地，但是下述的事实却是毫无疑问的：从人类的最早记录起，到现在的时代为止，战争都一直是他们生活中的支配现象。在人类历史中没有一个时代，是会完全没有战争，很少有一代人以上是不经过大型战乱的：大战几乎和潮汐一样，具有规则的起落”①。据挪威史学家统计，到1982年，在有文字记载的5560年中，世界上共发生14531次战争，平均每年2.6次。美国学者昆西·赖特在他的《战争研究》一书中引证了一个很不完整的统计，表明从公元1100年到1938年共838年中，单是欧洲发生的“较大战争”即达4452次。瑞士计算中心通过电子计算机进行计算，结果认为，从公元前3200年到20世纪80年代的大约5000年时间里，世界共发生过14513次战争，在这期间，只有292年没有战争。② 从这些数字中我们即可发现，“和平”是多么的弥足珍贵。

---

① ［英］J. F. C. 富勒著，钮先钟译：《西洋世界军事史》，广西师范大学出版社，2004年8月版，原序。

② 吴广权主编：《外国战争史和军事学术史》，国防大学出版社，1992年版，前言第1页。

西方一位史学家认为："战争曾深刻地影响人类的历史。"① 因为，尽管战争具有毁灭人类文明的作用，但是，从某种意义上说，战争也创造了文明。战争与和平的交替推动了社会不断发生变革，向前发展。而在国际政治发展史上，战争与和平的交替促使国际战略力量对比不断发生变化，推动着国际战略格局不断演进。可以说，战争与和平的长短交替构成了国际军事安全的主要特征。

从国际安全体系的视角看，威斯特伐利亚体系建立之前的古代和中世纪，由于缺乏必要的国际原则约束，国际社会基本上遵循弱肉强食的丛林法则，战争是国际政治的主要内容，也是国际政治的主要表现形式。中国春秋战国时代的政治家和战略家便有了"国之大事，在祀与戎"的认识，西方世界的国际政治也主要表现为战争。

作为阶级统治工具的国家，奴隶制国家的统治者奴隶主为了使奴隶俯首帖耳，以及为了不断增补奴隶数量，建立起强大的军队，不断向外征服和掠夺，引起被征服和被掠夺民族对入侵国的反抗此起彼伏，如亚述战争、高卢战争、希波战争、迦太基战争、伯罗奔尼撒战争等。剑与盾的撞击，奏响了古代国际军事安全的主旋律。而东西方封建制国家为达到征服他国、夺取地区霸权的目的，以种种名义包括宗教名义发动的对别国的扩张侵略战争占据了中世纪（介于古代奴隶占有制与近代资本主义之间的封建制时代）国际军事安全的主要内容。如：公元5世纪至6世纪，拜占庭为争夺两河流域平原而同波斯帝国进行的长达一个世纪之久的希波战争；11世纪，西欧封建主和天主教会为掠夺东方国家的资源，以维护基督教为名，对东地中海沿岸地区发动的前后8次，历时近200年的侵略性军事远征——十字军东征；公元1618～648年，欧洲两大强国集团——哈布斯堡王朝同盟和反哈布斯堡王朝同盟为争夺欧洲霸权而进行的第一次全欧性战争——三十年战

① [美] 小戴维·佐克、罗宾·海厄姆著：《简明战争史》，商务印书馆，1982年版，第2页。转引自吴广权等，《外国战争史和军事学术史》，国防大学出版社，1992年版，前言第1页。

争等。

即便是威斯特伐利亚体系形成后的几个世纪内，由于国际力量分化组合，国际格局不断发生变化，先后出现了维也纳体系、俾斯麦大陆同盟体系、凡尔赛—华盛顿体系、雅尔塔体系。可以说，在雅尔塔体系形成之前，欧洲一直占据着全球性国际关系体系中心的地位。某种意义上，欧洲地区军事安全形势可以代表同时代全球国际军事安全形势。如果说古代和中世纪的国际军事安全基本上以战争作为主旋律的话，那么，从威斯特伐利亚体系至今，国际军事安全更为显著地体现出战争与和平相互交替的特征。

《威斯特伐利亚和约》尽管解决了一个过去曾导致许多战争的争议问题——宗教问题，但并没能够解决霸权问题。因为，“威斯特伐利亚体系的建立者们是从静力学的角度来思考的。……没有人认真思考过王朝的相对权力的动态变化这一观念。因此，当权力发生变化且战后的团结在面临一些新的争议问题便化为乌有之时，这一新秩序的基础也就随之动摇。……从更实际的角度来看，《威斯特伐利亚和约》实际上种下了冲突的种子”①。因此，威斯特伐利亚体系下的国际军事安全更多地体现为国际战争。在这个时期，各君主专制国家成为了欧洲国际格局的主角，欧洲呈现出一种多元政治格局。各国为达到现实政治目的和国家利益，频繁进行战争。②

18 世纪末，法国大革命爆发，震撼了整个欧洲的封建秩序，它“从根本上改变了对战争的态度，不仅内容上，而且在其社会深度

---

① ［加］卡列维·霍尔斯蒂著，王浦劬等译：《和平与战争：1648—1989 年的武装冲突与国际秩序》，北京大学出版社，2005 年 8 月版，第 37 页。

② 这一时期重要的战争有：17 世纪英国和荷兰之间为争夺殖民地问题以及海外贸易摩擦而进行的三次战争、俄国为夺取波罗的海出海口与瑞典展开的北方战争（1700—1721 年）、英普同盟与法奥俄同盟为争夺殖民地及欧洲霸权而进行的七年战争（1756—1763 年）等。

上"[①]。在"正义"的吸引和鼓舞下，普通民众的尚武精神得到了普遍的扩散，这成为大规模的地区战争再度爆发的重要原因。和平被重新冰封起来。欧洲英、奥、俄、普等国组成七次反法联盟围剿法国革命和拿破仑帝国，爆发了"拿破仑战争"（1793～1815 年）。伴随着法国一次又一次抗击反法联盟战争的胜利，《威斯特伐利亚和约》所承认的疆界被改写，欧洲国家开始了从民族君主国向民族国家的转变，最终导致了维也纳体系的形成。

维也纳体系重建了欧洲均势，国际军事安全形势得以暂时缓和，和平力量超过战争力量，占据了该时期国际军事安全的上风。在奥地利首相梅特涅的运作下，通过维也纳会议，神圣同盟和四国同盟，在英、俄、法、奥和普之间创立起给欧洲带来长达几十年和平的欧洲协调机制。这一时期被称为均势的"黄金时期"。但是，经过 1848 年欧洲革命和 1854 年克里米亚战争，欧洲协调机制的裂痕越来越大。

19 世纪 70 年代，德国的统一终结了均势的"黄金时期"，俾斯麦保守而复杂的欧洲新秩序——"大陆同盟体系"随之兴起，欧洲大陆一度平安无战事。但当德皇威廉二世野心勃勃的"世界政策"取代俾斯麦相对温和的"大陆外交"后，欧洲局势渐变，列强之间的矛盾和冲突加剧，并最终导致了多极均势的解体，战争重新成为国际军事安全的主角，并通过第一次世界大战到达其巅峰。

在世界范围内，列强瓜分非洲的斗争、英俄在中亚的争夺、列强在远东的角逐合流为这一时期瓜分世界的狂潮。列强瓜分非洲的斗争主要包括英法在北非的扩张、侵占刚果河流域、英德在南非和东非的争夺以及英法意在西非和东非的殖民活动。英俄在中亚的争夺集中在波斯（即伊朗）和阿富汗两地。列强在远东的角逐包括英国侵略缅甸和中国、法国入侵越南与中法战争、俄国侵略中国新疆、日本的扩张和中日甲午战争以及列强瓜分中国的斗争等。

---

① ［加］卡列维·霍尔斯蒂著，王浦劬等译：《和平与战争：1648—1989 年的武装冲突与国际秩序》，北京大学出版社，2005 年 8 月版，第 98 页。

从19世纪末开始，欧洲政治格局发生了重大变化。英国放弃了恪守已久的“光辉孤立”[①]，开始调整它的欧洲和世界政策；欧洲列强间展开了军备竞赛，其中，英、德海军竞赛最为引人注目；波斯尼亚危机、两次摩洛哥危机、意土战争和两次巴尔干战争，加速了欧洲列强力量的重组。到20世纪初，欧洲出现了英法俄协约国集团与德奥同盟国集团相对峙的两极格局，随着矛盾和冲突的激化，最终酿成第一次世界大战的惨剧。这不仅标志着和平再次遭到践踏，也反映出维也纳体系以来“均势”在和平问题上的脆弱性。正如小约瑟夫·奈所认为的那样：“均势不能维持和平，也不总是能够维护各国的独立地位，但它维持了无政府国际体系”[②]。因为，均势尽管在维护无政府体系上作用明显，却明确无误地鼓励大国为追求霸权而实施绥靖政策，而当利益出现冲突时，战争成为再次瓜分世界的选项。

第一次世界大战结束后，战胜国根据新的力量对比建立了旨在调整彼此关系的凡尔赛—华盛顿体系。在这个体系下，国际军事安全经历了一战和二战之间短暂的过渡性和平时期。但是，无论是凡尔赛体系还是华盛顿体系，都存在着严重的内部矛盾。其中，在欧洲国家中，战胜国除英国外，几乎没有哪一个国家对巴黎和会签订的和约和它所建立的秩序完全满意，战败国不满更是不言而喻了。巴黎和会给战后

① 19世纪，英国凭借其经济力量和海上控制权，建立起了拥有世界上最多殖民地的“日不落帝国”。它不需要结盟，孤立被当作是一种力量与自信的象征。但是把“光辉孤立”一词与英国的国际地位或其所奉行的对外政策联系到一起，却是在19世纪90年代中期大英帝国开始在世界范围内遇到挑战之时。1896年1月财政部长福斯特在议院就英国外交政策发表演说，第一次使用了“光辉孤立”这个词。其后，“光辉孤立”逐渐成了英国大致自19世纪60年代以后所奉行的对外政策的同义语。从这半个多世纪英国外交政策的实践看，“光辉孤立”的含义一般指在和平时期不同欧洲大国缔结具有长期义务、特别是军事义务的同盟条约。参见王绳祖主编：《国际关系史·第三卷（1871—1918）》，世界知识出版社，1995年12月版，第328—329页。

② ［美］小约瑟夫·奈著，张小明译：《理解国际冲突：理论与历史》，上海人民出版社，2009年7月版，第77页。

欧洲留下的主要问题有：新秩序带来的少数民族问题、没有得到充分保障的法国安全问题以及德国对和约的不满问题。凡尔赛体系内部的矛盾一开始便表明，第一次世界大战决不是“结束战争的战争”，战后秩序只不过是孕育帝国主义间新的冲突的起点。[①] 而华盛顿会议上帝国主义国家之间签订的条约，只是根据当时的力量对比达成的妥协，不是矛盾的彻底解决。华盛顿体系的内部矛盾是多方面的，突出的是美日之间加紧了军备竞赛与新战争的准备。[②] 因此，当1929年史无前例的经济大危机打击了整个资本主义世界时，固有矛盾开始激化，列强的争霸再次上演，致使凡尔赛—华盛顿体系开始走向解体。

随着德日两国法西斯专政的确立，欧亚两个战争策源地形成。在改变现存国际秩序的共同目的支配下，德意日三国结成了法西斯同盟，发动了第二次世界大战。[③] 在面对共同的威胁和共同的利益驱使下，英、美、苏等世界反法西斯力量组成了世界反法西斯联盟。最终，世界反法西斯联盟战胜了轴心国的反动力量，取得了二战的最后胜利。国际关系中一直居于主导地位的欧洲霸权体系在一战、二战的接连打击下，宣告终结。美苏两大国在战争中逐渐掌握了全球战略主导权，并确立了安排战后世界秩序的雅尔塔体系。

战后40多年的美苏争霸构成了雅尔塔体系下两极格局的主旋律。它既是传统的大国权力之争，也是社会主义和资本主义两种意识形态和社会制度的对抗。它既是战争，又是和平。说它是战争，是因为东西方之间的紧张对峙和冲突，包括战场上的较量始终不断，比如朝鲜战争（1950～1953年）、越南战争（1961～1975年）等重要战事。说它是和平，是因为冷战中的两个最主要角色美国和苏联之间从来没有

---

① 王绳祖主编：《国际关系史·第四卷（1917—1929）》，世界知识出版社，1995年12月版，第94页。

② 同上书，第143页。

③ 1939年9月，德国闪击波兰，标志着第二次世界大战的全面爆发。由于英法政府长期推行绥靖政策，法西斯国家在战争初期取得了胜利。1941年苏德战争和太平洋战争相继爆发，二战扩展到了全球范围。

发生过直接的军事对抗。因此，“冷战”可以简单地概括为第二次世界大战结束以后形成的以美国和苏联为首的东西方两大政治、军事集团之间的紧张斗争与较量。

经过长期冷战，进入 20 世纪 80 年代以后，苏联东欧的经济持续滑坡、社会危机日益加剧，一场突如其来的政治风暴席卷了整个东欧和苏联，冷战中的东方阵营宣告解体，雅尔塔体制随之分崩离析，世界格局由两极体制向多极体制发生转变。

冷战结束至今，国际军事安全呈现出总体和平、局部动荡的特征。和平与发展成为了时代主题。世界多极化进程不断发展，经济全球化步伐加速，科学技术突飞猛进，国际军事安全合作加强，这些都为国际军事安全的和平状态提供了有力的保障。这基本符合世界的主流观点。[①] 但是，进攻现实主义对此并不认同。他们指出，“乐观主义者关于大国间安全竞争和战争已经从体系中消失的说法是错误的。事实上，世界上所有的主要国家都深切地关注均势，在可预见的将来也一定会为权力而争斗。因此，现实主义将为 21 世纪的国际政治提供最有力的解释，即使在学术和政策精英们中间展开的争论是由非现实主义理论主导的，也仍然如此。简言之，现实世界依然是现实主义的世界”[②]。

① 西方主流观点认为，冷战结束后国际政治发生了一场根本的转变。合作而不是安全竞争或冲突，成为界定大国关系特征的词汇。整个 20 世纪 90 年代，比尔·克林顿总统都明确表达了这一观点。例如，1992 年他宣称：“在这个崇尚自由而不是专制的世界里，对纯权力政治愤世嫉俗的盘算不可能成气候，它不适合新的时代。”5 年后，当克林顿为北约东扩至一些原华沙条约的共产主义国家进行辩护时，他又表达了这一观点。克林顿认为，那种认为北约东扩政策将孤立俄罗斯的观点是建立在一种错误认识基础上的，即“20 世纪的大国地缘政治将主导 21 世纪”。相反，克林顿强调了他的信念：“开明的利己主义和共同的价值观将驱使国家以更具建设性的方式界定自己的伟大……将驱使我们以更具建设性的方式进行合作。”参见［美］约翰·米尔斯海默著，王义桅、唐小松译：《大国政治的悲剧》，上海人民出版社，2008 年 1 月版，第 290 页。

② ［美］约翰·米尔斯海默著，王义桅、唐小松译：《大国政治的悲剧》，上海人民出版社，2008 年 1 月版，第 290—291 页。

的确，从现实看，由于美国长期推行霸权主义和强权政治，肆无忌惮干涉别国内政，企图建立单极世界。原先长期为两极体制所掩盖的民族、宗教、领土、资源等矛盾不断激化，以及随之而来的恐怖主义等非传统安全问题，国际军事安全中战争和冲突仍然不可避免。

总而言之，战争与和平是人类社会发展的最基本样式，一直伴随着人类发展的始终，换言之，一部人类的历史就是一部战争与和平史。即便是当今世界的主题已经改变为和平与发展，也并不意味着战争已经远离人类社会。从国际军事安全的视角看，战争与和平作为国际军事斗争的主要矛盾，二者既相互对立、相互区别，又相互依存、相互渗透。因而，战争与和平的相互转化才成为可能，其相互交替也就成为了国际军事安全的主要特征之一。

第二节　对抗与妥协相互交织

对抗是国际军事安全生活中国际行为体之间经常存在的一种状态。妥协则是国际行为体解决国际争端的一种方式。由于目前学术界尚未对国际军事安全领域的“对抗”和“妥协”概念作出准确阐释，因此很有必要作一讨论以厘清二者的概念。

首先来看“对抗”，《国际军事学概论》认为：“国家和国家集团之间的军事对抗，既可表现为双方为解决争端而发生局部武装冲突，也可表现为双方进行冷战，保持一种冷和平状态。在国际法的意义上，武装冲突通常是指不构成战争状态的军事对抗行动，……冷战也是一种不构成战争状态的军事对抗行动。”[①]“百度百科”中对“对抗”词条

① 李效东主编：《国际军事学概论》，军事科学出版社，2004年12月版，第12页。

的解释如下："哲学上表现为剧烈的外部冲突的斗争形式。"[①]

可见，无论是军事上的直接冲突或相互威慑的对峙，还是意识形态上的严重对立，都属于"对抗"范畴。其中战争是对抗的最剧烈形式。因此，国际军事安全领域内的"对抗"可以理解为：国际主要行为体为解决可能由军事目的引发并导致军事后果的争端而发生的包括战争在内的冲突或对峙。也就是说，对抗不仅仅是战场上的兵戎相见、殊死搏杀，而且还包括外交场合的口诛笔伐、针锋相对。在一定条件下，对抗还表现为国家或国家集团间战略对峙所形成的冷和平，如雅尔塔体制下的美苏冷战。

其次，关于"妥协"的定义问题。"妥协"一词在日常使用中，经常被视为退让、回避、投降等的代名词，从国际政治角度来看，这种理解是错误的。[②]"妥协"的本意是指社会生活中解决冲突、缓和矛盾、达成一致的交往和互动。[③] 理性上讲，妥协是事物互动过程中的趋势选择，在相克中实现相生，事物只有在妥协中实现妥协赢余，才能促使事物的和谐。它是一种工具、手段，是冲突双方或者多方以对话谈判的形式进行利益博弈的过程，意味着对冲突各方权利的尊重。即"以让步的方式避免冲突或争执，旨在冲突双方互相让步的过程中以达成一种协议的局面"，或"矛盾双方预期到对抗和力量较量只会使双方两败俱伤，在矛盾发展到不可收拾的局面以前，双方就坐到一起开始对话和谈判，在承认并尊重对方合理利益的基础上，互相做出让步，最后达到各得其所，这就是妥协。"[④] 因此，这样的定义也反映了国际军

① "对抗"，百度百科，http：//baike. baidu. com/view/1153788. htm。

② 沈骥如："历史合力的机制——妥协"，豆丁网，http：//www. docin. com/p－28949594. html。

③ 王毅：《国家间权力妥协与国际合作》，载《社会主义研究》，2007 年第 4 期，第 122 页。

④ 沈骥如：《论当代国际关系中的"妥协"》，载《世界经济与政治》，1994 年第 5 期，第 2 页。

事安全领域中的一定本质特征。①

对抗和妥协是国际军事斗争中的一对矛盾，对抗代表着矛盾的斗争性，妥协则代表着矛盾的同一性，二者既对立又统一。首先，对抗和妥协是用于解决政治矛盾的两种不同方式。不同的国家、国家集团或者次国家组织等主要行为体在国际政治活动中都追求着各自不同的利益。这些行为体之间一旦发生交往，就会或多或少地产生利益冲突。在这种情况下，如果冲突各方以制服对方、实现自身压倒性胜利为目的，那便产生了对抗；如果冲突各方意识到，对抗的结果可能是两败俱伤、同归于尽，与其让局面发展到不可收拾，损人亦不利己，还不如各自做出让步，缓和相互间矛盾，进行对话与谈判，最终达成利益的一致，于是选择妥协。其次，对抗和妥协相互包容，相互渗透。可以说，在每一次对抗中，都存在着妥协的因素，而在每一次妥协过程中，又包含着对抗。二者相互交织成一个螺旋式上升的循环模式，推动着国际政治不断向前发展以及国际军事安全机制不断成熟。因此，从这种意义上说，对抗是零和理念的反映，而妥协则是双赢理念的实践。对抗是传统安全思维的主调，而妥协则是现代安全思维的主流。

然而，妥协自古有之。在古代和中世纪的国际军事斗争中，尽管激烈的对抗占据了上风，但妥协方式已或多或少得到体现。对抗与妥协的相互交织在当时国际军事安全中已初具雏形。比如，在拜占庭——波斯战争的第一阶段中，拜占庭皇帝查士丁尼在对波战争取得阶段性胜利后，为避免两线作战，集中兵力进攻意大利，遂与波斯妥协，

① 需要说明的是，沈骥如所指的“妥协”是“具有积极意义的妥协，是有原则的，有利于世界的和平与发展，有利于历史的进步的”。然而，在国际军事安全视阈下，“妥协”除了积极妥协外，还有为情势所迫的无奈的妥协。妥协的目的也不一而足，有些妥协是以牺牲第三方利益为前提的，带有霸权主义、殖民主义的色彩，如大国在分赃不均或划分势力范围发生冲突时的妥协。因此，本节虽借用沈骥如的“妥协”定义，但并不意味着“妥协”的内涵完全相同。

以重金与波斯签订和约。[①]

如果将威斯特伐利亚体系形成以来的国际关系史作为一个整体来进行研究的话，将会发现，它实际上就是一部对抗与妥协相互交织的历史。每一次国际体系的形成都代表着一次国际社会在大规模对抗后的相互妥协，而在每一次妥协过程中对抗因素也从未消失。特别要指出的是，由于“国际关系是一个正确与错误的问题，在这里妥协充其量也只是一个必要的策略，以后完全可以忽略”[②]，所以，妥协只能维持暂短的和平，而对抗则占据更广泛的时空。

随着时代的不断发展，对抗与妥协的相互交织在国际军事安全领域中越来越常见，尤其是古老的妥协精神在现时代重焕光彩，为现代国际军事增加了几分安全的保证。例如，尽管世界上不少大国拥有核军备，但多年来一直处于“引而不发，跃如也”的状态，只是作为谈判妥协的后盾与筹码，而没有实际的应用。[③] 可以预见，随着国际军事安全机制的不断完善，妥协方式将会越来越多地得到运用，成为维护世界和平与稳定的有效途径。

第三节　竞争与合作并存共生

在国际军事安全领域，国家与国家集团之间的竞争与合作并存共生，乃是国际军事安全的又一大显著特征。

所谓竞争，是指“人与人、群体与群体之间对于一个共同目标的

---

① 吴广权主编：《外国战争史和军事学术史》，国防大学出版社，1992 年版，第 115 页。

② ［加］卡列维·霍尔斯蒂著，王浦劬等译：《和平与战争：1648—1989 年的武装冲突与国际秩序》，北京大学出版社，2005 年 8 月版，第 98 页。

③ 沈骥如：《论当代国际关系中的“妥协”》，载《世界经济与政治》，1994 年第 5 期，第 4 页。

争夺"[①]。而所谓合作，是指"个人或群体之间为达成某一确定目标，彼此协调作用而形成的联合行动"[②]。据此，我们认为，国际军事竞争是指国家或国家集团为获得军事领域的优势地位而进行的较量与争夺；国际军事合作是指两个或两个以上的国家或国家集团，为了谋求共同的战略利益，在军事领域相互协调进行的联合行动或相互交往。[③] 国际军事竞争主要包括各国、国家集团间的军事外交竞争、军事人才竞争、军事科技竞争、军备竞赛、军事理论竞争等。国际军事合作的领域主要包括国家、国家集团在传统安全与非传统安全各领域的合作，其方式主要有：军事联盟、共同防务、战略安全对话与磋商、军事互信措施、军控与裁军谈判、国际维和行动、联合军事演习、危机预防与控制、军事技术合作、边防合作、军事人员交往与培训、军援与军贸、军事学术交流等。[④] 事实上，竞争与合作已经成为军事外交领域中的一种重要本质特征反映，更是国际军事安全领域的主要特征反映。

与对抗与妥协一样，竞争与合作也是国际军事安全中的一对矛盾。竞争代表着矛盾的斗争性，合作代表着矛盾的同一性。当竞争因素大于合作因素时，国际军事安全表现为总体动荡甚至会引发战争，反之，当合作因素大于竞争因素时，国际军事安全则表现为总体稳定。竞争与合作相伴相生，既对立又统一，不断进行矛盾运动，推动着国际军事安全向更高层次发展。

首先，竞争与合作是促进国际军事安全进步的自然法则，二者的辩证统一是国际军事安全得以存在和发展的必要条件和直接动力。"物竞天择，适者生存"是竞争的本质和普遍规律，竞争这种优胜劣汰的根本属性，使得它既是一种激励机制，又是一种淘汰机制。正是竞争

---

① 汉语百科，"竞争"词条，http：//hanyu. iciba. com/cizu/7390. shtml。

② 百度百科，"合作"词条，http：//baike. baidu. com/view/183582. htm。

③ 李效东主编：《国际军事学概论》，军事科学出版社，2004 年 12 月版，第 144 页。

④ 同上书，第 145 页。

的激励机制与淘汰机制的共同作用，迫使国家、国家集团在超越其他国家及国家集团、超越自我的不断进取中，汇成了推动社会进步的不竭动力。但是，在无政府状态下的这种无休止的竞争中，国家只能按传统法则不断追求自己的利益和权力，以维护本国的独立地位。但是，问题的关键是，“当所有国家都在一个缺乏规制的环境里为寻求自己的优势而相互竞争时，采取措施预防这些风险又会导致与其他国家发生冲突的危险。这一结构性法则是实力—安全困境问题的中心，其本身也是对无政府状态下安全问题的核心陈述。为了寻求自己的权力和安全，国家极易威胁到其他国家的权力和安全渴望。如果说防御困境来自于被军事手段的本性所激发的对战争的恐惧，实力—安全困境则来自于掌握在他人手中的军事手段被动用的可能性所激发的对失败的恐惧”①。因此，相对于竞争这种互争法则，在自然界中，合作互助的法则对于物种的进化更为重要。人类历史的演进也表明，“最适者是最合群者”，社会组织的形成与建立，其实质就是借助联合的力量，以合作的形式创造生存与发展的最大空间。在国际军事安全发展史中，我们也不难发现，这种合作互助式的国家关系一直伴随着人类的发展，从最古老的部落结盟关系，到现代的军事同盟，都是这种试图通过力量联合的方式来维护世界和平与稳定。历次国际安全体系的建立，也都是具有通过合作来寻求利益最大化的本质特征。根据系统论的观点，系统是诸多元素相互联系、相互作用而形成的相对独立于环境的整体，如果一个系统只有对立，没有统一，那么，这个系统就不可避免地要走向解体。若将国际军事安全视作一个系统，如果只有竞争，没有合作，那么国际军事安全也无从谈起。同样，一个系统只有统一，没有对立，这个系统无异于死水一潭，毫无生机活力，也无法获得进步。因此，在国际军事安全这个系统中，如果只有合作，而没有竞争，那么这样的合作只能是日益衰弱，国际军事安全也无法进步。

---

① ［英］巴瑞·布赞著，闫健、李剑译：《人、国家与恐惧——后冷战时代的国际安全研究议程》，中央编译出版社，2009 年 11 月版，第 284 页。

其次，竞争与合作相互包容，相互渗透。没有绝对的竞争和绝对的合作，相互竞争的国家或国家集团之间也存在着合作，同样，相互合作的国家或国家集团之间也存在着竞争。如冷战期间，以美国为首的北约和以苏联为首的华约之间在竞争过程中也进行过一些军事合作，如建立欧洲安全合作组织、签署《消除中程导弹条约》和《限制欧洲常规武装力量条约》等。而在国际军事合作组织北约内部，也存在着军贸、军备等诸方面的竞争。即便是在霸权体系下，合作也是不可或缺的，因为，“合作并不是与霸权相对立的，相反，霸权取决于某种非对称的合作，成功的霸主总是支持和维持这种非对称合作”①，尽管“对于未来来说，霸权合作理论的意义却是成问题的”②。因此，国际军事安全中的竞争与合作并生共存，相互交织，直接推动着人类社会不断向前发展。

从历史上看，古代社会的竞争是初级状态的竞争，以获取外部利益为唯一目的，因此往往演化成过度竞争，也就是战争。尽管当时也存在一定程度的合作，但不可否认的是，竞争超越合作成为初级国际

---

① ［美］罗伯特·基欧汉著，苏长河、信强、何曜译：《霸权之后——世界政治经济中的合作与纷争》，上海人民出版社，2006年1月版，第49页。

② 基欧汉以现实的美国霸权体系为例认为，美国现在在物质资源上的优势，远远比不上20世纪50年代和60年代早期。同样重要的是，美国比以前更不愿意从与欧洲和日本利益互补的意义上去界定其利益。特别是欧洲国家，它们更加不愿意去服从美国的倡议和行动，它们也如此坚信为了获得关键的针对苏联的军事保护，必须跟着美国走。因此，美国霸权的无形的主观部分，和其霸权体系所依靠的有形的权力资源一样，都已经受到了侵蚀。但是在可预见的将来，欧洲国家和日本自身都不大可能拥有成为霸权国家的能力。因为，从历史看，霸权常常只是在大规模战争结束后才会兴起。两个主要的现代强国——1815年后的英国和1945年后的美国，可以算是霸权的领导者，这两个强国都是作为世界冲突中的胜利者而出现的。在可预见的将来，霸权是不大可能出现的，我假设任何一场世界大战都会产生这毁灭性的后果，也就是说没有一个国家可以像现在这样凸显出来，占有对世界经济起支配性作用的地位。参见［美］罗伯特·基欧汉著，苏长河、信强、何曜译：《霸权之后——世界政治经济中的合作与纷争》，上海人民出版社，2006年1月版，第49页。

军事安全的主要矛盾。如建立于公元前19世纪的古巴比伦王国第六任国王汉谟拉比（公元前1792～前1750年）即位后，采取与邻邦合作与集中全力打击一个主要敌人的战略，向外进行扩张战争。又比如我国三国时期，孙权与刘备合作抵御曹操进攻，充分体现了竞争与合作在国际军事安全中的相辅相成。

从威斯特伐利亚体系的建立至雅尔塔体系的瓦解，竞争与合作交织于国际军事安全发展过程中。从整个国际军事安全发展的宏观层面上看，国际军事竞争是这个时期的主流，国际军事合作的作用是辅助性的，主要是以缓和国际矛盾、进行国际协调为主，例如17世纪后半期至18世纪上半叶欧洲国家的纷争。它们为了各自的利益，“此时为敌，彼时为友”，频繁地变换联盟，合作的目的是为了更好的竞争。而法国大革命及拿破仑时代，以法国为一方，以反法同盟为另一方的两极对抗格局形成，可以视为两方的过度竞争，反法同盟内部则体现出合作的特点。可以看出，竞争中渗透着合作，合作是为了在更高层次上参与竞争。

一战爆发前，两大军事集团先后在各参与国合作的基础上形成，当其对峙关系进一步加剧时，它们之间的军备竞赛也呈螺旋式上升，直至最终由于过度竞争导致战争爆发。虽然“国际联盟”成立后，由于国联从一开始就是建立在帝国主义列强对立与冲突基础上的，只是“纸上的联盟”①，即一个形同虚设的机构。但国联作为第一个世界性国际组织，提出维护国际和平和安全的宗旨，以及集体安全原则和普遍裁军的任务，其积极意义不可否认，特别是它为后来的联合国集体安全机制的建立奠定了基础。联合国的成立，标志着世界性国际军事合作平台的诞生，也标志着国际军事安全机制达到了又一个高峰。这些都表明，通过国际军事竞争和合作的不断矛盾运动，国际军事安全机制日趋成熟。

---

① 《列宁全集》第39卷，人民出版社，1986年版，第134页。转引自伏广存：《近现代国际关系史论纲》，社会科学文献出版社，2009年版，第229页。

冷战时期，美苏两大阵营形成对峙局面，竞争与合作同时出现在两大集团之间和各自内部。一方面，美苏军备竞赛的激烈程度创下了历史之最，两大军事集团的竞争也达到了巅峰。另一方面，集团内部的国际军事合作既频繁又密切。此外，如前所述，美苏两大集团之间也进行了一定程度的国际军事合作。

冷战结束后，各国所面临的安全威胁和挑战更趋多元化，任何一个国家都无法仅凭自身力量解决日趋复杂的国际安全问题。为缓解“安全困境”，各国纷纷开展国际军事安全合作，加快推进国际安全机制的建立。随着国家之间相互依赖程度越来越深，国际军事安全合作出现了以下一些特点：第一，国际军事安全合作的内容逐步由传统安全领域向非传统安全领域扩展；第二，对抗性军事合作组织减少，非对抗性增加。上海合作组织的建立便是重要的例证；第三，全球性合作机制尚未成型，地区性军事安全合作方兴未艾。

通过上述分析，可以看出，一方面，国际军事竞争与合作促使国际安全机制不断成型与完善，另一方面，随着时代主题的变化，国际军事合作的重要性会愈加凸显，成为无政府状态下维护世界和平与稳定的重要途径。这既是历史发展的必然结果，也是人类为维护世界和平的必然选择。同时，以合作代替竞争，以有序和良性的竞争促进合作，应该成为国际军事安全议程中的基本模式。这并非天方夜谭式的乌托邦，因为，从理论上讲，“通过政策协调过程，当行为者将它们的行为调整到适应其他行为者现行的或可预料的偏好上时，合作就会出现。用更加正规的语言对此作一总结，就是：作为政策协调过程的结果，当一国政府遵从的政策被另外国家的政府视为能够促进它们自己目标的相互认识时，政府间的合作就会发生”①。同时，我们还必须清醒地认识到，由于合作并不意味着不会产生竞争甚至冲突，它们常常是一种混合体，合作甚至是一种“对冲突或潜在冲突的反映。没有冲

① ［美］罗伯特·基欧汉著，苏长河、信强、何曜译：《霸权之后——世界政治经济中的合作与纷争》，上海人民出版社，2006 年 1 月版，第 51—52 页。

突的凶兆，也就没有必要进行合作了”[1]。因此，只有有效地将这两者总体把握，并构建一种良好的平衡，竞争才能成为促进合作的动力，而最终通过合作实现共赢。

第四节　综合国力与军事实力相互呼应

回顾国际军事安全的发展历程，我们发现，尽管国际军事斗争的主要表现形式是国际行为体军事力量的直接对抗，军力的强弱高低几乎决定着斗争的胜负。然而，究其根本，在国家或国家集团军事对抗或竞争的背后，起最终决定作用的因素却远非军事力量这一单一因素，而是政治、军事、经济、文化、资源、科技等诸多因素综合的结果。也就是说，国际军事斗争主要是综合国力的竞争，同时，军事实力作为综合国力的重要组成部分，是国际军事斗争的主要内容，古今中外，概莫能外。可以说，综合国力与军事实力的相互呼应也是国际军事安全的主要特征之一。

综合国力（Comprehensive National Power）概念的提出，始于20世纪60年代。1965年，原联邦德国柏林技术大学理论物理学教授、亚琛技术大学第一物理学院院长威廉·富克斯发表《国力方程》，开启了对“综合国力”进行定量评估的先河。20世纪70年代中期以后，曾任美国中央情报局副局长、国务院情报与研究司司长的R. S. 克莱因陆续发表了《世界权力的评估》、《1977年世界权力的评估》以及《80年代世界权力趋势及美国外交政策》等著作，从政治结构上论述了国际冲突中的国家实力概念，并在20世纪80年代初对综合国力进行系统的定量比较和分析。从此国际学术界形成了对综合国力的研究热潮，

① ［美］罗伯特·基欧汉著，苏长河、信强、何曜译：《霸权之后——世界政治经济中的合作与纷争》，上海人民出版社，2006年1月版，第54页。

至今方兴未艾。

综合国力是衡量一个国家基本国情和基本资源最重要的指标，也是衡量一个国家的经济、政治、军事、技术实力的综合性指标。事实上，国际学术界对于如何界定和衡量“综合国力”至今未能达成一致。但概而言之，综合国力就是国家战略资源的分布组合，被动员和利用来实现一个国家的战略目标，是一个国家通过有目的的行动追求其战略目标的综合能力，一个主权国家赖以生存与发展所拥有的全部实力及国际影响力的合力。其内涵非常丰富，它的构成要素中既包含自然的，也包含社会的；既包含物质的，也包含精神的；既包含实力，也包含潜力以及由潜力转化为实力的机制，是一个国家的政治、经济、科技、文化、教育、国防、外交、资源、民族意志、凝聚力等要素有机关联、相互作用的综合体。

虽然综合国力是一个具有鲜明现代特征的概念，然而，早在数千年前，孙子就已对综合国力有过精辟论述。《孙子兵法》开卷第一段就说：“兵者，国之大事，死生之地，存亡之道，不可不察也。故经之以五事，校之以计，而索其情：一曰道，二曰天，三曰地，四曰将，五曰法。”① 这其中的“道、天、地、将、法”即为孙子对“综合国力”的理解。西方军事学家克劳塞维茨也持类似观点，例如他将精神因素作为决定战争胜负的重要战略要素之一，因为“假使把所有一切精神力量都排除到理论之外，而将理论的全部都限制在平衡和优势，时间和空间，以及几条线和几个角之间的少数数学关系上……则实属荒谬”②。这说明，在孙子和克劳塞维茨生活的时代，尽管在国际军事安全领域中军事实力毫无疑问处于最为重要的位置，但除军事实力以外的其他因素的重要性也已经得到了充分的认识。

随着时代的发展，军事实力在综合国力中的地位和作用也不断地

① 吴九龙主编：《孙子校释》，军事科学出版社，1991年版，第3页。

② ［德］克劳塞维茨著，钮先钟译：《战争论》，广西师范大学出版社，2003年10月第2版，第51页。

发生着变化，在不同时代、不同环境、不同状态下都有所不同。就时代而言，以雅尔塔体制建立为界，此前的军事实力在综合国力中所占的地位要高于之后的。就状态而言，在战争时期，军事力量在综合国力诸因素中是最重要的，因为战争的胜败最终要靠战场上军事力量的较量。从本质上说，战争即是双方如何将现有的和潜在的国力尽快地转化为更强大军事力量的竞争。而在和平时期，国家安全没有受到威胁时，军事力量在国家力量诸要素中的地位有所下降，而往往把发展本国经济放在首位，但即使如此，军事力量仍然是十分重要的。因为一支强大的军队本身就是一种威慑力量，是国家安全的最终保障。军事力量的这种重要地位是由国际社会的基本特点决定的。国际社会的重要特征之一就在于，它没有统一的最高权力机构，而处于实际上的无政府状态。在这种状态下，国与国之间除了最终惧怕彼此的武力之外，别的约束都显得软弱无力。另外，军事力量的主要职能是对外的，因此一旦这种力量被较大规模地使用，就将极具破坏性地作用于对方。因而军事力量在国际政治中有着重要意义。[①] 特别是从西方国家对于国家力量（National Power）的内涵来看，“其涵义的实质都是指一国通过‘强权政治’对另一国所施加的强制力或影响力，即以军事实力为中心的强权政治国力论”[②]。例如俄罗斯，当今其经济地位和政治影响力已远不及当年的苏联，甚至一度被国际社会所忽视，但是，由于其依然拥有强大的军事实力，特别是拥有强大的核武库，在当今世界依然拥有着极为重要的地位。没有那个国家敢小看这个国家，更没有那个国家敢轻易挑战其国家传统安全利益，即便是美国这样的超级大国。

同时，值得注意的是，在现代国际军事安全领域，尽管军事因素

① 参见王恩涌等：《政治地理学：时空中的政治格局》，http：//www. copycheck. com. cn/Compare? purl = http：//rcs. wuchang － edu. com/RESOURCE/CZ/CZDL/DLBL/DLTS0092/13266 _ SR. HTM。

② 黄硕风著：《大国较量：世界主要国家综合国力国际比较》，世界知识出版社，2006 年 10 月版，第 17 页。

本身依然是决定国家安全的重要因素，但是，随着国际格局的转变以及国际形势的变化，特别是全球化的不断深入发展，一些其他因素也开始对国际军事安全产生重大而深远的影响，例如经济因素和文化因素。经济因素尽管过去是一个国家的实力基础，并制约和影响着其军事实力的建设和发展。但问题是，由于现代社会国家间的经济联系更加紧密，相互间的影响更加复杂而深刻，一国（特别是世界经济大国）的经济繁荣依赖于他国的经济发展，而同时一国（特别是有着重要影响力的经济大国）的经济衰退也将影响他国甚至世界的经济。经济因素作为国家综合国力的重要组成部分，已经成为一把双刃剑。而文化因素等构成的软实力无疑已经成为国家综合实力的重要组成部分，并越来越影响着一个国家的国际地位和话语权。这样，国家综合国力的内涵就变得更加丰富。

然而，说到底，国际军事安全的最主要破坏力，依旧来自于军事手段的威胁，因此，军事实力的强弱，直接影响到国家安全，尤其是国家主权与领土完整。这个问题不仅从历史中可以找到鲜明的答案，历史还将继续证明，军事实力作为综合国力中的核心，仍将是对国际军事安全态势的最大影响因素。同时，如何平衡军事实力在综合国力中的比例，构建一个科学而平衡的发展结构，不仅对于一个国家的生存发展有着重要的影响，对于整个世界的军事安全也有着重要影响。

总而言之，综合国力与军事实力的相互呼应作为国际军事安全的主要特征之一，过去是、将来仍将是影响国际军事安全的重要因素，也是国际军事安全的主要特征之一。

第六章

国际军事安全的影响因素

国际军事安全之所以是个十分复杂的问题，原因之一就是影响它的因素众多，一些因素相互交织，使得国际军事安全越发走势迷离，难以控制。只有厘清国际军事安全的各种影响因素的内涵和实质，才能最终更好地把握国际军事安全问题的本质特征和内在规律。

第一节 国际战略格局

国际战略格局与国际安全格局或国际安全体系是密不可分的。国际战略格局是国际战略力量（抑或称之为“极”）的不平衡发展导致的国际战略形势不断演化的结果。尽管国际战略格局一旦形成具有一定的稳定性，但它的任何“风吹草动”，不仅影响着世界主要大国的国家安全战略的调整，更影响着国际安全特别是国际军事安全的走势。因此，“长期以来，许多国际政治学者以及从地缘政治角度认识国际战略格局的政治家，都习惯于从全球和特定区域的地缘环境的角度，认识权力布局、国家安全、全球战略、国际对抗、战争胜负等现实主义的主题，传统地缘政治学的观点往往成为他们分析问题的基本理论框架”[1]。

从国际关系的理论视角看，国际战略格局作为现实主义国际关系理论中的重要概念，对国际军事安全发挥了重要的影响。从国际战略格局的形式看，基本上有三种，即多极格局、两极格局和单极格局。在这种前提下形成了相关理论，即“多极稳定论”、“两极稳定论”和“单极稳定论”，以及由此延伸出的诸如均势理论、地缘政治理论、威慑理论、有限主权论、预防性攻击理论、霸权论和新安全观理论等，并形成了一些理论学派，如现实主义政治学派、自由主义政治学派、民主和平论学派等。这些理论流派都在吸取历史经验特别是世界大战经验的基础上，探讨怎样的国际战略格局最有利于世界稳定。其中最具代表性的，就是古典现实主义、新现实主义和霸权稳定论。

一、古典现实主义：多极格局最有利于世界的稳定

古典现实主义认为，当某个国家拥有压倒性优势时，就可能发生大战[2]；当大国之间的力量大体相当时，则不大可能发生大战。势力均衡维持着和平，并且让那些潜在的侵略者明白，战争不仅花费巨大，而且成功的可能性极小。打破均衡是发生大战的关键条件，因为占有优势的国家更愿意扩张，并坚信战争可以带来好处。因此，由于预先假定了占有优势的国家具有进攻倾向，古典现实主义者认为，相对两极

---

① 苏浩：《地缘重心与世界政治的支点》，载《现代国际关系》，2004 年第 4 期，第 54 页。

② 美国学者汉斯·摩根索就称：占有压倒性优势的国家发动战争是出于“单元层面”的原因——贪婪、荣誉，也就是其在“民族主义的普遍性”理论中提到的“权力欲”所造成的。

格局而言，多极格局应该更加稳定。这主要是由于很难始终保持精确的平等，多极格局中的同盟重构（外部平衡机制）可以在集团之间形成必需的势力均衡，即使个体国家并不处于平等的地位。只要能保持一定的灵活性，各大国就能轻而易举地改变其同盟关系以应对某个更强大的国家威胁，从而阻止那些占有压倒性优势的国家实施侵略行为。与此相反，两极格局却易于产生不稳定因素，这是因为，一旦两个强大国家之间出现了不平等，并没有实力雄厚的同盟伙伴去形成一种有效的势力均衡。[①] 因此，强大而不具备压倒性优势的两极格局，无疑是最危险的。这也正是均势理论主张者的最根本用意。他们由此推导出："国际均势不过是一项普遍社会准则的特殊表现，所有由众多自治单位构成的社会借助这一原则来实现其各个组成部分的自治。我们还会看到，均势及追求均势的政策不仅是不可避免的，而且也是主权国家社会必要的稳定性因素；国际均势的不稳定不是这一原则的过失，而是由在主权国家社会中运用这一原则的特定条件造成的。"[②]

从古典主义的观点可以看出，其优势在于力量差异的重视，从而提供了一种精细的相对权重概念作为势力均衡的尺度。同时，它着重分析了那些主张两极格局更为稳定的理论缺陷：在多极格局中，除了当大体上的平等无法维持时可以通过军备竞赛阻止某些侵略行为之外，国家之间还有另一种选择机制——结盟；而在两极格局中，当仅仅靠军备竞赛不足以奏效时，双方不可能有结盟这种可以依靠的选择。然而，古典现实主义也面临着经验方面的课题：它无法解释结成牢固同盟

---

① 参见［美］汉斯·摩根索著：《国家间政治——寻求权力与和平的斗争》中的第四部分：Limitation of National Power：The Balance of Power，北京大学出版社，2005 年 1 月版。

② ［美］汉斯·摩根索著、［美］汤普森改编，李晖、孙芳译：《国家间政治：为了权力与和平的斗争》，海南出版社，2008 年 9 月版，第 203 页。

反对潜在霸主的多极格局（例如1914年之前的多极格局）为什么仍然会陷入大战之中。在这种情况下，集团之间的整体势力均衡已经无法维持和平。[①] 尽管如此，主张者还是坚持认为，“在一个主权国家追逐权力成为主要推动力的世界里，和平只能够通过两个措施而存在。一个是社会力量的自我控制机制，它通过在国际舞台上对权力的争夺得以表现，即权力均势。另一个则包括对这种争夺的常规性限制，具体包括国际法、国际道义，以及世界舆论等形式”[②]。

二、新现实主义：两极的稳定性

新现实主义认为两极格局更能抑制世界大战的爆发，从而维持世界的和平与稳定。新现实主义认为国际格局具有两个持久性的结构性特征，即无政府状态和极性。无政府状态——缺少保护大国的核心、权威——造成了数千年来在国际政治中看到的那种重复出现的冲突模式。因此，新现实主义者宣称，在无政府状态下，两极格局比多极格局更不容易发生大战。主要原因有三个方面：在两极格局中，大国总是避免通过对小国制造危机被动地卷入大战之中；然而，它们也不会让步，以避免外围的损失，从而加强威慑力；最后，大国并不倾向于减少国内的军费开支，因为这样就可能使占有优势的军事强国进一步崛起。

新现实主义的优势就在于对无政府状态和极性造成的结构性影响分别进行研究，在国际关系领域提出了一个深刻的悲剧性观点，即：即使当国家只是为了寻求安全时，也仍然有可能陷入那种威胁其生存的破坏性战争之中。但是，像古典现实主义一样，新现实主义也缺少足

---

① [美] 戴尔·科普兰著，黄福武译：《大战的起源》，北京大学出版社，2008年5月版，第12—13页。

② [美] 汉斯·摩根索著、[美] 汤普森改编，李晖、孙芳译：《国家间政治：为了权力与和平的斗争》，海南出版社，2008年9月版，第30页。

够的动态性。以极性作为关键的结构变量使得无论在两极还是多极格局中没有其他变量来解释格局从和平走向战争的原因。[①] 历史上重要的两极体系案例——斯巴达—雅典、迦太基—罗马和法国—哈布斯堡王朝都是在双方军事力量大体相当时发生了战争。而这对于新现实主义而言，在两极体系中发生战争的事实是令人难以理解的。

三、霸权稳定论：单极的优势

有关“霸权稳定论”，已在第四章的第五节有过较为详细的论述，在此再略加展开，继续讨论一下。

事实上，关于大战的现实主义观点乃是霸权稳定论的变种。他们把古典现实主义颠倒过来，认为只有一个强大的行为体的霸权才是稳定的。因为，当一个次等级的国家不断崛起而接近原霸主实力时，这个处于上升期的国家就很可能发动战争，以获得原有格局所不曾给予的地位和回报。而如果只有一个霸主存在，它可以在维持政治—军事秩序时获得利益，从而维护体系的稳定。所以，与古典现实主义者关于势力均衡有助于维持和平的观点相反，霸权稳定论认为在一个格局中，最强大的两个国家之间势均力敌的结果就是战争。

这一研究方法的优势在于具有动态的性质。因此，与古典现实主义和新现实主义相比，霸权稳定论提供了一种更宽泛的对力量变化对列强行为产生的影响进行分析的方法。但是，霸权稳定论关于大战起源的演绎缺乏一致性：对于一个国家为什么会在上升期发动攻击，显然缺乏逻辑上的动因，因为这个国家只要坐等，就完全能够轻而易举地实现自己的目标，并且代价更低。并且，霸权稳定论认为优势有利于维持和平，但它无法解释为什么1600～1945年发生的历次大战（七

① ［美］戴尔·科普兰著，黄福武译：《大战的起源》，北京大学出版社，2008年5月版，第14—15页。

年战争除外）都是由一个拥有明显军事优势的国家发起的。[①] 更无法解释美苏两极格局下为何出现的是“冷战”而不是“热战”。

四、国际战略格局：选择的困惑与困惑的选择

借鉴戴尔·科普兰对三种现实主义大战理论的分析成果，自然可以推导出这样一种结论，即：国际战略格局的相对稳定的静态与在格局下权势力量的动态变化之间的矛盾，是导致国际军事安全问题产生的深层次因素。

国际战略格局是世界范围内主要行为体之间相互作用的结果，一旦形成将在长时间内稳定存在，并且对格局下的单元起到制约作用。而体系内部各主要行为体的权势实力的相对此消彼长是每时每刻都在发生着的，这种变化无时不刻地冲击着体系内脆弱的权势平衡。变化越剧烈，对战略格局的撼动也就越强烈，直至颠覆整套约束而改变原有的格局，进而形成新的相互关系。权势的相对变化对国际战略格局的冲击程度决定了国际军事安全的基本态势。

只要相对权势变化在国际战略格局的承受能力范围之内，通常不会发生体系内部的大战而是通过其他权力均衡的方式进行，而格局给予了这些权力均衡方式需要的条件，比如补偿方式[②]。此外，军备竞赛也是一个国家试图运用自己拥有的权力来维持或重建权力均衡时使用的

---

① ［美］戴尔·科普兰著，黄福武译：《大战的起源》，北京大学出版社，2008年5月版，第16—20页。

② 领土补偿在18、19世纪是一种常用的方式，它的目的在于权力均衡由于一国获得领土而受到扰乱或即将被扰乱时，继续维持权力均衡。1772年、1793年和1795年，奥地利、普鲁士和俄国三次瓜分波兰领土，从而维持它们之间的权力分配平衡。19世纪后半叶和20世纪初，在对殖民地的分配、殖民地或半殖民地的势力范围的划分问题上，补偿原则的有意应用也对维持、调和列强之间的权势平衡发挥了作用。

主要手段。通过这种手段，要么可以直接增加自己的权力，要么可以吸纳其他国家的权力而强大，要么可以阻止对手吸纳其他国家的权力。这是一种“一箭双雕”的选择。[①] 因此，核心国家对外围国家的军事瓜分、彼此间的军备竞赛以及军事同盟等手段，成为缓解国际战略格局与其内部力量的权势变化之间矛盾的可行方法。

在进行上述权力平衡方式无法维持国际战略格局的静态稳定时则往往爆发大战或者引发严重危机。通常，国家在出现“非逆转性相对停滞”而导致的在现存国际格局下发生相对衰退，且继续实行现有政策无法阻止这种衰退时，往往会“两害相权取其轻”，通过发动战争或危机的方法稳定其力量地位。这种现象的本质其实就是由于支撑国际格局的行为体之间的力量变化与现存的国际格局不相适宜程度已经超出了临界状态，国际格局的现有影响已经无法约束力量之间的相互变化。

正是由于感到相对衰落不可避免，伯罗奔尼撒战争时期的斯巴达发动了对古希腊体系内部雅典的战争。修昔底德在他的书中提供了证明本节理论的论点。他认为：“战争的实质原因并不是战争发生之前斯巴达人及其盟友对雅典抱有不满情绪，而是雅典力量的不断增长以及这种增长在斯巴达人心中引起的恐惧。”[②] 而希波战争中，吕底亚王克

① 对此，汉斯·摩根索的解释是：互相竞争的A国和B国为确保或增进它们相对的权力地位，可作出三种选择。其一，它们可以增加自己的权力。其二，它们可以把其他国家的权力添加到自己的权力上。其三，它们可以阻止其他国家的权力添加到对手的权力上。当它们作出第一种选择时，它们进行军备竞赛。当它们作出第二和第三种选择时，便执行联盟政策。参见［美］汉斯·摩根索著：《国家间政治——权力斗争与和平》（第七版），北京大学出版社，2005年1月版，第217—219页。

② 参见［美］戴尔·科普兰著，黄福武译：《大战的起源》，北京大学出版社，2008年5月版，第296页。

罗伊斯执意发动对波斯人的战争何尝不是如此。[①]

而两次大战前的德国在多极格局下发动了大战，也是出于同样的原因。一战前的俄国以惊人的速度发展，并投入了巨大的资金用于改进装备和扩建新的军团。俄国一旦完成了其工业化进程，就会在实力上压倒德国。随着俄国军事力量的迅速集结和铁路系统的急剧扩大，德国深信在不久的将来，自己必然会败给数量和质量不断壮大的俄军。二战前的德国领导人仍然面对着一个飞速崛起的苏联，他们认为苏联一旦把经济力量转化为军事力量，德国将成为第一个牺牲品。因此，为防止出现这种局面，德国必须在仍拥有欧洲霸权地位的情况下与整个体系较量。[②]

总之，国际战略格局无疑对国际军事安全有着直接的重大影响，各种理论流派对于国际格局的建立各执一词，但从以上的讨论不难看出，无论是哪种格局，都有其历史经验难以印证而得出令人信服的万全结论。从这种意义上说，任何一种选择无疑都面临着困惑——选择的困惑。但是，国际战略格局是客观存在的，无论喜欢与否，世界主要

---

① 当吕底亚国王克罗伊斯听说冈比西斯的儿子居鲁士摧毁了克亚克萨里的儿子阿斯提亚吉的王国，波斯人日渐强大起来时，他就开始专心致志地考虑，是否在波斯人的实力还处于壮大期时，想办法阻止他们势力的不断膨胀。尽管一个叫桑达尼斯的吕底亚人谏言道："国王，您准备进攻的对象是穿着皮革制衣的野蛮人，他们贫瘠的土地上生产不出可口的食物，也没有葡萄酒、无花果或其他珍肴。您征服了他们，并不能从他们手里得到什么好东西。但您要是被击败的话，我希望您想想，您会失掉不少好东西。而这些野蛮人一旦尝到了甜头，就再也不会放手。在此我要感谢万能的诸神，他们没有叫波斯人来进攻吕底亚人。"但是，克罗伊斯不为所动，仍率军横渡哈律斯河，进入波斯人的领地。参见［古希腊］希罗多德著，吴玉芬、易洪波编译：《希波战争史》，重庆出版社，2007 年 3 月版，第 24、32 页。

② 参见［美］戴尔·科普兰著，黄福武译：《大战的起源》，北京大学出版社，2008 年 5 月版，第 84、162 页。

行为体都身在其中，人类要维持世界和平，并试图通过某种体系结构来控制世界，以求得其均衡，也就不得不进行选择，因此，这种选择又不能不说是一种困惑的选择。这就导致了有关国家在政策选择时出现某种偏好，有的试图谋求均势，有的采取搭便车，而有的则试图称霸。但无论怎样，国际战略格局的体系结构控制作用和均衡作用都会对国际军事安全产生重大影响。

第二节 国家安全战略选择

在无政府状态下的国际社会里，作为主权国家往往根据自身的实际情况选择自身认为合适的战略来最大限度实现其国家利益。战略选择是通过决策者的认知过程来实现的，受到主客观多种因素的影响，是国家各方面综合作用的结果，包括战略文化、战略环境、决策体制、领导人个性能力等等都会对一个国家的战略选择造成影响。而各个历史时期内，由各国根据自身情况而制定的不同战略选择，在同一个国际体系内相互作用则对国际关系的诸多领域产生广泛的影响，其中当然包括对国际军事安全的深远影响。

主导世界格局的大国案例当然很能说明这一问题。比如二战结束后，美国面对着世界权势分布现状和对国际形势的判断，对意识形态极端对立的苏联采取了遏制战略。这一战略的选择拉开了冷战的序幕，开启了美苏对抗时代。世界逐步分成清晰的两大东西方对立阵营，在欧洲，美苏分别组建了自己的军事同盟集团——“北大西洋公约组织”和“华沙条约组织”；在亚洲，美国组建了太平洋防御岛链，发动了朝鲜战争和越南战争；在中东，阿以爆发的激烈武装冲突和局部战争都直接或间接地受到两个超级大国战略施加的决定性影响。“9·11”事件后，美国国家安全战略调整为以反恐为主要任务，“单边主义”和

"先发制人"成为其主要的核心，其先后发动的阿富汗战争和伊拉克战争对国际军事安全造成了极大的损害，有关这个问题，前面以已有论述，在此不再赘述。

除了超级大国的安全战略调整和选择会对国际军事安全产生影响外，地区大国的安全战略调整和选择同样也会对国际军事安全产生重大影响。例如，在南亚国际政治中，作为地区的两个重要力量中心，印度和巴基斯坦关系的好坏从根本上左右着南亚地区安全局势的变化。

印巴分治后，面对独立后急剧恶化的地区安全环境，加之政治理念、国家制度、军事实力等方面的巨大差异，印度和巴基斯坦制定并实施了完全不同的对外战略选择。其中，印度的战略调整对地区的军事安全形势的影响最为明显。因为，无论是在地理结构还是在国力、军力方面，南亚都是一个以印度为中心和占有绝对优势的地区。庞大的权势基值（居于世界第 7 位的地理规模、第 2 位的人口规模和位居世界前列的资源规模）使尼赫鲁等印度领袖确信"印度以它现在的地位是不能在世界上扮演二等角色的。要么作一个有声有色的大国，要么销声匿迹"。而且印度作为一个大国出现，"它将不像英、法、德和日本，而是类似美、苏、中那样的发展。前者国力的增长是伴随领土扩张和对殖民地的征服，而后者力量的增长却主要靠的是本身的资源、人口和广袤的地区"。因此，基于大国政治理念和美苏冷战的现实，尼赫鲁制定并实施了不结盟外交战略。①

印度之所以选择这样的外交战略，最主要是出于对国际安全环境的判断做出的，是想通过"不结盟"这种"中立"或"柔软"的形象将

① 宋德星：《印巴国家理念的对立与战略外交冲突》，载《世界经济与政治论坛》，2001 年第 3 期，第 36 页。

具有同样思维的国家团结在一起，借此形成一种位于东西方两大阵营之间的平衡力量。这种从国际战略视野出发的战略选择，不仅不会得罪任何一个超级大国，反而还会引起美苏两个超级大国的重视，有利于打造世界大国的形象，更好地维护印度的国家安全利益。同时，更为重要的是，这种战略选择可以最大限度地“消除来自巴基斯坦的威胁”①。

从实践中看，“印度的不结盟战略是一种比较成功的、主动的、进取的大战略，在着眼于地区安全考虑的同时，它更关注全球事态的发展变化，特别是要借之确立印度作为第三世界力量中心的地位，直接服务于其世界大国地位的战略目标”②。而巴基斯坦由于在与印度的对抗中处于明显的力量劣势，遂选择了结盟战略，希望以此维护自身的

---

① 印度认为，南亚次大陆是一个完整的战略实体，它的稳定与安全对印度有着重大的利害关系：在次大陆内部，对印度安全的最大威胁来自巴基斯坦，因为巴基斯坦不仅本身对印度进行挑战，而且还引入外部势力对抗印度。故此，将美国、俄罗斯（前苏联）和中国的影响完全排除出次大陆是印度安全战略的首要目标。也就是说，次大陆内任何国家的“联盟”战略都是对印度安全的挑战。所以，在不结盟的旗号下，“印度强烈反对对任何南亚国家内部事务的外来干涉，特别是那些被认为抱有损害印度利益的外部大国的干涉。因此，南亚国家不应寻求区外国家的援助，如果真正需要外部援助，则应向印度求助，否则就会被认为是反对印度。英·甘地夫人曾明确表示：“印度将不干涉此地区任何国家的内政，除非被要求这样做，但同时也不能容忍外部大国进行干涉；如果有的国家需要外部的帮助以对付内部的危机，则应首先在区内（即向印度）寻求帮助。”参见宋德星：《印巴国家理念的对立与战略外交冲突》，载《世界经济与政治论坛》，2001 年第 3 期，第 34—37 页。

② 宋德星：《印巴国家理念的对立与战略外交冲突》，载《世界经济与政治论坛》，2001 年第 3 期，第 36 页。

国家安全。① 这就使得巴基斯坦走上了一条与印度完全不同的发展道路。印巴之间形成了一种并不稳定的战略均势。而更为严重的是，印巴各自的安全战略选择，不仅没有给地区带来稳定，双方关系一直处于紧张状态，军事对峙和军事冲突时有发生，甚至双方为应对威胁，军备竞赛愈演愈烈，并最终双双成为事实拥有核武器的国家，对地区安全形势造成了巨大冲击。

① 对巴基斯坦来说，1947年印巴分治是其“两个民族”理论的胜利，但同时也给其国家安全带来了致命的威胁。与印度相比，分治后巴基斯坦的安全环境更加险恶。印强巴弱的力量结构和国家理念的根本对立，使巴基斯坦对印度有一种本能的恐惧。显然，改变地区力量结构性失衡是巴基斯坦政治领袖们梦寐以求的，但仅凭自身的力量根本无法实现这一战略目标。于是，惟一的可能性便是通过实施有效的联盟战略来达成这一目的。冷战时期，巴基斯坦成功地利用了它的地缘战略价值为其联盟战略服务。早期，巴基斯坦曾积极寻求与英国的联盟关系，在遭受挫折后，巴基斯坦转而在中东和美国寻求合作。通过签署共同防御援助协议（1954年）和加入“东南亚条约组织”以及“中央条约组织”，巴基斯坦与超级大国美国在双边和多边条约的基础上实现了军事结盟。对此，巴基斯坦领导人公开声明，巴基斯坦这样做，完全是为了防御印度而不是跟随美国针对中国。虽然巴基斯坦于1972年退出了东南亚条约组织，1979年3月退出中央条约组织并于同年9月加人“不结盟”运动，但巴基斯坦认为，它因加入“不结盟”运动而承担的不与大国保持多边军事同盟关系这一义务并不妨碍它与美国保持双边联盟关系。不仅1954年的美巴双边协议仍保持着，而且面对前苏联南下的强劲势头，美国进一步密切了与“前线国家”巴基斯坦的联盟关系，双边合作的程度随着阿富汗战争的持续而日益加深。参见宋德星：《印巴国家理念的对立与战略外交冲突》，载《世界经济与政治论坛》，2001年第3期，第34—37页。

第三节　武装冲突与局部战争

武装冲突与局部战争尽管规模不大，但对国际军事安全造成的直接影响和冲击则是十分明显的。它不仅可以导致相关地区安全局势的紧张与动荡，还会导致大国之间的战略博弈，更会对现阶段集体安全机制带来严峻的挑战。

一、武装冲突与局部战争导致地区安全局势动荡

引发武装冲突和局部战争的原因是多样的，历史积怨、宗教矛盾、资源或领土争夺以及地缘政治等都可能成为武装冲突与局部战争的诱因，一旦发生即会对地区安全产生直接的影响，造成地区安全局势动荡，对国际军事安全产生强烈的冲击。

以朝鲜战争为例，朝鲜南北双方进行的内战致使整个东北亚安全局势紧张并迅速陷入动荡，它使得相关地区诸多大国都卷入冲突之中。

在冷战大背景下，美国将北朝鲜的进攻看成是社会主义阵营对外行动的一部分，认为这一“侵略”行径表明，“共产主义已不再限于使用颠覆来征服独立国家，现在要使用武装的侵犯与战争”①。美国守住任何一个阵地，都是给自身和“自由世界”注入一剂强心针，说明美国有能力、有意志对抗共产主义。“美国的信誉和威望至关重要。如果美国放弃南朝鲜，……东南亚国家领导人都将丧失他们可能拥有的对

① [美] 哈里·杜鲁门著，李石译：《杜鲁门回忆录》(第二卷)，生活读书新知三联书店，1974年9月版，第402页。

美国援助对抗共产主义的实力的信心。”不仅如此，如果共产主义对南朝鲜的侵略得逞了，“将对美国在西欧的声誉造成重大破坏。小小一个苏联卫星国居然有能力加入一场军事冒险，向美国的实力与意志发起挑战。这一点……只会导致人们对美国的实力与意志表示深深的怀疑”[①]。

中国则由于根本的国家安全考虑以及出于中国伦理传统和政治现实两层意义上的正义出兵援朝。毛泽东在致斯大林的电报（未发出）中指出：“我们决定用志愿军名义……援助朝鲜同志。我们认为这样做是必要的。因为如果让整个朝鲜被美国人占去了，朝鲜革命力量受到根本的失败，则美国侵略者将更为猖獗，于整个东方都是不利的。”[②]在这样的考量下，中国人民志愿军才入朝与美国为首的“联合国军”[③]作战，在给予其沉重打击后，最终签署停战协定。

战后朝鲜半岛局势仍然持续动荡不安，存在着诸多危及安全与稳定的变数。最初，在半岛统一上，北南双方存在严重分歧。北方主张联邦制，坚持“一揽子协议，同时实现”；南方则提出邦联制，要求“逐项协议，立即实施，分阶段实现统一”。同时，双方军事对峙严重。由于战争以来所形成的政治对立，双方军事对峙态势仍没有根本改变。[④]因为，南北双方都在边境部署了大量兵力，加之美国在韩国驻军，并部署了大量高技术武器，半岛局势一直处于紧张状态。虽然一

---

① ［美］哈里·杜鲁门著，李石译：《杜鲁门回忆录》（第二卷），生活读书新知三联书店，1974年9月版，第402页。

② 中华人民共和国外交部、中共中央文献研究室：《毛泽东外交文选》，中央文献出版社、世界知识出版社，1994年12月版，第139页。

③ 美国操纵联合国通过了多项决议，拼凑16国部队组成了“联合国军”，投入到朝鲜战场，军事干涉朝鲜问题。“联合国军”一词第一次出现在联合国的历史上就是在朝鲜战争中。朝鲜战争从1950年6月25日开始，至1953年7月27日结束，历时3年零1个月又两天。

④ 宋德星：《冷战后东北亚安全形势变化》，载《现代国际关系》，1998年第9期，第37页。

段时间里，在金大中的“阳光政策”影响下，半岛局势出现了暂短缓和，但随着“朝鲜核问题”的出现，特别是朝鲜两次进行核试验并事实拥核后，双方对峙加重，朝鲜更是以韩国李明博政府继续执行对朝敌视政策，宣布将对韩国进入“全面对抗”状态，并宣称将采取强有力的“军事报复措施”，且这些军事报复措施包括不受限制、毫不留情的打击力量，以及“用世界任何尖端手段都无法估量的果断行动”①。半岛的安全局势降至朝鲜战争结束后的最低点。战争阴影重又笼罩在朝鲜半岛上空。因此，不建立朝鲜半岛安全机制，半岛紧张局势就无法得到根本缓解。

此外，如前所述，进入21世纪后美国发动的伊拉克战争致使中东局势不断恶化、动荡不安，地区乃至整个穆斯林世界反美情绪不断高涨，恐怖主义更是猖獗肆虐。尽管美英联军以闪电战攻打并占领伊拉克，再次向世界炫耀了它无与伦比的军事实力，但这种单边黩武的霸权行径也加重了中东穆斯林世界对美国的不信任和戒备心理。特别是，美国攻打伊拉克使中东的恐怖主义更加猖獗，这无疑是给中东地区制造噩梦。这准确地验证了阿拉伯联盟主席的预言：伊拉克战争将开启中东地狱之门。

二、武装冲突与局部战争导致大国之间的战略博弈

在国际体系范围内，但凡爆发武装冲突或局部战争，几乎都有大国背景。有的是大国直接参与，有的则是其代理人之间的冲突。因而这些武装冲突与局部战争自然导致大国之间的战略博弈。

以历次中东战争为例，这里历来是大国博弈的战场。特别是美苏

① 张滨阳、高浩荣：“朝鲜外交‘新春攻势’瞄准奥巴马”，新华网，http：//news. xinhuanet. com/world/2009－01/22/content _ 10702334. htm。

（俄）处于自身利益的考虑，各有自己的战略选项。其中，美国一直站在以色列一边，视以色列的胜利为自己的胜利。第三次中东战争中，美国的这种姿态尤甚。政治方面，美国持默许并支持以色列的态度；军事方面，改变以往的做法，无论在战前还是在战争中都给予以色列强大的支持；经济方面，美国政府不仅通过银行向以色列提供大量贷款，还向以色列提供了大量的食品物资，甚至通过资助以色列在非洲的经济项目向以色列提供经济上的补贴。[①] 而出于地缘政治的考虑，作为超级大国的苏联则针锋相对地向阿拉伯国家提供了支持。特别是勃列日涅夫上台以后，苏联致力于加强同阿拉伯国家的关系，其势力在

---

① 6月4日，以色列内阁召开战前会议，以驻美大使亚伯拉罕·哈曼在会上汇报称美国将在战争中坚决支持以色列。其次，六·五战争结束后，在第22届联大开会期间，美国代表抛出了一个以美国总统约翰逊的“五点政策”为基础的“八点计划”，这份提案只笼统提到了“需要在中东实现公正和持久和平，包括以色列从占领的领土上撤走武装部队，……彼此承认和尊重这个地区各个国家的主权、领土完整、政治独立、拥有稳定和得到承认的疆界和免于受到武力威胁或使用武力的威信的权利”，以及“保证通过这个地区国际水道的航行自由”等，但根本没有提到以色列向阿拉伯国家归还第三次战争中占领的西奈半岛、约旦河西岸地区和戈兰高地。这实际上是默认以色列对这些地区的占领，无视广大阿拉伯国家的利益。同时，美国代表还指责阿拉伯国家封锁蒂朗海峡的侵略行为导致了战争的爆发，美国认为对于这场战争的性质应该定为冲突，而不是以色列的侵略战争。军售方面，美国以往为了避免自己成为中东地区最大的武器供应商，一直拒绝给以色列提供武器，而是鼓励以色列向欧洲购买武器。然而在第三次中东战争期间，美国无论在战前还是在战争中都给予以色列强大的支持。在战争爆发前，美国就向以提供了400辆新式坦克和250架新式飞机，并从美国空军部队中抽调1000名志愿人员充实以色列空军。六·五战争中，美国第六舰队出动舰载飞机执行保护以色列领空、掩护以军地面作战的任务。在情报方面，美国派出“自由”号电子侦察船在埃及附近海面游弋，干扰埃军雷达网，截取埃军情报。美国U—2侦察机也频频出动，为以色列提供阿拉伯国家军事情报。美国政府还通过银行向以色列提供2000万美元的贷款，又向以色列提供了2650万美元的食品。参见张熠：《从第三次中东战争看美国中东政策的调整》，载《阿拉伯世界研究》，2004年第5期。

中东得到了很大的扩张。[①] 苏联向阿拉伯国家提供大量的军事援助，也提供经济援助，埃及、叙利亚和伊拉克等国是其重点经营的对象。[②] 在经营这些国家时，苏联不仅注意经济或军援手段，也更加注意运用意识形态手段"收买人心"，以至于这些国家在与苏联改善关系的同时，国内逐渐出现了反美情绪。其中，埃及总统纳赛尔就最终成为阿拉伯世界强烈的反美反西方代表人物。纳赛尔认为，埃及要确保在阿拉伯国家的领导地位，需要排除外部势力特别是西方势力在该地区的影响。

可见，美苏对中东地区的重视，导致两国均深深介入到地区事务之中，而当武装冲突爆发后，也就自然成为战场上晃动的影子。明里是以色列与阿拉伯国家的冲突，暗里则是美苏之间的战略博弈。

此外，在美国发动的科索沃战争特别是阿富汗战争问题上，有人认为这与美国并没有什么直接的利益关系，似乎美国是在为维护"人权"和"反恐"而战。但是，如果看看美国铲除米洛舍维奇领导的"前共产党国家政权"，将其"纳入欧洲主流社会"之后的欧洲的政治地图，就会真正了解这场战争的意义——美国搬掉了北约东扩的最大的一块绊脚石，将俄罗斯赶出了巴尔干。而这块连接欧亚大陆、接壤东西文明的特殊地带，一直是各大文明的必争之地，完全被一个强势

---

① 刘竟、张士智、朱莉著：《苏联中东关系史》，中国社会科学出版社，1987年3月版，第200页。

② 赫鲁晓夫时代，苏联加强了向这三个国家积极提供经援和军援的规模，以与艾森豪威尔主义相抗衡。1960—1965年，莫斯科估计向开罗提供了10亿美元的援助，其中大部分是为了建设埃及的灌溉、发电、重工业和运输等基础设施。同时，苏联还加紧了对叙利亚的渗透，以便从中东防线的中路打开一道缺口。1966年，叙利亚发生政变，新政府采取更加亲苏的政策，当年就与苏联签署了经济、技术合作协定，还签订了一笔价值2.3亿美元的军事协定。约翰逊政府时期，苏联在伊拉克同样占据了主动地位。1959年3月24日，伊拉克宣布退出巴格达条约组织，巴格达条约组织的瓦解为苏联进入中东"柔软的腹部"打开了方便之门。1961年，苏联向伊拉克提供1650万美元的贷款，并派遣军事人员帮助训练伊拉克军队。参见崔晓乐：《美苏在中东的争夺与第三次中东战争（1961—1969）》，载《西伯利亚研究》，2009年第2期。

集团所控制还是几个世纪以来的第一次。

美国发动阿富汗战争的战略意图则更加明显。除了作为对“9·11”事件的直接报复，以此重拳打击国际恐怖主义，更是为了插足“世界岛”，在亚洲的腹地建立稳固的战略据点，在中国和俄罗斯之间钉入楔子，加强对世界控制的战略动作。事实证明，美国通过阿富汗战争，不仅在中亚生了根，还对该地区国家的诸多方面产生了重大影响。甚至有战略研究机构担心：“在中亚，美军进驻乌、吉、塔各国和阿富汗将使中亚各国在政治上‘西靠’，可能导致上海合作组织凝聚力下降。”①

可以清楚地看出，冷战后美国直接发起的几场局部战争已经导致地缘战略态势发生了深刻的变化，与大国和大国集团的关系也发生了一些新的变化，在与大国的战略博弈中，新型的安全合作关系正在形成，但相互防范的心理并未因有限的合作而解除。

三、武装冲突与局部战争对集体安全体制挑战巨大

第二次世界大战结束后联合国的成立，标志着全球性集体安全机制的形成。集体安全机制是大国合作协调一致的结果，国际体系内的主要大国将发挥关键性的主导作用。从另一个角度讲，这一制度在实现大国意志的同时也使其行为受到一定制约。而在无政府状态下的国际社会里，以国家利益为最高准则的行为体为实现自身利益往往冲破这种约束。

应该说，联合国是在美国付出巨大努力下建立起来的，因此，长期以来联合国也成为其谋取国家利益的一种渠道，并逐渐形成了“能

① 中国现代国际关系研究所：《国际战略与安全形势评估（2001/2002）》，时事出版社，2002年3月版，第75页。

用则用，不能用则弃之”的传统，甚至经常给联合国的运行制造麻烦，严重影响了联合国的威望。

冷战期间，美国不仅操纵联合国发动了朝鲜战争，还不顾联合国大会和国际法院的一再反对，军事封锁尼加拉瓜①，军事入侵格林纳达②，武装占领巴拿马城③，给联合国的威信造成了极大的损害。同时，这期间的另一个重要问题就是由于东西方两大阵营的激烈对抗所导致的“集体安全”机制的脆弱性频频显现。其中最为明显的就是由于激烈的意识形态冲突，美苏两大集团在一些重大问题上经常使用否决权④，导致联合国集体安全机制难以得到运行。其中，在和平解决争端与国内冲突问题上，1946～1989 年共计使用了 174 次否决权。⑤ 而美国则利用一切机会谋取自身利益。其中朝鲜战争就是美国利用苏联的“偶然缺席”下，决定发动的。因此，“不管是整个安理会还是其军

---

① 1983 年，安理会通过决议，申明尼加拉瓜的主权独立国家的权利，但美国违反国际法，对尼加拉瓜的港口布设水雷，封锁港口，造成严重后果。1986 年国际法院和联合国大会都通过决议，要求美国完全停止对尼的军事行动，但美国拒不执行。

② 1983 年 10 月，美国借口保护侨民，对格林纳达发动武装侵略，安理会多数成员国谴责这一行动，美国进行了否决，后联合国大会通过决议对此进行了谴责。

③ 1989 年 12 月，美国又以保卫美国军民安全，恢复巴拿马民主制度为由，出兵两万多人，占领了巴拿马城，将其总统列诺加押到美国进行审讯，安理会会议多数成员国多次进行谴责，被美国否决，联合国大会也两次通过决议，要求美国军队撤出巴拿马，并尊重巴的主权。

④ 从否决权的实践来看，否决权基本应用在如下四个领域：和平解决争端和国内冲突、裁军、会员国的加入以及推荐秘书长人选等。其中，和平与安全领域的否决权票数（即前二者）占总数的 60.9%，在这 187 张否决票中，苏联（俄罗斯）占 36.4%，美国占 35.3%，中国占 1.7%，英国占 17.1%，法国占 9.5%。参见门洪华著：《和平的维度：联合国集体安全机制研究》，上海人民出版社，2002 年 9 月版，第 225 页。

⑤ 门洪华著：《和平的维度：联合国集体安全机制研究》，上海人民出版社，2002 年 9 月版，第 226 页。

事参谋团都没有在战争中起到重要的作用。大家有目共睹的就是，这次行动本质上就是美国打着联合国决议的旗号进行的一场战役，在许多方面来看这与第一次海湾战争（1991 年）是一样的，有所不同的就是后面发生的这场战争中，那个愤怒并且阻碍美国行动的苏联不复存在了。”因此，“朝鲜战争中就产生了许多宪章行为和非宪章行为的混合体”①。即便是国际政治界一般都将朝鲜战争视为联合国的集体安全行动，“但更确切地说，这是美国领导的反对北朝鲜的行动”②，根本不能算是联合国的集体安全行动，更确切地说，朝鲜战争是联合国集体安全机制遭到破坏的产物，是联合国“和平行动”的一个最大教训。

冷战后，苏联势力的衰落和一度亲西方政策，使得美国更加随心所欲地操纵联合国。例如，联合国大会曾经多次通过决议，要求美国解除对古巴长达几十年的经济封锁，但美国置之不理。而在海湾战争中，美国对发动侵略战争的伊拉克进行军事打击，是经安理会授权进行的，不仅显示其具有一定的合法性，也反映出“联合国集体安全机制的规范、法条和组织仍然对强国和侵略国有相当的约束力”③。但是，这种“既没有‘蓝盔部队’，也没有联合国的旗帜”④、既不向联合国报告也将秘书长排除在外、更将联合国军事参谋团束之高阁的军事行动，

---

① ［美］保罗·肯尼迪著，卿劼译，《联合国过去与未来》，海南出版社，2008 年 2 月版，第 50 页。

② Arnold Wolfers, “Collective Security and the War in Korea”, in Arnold Wolfers (ed.), *Discord and Collaboration*, Baltimore: Johns Hopkins University Press, 1962, p. 176.

③ 郭厚凡著：《国际建制与国际组织》，时英出版社，1996 年版，第 65 页。转引自门洪华著：《和平的维度：联合国集体安全机制研究》，上海人民出版社，2002 年 9 月版，第 279 页。

④ 联合国前秘书长德奎利亚尔语。转引自李铁城：《从海湾战争看联合国的集体安全机制》，载袁士槟、钱文荣主编：《联合国机制与改革》，北京语言学院出版社，1995 年版，第 123 页。

完全不符合《联合国宪章》的相关规定[①]，因此，实质上仍然是对联合国集体安全机制的一种挑战。更有甚者，在“单边主义”和“先发制人”战略的鼓噪下，2003 年 3 月 20 日，美英在没有安理会授权的情况下，不顾法俄中德和安理会其他非常任理事国以及世界上许多国家的强烈反对，一意孤行发动了伊拉克战争，联合国集体安全机制遭受到前所未有的巨大挑战。

因此，从某种意义上说，美国正在成为联合国集体安全机制最大和最危险的威胁，美国是联合国宪章的最大破坏者。作为世界上惟一的超级大国，没有任何国家能像美国那样，给联合国造成如此大的伤害。联合国的生存危机某种程度上也是美国绕开联合国引起的，联合国今后能发挥多大作用在某种程度上也取决于美国会如何对待联合国：是完全抛开联合国，还是回到联合国的框架中来。[②] 而联合国的集体安全机制也面临着同样的命运。

第四节 地缘环境

“地缘政治作为一种现实存在自古有之，而且贯穿于人类社会发展

① 按照《联合国宪章》的规定，军事参谋团应在安理会权力之下“对于受该会所支配之任何军队，负战略上之指挥责任”。海湾战争期间，美苏都有意发挥军事参谋团的作用。自 1990 年 8 月底到 10 月底，军事参谋团就此进行了非正式磋商。但是，在 1991 年 1 月 17 日至 2 月 28 日的海湾战争期间，多国部队根本不向安理会报告任何情况，安理会也只能进行非正式磋商，军事参谋团因此不可能直接介入海湾战争的军事行动，更不可能对以美国为首的多国部队进行指导。参见门洪华著：《和平的维度：联合国集体安全机制研究》，上海人民出版社，2002 年 9 月版，第 281 页。

② 叶自成：《联合国改革与中国和平发展的国际政治环境》，载《国际观察》，2005 年第 1 期。

始终”[①]。这种以地理因素作为政治、经济和军事问题考察的视角，已经成为当今国际政治和军事研究的一个重要研究方法。美国地缘政治学家科林·克雷提出，地缘政治学“并不单纯是有助于展示政策结构的许多不同的思想组合之一种，而是一个比喻或总设想。它在不预告断定政策选择的情况下，为根据领土关系组织起来的安全共同体指出其安全目标中的长期性因素和趋势”[②]。

地缘政治理论之所以能够成为人们考察世界的视角或方法，是因为地缘环境对国际政治和军事具有重要的影响作用，具有明显的地理属性。同时，“它是人类政治与地理环境结合和相互作用的产物，位置、空间、资源等各种现实的和物质的地理因素直接地、直观地影响和作用于人类政治的各个环节，使地缘政治被打上深深的地理烙印”[③]。

从国际军事安全的视角出发，地缘环境不仅影响着世界重要行为体的生存方式，也导致了其地缘战略的产生。拿破仑甚至说“了解一个国家的地理就懂得了这个国家的外交政策”[④]。从学术角度看，无论是马汉的“海权论”、麦金德的“陆权论”、杜黑的“空权论”、斯皮克曼的“边缘地带论”、沃勒斯坦的“中心—边缘论”，还是布热津斯基《大棋局》中折射出的地缘战略思想，都反映出地缘环境或地理因素对国家安全战略的影响。

从本质上说，地理环境本身并不会自动地决定或改变地缘政治，作为被动因素，它通过对人类政治行为的反作用影响地缘政治。有学

① 陆俊元著：《地缘政治的本质与规律》，时事出版社，2005年12月版，第34页。

② ［美］詹姆斯·多尔蒂、小罗伯特·普法尔茨格拉夫著，阎学通、陈寒溪等译：《争论中的国际关系理论》（第五版），世界知识出版社，2003年1月。

③ 陆俊元著：《地缘政治的本质与规律》，时事出版社，2005年12月版，第74页。

④ 转引自［美］兹比格纽·布热津斯基著，中国国际问题研究所译：《大棋局——美国的首要地位及其地缘战略》，新华出版社，1998年2月版，第49页。

者在分析其作用模式时认为：（1）限制政治的形式与进程。斯普劳特夫妇、帕克、叶自成等学者认同行为体在自然条件方面的特征与差异严重影响到它们的价值取向，并限制了它们在国际政治中行为模式的选择。（2）使国际政治具体化，地缘政治成为“看得见”的政治。地缘政治因“地”而生，它的竞争对象是一些实实在在的地理要素，表现为“看得见”的物质形态，如领土地缘政治、石油地缘政治、水资源地缘政治、海洋地缘政治等。（3）使国际政治空间化，地缘政治成为“找得着”的政治。地缘政治有别于其他形态的政治，总是伴随着具有位置、方向、区域等维度特征并可以度量的空间性质，如“破碎地带”、“铁幕”、“岛屿锁链”等地缘政治术语中蕴涵着特定而明确的地理空间含义。尽管地理环境属于被动因素，但并不表明人类可以无视地理环境。事实上，地理环境是人类政治的平台和框架，是国际政治事务的载体和孵化器。国际政治行为在特定的地理环境中进行，任何政治活动都受到环境条件的限制。地理环境对人类政治的作用是永恒的，其影响程度视生产力发展水平和人类群体掌握技术的程度而定。在特定的历史阶段，人类掌握技术的能力总是有限的，这限制了人类自由超越自然条件制约的能力，地理环境恒久地发挥对人类政治的限制作用。①

从地缘环境对国际军事安全产生的影响看，主要表现为以下几个方面：

一、力量中心的交汇地带是国际军事安全的“危险区”

世界各力量中心构成国际军事安全的总体格局。各力量中心在博

① 陆俊元：《地缘政治规律再探》，载《现代国际关系》，2006 年第 7 期，第 55—56 页。

弈中，最重要的一项任务就是加强对世界的重点地区进行争夺，因为它关系到力量中心的全球或地区利益。这就导致力量中心会在一些具有重要地缘政治意义的地区相遇、碰撞，使这一地区成为国际军事安全的危险区域。这一点从以下几个重要国家和地区的地缘因素即可看到。

伊朗从地缘政治上看，处于欧、亚、非洲的交通要冲，冷战时期处于东西方政治集团的接合部，如今是各种政治利益的交汇点，“属于重要的政治地缘支轴国家”，具有重要的政治价值和经济价值，在任何寻求国际地缘政治利益的国家中均有重要战略价值。从军事上看，伊朗山高水险，利于用兵。在冷兵器时代，伊朗高原虎踞龙盘，居高临下，易守难攻，在麦金德的理论中属于“天然堡垒”和“天然要塞”，极具扩张和攻击性。在现代战争条件下，尽管时空概念发生了巨大变化，但地理因素依然发挥着至关重要的作用。伊朗扼守着世界重要的战略水道——霍尔木兹海峡。霍尔木兹海峡是全球16条重要战略水道之一，是任何欲建立海上霸权国家必然需要控制的关节点。它是世界第一大“油气库”——波斯湾的咽喉，而伊朗正掌控着这个油气库的钥匙，扼守着这个咽喉要道。[①] 因此，伊朗自古就是兵家必争、列强角逐之地。公元前4世纪、公元7世纪和13世纪，亚历山大帝国（希腊人）、阿拉伯帝国（阿拉伯人）和蒙古帝国（蒙古人）曾分别以此作为向外部扩张、争霸世界的据点。19世纪的伊朗是大英帝国和沙皇俄国为争夺霸权优势而进行外交战的舞台，而且在过去几十年间，在这同一舞台上新旧主角交替登场，美国取代了英国，苏联取代了沙皇俄国。如今，围绕着伊朗“核问题”的新一轮地缘政治大戏正在中东（海湾）地区上演。[②] 美国通过先后发动的海湾战争、阿富汗战争和伊拉克战争

① 刘强著：《伊朗国际战略地位论——一种全球多视角的解析》，世界知识出版社，2007年2月版，第115—116页。

② 同上书，第13页。

已经形成对伊朗的战略包围，因核问题引发新的军事冲突的危险依然存在。而以色列与伊朗之间的深刻矛盾和各自的强势态度使得这一地区危机四伏。

印度洋之所以从16世纪起就成为争夺海权的战场，是因为“印度帝国处于地球上第三个最重要部分的战略中心。……但是，没有比在它对远近邻邦的命运所起的政治影响上，以及它们的盛衰系于印度这轴心的程度上更看得出它的中心支配地位了”[①]。如今印度成为大国争相拉拢的对象，成为大国利益的交汇处，同样成为国际军事安全的危险地区。

巴尔干半岛地区各个时期以来处于各主要战略力量的交汇处。历史上，奥斯曼帝国、奥地利与沙皇俄国的势力彼此在这里交汇，又因为它们各自在欧洲体系中与其他大国的相互联系，使得该地区成为诸多大国直接或间接参与竞争的地带。大国之间进行的地缘争夺使得该地区成为了名副其实的“巴尔干火药桶”，武装冲突和局部战争频发，甚至成为一次大战的源头。

朝鲜半岛历史上的大多数时期都在中国主导的东亚朝贡体系中，随着近代日本的崛起和中国的相对衰落，地缘环境发生了巨大变化。半岛地区逐步成为大国进行地缘争夺的竞技场。先是成为中日甲午战争的争夺对象，后又与中国东北一起成为日俄战争中竞争的猎物。

冷战中，美苏势力范围交汇的地带也无处不是国际军事安全问题的热点所在。在欧洲，北约与华约的军事力量长期对峙于中欧地区，德国被一分为二并且曾爆发了两次威胁严重的柏林危机；在亚太，东西方阵营交汇的朝鲜和印度支那则爆发了局部战争；在中东，美苏势力

---

① 英国外交事务次官和印度总督、保守党领袖之一的寇松（George Nathaniel Curzon 1859—1925）语。转引自姜兆鸿、杨平学：《印度军事战略研究》，军事科学出版社，1993年版，第104页。

的争夺通过阿拉伯国家与以色列的激烈对抗表现出来，先后爆发了五次中东战争以及频发的武装冲突。这些地区特定的地缘环境使得存在于它们之中的宗教、民族、领土，以及意识形态等各方面的矛盾都被放大了，大国势力的影响使它们上升到激烈、不可调和的程度。

二、地缘环境的时空差异影响着国际军事安全的内容

地缘环境中，时空也是其基本要素，而其差异性，不仅决定着地缘位置的重要性，也影响着力量中心对其价值判断，进而影响战略选择和举措。

有学者指出，从时间尺度看，不同时代地缘政治的主题是变化的，反映了不同生产力条件下生产方式的变化。自然经济时代，其经济形态主要是以土地和劳动力为资源的农业经济为特征，争夺土地成为当时地缘政治的主题。在此背景下，封建帝国开疆拓土，攻城掠地；草原游牧部落与定居的农耕部落长期征战。工业经济时代，矿物燃料成为大规模机器生产的动力，占有和获取矿产资源和其他形式的自然资源成为地缘政治的重要内容。信息革命引出了以信息和智力为资源的新经济，全球化、信息化使世界地缘政治进入一个全新的时代，表现出新的地缘政治形态。可见，在不同生产力条件下，国家利益的构成不同，地缘政治的具体对象与内容也随之变化。从空间尺度看，不同地理环境中，地缘政治的内容是不一致的。莱茵河流域的欧洲国家为共同治理莱茵河环境问题而商讨；印度和巴基斯坦两国为克什米尔地区的领土归属而处于战争边缘；斯里兰卡政府军与其北部的“猛虎”组织为统独而战；尼罗河上下游国家正在为水资源分配而斗争。当发达国家提出如何通过限制传统工业以保护环境时，许多发展中国家还不得不以牺牲资源和环境为条件保

障最低的生存需求。地理环境特征在空间分布上的不平衡规律，造成了不同地区和国家之间地缘政治利益的不一致，从而决定地缘政治内容的空间差异。[①] 这种“不平衡”和“不一致”进而还可导致地缘政治的复杂多变，导致地缘价值变迁。同时，地缘环境的差异所造成的新内容，无疑将改变原有的国际军事安全态势结构，形成新的力量对抗形态并出现新的国际军事安全内容。

三、地缘环境的变化影响国际军事安全形势

地缘环境是由地缘区域政治力量特别是力量中心的活动形成的，它们的变化将对国际军事安全形势产生影响。马克思主义认为世界是运动的。因此，作为地缘政治的行为体也处于不断的运动变化之中，这就使得地缘环境一直处于变化之中，这种环境的变化依据行为体活动的频度和烈度来决定。一般而言，地缘环境变化得越剧烈，对国际军事安全形势的影响也就越大，反之亦然。

因此，从某种程度上说，地缘政治区域是不稳定的。政治力量的运动可以使一个原有的地缘政治区消失，也可能造成新的地缘政治区。如曾经显赫一时、雄跨欧亚大陆版图大部的苏东地缘政治板块在20世纪末迅速分崩离析，同时，中亚脱颖为新的独立的地缘政治区域。[②] 美国势力进入中东和中亚、北约东扩的不断进行，都导致地缘区域内的国际军事安全形势发生了巨大变化。事实上，地缘政治的运动甚至可以导致地缘战略格局的改变。例如，“美苏两极世界格局的瓦解从根本上动摇了美欧之间在冷战中形成的联盟关系基础，同时为亚洲地缘政治

---

① 陆俊元：《地缘政治规律再探》，载《现代国际关系》，2006年第7期，第58页。

② 同上。

力量的重组和各种重要力量之间多边关系的形成与发展创造了条件。新型地缘政治形势将对世界多极化趋势和新格局的形成产生重大而深远的影响”①。

四、距离因素对国际军事安全产生了显著的地缘政治效应

在地缘政治力量结构中，行为体是相互作用的。每个行为体既是发力方，又是受力方。其中，距离显著地影响行为体之间的相互作用。地理和权力之间的关系（地缘政治）体现为：一个国家有能力在任何时候运用权力去影响或控制它视为具有重要战略意义的领土。② 在哈维看来，在一个各向同性的地理空间平面上，任何一个力量源都处在该地理场中的一个特定位置上，其影响无论有益或有害，都会随着离开源的距离而发生规律性变化，向周围地域传播。③ 由此推断，一方面，一国的实力对外扩散时，离本土距离越远，其力量就越弱；另一方面，传送力量的费用将随距离增加而增长。距离产生的费用可以把有效的能量储备消耗殆尽，离开核心到达一定距离后，用来施展的力量额度将趋于零。如果两个机遇出现在离核心的不同距离上，将力量投向近距离目标比投向远距离目标要更便宜。④

① 沈强：《从欧亚地缘政治形势看演进中的世界新格局》，载《和平与发展》，2005 年第 1 期，第 27 页。

② ［美］詹姆斯·多尔蒂、小罗伯特·普法尔茨格拉夫著，阎学通、陈寒溪等译：《争论中的国际关系理论》（第五版），世界知识出版社，2003 年 1 月版，第 167 页。

③ 左大康主编：《现代地理学辞典》，商务印书馆，1990 年版，第 33—34 页。

④ 陆俊元：《地缘政治规律再探》，载《现代国际关系》，2006 年第 7 期，第 59 页。

力量随距离增加而衰落的原理，无论对发力方还是受力方，都具有丰富的含义。从发力方来看，为了将自身力量有效地投向目的地，就不得不克服距离磨损的阻力，加大包括物质力量和精神力量的投入。在物质方面，力量使用方必须加强交通运输力量和通讯能力，以抵消距离造成的力量损失。而且，距离还增加了对时间的额外需求。从精神方面来看，距离严重影响个人和群体的精神意志。劳伦兹认为：由于力量随距离延长而削弱，远离本土的争夺者将因此而在精神上失去勇气。[①] 因此，力量、时间和精神的损耗将大大抬高发力方的成本，使决策者陷入困境。如在 1962 年的古巴导弹危机中，苏联被迫从古巴撤走导弹，未敢在远离苏联却紧靠美国本土的区域同美国作战。从受力方来看，距离带来一定的保护作用。距离的损耗作用可能将某一方的势力或威胁隔离在外，或使之在到达边界时已大大减弱，为受力方提供安全屏障，即距离产生了安全。如奥沙利文所言：从军事角度来讲，距离仍然是最好的防御。[②] 在不均衡的地缘政治力量结构中，与强权接近往往意味着面临威胁增强，距离关系转化为安全关系。为抵御较近的外部势力，常常需利用较远的力量制约邻近的威胁，即所谓“地理上的距离可以产生政治上的吸引力”[③]。从这种意义上看，当年中苏关系紧张，中国面对苏联这个超级大国，感受到明显的战略压力和威胁。而中美两国冲破意识形态的桎梏建立外交关系，均有利用对方牵制苏联、取得某种均势的意图，而其中就有这种地缘政治理论因素。

① ［英］P. 奥沙利文著，李亦鸣译：《地理政治论——国际间的竞争与合作》，国际文化出版社，1991 年版，第 13 页。

② 同上书，第 11 页。

③ ［美］布热津斯基著，刘晓明等译：《竞赛方案——进行美苏竞争的地缘战略纲领》，中国对外翻译出版公司，1988 年版，第 22 页。

尽管技术进步使人类超越距离障碍的能力大大加强，距离的地缘政治作用正在减弱，但克服距离磨损作用不仅仅是技术问题，还涉及由成本带来的超强物质力量要求、应对突发事件所需的时效要求，以及由此产生的心理层面的各种效应等纵深领域，在根本上反映为对一国综合实力和能力的要求。而且，由于各国技术水平的不平衡，大多数国家在远距离使用军事力量时仍面临距离障碍。也就是说，在当今现实世界中，多数国家仍不具备可以忽略距离的作用而自由行动的能力。即使对于少数掌握现代交通、通讯技术能力的国家，如何面对克服距离所需的高成本、高投入和高风险而进行军事行动，仍是严峻的问题。

第五节　安全威胁

应该说，安全威胁是否存在是对国际军事安全最直接的影响因素，而相互交织的安全威胁决定了国际军事安全的复杂性和多样性。总体而言，安全威胁对国际军事安全的影响大致有以下两种情况：

一、共同安全威胁促使国际间的军事合作或同盟

当国家间面临着共同的外部安全威胁，而且威胁十分明确时，它们往往会根据各自具体情况和所处的国际态势，选择进行彼此间的军事合作或者同盟来共同应对安全威胁。当共同的威胁减弱了，或者不存在了，将对合作或同盟是一个极大的挑战。这一点，已经被无数的历史事实证明。

早在原始社会时期就因维护自身安全、防范威胁而出现了部落联

盟。这种部落联合组织，通常由若干近亲或近邻部落组成，以形成出战和自卫等军事行动的集体力量。例如，古希腊荷马时代就形成了部落联合（联盟），并设有一整套管理机构，其中包括议事会、人民大会和军事首长。古罗马王政时代也有部落联盟组织。印第安人中易洛魁人有五个部落联盟。联盟不仅通过加强部落间军事合作成为抵御入侵、维护安全的手段，更“加强了各部落间经济和文化的联系，并为国家和部族或民族的形成准备了条件”①。

第二次世界大战中，轴心国的侵略扩张给各国的生存与发展造成严重安全威胁。面对共同的安全威胁，世界反法西斯各国联合起来组成军事同盟共同对抗轴心国的进攻。尽管组成同盟的国家之间彼此有着诸多矛盾，如苏俄与美英等资本主义列强之间的意识形态矛盾、美英等列强与殖民地和半殖民地国家之间的矛盾等等，但这些矛盾都让位给了共同的威胁。而战争结束后，随着德意日轴心国被打败，这一同盟面临的共同威胁不存在了，则同盟也随之削弱并瓦解。取而代之的是东西方两大阵营——北大西洋公约组织与华沙条约组织的严重对峙和风起云涌的殖民地半殖民地民族解放运动。在此期间，各类军事同盟不断出现，共同利益者的军事合作不断加强，构成冷战的基本面貌，国际军事安全形势处于一种冷和平的状态。

冷战后，非传统安全威胁凸显，尤其是国际恐怖主义严重威胁着世界各国的安全与稳定。面对共同的威胁，世界各国在反恐领域开展和加强了彼此间的合作，当然也包括军事合作。“9·11”事件后，美国在阿富汗进行的反恐战争得到了中亚地区各国的广泛合作，包括中俄两国也予以了积极的配合。中亚各国要么允许美国使用自己境内的军事基地，要么提供空中走廊，这里成为美国阿富汗战争的

① 辞海编辑委员会编：《辞海》（历史分册·世界史、考古学），上海辞书出版社，1982年10月第2版，第2页。

后勤基地。[①] 2002年4月，美国国防部长拉姆斯菲尔德访问哈萨克斯坦，哈政府宣布将在意外或发生事故的情况下向美国领导的国际反恐联盟提供分别位于南哈萨克斯坦州府奇姆肯特、江布尔州卢戈沃伊和阿拉木图的3个机场。7月，美哈签署备忘录，规定美军战机在出现技术故障、油料不足等特殊情况时，可以在哈机场降落，并接受技术服务、维修和保养等。

---

① 为打击阿富汗境内的“基地”组织和塔利班，美国与乌兹别克斯坦、吉尔吉斯斯坦、塔吉克斯坦三国达成了使用苏联在这三国境内军事基地和军事设施的协议。曾经因国内人权问题屡受美国指责的乌兹别克斯坦首先成为美国中亚地区反恐的重要合作伙伴。在美国尚未获得乌兹别克斯坦军事基地使用权之前的2001年9月22日，美军就经乌政府同意已将200余名空降兵运抵乌境内。在美国发动阿富汗战争的前两天，即2001年10月5日，美国国防部长拉姆斯菲尔德访问塔什干，乌兹别克斯坦总统卡里莫夫同意向美军开放领空和提供军用机场。此后经过磋商，乌兹别克斯坦决定向美军提供距离塔什干分别为430公里、460公里和400公里的汉纳巴德、卡凯德和卡甘3个空军基地。10月7日，美军首批士兵抵达靠近乌阿边境的汗纳巴德机场。美国在该机场部署了1500多名军人和30架战机，并建立特种部队指挥中心。12月，在美国国务卿鲍威尔对乌兹别克斯坦进行访问期间，乌方正式同意开放南部通往阿富汗的铁尔梅兹大桥，用于向阿富汗运送国际人道主义救援物资。作为回报，美国则承诺要打击在阿富汗的“乌伊运”（乌兹别克斯坦伊斯兰运动）的庇护所和训练营，并给乌兹别克斯坦以安全保证。在俄罗斯的默许下，美国在中亚地区的其他国家也相继获得军事基地和空中走廊的使用权。2001年11月初拉姆斯菲尔德访问中亚期间，美国与塔吉克斯坦达成协议，美军使用塔境内的杜尚别苦盏机场、库利亚布机场和库尔干一丘机场。这些机场既可以作为美军轰炸塔利班的前线基地，也可以部署特种部队或作为特种部队的后勤补给基地，还可以用来作为向反塔利班联盟运送军用物资以及向阿富汗难民运送救援物资的中心。同时，吉尔吉斯斯坦议会也同意向美国及北约国家开放吉首都附近的马纳斯机场。2001年12月5日，美国与吉尔吉斯斯坦签署了《为美国空军及其盟国提供军事基地的协议》，吉允许美国使用马纳斯空军基地，为期一年。两国很快又签署新的协议，把基地租期延长了3年，而且租期可以每隔3年延长一次。参见郑羽主编：《中美俄在中亚：合作与竞争（1991～2007）》，社会科学文献出版社，2007年版，第360－361页；Vernon Loeb，“Footprints in Steppes of Central Asia：New Bases Indicate U. S. Presence Will Be Felt after Afghan War，” *The Washington Post*，February 9，2002。

更为值得注意的是，作为永久中立国，土库曼斯坦在阿富汗战争开始后虽未向美军提供军事基地的使用权，但土库曼斯坦支持美国的反恐战争，并为美军提供了通过领空的权力。而到了后期，首都阿什哈巴德机场则也成了美国军用飞机起降和加油的“基地”①。

此外，以“加强各成员国之间的相互信任与睦邻友好；鼓励各成员国在政治、经贸、科技、文化、教育、能源、交通、环保及其他领域的有效合作；共同致力于维护和保障地区的和平、安全与稳定；建立民主、公正、合理的国际政治经济新秩序”② 为宗旨，由哈萨克斯坦共和国、中华人民共和国、吉尔吉斯共和国、俄罗斯联邦、塔吉克斯坦共和国和乌兹别克斯坦共和国建立的“上海合作组织”，同样是在应对地区内共同安全威胁的背景下形成的。成员国在上海合作组织框架内进行军事合作，为维护该地区的安全与稳定发挥了有效的影响。

二、“零和性”和“关联性”将可能导致军事对抗

所谓“零和”（零和游戏）源自于博弈论，意指双方博弈，一方得益必然导致另一方吃亏，一方得益多少，另一方就吃亏多少，胜负双方的“得”与“失”相加，总数为零。在零和博弈（零和游戏）中，

① 据俄罗斯《独立报》2009年7月13日报道，美国副国务卿伯恩斯7月10日对土库曼斯坦进行了访问，并从土总统别尔德穆哈梅多夫处取得了允许美空军在阿什哈巴德机场起降和加油的承诺。伯恩斯表示，尽管俄罗斯已经允许美国经其领土向阿富汗运送武器，土库曼斯坦的地位仍十分重要。参见“华盛顿又拿下一城美军先遣小组进驻土库曼机场”，搜狐网，http：//news. sohu. com/20090717/n265290767. shtml。

② “上海合作组织成立宣言”（2001年6月15日），新华网，http：//news. xinhuanet. com/ziliao/2002－06/04/content_ 423358. htm。

双方没有合作机会。[①] 因此，“零和”具有强烈的对抗性，在安全领域具有不合调和性，最易导致严重的军事对抗从而影响国际军事安全。

冷战中的美苏两极均视对方为自己的最大安全威胁，双方的安全关系很大程度上表现出了“零和性”特征，即一方消除安全威胁的行为往往相同程度加重了另一方的安全威胁，这一点尤为表现在双方在战略武器竞争方面。互为安全威胁使得双方追求安全的举措导致了激烈的军备竞赛。

二战后初期，美国为应对安全威胁制定了“大规模报复”战略，意欲通过对苏的核威慑来保持自身免遭苏联的侵害。这是因为，当时苏联的核武器发展尚处于起步阶段，美国占有绝对的核优势，它可以对苏联进行核轰炸而不必担心遭到同样的报复。为此，1953 年，艾森豪威尔总统批准国家安全委员会（NSC）第 162/2 号文件时，威慑概念作为美国国家安全的“基本概念”被确定下来。NSC162/2 号文件奠定了“大规模报复”战略的基础。“大规模报复”战略主要依赖于核报复能力，信奉第一次核打击的作用。[②] 到肯尼迪政府时期，美国大力建造的陆基和海基导弹使得美国在战略核打击力量方面领先苏联 4 或 5 倍。总体来说，战后 20 余年，美国在战略核力量、运载能力和对苏联的灵活反应方面始终保持优势。因此，美国追求国家安全取得的收益几乎同苏联国家安全受到威胁程度一样大，“零和性”也就显现出来。

然而，面对来自美国的严峻安全威胁，苏联不断扩大和提高自己

① “零和游戏”在一般情况下，玩者中总有一个赢，一个输，如果获胜算为 1 分，而输为 −1 分，那么，这两人得分之和就是：1＋（−1）＝0。“零和游戏”原理认为，世界是一个封闭的系统，财富、资源、机遇都是有限的，个别人、个别地区和个别国家财富的增加必然意味着对其他人、其他地区和国家的掠夺。参见黄素素：“‘零和’的含义”，载《环球时报》，2005 年 8 月 31 日，第 9 版。

② John F. Dulles, “The Evolution for Foreign Policy”, *The Department of State Bulletin*, Vol. 30, No. 761, 25 January, 1954, pp. 107—110.

的战略核力量，并很快与美国势均力敌，甚至在某些方面有所超越。①苏联消除自身安全威胁的方法，无疑又迫使美国进一步加强战略力量，以获得对苏联的优势来确保国家安全。在这种理念和博弈的过程中，在整个冷战期间，双方从大力发展进攻性武器到研制弹道导弹防御系统，军备竞赛异常激烈，结果是一方获取绝对安全的企图和努力给另一方带来了不安全，迫使另一方通过竞赛改变失衡的状况。美苏在激烈的核军备竞赛中保持了确保相互摧毁能力和状态，形成了一定的战略平衡。但是，这种相互作用的直接后果是，国际社会处于核毁灭的恐怖氛围之中，并未形成真正意义上的“安全”。也正因为如此，人们才开始逐渐推崇“双赢”观念，以取代损人不利己的“零和”观念。即通过有效合作，互利、互惠来维护自身利益和国际安全。

“关联性”指非传统安全威胁与传统安全威胁之间的关联，虽然国家之间试图解决的安全威胁不同，但由于相互影响也会引起军事对抗。例如，2003 年伊拉克战争就是如此。至今也没有证据表明伊拉克萨达姆政权对美国或是其盟国的国家安全构成严重威胁，在伊拉克境内没有找到所谓的大规模杀伤性武器。长达 12 年的制裁封锁使得穷困潦倒的萨达姆政权不可能再给它的邻国造成巨大的安全威胁。但是，海湾地区是美国及其重要盟国的主要的石油来源地，随着世界对于能源需求的持续增加，为了获取稳定的石油供应（顺带推行美国式的民主和占据重要的地缘战略要地），布什政府还是决定更换伊拉克的政权以消除能源安全的威胁隐患，并完成对伊朗的战略包围。

---

① 1957 年 8 月版，苏联试射洲际导弹成功，从而与美国一样具有了研制并部署洲际弹道导弹的力量。1958 年，苏联又率先部署了世界上第一枚洲际弹道导弹（ICBM）SS—6，其射程达 8000 公里。该导弹从苏联发射可覆盖美国的东海岸。特别是古巴导弹危机后，苏联加速部署洲际弹道导弹，并开始了“北极星”潜艇的建造，与此同时，苏联还开始在 SS—9 洲际弹道导弹上试验多弹头。SS—9 的运载能力相当于美国“民兵”导弹的 10 倍。

美国这种试图消除能源方面安全威胁的行为对于伊拉克萨达姆政权来说意味着它将面临严重的国家传统安全威胁，萨达姆政权抵御这种威胁的办法除了求助于国际社会的反战力量以图制止美国的征伐，就只有通过军事准备来抗击美军的进攻以确保国家安全。可见，尽管双方的安全威胁不同，但威胁之间的关联性使它们走向了战争。阿富汗战争的诱因是恐怖主义，这是典型的非传统安全。但是，最终却导致了战争的爆发和塔利班政权的垮台。而从这两场战争以来的局势看，无疑给国际军事安全带来了巨大的破坏，具有鲜明的负面示范效应。

第六节　国际安全战略思维

有关国际安全战略思维问题，已在“绪论”的第二节有所涉及，由于其是影响国际军事安全的最基本因素，在此不得不再次加以更加深入的论述。事实上，安全思维应该说自有人类活动以来就已产生。而国际安全思维则是随着世界从城邦（诸侯）国家向封建帝国发展时期，再到向民族国家转变时期逐渐产生的。其后，各种安全思维在不同的时期不断出现。

从公元前的柏拉图“理想国的组织及其中的四德”思想和“统治者的共同生活”理念、亚里士多德“理想的城邦”和“稳定的政体与执政者素质”思维，到17世纪的“国际法之父”格老秀斯以自然法则的观点探讨战争与和平法的理论、18世纪德国哲学家康德的由自由主义国家联合起来建立“永久和平”的设想、19世纪英国哲学家威廉·葛德文有关战争的原因与目的的讨论，最后到20世纪以来的卡尔·多伊奇的“一体化理论”、汉斯·摩根索的“现实主义六原则”、肯尼斯·华尔兹的“关于战争三概念”、斯坦利·霍夫曼的“评均势”、亨利·基辛格的“世界新秩序”、罗伯特·基欧汉的“国际机制稳定论”等等，都是西方安全战略思维的代表。

随着冷战的结束，国际战略格局骤然发生变化，安全战略思维进入了一个更加活跃的时期，特别是西方的一些学者和前政府官员，纷纷著书立说，阐释自己的安全理念，这些都是安全战略思维的产物。其中具有代表性的主要有：塞缪尔·亨廷顿的《文明的冲突与世界秩序的重建》中有关“一个多极和多文化的世界”、“断层战争与秩序”和“文明间战争与秩序”的论述；约瑟夫·奈的《与谁争锋：美国力量的转变》和《美国霸权的困惑——美国为什么不能独断专行》中有关“软力量”作用的观点以及在《理解国际冲突：理论与历史》中有关“世界新秩序”的讨论；戴维·赫尔德等的《全球大变革：全球化时代的政治、经济和文化》中有关“全球化政治的出现”和“无组织的地缘政治——区域化和全球政治”问题的讨论；星野昭吉《变动中的世界政治——当代国际关系理论沉思录》中有关“世界体系中的全球冲突结构”的论述；米尔斯海默《大国政治的悲剧》中有关“无政府状态与权力竞争”和“大国战争的原因”问题的探讨等等。

不同的国际安全思维指引着主要行为体在无政府状态下发生不同的相互作用，由此对国际军事安全产生着不同的影响。在西方的国际安全战略思维中，现实主义和自由主义成为两个最有影响的流派。因为，从国家之上没有一个更高的政府这个意义上说，国际政治是无政府的。甚至在政治哲学上，人们对于自然状态的危害性也有两种不同的认识。霍布斯生活在17世纪饱经内战之苦的英国，他强调不安全、武力与生存，并且把自然状态归纳为战争状态。与霍布斯相隔大约半个世纪的约翰·洛克，生活在比较稳定的英国，他认为尽管无政府状态中缺少一个公认的主权者，但人民仍然可以发展相互间的关系和订立契约，从而减轻无政府状态的危害性。这两种有关无政府状态的观点，是当今国际政治的两个思想传统——现实主义和自由主义国际政治分析方法的哲学源头。[1] 而这两个思想传统基本上主导了人类历史上的国际安全思维。也就是说，在此之后，特别是西方的安全战略思维几乎都未跳出这个大圈圈。

中国是世界文明的发祥地之一，在悠久的历史发展过程中，大部分时间都面对着群雄割据、战争不断的局面，因此，古代先哲关于战争与和平的思考一直没有停止，并在历史进程中形成了丰富的治国安邦的安全战略思维。除了赫赫有名的《孙子兵法》将战与和的问题论述得至理透彻外，远古时期管仲《管子》中的"八观"、"七法"、"霸言"思想，尉缭《尉缭子》中"道胜"为本的战略思想，诸葛亮"隆中对"里"三分天下"的战略分析和构想，都是安全战略思维的典范。一些思想和思维方式，至今仍具有重要的现实价值。而到了近现代，康有为《大同书》中的"保疆土而延国命"和"世界大同"思想，直到现代毛泽东"三个世界"内涵丰富的大战略思想、邓小平在"和平与发展是当代世界两大问题"战略判断下的"既要建立国际政治新秩序，也要建立国际经济新秩序"[2] 的重要战略思维、江泽民"建立公正合理的国际新秩序"和胡锦涛以"和谐世界"为目标的"新安全观"，都是重要的国际安全战略思维。

应该说，以上所有有关国际安全的战略思维，即便一些属于学术探讨，但从历史上看，都一定程度地影响着决策者们在参与国际政治竞争中的具体政策制定和行动基础，其中很多都涉及到国际军事安全问题，因而对国际军事安全的影响无法忽视。

---

① ［美］小约瑟夫·奈著，张小明译：《理解国际冲突：理论与历史》，上海人民出版社，2009年7月版，第5页。

② 邓小平的原话为："世界上现在有两件事要同时做：一个是建立国际政治新秩序；一个是建立国际经济新秩序。"参见《邓小平文选》第3卷，人民出版社，1993年版，第282页。

在国际安全战略思维中，最有影响的莫过于有关“安全两难”① 造成的安全困境问题。西方现实主义认为国际无政府状态下行为体之间存在着安全两难问题，它的产生，同国际政治的基本特征，即无政府状态，或国家之上缺少一个政府密不可分。这是导致对抗和冲突的必然因素，而最终形成所谓的“安全困境”。小约瑟夫·奈更将其上升为“囚徒困境”②，即独立理性行为体的基本的结构性困境。因为，如果每个人都力争最优结果，那么双方最后所面对的结果都是很差的。争取最优结果，是理性的行为。但是如果双方都独自寻求最优的结果，那么两人的下场都不好。在相互间缺少沟通的情况下，双方很难进行合作。即使双方可以进行交流，也还存在信任与信用的问题。将这种理

① 安全两难就是一国始终担心自己被对方所侵害，因而为了求得绝对安全，势必多多益善地追求实力和权势，但这又会使对方国家感到不安全，从而也多多益善地追求实力和权势以防不测，结果就进一步加剧了原本的安全担忧。这样一种对每一方来说实际上都是“自招挫败”性质的、反复的作用——反作用过程，源于无政府状态中必有的相互猜忌和相互恐惧，而它们所表征的安全两难包含着敌意和紧张滋生的逻辑必然性，并且在没有制约因素的情况下，难免升级为对抗或冲突。

② 安全困境被认为是囚徒困境的一种形式，而囚徒困境的情形是这样的：假设警察在某个地方抓住两个身上带有少量毒品的人，这两个人可能因此被判处 1 年的监禁。警察相信这两个人确实是贩毒者，但是没有足够的证据。这两个人如果被认定为贩毒者，那么将可能被判处 25 年徒刑。警察知道，一个嫌疑犯针对另一个嫌疑犯的供词，将足以使后者被量以重刑。警察告诉他们，揭发对方为贩毒者的一方将获得释放。警察还告诉他们，如果双方都招供的话，两人将被判处 10 年监禁。两个嫌疑犯被分别关在两个独立的囚室中，不允许相互沟通。两人都面对同样的困境：或者揭发对方，使对方坐 25 年的牢，而自己获得释放，或者保持沉默，争取蹲 1 年的监狱。但如果双方都招认，那么两人均被判 10 年徒刑。每一方都在想：“揭发别人对自己最有利。如果对方和自己都保持沉默，那么自己只要蹲 1 年的牢。但假如对方招供了将会怎样？如果自己也招供，那么自己将被判 10 年的徒刑；假如对方招供，而自己拒不承认，自己就将蹲 25 年的牢，而对方却获得释放，这样一来将招致自己遭殃。假设自己为了对方而保持沉默，谁敢肯定对方不会出卖自己呢？”参见［美］小约瑟夫·奈著，张小明译：《理解国际冲突：理论与历史》，上海人民出版社，2009 年 7 月版。

论运用到国际政治中，即反映为由于缺少相互沟通和信任，每个国家都可能只努力维护自己的安全，这样做的结果可能导致所有的国家更不安全。随之而发生的就是各国际主要行为体为确保自身的安全而追求权势和实力，包括使用武力或战争在内的一切手段和方法，来维护自己的绝对安全。美国正是在这种安全思维的影响下才不断地扩充实力，并通过削弱其他国家威胁美国安全的能力来实现“绝对安全”的。在这种思维的影响下，人类历史上出现的众多国际军事安全问题就不难解释了：军备竞赛、武装冲突、局部战争乃至全面战争的爆发等等。

与现实主义相反，自由主义认为国家可以通过合作来避免出现这样的安全困境，也就是说，它们可以达成一个共识，即双方都不增强国防力量，这对大家都有好处。① 在实践中，这种安全思维也对国际军事安全产生了重要的影响。例如，威尔逊的理想主义认为维持国际和平可以通过建立国际机构、国际法和国际公约以及公众舆论来实现。② 由此，威尔逊提出集体安全原则和建立国际组织的构想。可以说，威尔逊理想主义从理论和实践上开创了20世纪国际制度主义思想的先河。人们在经历了两次世界大战后，最终接受了集体安全的制度安排，

---

① 这种思维主要基于：尽管主权国家是国际关系主要行为体，但这并不必然导致国际关系的无序和永久冲突。像国内社会中的个体一样，仍存在一个由国家所组成的国际社会，一个稳定的或具有潜在稳定性的国际社会。用布尔的话说，就是意识到有某种共同利益和共同价值观念的一群国家所组成的一个国际社会，它们被一整套规范彼此关系的共同规则联系在一起，并遵守共同的运作机制。沟通和相互交流可以增加彼此间的信任和透明度。

② 建立国际联盟是威尔逊理想主义的一大实践，他认为只有建立这样一个机构，世界和平才能得以实现和维持。在他看来，出现战争的原因是国际政治体系的不健全，而要健全国际政治体系，主要就在于机制性问题。在威尔逊看来，国家之间的利益和人与人之间的利益在本质上都是和谐的，各国之间的关系也完全可以效仿国内民主制度，通过平等协约的方式建立起维护长久和平的制度及相应措施。而理想主义的最关键部分就是在集体安全原则指导下建立国际联盟这一国际组织，然后在国际联盟领导下完成国际安全、贸易自由化、殖民地托管及自治、国际司法、裁军等领域的相关机制建设。

这才有了国联和它的“改进版”——联合国——的出现。大国一致下的集体安全思维，至今在维护世界和平与稳定，特别是在维护国际军事安全问题上发挥着积极的重要作用。

第七节 军事变革（革命）

军事变革（革命）是指“由科学技术的进步而引起武器装备的演进，进而引起军队编成、作战方式和军事理论等方面逐步发生根本性变化，最终导致整个军事形态发生质变的特殊社会现象”①。由于军事变革（革命）的这种特性，它对国际军事安全形势的影响十分直接也十分重大，这是显而易见的。其中武器装备的不平衡发展直接导致国家之间的军事力量对比的失衡，造成国际战略力量的不平衡发展；军事战略和作战样式的改变，则可导致国际安全局势和战场态势的根本改变。发达国家总是军事变革的发动者和领跑者，不发达国家常常面临两难之选。

有关这一问题，将在第八章以“新军事变革”为主题进行深入讨论，在此略去。

第八节 国际法规

规定国与国之间相互权利和义务的一些核心的国际法原则，是在

① 林建超主编：《世界新军事变革概论》，解放军出版社，2004年11月版，第1页。

15至16世纪发展起来的。1648年当《威斯特伐利亚和约》结束了宗教战争，并使领土国家成为近代国家体系的基础时，这些基本的国际法原则就已确立了。在它的基础上，18世纪，特别是在19世纪和20世纪，建立起一座威严的国际法大厦，它包括数千项条约、数百条国际法院的判决，以及国内法院的无数判决。这些条约和判决，往往具体细微地规定了国与国之间关系的规范。[①]

就一般意义而言，世界上的所有法规对国际军事安全都有着影响，但从狭义的角度去看，只有那些涉及国际安全特别是军事安全的法规，才对国际军事安全有着直接的关系和影响，即除了《联合国宪章》以外，武装冲突法、战争法和武力使用法等。

在传统国际法中，战争构成了解决国际冲突的一种极端方式，但它是一种合法的形式。第一次世界大战后，《国联盟约》特别是《1928年巴黎非战公约》的签订使得战争制度在法律上被废除了，战争成为非法行为。为避免人类再度遭受两次世界大战的惨祸，《联合国宪章》不仅禁止了战争，而且禁止在国际关系上使用武力，完全、彻底地否定了传统国际法所承认的国家的绝对战争权，禁止在包括战争状态和非战争状态的一切国际关系上使用武力。这样，战争法实现了一个新的飞跃，就是武装冲突法[②]。武装冲突法与战争法有着密切的联系。战争法是《威斯特伐利亚和约》之后、《联合国宪章》问世以前，国际法中关于战争的法律制度。从历史发展的角度看，它是武装冲突法的前身，武装冲突法则是它的现代形态。尽管战争法的绝大部分内容都已经被武装冲突法所继承、吸收，但从法律体系的总体看，两者有着本

① ［美］汉斯·摩根索著：《国家间政治——权力斗争与和平》（第七版），北京大学出版社，2005年1月版，第310页。

② 武装冲突法是现代国际法的一个有机组成部分，它是调整各种形式的武装冲突中交战国（方）之间、交战国（方）与中立国之间的关系，规范作战行为的原则、规则和规章制度的总称。

质的区别，不能混为一谈。[①] 战争法的作战法规只适用于“战争”，武装冲突法的作战法规适用于一切国际性武装冲突和非国际性武装冲突，至于武装冲突是否采取“战争”形式，则在所不问。随着在国际法律文件中“战争”被“武装冲突”取代，“武装冲突法”的名称也就越来越为国际社会所承认。[②] 这种变化对于抑制战争和武装冲突具有更好的作用，对国际军事安全的影响也是深远的。

理论上讲，国际法规对世界主要行为体都有制约作用，然而现实中，尽管在国际法存在的 400 年中，绝大多数情况下它都得到严格的遵守，然而，国际法的某一规定仍然常常遭到践踏，即国际法并不能得到实施而失去了应有的功效。但是我们必须看到，国际法的约束力依然存在，践踏国际法的行为必将遭到国际社会的强烈谴责，这就使践踏国际法者至少在道义上要付出沉重代价，这在一定程度上有利于建立良好的国际军事安全秩序。

1945 年正式生效的《联合国宪章》对于武力使用的严格限制正是国际法规维护国际社会每一个成员国家利益的重要反映，国际社会成员对于宪章规定的集体安全规则虽屡有违反，但更多的是承认与维护。当今形势的两个方面将我们的时代与宪章诞生之间的时代区分开来：工业化国家没有发生战争，欧洲、北美和日本相互之间自 1945 年以来一直保持着和平；美国和苏联（以及后来的俄罗斯）这两个有能力发动另一次世界大战的国家都保持着克制态度。可以说，倘若没有联合

---

① 传统国际法是使平时法和“战时法”（战争法）并列的二元结构体系，而现代国际法是排除战争法的一元结构体系，“武装冲突法”只是平时法的一个组成部分。战争法肯定国家的绝对战争权，肯定战争是国家用以推行其政策的合法工具；武装冲突法则不仅完全否认国家的战争权，否认以战争作为国家推行政策的工具，而且把用战争从其他国家取得政治或其他利益视为侵略，并规定为“破坏国际和平的罪行”。

② 参见薛刚凌、周健主编：《军事法学》，法律出版社，2006 年 4 月版，第 311—312 页。

国，1945年之后的世界很可能更为血腥。20世纪下半叶，国家之间的战争少于上半叶。依照国际法规授予的权力，联合国通过若干途径削减了国家间战争的危险。维持和平行动、秘书长开展外交工作、通过国际法院解决争端，并奉行反对侵略战争这一坚定立场，所有这些都促进了和平。[①] 因此，我们必须承认：《联合国宪章》对维护世界安全发挥了巨大的作用。

另一方面，国际法规的局限性也暴露无疑。国际联盟曾经的实践证明，各会员国并不愿意利用《盟约》的有关条款，如第十六条来反复解释集中行使制裁的有限机会。自国际联盟建立后，国联会员国显然违反《盟约》规定而诉诸战争的事件有5次之多，然而会员国只有一次援引了《盟约》第十二条的规定而采取了集体制裁措施。对于1931年日本挑起的“九·一八”事变侵占中国东北的军事行动，国际社会显得无能为力。当1937年，已退出国联的日本再度侵入中国时，国联大会认为日本违反了1922年的《九国公约》和《白里安—凯洛格公约》。这时《盟约》第十六条应得到执行，各国有权按第十六条的规定，单个地采取执行措施；然而，并未见任何会员国实施制裁措施。1935年，国联大会认为意大利的侵略构成了《盟约》意义上的“诉诸战争”行为，是对《盟约》的践踏，所以第十六条第一款应予执行。但是，经济制裁中关于对意大利实行石油禁运和关闭苏伊士运河这两项能使国际法奏效、迫使意大利停止进攻埃塞俄比亚的最有力措施，国联并没有采取，尽管根据第十六条第一款是可以采取这些措施的。[②]

联合国同样具有国联的尴尬示例。它在诸多大规模冲突的事例中，只能虚弱地发出和平的呼吁，甚至不能发表任何立场鲜明的声明。例如，1978年面对苏联支持的越南入侵柬埔寨，联合国除了简单讨论而

---

① 《威胁、挑战和改革问题高级别小组的报告》A/59/565第一部分“达成新的安全共识”。http：//www. un. org/chinese/secureword/reportlist. htm。

② ［美］汉斯·摩根索著：《国家间政治——权力斗争与和平》（第七版），北京大学出版社，2005年1月版，第334—335页。

并未做出干预的事实表明：当冲突涉及到安理会常任理事国的时候，联合国变得特别的无能为力。同样，联合国也没有能够做任何事情来结束阿尔及利亚和法国之间的战争，因为作为常任理事国的法国掌握着否决权。此外，在最终赢得独立之前，阿尔及利亚人口的10%在战争中死亡。其他事件中，联合国也基本没有起作用，如，越南战争、苏联干涉阿富汗内战、美国军队颠覆尼加拉瓜政权、苏联入侵匈牙利和捷克斯洛伐克以及俄罗斯在车臣的军事行动。①

冷战后，安理会在1999年北约发动的科索沃战争和2003年美英再次对伊拉克动武等一系列危及国际和平与安全事件中的失效，以及面对恐怖主义、国内冲突、人道主义危机等新旧安全威胁时的乏力，完全体现了集体安全体制国际法规的局限性。

总之，国际法规对国际军事安全的规制作用是客观存在的，但由于国际社会的无政府状态，一些行为体常常对国际法规提出挑战，所以国际法规常遭到践踏，这并非国际法规本身的问题，而是现有国际体系的某些不合理因素所导致的。因此，只有建立一个更加公正合理的国际体系，国际法规才能为维护国际军事安全发挥更大的作用。

① ［美］大卫·巴拉什、查尔斯·韦伯，刘成等译：《积极和平——和平与冲突研究》，南京出版社，2007年5月版，第354页。

第七章

国际军事安全的重大影响

人类社会的发展需要一个良好的国际环境，当国际社会矛盾激化，国际军事安全受到威胁，国际社会会发生动荡甚至爆发大规模战争。战争是阻碍人类社会发展的一个核心因素，战争爆发后所有的社会资源都投入战争，炮火连天、攻城掠地、平民流离失所、人员伤亡、社会公共设施被摧毁等等导致经济崩溃，人口锐减，科技发展停滞。尽管和平与发展已经成为当代世界的主题，各种非传统安全因素的影响日益增强，但是，国际军事安全在整个国际体系中的地位绝对不容忽视，因为其维护世界和平与发展的支柱作用并未改变。

第一节　国际军事安全是深刻影响人类社会发展的一个核心因素

和平的国际环境是人类社会发展的基础。人类社会发展需要和平的环境，人类社会处在发展过程中就意味着国际社会处于安全的状态之中。如果国际社会的安全状态被打破，必将导致政治局势紧张和武装冲突频发，国家的经济基础遭到破坏，社会组织发生蜕变，政治结构也将受到动摇。这样的结果往往导致冲突的发生，或是一个国家内部发生骚乱和反叛，或是引起与别国关系的紧张和敌对。政治动乱和军事冲突极易引发大规模难民潮的出现，其结果是百姓背井离乡，土地荒芜，自然资源极端恶化，农业崩溃，人类社会生存能力下降。

当国际军事安全面临全面威胁，人类社会发展的局面将遭受破坏，直接影响到经济、政治、社会和生态的可持续性发展，其累积效果就凸显为严重的人类安全问题，危及人类赖以生存和发展的根本，甚至造成相当一部分人连起码的生存需求都得不到满足，更不用说社会和谐与维护后代人满足发展需要的能力了。

国际军事安全最大的威胁就是大规模战争。战争作为传统安全威胁最重要组成要素，一直是人类社会秩序解体与重建的最激烈、最强力手段。根据有关学者的研究表明，从公元前 3600 年开始的 14600 场战争中共有 30 亿人口因为战争而死亡。仅二战结束到 1994 年，就发生过大大小小 160 场战争，造成 2200 万人死亡。史学家称，从人类出现至今可能只有 292 年没有打过仗。而这一数字，研究者说只是比较保守的估计，因为很多冲突并不一定被史学家记载入册。[①] 在真正意义上的国际社会体系形成后，威斯特伐利亚体系、维也纳体系、凡尔塞—华盛顿体系以及雅尔塔体系，无一不是炮火所编织的。冷战结束后，随着经济全球化的迅速发展，世界格局受到重大冲击，国际安全环境发生了巨大变化，国际安全思维和安全观也随之开始转向，各国的安全利益联系得更加紧密，相互依存度不断上升，因为，地球任何一隅爆发大规模战争，都可能会迅速波及全球，最终不仅战争发动者或参与者的利益受损，与之有着广泛联系的国家之利益也可能同时受损。

一、两次世界大战对人类社会发展的影响

战争手段是为战争目的服务的，在追求“绝对胜利”的传统战争

---

① 王义桅著：《战魂——从历史透析未来战争》，华东理工大学出版社，2003 年 8 月版，105 页。

胜负观的有力牵引下，人类战争手段的杀伤和破坏力呈几何级数不断攀升。特别是近现代以来，“战争和武装冲突的次数之多，规模之大，程度之激烈，后果之惨重，是历史上任何时期都无法比拟的，尤以两次世界大战为最”①。两次世界大战成为对人类社会发展造成最大破坏的安全因素。两次世界大战期间，战火波及全球，世界上的主要国家，特别是战争的直接参与国都倾其全力投入到战争中，经济、文化、科技、生态等领域受到严重破坏。两次世界大战是使用最现代化的科学技术手段，进行的人类有史以来最大规模的血腥杀戮和残暴摧毁：卷入战争国家分别为 35 个和 61 个，波及人口分别为 15 亿和 17 亿，参战军队分别为 6540 万人和 1.1 亿人，死亡人数分别为 2100 多万人和 7000 万人，战争损失分别高达 3870 亿美元和 4 万亿美元，人类经受了前所未有的浩劫。② 由此可见，两次世界大战是人类自导自演的最大人间悲剧。

第一次世界大战是在国际社会矛盾激化和无法调和的产物，它宣告一个长时期的和平时代（所谓“维也纳和平”）的结束。早在 1887 年 12 月 15 日，恩格斯就曾指出：“对于普鲁士德意志来说，现在除了世界战争以外已经不可能有任何别的战争了。这会是一场具有空前规模和空前剧烈的世界战争。那时会有八百万到一千万的士兵彼此残杀，同时把整个欧洲都吃得干干净净，比任何时候的蝗虫群还要吃得厉害。三十年战争所造成的大破坏集中在三四年里重演出来并遍及整个大陆；到处是饥荒、瘟疫，军队和人民群众因极端困苦而普遍野蛮化；我们在商业、工业和信贷方面的人造机构陷于无法收拾的混乱状态，其结局是普遍的破产。旧的国家及其世代相传的治国才略一齐崩溃，以致

① 李桂玲、汪维余：《略论人类对战争与和平的理性探索》，载《军事历史》，2009 年第 3 期，第 51 页。

② 姚有志主编：《战争战略论》，解放军出版社，2005 年 8 月版，第 132 页。

王冠成打地滚到街上而无人拾取！”[①] 恩格斯所预言的这场世界大战果然在 27 年后爆发了。

自 1815 年拿破仑战争结束后的一个世纪里，欧洲几乎没有发生过重大战争，[②] 这主要应归功于英、奥、普、法等大国之间力量的均势。这种均势依靠的是英国的经济优势和海军力量，实质上是英国强制下的和平。然而，这种均势始终没能完全调整好，它在 19 世纪中叶受到拿破仑三世的挑战，在 1870 年受到俾斯麦的冲击，在 1878 年又受到俄国的威胁。1900 年以后，德国已成为欧洲大陆最强大的国家，开始对英国这个头号贸易和海洋霸权国家发起挑战。俾斯麦的继任者们没有与俄国续订条约，德国也开始介入海外帝国主义的扩张行动：挑战英国的海上霸权，不去阻止奥地利和俄国在巴尔干地区的对抗行为。这些政策加深了其他国家对正在崛起的德国的恐惧，从而促使体系发生两极分化，并导致第一次世界大战的爆发。[③]

第一次世界大战的战火燃遍了欧洲大陆，延及非洲和亚洲；直接和间接卷入这场战争的有 30 多个国家。[④] 除了造成重大人员伤亡和巨

① 恩格斯：《波克罕〈纪念 1806 至 1807 年德意志极端爱国主义者〉一书引言》，载《马克思恩格斯全集》第 21 卷，1965 年版，401—402 页。

② 1854—1856 年的克里米亚战争、1870—1871 年的普法战争、1878—1879 年的俄土战争较之随后发生的第一次世界大战来说，不过是较小的争斗而已。

③ ［美］小约瑟夫·奈著，张小明译：《理解国际冲突：理论与历史》，上海人民出版社，2005 年 10 月版，第 81 页。

④ 1914 年 6 月 28 日，在波斯尼亚首府萨拉热窝，奥匈帝国皇储弗兰茨·菲迪南被塞尔维亚民族主义组织成员刺死，成为了第一次世界大战的导火索。7 月 28 日，奥匈对塞宣战；8 月 1 日，德国对俄宣战；3 日，德国对法宣战；4 日，英国对德宣战。这样，欧洲大国除意大利外，都卷入了这场蓄谋已久的世界大战。第一次世界大战的战场遍及欧亚非三大洲和大西洋、地中海、太平洋等海域。欧洲特别是其中的法国是主战场，海上以北海为主战场。欧洲战场主要由东、西两条战线组成。西线从北海延伸到瑞士边境，在美国参战以前，这里是英法比三国同德国交战。东线从波罗的海绵延到罗马尼亚，是俄国对德奥作战。另外，还有一条南方战线，包括巴尔干、土耳其和意大利战场。

大经济损失外，“第一次世界大战重创了除美国之外的所有世界强国。不列颠破产了，法国流血过多脸色苍白，俄德两国陷于革命的荆棘之中，奥匈帝国消失，奥斯曼帝国解体，意大利发狂，其他所有的欧洲国家都已经被战火烧成了焦土——整个时代都已经投入烈焰之中。”[①]战争的冲击力和破坏力可见一斑。

战争的直接结果是社会动荡，意识形态冲突和另一场世界大战。而这场战争结束后仅20余年后爆发的第二次世界大战，使人类陷入了另一场规模更大、手段更为残酷的苦难深渊。

第二次世界大战的爆发同样是帝国主义制度危机的产物。[②]德、意、日三国向英、法、美等国争夺势力范围和世界霸权，并通过战争手段改变由凡尔塞—华盛顿体系所确立的国际秩序，对世界和平构成严重威胁。而东欧少数民族争端挑起的欧洲各国间的冲突则是这场战争的欧洲源头。在东方则是由日本帝国主义入侵弱国开始的。[③]

第二次世界大战这场空前浩劫以及核武器展现出来的毁灭人类的可怕前景，揭示了战争与社会进步、人类生存和发展的不相容性：战争

① [英] F.C. 富勒著，钮先钟译：《战争指导》，内蒙古文化出版社，1997年版，第171页。

② 1929年至1933年，一场空前的、世界性的资本主义经济危机爆发，帝国主义制度的各种基本矛盾重新尖锐化并愈演愈烈，以致发展到诉诸战争。20世纪20—30年代，以极端民族主义和极权主义为核心内容的法西斯主义势力和运动在意大利、德国和日本相继兴起，并很快成为德、意、日三国统治阶级稳定政权、强化统治、镇压人民运动的支柱。1922年10月墨索里尼在意大利执政；1933年1月希特勒在德国掌握政权，1936年3月日本军部全面控制内阁，开始实行法西斯专政。

③ 1935年11月，意大利悍然向非洲大陆的埃塞俄比亚发动进攻，埃塞俄比亚抗意战争由此爆发。1937年7月7日，日本军队向驻守在北平西南郊卢沟桥的中国军队发动进攻，著名的“七·七卢沟桥事变”爆发，它揭开了第二次世界大战的序幕。

的残酷性、破坏性大大加强，战争已不仅是政府和军队的事情，它把整个国家、民族都卷入其中，整个社会经济都转入战争轨道……[①]近20亿人被卷入战争，有一亿多人上了战场，死亡6000万人，财产损失4万亿美元，另有3000万人流离失所。[②] 这场战争还上演了前所未有的令人发指的种族灭绝和大规模杀伤惨剧，即德国纳粹的灭绝犹太人行径和美国在广岛和长崎投下原子弹。[③] 这是人类对自己文明的挑战，也为后来的国际秩序建立敲响了警钟。

第二次世界大战，就世界反法西斯战争而言，是伟大的胜利，但人类也为此付出了惨重的代价。战争策源地德国和日本的当权者野心膨胀，妄图充当世界霸主，奴役各国人民，甚至以种族的优越性作为其基本理论依据，对被侵略国家的人民采取大规模屠杀和种族灭绝政策，制造了一系列惨绝人寰的历史悲剧。它们给被侵略国家人民带来了沉重的灾难，也使本国人民遭受了巨大痛苦，使自己的国家蒙受耻辱。更为重要的是，战争严重制约了人类社会的发展，不仅给世界众多国家造成了严重的物质损害，也对人类文明造成了巨大的破坏，更给人类的心灵蒙上难以拂去的阴影。

① 吴鑫：《第二次世界大战后战争制约机制的形成、演变及其启示》，载《中国军事科学》，2000年第2期，第125页。

② 李际均：《论战略》，解放军出版社，2003年1月版，第177页。

③ 二战期间，德国占领波兰时，曾修建了无数的集中营，著名的奥斯维辛集中营就是其一，1940年到1945年有400多万人惨死在这里。1945年8月6日，美军战机在广岛投下当量为2万吨TNT炸药的原子弹，日本居民死难78150人，受伤和失踪51408人。8月9日，美机在长崎投掷第二颗原子弹，居民死难23750人，受伤43020人。

二、冷战对人类社会发展的影响

冷战[①]从1947年到1989年，前后持续了40多年。特别是1947年至1963年是冷战的高潮时期，其间美苏几乎没有进行过认真的谈判，其中1945年至1955年的10年间美苏领导人没有举行过一次会晤，两国处于完全隔绝和严重对峙状态。到20世纪70年代和80年代情况发生了很大的变化，美苏频繁接触，并开始一轮又一轮的军备控制谈判。1985年戈尔巴乔夫上台之后，随着苏联政策发生了巨大变化和随之而来的苏联解体，冷战宣告结束。

冷战是第二次世界大战后东西方两大阵营之间和美苏两个超级大国之间，除直接军事交战以外，在经济、政治、军事、外交、文化、意识形态等各方面都处于对抗状态的总称。它也是意识形态的严重对立、核恐怖下的势力均衡、两极之间的紧张对峙。因此，它既不能被称为战争，因为它争而不战；也不能被称为和平，因为它既不平也不和。于是有人将冷战称为“战争与和平的私生子”[②]。但这个“私生子”

① 1946年初，美国政治家H·斯沃普在为参议员B·巴鲁克起草的一篇演说稿中首先提出“冷战”一词；1947年9月美国政论家W·李普曼出版了《冷战》一书，该书从此被广泛采用。1946年2月28日美国国务卿贝尔纳斯在演说中公开声明了美国政府的冷战方针。同年3月5日，英国前首相温斯顿·丘吉尔在美国密苏里州的富尔顿发表了题为《和平砥柱》的演说，声称：“从波罗的海的斯德丁（什切青）到亚得里亚海的里雅斯特，一幅横贯欧洲大陆的铁幕已经降下来。在这条线的后面，坐落着中欧和东欧古国的都城。华沙、柏林、布拉格、维也纳、布达佩斯、贝尔格莱德、布加勒斯特和索非亚——所有这些名城及其居民无一不处在苏联的势力范围之内，不仅以这种或那种形式屈服于苏联的势力影响，而且还受到莫斯科日益增强的高压控制。”丘吉尔借用“铁幕”来比喻分隔东方和西方的政治上和意识形态上的障碍物，这就是所谓的“富尔顿演说”。可以说，富尔顿演说拉开了东西方两大阵营冷战的序幕，而其结束的标志则是1989年苏联解体。

② 王义桅：《战魂——从历史透析未来战争》，华东理工大学出版社，2003年版，第23页。

却对人类社会的发展带来巨大影响。两大阵营的对立①，尽管维持了世界总体上的冷和平，没有再爆发世界性大规模战争，但频发的局部战争的威力同样惊人。

据统计，二战结束至冷战结束，全球共发生局部战争和武装冲突190起，年均4起。② 冷战期间，尽管西方国家的经济呈现出上升趋势，但东西方两大阵营的对抗仍导致全球经济发展总体停滞，特别是东方阵营的损失极为惨重。苏联为了维持庞大的军费开支和无节制的军备竞赛（特别是为应对美国的星球大战计划），国内的经济遭受浩劫性的灾难，苏联国内的一切经济改革和经济发展行动几乎全部夭折，相反，强权政治却畸形膨胀。苏联国内强权统治造成死气沉沉的政治经济局面，社会矛盾、民族矛盾、政治斗争、经济危机不断积蓄，社会主义阵营内部动荡不安和分化加剧。苏联的帝国主义地位遭受致命的削弱，从而也就注定其必然率先退出冷战角逐。而美国在1970年达到霸权的顶峰，但是越战的失败使其国力不断下降。美国黄金储备的减少迫使其偏离黄金—美元联系制，从而宣告了布雷顿森林货币体制的破产；美国对第三世界的战略彻底破产，从朝鲜战争、越南战争，到古巴革命和伊朗革命，美国每一次扮演新殖民主义者的角色或充当世界警察时，都遭到严重失败。③ 这些失败不仅仅是政治和军事上的，也是经济上的，国内经济的严重“滞胀”给美国的经济带来严重的打

---

① 随着冷战的全面展开，1947年9月，欧洲九国共产党和工人党情报局成立，1949年4月北大西洋公约组织（北约）成立，同年，德国正式分裂为两个国家，标志着冷战局面的最终形成。1954年10月伦敦—巴黎协定签订，美国重新武装西德，加紧遏制苏联，于是1955年5月，华沙条约组织（华约）成立，最终形成与北约军事上对峙的局面，也形成了两大阵营对抗的格局。

② 姜汉斌主编：《国防政治学》，人民出版社，2007年7月版，第601—602页。

③ 参见孙庆：《冷战的本质特点及其结局的必然性》，载《欧洲》，1991年第1期，第73—74页。

击。不仅如此，美国的社会问题如黑人犯罪问题[①]也严重干扰着社会发展。

此外，冷战期间第三世界国家受到干涉主义严重侵害也产生了两个严重的问题：一是国内政治动荡，二是经济发展滞后。第三世界国家债务出现危机，贫困化加剧，民族宗教矛盾泛滥，加之区域性热战和全球性冷战交织在一起，使世界政治经济局势极端动荡复杂。

三、冷战后国际军事安全与人类社会发展

冷战结束后，在原来热点地区逐步缓和的同时，另一些原来被掩盖的矛盾失去控制，在外部干预和内部的民族、领土、宗教等因素的作用下激化，以致武装冲突和局部战争都呈增加趋势，表现出格局转换时期的特点。两极时代虽存在发生大战的危险，但小战容易控制。而一超多强格局虽基本消除了世界大战的可能性，但小规模局部战争的发生频率却出现增加趋势。总之，目前世界仍在变动之中。追求世界、地区霸权和民族霸权，都可能成为新的战争策源地。

尽管国际格局发生了巨大变化，但是，“传统安全仍然是解释国际关系现象最有力的切入点，军事威胁也仍然是备受各国防备的最直接威胁”。[②] 据统计，1990 年至 2004 年，全球共爆发武装冲突和局部战

---

① 20 世纪 70 年代黑人在全美总人口中仅占 12%，但暴力犯罪率却为 46%，几乎占美国监狱犯人的一半，被拘捕人数的 31%，因暴力犯罪被拘捕的 45%。1985 年，每 10 万人中因犯谋杀罪而被逮捕的黑人为 28.5 人，西班牙裔为 15.1 人，印第安人为 7.7 人，白人为 4.1 人，亚洲裔和太平洋岛屿人为 3.6 人。1990 年，黑人人口占美国总人口的 10%左右，却占因谋杀罪而被捕人数的 55%，强奸罪的 43%，抢劫罪的 61%，盗窃罪的 30%，卖淫罪的 39%。参见倪建钢：《20 世纪 70、80 年代美国黑人暴力犯罪率高的经济原因》，载《理论纵横》，2008 年第 10 期，第 51 页。

② 张东宁：《冷战后国际安全的新趋势》，载《新疆职业大学学报》，2005 年第 1 期，第 20 页。

争508起，年均高达39起，其中新爆发146起。战争使无辜平民的生命、财产蒙受巨大损失，加深民族仇恨，造成严重污染，破坏生态环境。[①] 其中20世纪90年代以来，关乎国家安全并引起国际广泛关注的局部战争有四次：海湾战争、科索沃战争、阿富汗战争和伊拉克战争。战争导致地区局势进一步紧张，国际安全形势进一步恶化，经济发展和重建道路步履艰难。伊拉克战争就是最典型的案例。政治上，美军虽然凭借超强的武力非常顺利地推翻了萨达姆政权，然而却深深陷入了伊拉克抵抗力量的游击战之中。美国式的民主并未使伊拉克太平，美国在伊拉克打赢了战争，却没有赢得伊拉克人的心，反而在伊人民心中积起了难以消除的仇恨。经济上，萨达姆政权被推翻后，伊拉克人的生活状况没有实质性的改善。更为严重的是，伊拉克安全形势却日益恶化，战后重建工作举步维艰，伊民众对美英占领当局的不满情绪不断上升，针对美军的袭击不断升级，美军的伤亡数字持续增加。

冷战的结束同时打开了蓄积已久的各类矛盾和问题的阀门。其中最为突出的是，“冷战结束后世界面临着一系列多元、复杂的非传统安全威胁：从种族冲突到大规模毁灭性武器的扩散，从人口激增到艾滋病的蔓延，从全球贫困到地球生态系统的破坏。这意味着上述问题的凸显对传统安全观是一个严峻的挑战，客观上需要人们站在历史的高度，用战略的眼光和全新的视角去审视和反思传统的安全观并提出新的安全构想”。[②] 从一般的视角看，有学者认为，非传统安全是在国际安全形势相对缓和，以军事安全为核心的传统安全地位相对下降的情况下，才被世界予以关注的。因为，冷战结束后，传统的以军事安全为主要内涵的国家安全观念和安全战略受到冲击，经济安全、金融安全、生态环境安全、信息安全、资源安全、恐怖主义、武器扩散、疾

① 姜汉斌主编：《国防政治学》，人民出版社，2007年7月版，第602页。

② 李瑛：《多极化时代的安全观：从国家安全到世界安全》，载《世界经济与政治》，1998年第5期，第44页。

病蔓延、跨国犯罪、走私贩毒及非法移民等诸多非传统安全问题逐渐突出。[①] 但是，也必须看到，冷战后出现的大量军事冲突和局部战争已经证明，国际军事安全依然是国际体系中影响力最大的因素之一。美国与其盟友在伊拉克战争上的裂痕就足以说明这一问题。而非传统安全与传统安全的相互交织和多点并发，使得国际社会更加难以应对，在其中一些问题上的分歧也有所加大。即便是在打击国际恐怖主义问题上，一度形成的较为广泛的国际反恐联盟，也因巨大的分歧导致效率低下，甚至濒临瓦解。

冷战后，恐怖主义活动泛滥成灾，不仅对地区人民群众的生命财产造成了灾难，而且也严重威胁到国际政治、经济、军事领域的安全和稳定。进入21世纪，国际社会增强了打击恐怖主义的力量，但令人称奇的是恐怖主义活动不但没有减少，反而在数量上有所反弹，且危害性更大。2001年9月11日，拥有两洋屏障的美国本土180多年来首次遭到外来攻击，[②] 纽约世界贸易中心和华盛顿五角大楼遭到飞机撞击，造成3126人死亡。其后，恐怖主义袭击几乎遍布全球，“不稳定弧形地带”[③] 更成了恐怖主义活动的“天堂”，恐怖袭击数量连年呈上升趋势，尽管国际社会不断加大打击力度，但始终没能跳出“越反越恐”的怪圈。

“9·11”事件以及其后不断发生的系列恐怖事件表明，国际安全威胁的性质和手段均出现了新的重大变化，呈现出非对称化、多元化

① 唐永胜：《超越传统的国家战略》，载《世界经济与政治》，2004年第6期，第32页。

② 在“9·11”事件前，美国本土在独立后只是在1812年至1814年的美英战争中遭到英军的攻击。

③ 欧亚大陆中轴是世界地缘政治格局的“心脏地带”，苏联解体后陷入持续动荡，充斥着分离主义、极端主义、种族纠纷和边界冲突。布热津斯基称其为“不稳定弧形地带”，并划出三条“危机弧”：第一条从波罗的海经中欧到巴尔干，是历史上有名的“火药桶”；第二条是沿中亚、阿富汗、伊朗、土耳其经中东直到阿尔及利亚、苏丹的“伊斯兰教新月形地带”；第三条位于印巴边界地区。

和分散化特征。无论社会制度和安全战略性质如何，世界各国都越来越重视对付“非传统安全问题”。美国近年来发表的《国家安全战略报告》都把“非传统安全问题”作为美国国家安全面临的重要问题加以论述。对美国来说，“非传统安全”问题不但是表现在安全的内容上，还表现在威胁的形式上。与此相关，美国近年来越来越强调“非对称威胁”对美国及其盟国的“安全挑战”。即在美国及西方强大的军事力量面前，一些所谓的“无赖国家”、团体、组织和个人，不是采取和美国及西方打面对面正规战，以正规的军事力量对军事力量等办法对付美国及西方，而是可能采取使用小型运载工具、甚至个人携带核、化学、生物等大规模杀伤性武器的形式，或通过团体及个人恐怖活动、破坏通讯及网络的电子黑客等与美国国家力量不对称的方式，对美国及西方的安全造成重大威胁。①

冷战后，尤其是近些年来，各种力量不断分化组合，世界多极化趋势加快发展，谋求和平与稳定的国际环境，促进本国发展与国际合作，谈判解决争端已成为当今的世界主流。但天下并非平安无事，有些势力违背历史潮流，坚持冷战思维，推行霸权主义和强权政治，利用各种借口干涉他国内政的趋势有所发展，成为世界及地区不稳定和导致国家关系紧张的主要根源。特别是，冷战后，由于美国一超地位的确立，新干涉主义不断发展，以至于最终发展至将“单边主义”和“先发制人”作为国家安全战略的核心。无视国家主权进行军事干涉甚至动用战争手段解决“非传统安全”问题，② 这对国际军事安全带来的负面影响是十分严重的，可谓开人类发展的倒车，这不得不使人们重新审视传统安全与非传统安全的关系。

---

① 楚树龙、彭春艳：《冷战后国际安全理论的发展》，载《现代国际关系》，1999 年第 4 期，第 30 页。

② 美国发动阿富汗战争的理由是打击恐怖主义和推翻支持恐怖主义的塔利班政权，而发动伊拉克战争的理由是伊拉克发展大规模杀伤性武器，并以此推翻萨达姆的独裁统治，将伊拉克作为推行美国民主的试验田。

总之，国际军事安全对国际社会的和平与发展能够产生重大影响，是深刻影响人类社会发展的一个重要核心因素。

第二节　国际军事安全是确保国家诸多领域安全的重要支柱

国际安全问题是关系到国家社会生存和发展的战略性问题。自20世纪90年代初以来，一系列重大的国际事件，如海湾战争、北约东扩、科索沃战争、阿富汗战争、伊拉克战争等，促使世界政治、经济、军事格局发生了历史性的深刻变化。21世纪初期，科技飞速发展，经济全球化逐步深入，大大加深了世界各国相互依存的程度。在这一新的时代背景下，国际安全问题面临许多前所未有的挑战。其中最突出的问题是：国际安全的内涵更加丰富，不仅包含军事因素，而且包含了政治、经济、文化、信息、环境等各种因素。这些新的因素交织在一起，使国际安全越来越成为一个错综复杂的系统安全问题。但无疑国际军事安全依然是确保国家诸多领域安全的一个重要支柱。

一、国际军事安全对政治安全的影响

国家政治安全主要指国家政治体系具有对社会矛盾的变迁演化的调适功能，能在社会内部矛盾发生、发展和解决的过程中，维持原有基本结构和基本性质，及时有效地解决社会张力，消除不安定因素，防止政治动乱，保证政治运作的秩序性、规范性和连续性。[①] 国家政治安全具体体现在对外和对内两个方面：一是有效抵制来自国家外部的

① 刘跃进著：《国家安全学》，中国政法大学出版社，2004年版，第109页。

颠覆和干涉，维护国家主权独立、领土完整、民族尊严不受侵犯；二是有效克服来自国家内部的政治破坏力量，获取公民对国家和政府的广泛政治认同，维护政治的稳定，促进社会的发展。[①] 说到底，国家政治安全就是要维护国体、政体和政局的稳定，不受内外敌对势力的破坏和颠覆而保持国家长治久安。

维护政治安全的前提是要确保军事安全，军事安全是维护政治安全的基础。从国际层面上看，通常情况下政治安全与否主要看国家的军事实力是否足够强大，只要军事实力有能力抗衡或具有威慑力，国家就能确保政治安全，否则政治安全将受到严峻的挑战。马克思主义认为，军队是实现阶级统治的暴力工具，是执行特定政治集团任务的武装集团，是捍卫政治安全的坚强柱石。孙子指出："兵者，国之大事，死生之地，存亡之道，不可不察也。"[②] 军事安全不仅是国家生存和发展的基本条件，也是国家政治生活的安全保障。国家政治生活赖以正常进行的基本条件是国家主权独立、领土完整和安全的发展空间，需要良好的安全环境，这些基本条件必须有赖强大的国防来保障。

国家主权是国家政治生活的根本前提，主权丧失了，国家政治生活也就无从谈起。因而，保持国家主权独立就成了国家这个政治实体的第一需要。国家主权主要包括两个方面，即不受外来干涉地处理内政和独立自主地开展外交。而国防，既是支撑国家内政的重要力量(其中军队作为最主要的国防力量是政权的坚强柱石)，又是创造安全环境的根本保证，同时还是国家外交的强大后盾。如果没有强大国防来保卫，国家独立自主的内政、外交活动以及稳定的国内政治局面，都将化为泡影。这是国家产生以来的历史反复证明了的真理，尤为自鸦片战争以来的中国近代史作了刻骨铭心的揭示。[③]

---

① 许开轶、周婕：《世纪之初的中国国家政治安全问题》，载《中南民族大学学报（人文社会科学版）》，2005 年第 4 期，第 91 页。

② 《孙子兵法·计篇》。

③ 姜汉斌主编：《国防政治学》，人民出版社，2007 年 7 月版，第 566 页。

行使独立的主权是国家在国际关系中作为一个独立的利益主体的根本标志，而安全则是国家生存发展的先决条件。邓小平强调“国家的主权和安全要始终放在第一位”，[①] 指明了国家主权和安全在国家利益层次结构中的地位。所以，始终把国家主权和安全放在第一位，反对外部势力干涉国家内政和威胁国家安全，是维护国家利益的根本性要求，而建设强大的国防，是维护国家主权的根本保障。只有建立起强大的国防，才能有效制约强权政治和霸权主义对国家主权的干涉，使其不敢轻举妄动，不敢肆意采用包括军事手段在内的各种手段干涉国家内政。

国家安全和发展是国家的一切政治活动的根本追求，是国家和民族的根本利益的集中体现。国家安全和发展的保障问题，通常包括以下四个不同类型和层次：一是国家的存亡；二是国家的安危；三是国家的荣辱；四是国家的盛衰。[②] 这四种情况都是国家政治安全受到威胁，国家遭到严重的内忧外患，政治需要运用国防力量来抵御外来敌人的大举入侵，或者镇压国内敌对势力的暴力反抗。这时的国防，如果不能完成政治赋予的任务，不能及时、有效地消除这种对国家存亡的现实威胁，那么整个国家大厦就会倾覆，政治这个最高上层建筑也就会随之瓦解。

历史上许多正反两方面的例子，充分证明了这个真理。苏维埃俄国建国初期，新生的苏维埃政权曾经遭到国际上 14 个帝国主义国家的联合进攻和国内白匪的猖狂反扑，但是布尔什维克党领导人民和工农红军通过艰苦卓绝的斗争，终于战胜了国内外的强大敌人，保卫了新生的社会主义国家政权。而在 1983 年美国入侵格林纳达的战争中，由于格林纳达国防力量极度薄弱，加上发生内乱，根本无力抵抗强敌的

---

① 《邓小平文选》第 3 卷，八一出版社，1993 年 11 月版，第 347 页。

② 姜汉斌主编：《国防政治学》，人民出版社，2007 年 7 月版，第 569—572 页。

入侵，格国军队很快全军覆没，其结局是格林纳达政权更迭，由美国扶持的亲美派上台执政。美国之所以轻而易举地达成了其战略速胜的目的，就是因为战前格国内部的政治状况混乱和两国的武装力量的巨大差距，因此，战争的结局也就完全在人们的预料之中。

由此可见，军事安全是保障政治安全的重要基石或支柱，一个国家没有强大的国防，不仅不能取得应有的国际地位，也难以巩固已有的经济建设成果，甚至可能在政治、经济、外交等方面受制于人直至国家被颠覆。

二、国际军事安全对经济安全的影响

所谓经济安全，其含义是保障国家经济（科技）发展战略诸要素的安全，在参与国际竞争和合作中维护国家利益和争取优势地位，特别是保护本国市场和开拓国际市场。[①] 随着冷战的结束，经济安全问题日益突出，并越来越受到各国的高度关注。在美国传统的国家安全战略中，经济安全一直从属于政治安全和军事安全，但从克林顿任总统开始，特别强调经济安全的重要性，并将经济安全放到了对外政策的“首要支柱”的高度。[②] 经济安全是国家安全的重要组成部分，是国家安全特别是国家发展的基础，在经济因素对国家的影响越来越重的当今世界，经济安全甚至决定着民族的兴衰和国家的安危。

但是，经济稳步发展需要稳定的国内外安全环境，而军事力量是这种安全环境的重要保证。全球化带来的一个重要趋势就是政治、经济、军事、文化等各种因素越来越密切地结合在一起，任何一个方面的偏废都会带来严重的后果。经济安全与军事安全的关系更是这样。

---

① 陈立编著：《中国国家战略问题报告》，中国社会科学出版社，2002年版，第35页。

② 黄金元著：《全球化时代大国的安全》，中国社会科学出版社，2007年1月版，第265页。

如果没有稳固的军事安全，就不会有稳定的经济发展环境，经济安全也会受到严重削弱。因为，军事安全的失衡，特别是军事冲突和战争的出现对经济发展具有巨大的破坏作用。

战争是人类社会有组织的大规模厮杀，也必然给社会带来种种破坏。如人员的大量伤亡，物质财富的大量损失，历史文化遗产、自然防护设施、生态环境的破坏以及由战争带来的瘟疫、疾病流行等。每一场战争都直接给社会带来破坏，如中国古代秦破六国的战争，其直接损耗的人数约在300万左右；[①] 唐代的“安史之乱”造成“人烟断绝”、“千里萧条”，人口下降了30%；而明末清初延续40年的战乱造成了人口的大量损耗，“一望极目，田地荒凉，四顾郊原，社灶烟冷”，竟比一百年前明朝嘉靖三十年（1552年）的人数减少了三分之一。[②] 战争中伤亡的人员基本上都是最好的劳动力或脑力劳动者，加之社会总人口的急剧减少，势必给社会经济带来极大的破坏。我国古代经济重心自南宋逐渐由黄河流域移向长江流域，并发展成为“南盛北衰”的经济局面，除了地理条件之外，主要的原因就在于北方连年混战，人口锐减，经济遭到了严重的摧残。

在近现代，由于工业化革命的迅猛发展，武器的破坏力日益增大，战争的规模也由区域性发展为全球性，因而战争所造成的破坏性变得更大。第一次世界大战导致大量人员伤亡、物质消耗巨大，各个交战国工农业产量大幅度下跌，整个欧洲的经济在长达8年的时间里处于停滞状态。第二次世界大战，其损失就更加骇人听闻，仅苏联就有2600多万公民丧生，其中军队就损失800多万人，欧洲列强也都因战争受到了致命的削弱，以至使二战成了“欧洲时代结束”的标志。

战争是谋取利益的一种耗费巨大而又极具风险的工具。特别是在高技术战争条件下，武器的毁伤力和破坏力在取得突破性进展的同时，

---

① 其间长平之战一役，秦活埋赵国的俘虏就达40万人。

② 姚有志主编：《战争战略论》，解放军出版社，2005年8月版，第76页。

也使战争的成本和代价与日俱增。高技术武器造价昂贵，决定了高技术战争消耗空前。现代战争既是打钢铁、打硅片，更是一场扔钞票的竞赛。现代武器装备性能的算术级数的升级，是以成本呈指数增加为代价的。战争准备与实施的巨额消费，使现代战争越来越像一场拼经济实力的军事经济仗。单从物资消耗指标来看，海湾战争分别比第二次世界大战、朝鲜战争、越南战争、第四次中东战争和马岛战争提高了20倍、10倍、7.5倍、4.2倍和3.5倍。海湾战争只打了42天，以美国为首的多国部队耗资即达611亿美元之巨，比一个中等发展中国家全年国民生产总值还要高。另根据美国国防部的数据，在伊拉克战争期间，驻伊美军每周开支高达10亿美元。美国不仅从2003年10月1日开始的财政年度中，为驻伊美军拨款510亿美元，而且在2004财政年度中将军费预算增加到4017亿美元，其中还不包括美国在伊拉克维持军队所需的费用。[①] 根据美国“国家重点工程”（National Priorities Project）的统计，截至2009年9月，伊拉克战争费用已接近6790亿美元。[②] 加上美国在阿富汗战争中的巨大开支，战争消耗了美国大量财富，美财政赤字不断攀升并屡创历史新高，给美国带来了沉重的经济负担。

而在中东地区，连年军事冲突导致该地区经济发展和人民生活水平严重下降。联合国贸易和发展会议2009年9月8日发布的一份报告指出，以色列在2008年年底到2009年年初对加沙发动的军事打击给加沙造成了大约40亿美元的经济损失，是加沙经济总量的近三倍。报告指出，整个被占巴勒斯坦领土的经济正面临前所未有的挑战。[③] 联合国报告认为：在1999年至2008年间，尽管巴勒斯坦权力机构实施了

---

① 姚有志主编：《战争战略论》，解放军出版社，2005年8月版，第135页。

② “美联社发布伊拉克战争以来主要统计数据”，中国新闻网，http://www.chinanews.com.cn/gj/gj-cfjm/news/2009/09-02/1846877.shtml。

③ “联合国报告：以色列军事行动给加沙造成40亿美元经济损失”，联合国网站，http://www.un.org/chinese/News/fullstorynews.asp?newsID=12210。

大规模改革，国际社会也提供了大量资金支持，但巴勒斯坦的人均国内生产总值仍下降了34%。在同一期间，失业率增加了10%，在2008年达到32%。2007年，被占巴勒斯坦领土57%的家庭生活在贫困中，而1998年时为20%。[①] 由联合国粮农组织牵头、多个救援机构共同在索马里全国开展的综合评估显示，目前索马里总共有376万人需要人道主义援助，约占全国人口的一半。而全球经济衰退也加重了索马里的人道危机。2009年上半年，索马里接收的海外汇款减少了25%。[②] 刚果（金）尽管拥有丰富的资源，但多年战乱也使其成为世界最不发达的国家之一。

此外，过多的军备开支以及军备竞赛妨碍经济的发展，从而给整个社会的发展带来消极影响。正如保罗·肯尼迪在《大国的兴衰》一书中所言："如果一个国家把它的很大一部分资源不是用于创造财富，而是用于军事目的，那么，从长远来看，这很可能将导致该国国力的削弱。同样，如果一个国家在战略上过分扩张，它就要冒一种风险：对外扩张得到的潜在好处，很可能被它付出的巨大代价抵消了。"[③] 因此，由于高技术战争的高成本、高消耗和高风险，使战争成为一种获取利益却并不经济的选择，或可一定程度上制约着战争发动者轻启战端，把战争旷日持久地拖延下去或随心所欲地扩大升级。因为他们也许会最终明白，那种不论代价、不计成本地追求"绝对胜利"，很可能陷入"战争泥潭"而不能自拔，最终被战争拖垮。历史不乏这样的教训。

---

① "联合国报告：以色列军事行动给加沙造成40亿美元经济损失"，联合国网站，http://www.un.org/chinese/News/fullstorynews.asp? newsID=12210。

② "粮农组织：索马里半数人口身陷人道主义危机"，联合国网站，http://www.un.org/chinese/News/fullstorynews.asp? newsID=12141。

③ ［美］保罗·肯尼迪著，王保存等译：《大国的兴衰》，求实出版社，1988年版，第2页。

三、国际军事安全对文化安全的影响

文化安全是国家安全体系的重要组成部分，是国家稳定和发展的精神前提，其核心是维护国家的文化利益，它关切的是国家的文化利益是否受到侵害。一个国家的意识形态、主流价值观、文化身份认同、文化产业发展能力、文化创造力等关系到国家的重大文化利益，是国家文化安全首先要维护的。[①] 国家文化安全指的是一个国家能够独立自主地选择政治制度和意识形态，抵制其他国家试图以意识形态和意识形态指导下的政治、经济模式强加于本国的做法，防范来自内部或外部文化因素的侵蚀、破坏或颠覆，从而能够很好地保护本国人民的价值观、行为方式、社会制度，保护文化的民族性，维护民族的自尊心和凝聚力，并利用必要的手段扩大本国文化在国际上的影响。[②] 因此，随着国际形势的变化，特别是美国在全球范围强力推行美国的价值观，要以美国式民主改造世界，在这股潮流下，各国的文化都受到了不同程度的影响或冲击，各国政府也更加注重维护其文化安全。

文化往往是国家政治的基础，一国的政治信念、战略目标、对内对外政策等，无不体现出传统文化的倾向与特征。[③] 从文化方面讲，战争具有文化传播作用。文化伴随着人类社会的发展而不断进步，文化进步离不开文化交流和传播。在一定的历史时期，文化的传播是通过战争征服和强迫认同来实现的，有时甚至是通过赤裸裸的野蛮侵略和血腥镇压来实现的。尤其在古代，战争曾对文化交流产生过特殊的作

① 黄旭东：《文化安全与发展中国家文化发展》，载《云南师范大学学报（哲学社会科学版）》，2009 年第 3 期，第 80 页。

② 于炳贵、郝良华著：《中国国家文化安全研究》，山东人民出版社，2007 年版，第 21 页。

③ 沈伟烈、陆俊元著：《中国国家安全地理》，时事出版社，2002 年版，第 18 页。

用。马克思指出："战争本身还是一种经常的交往形式；在传统的、对该民族来说惟一可能的原始生产方式下，人口的增长需要有愈来愈多的生产资料，因而这种形式也就愈来愈广泛地利用着。"① 因此，可以肯定的说，战争在人类文明发展史上起过积极的作用，客观上促进了文化传播、交流和融合。

然而，战争的发动者总是具有一定文化意识、文化传统的国家和民族，因此，在它们对其他国家或民族进行武力征服时，总是自觉不自觉地把自己的文化也传播出去。如中国历史上的蒙古族、满族在征服汉民族时，把蒙古族、满族的文化，包括礼仪服饰、生活习俗等，传入了中原，使得汉文化受到了很大的影响。历史上的宗教战争，对宗教文化的强制传播都曾产生了巨大的影响。在近代帝国主义对各个殖民地的武力侵略和征服过程中，也经常伴随着西方文明的强行传入，在全副武装士兵们的后面总跟随着传教士，将基督教文化传播到世界各地。同时，侵略者发动战争的目的虽然主要是开疆拓土、掠夺物质财富，但也从没有放弃对文化特别是物质文化的掠夺。德国法西斯对欧洲各国的掠夺，日本帝国主义对亚洲各国的掠夺，就是有力的佐证。而各掠夺者的"成果"仅从其国家博物馆的陈列中即可见一斑。

文化发展是在文化积累的基础上进行的，战争对文化遗产有破坏作用。历史上的冲突和战争对人类文化遗产的破坏不亚于自然灾害，许多文化宝藏如名胜古迹、建筑物、雕刻、绘画、书籍等艺术品和科技文化成果往往毁于战火，严重影响了文化的传承。战争往往会打乱文化发展的正常进程，使原有的文化积累遭到破坏，从而影响到人类的持续进步。中国古代的阿房宫、近代的圆明园都是毁于战火，这是战争破坏文化的有力说明。在当代社会，如何避免一切形式的非正义战争特别是以毁坏人类文明为目的的战争，始终是一个严肃而又必须加以解决的重大国际问题。

---

① 《马克斯恩格斯选集》第1卷，人民出版社，1972年版，第27页。

文化发展离不开和平稳定的国际国内环境，如果一个国家长期处于战乱或处于恶劣的国际军事对抗环境特别是动荡的周边环境之中，就不可能一心一意搞文化建设，除了要拿出大量的财富用于战争或战争准备，还会打乱正常的国家政治、经济、文化建设，导致文化建设资金的缺乏以及文化人才的流失、减少，甚至出现文化建设的停顿、倒退现象。一般说来，在战乱时期，人们普遍处于朝不保夕的不安全状态，连起码的生存都成了问题，文化自然不会受到应有的尊重，社会的治安处于混乱状态，道德水准也会因此而下降，何谈文化繁荣。

总之，如果国际安全形势动荡，会对各国文化的发展构成威胁，文化发展的基本的环境被破坏就不可能得到持续的发展。尤其在战争爆发后，国家的主权遭到战争威胁和军事入侵，国家的领土、领空、领海等主权受到外敌侵犯，那么文化的发展也会停滞，文化发展的历史遗产也可能化为乌有，这就更谈不上安全了。在人类历史长河中，曾经有许多灿烂辉煌的文明成果，都是在战火中灰飞烟灭，没有传承下来。因此，除了加强自身文化建设，有力地抵御不良文化的侵蚀，确保本土文化的良好传承和持续发展外，通过构建合理的国际军事安全格局，创造有利于人类和平发展的国际安全局势，是确保文化安全的前提。换句话说，文化的发展和文明的传承等国家的文化安全维护必须建立在加强军事安全建设的基础之上。

四、国际军事安全对生态安全的影响

随着全球环境不断恶化、生态问题日益突出，生态安全逐渐成为当今国际政治、经济生活和军事领域关注的焦点，越来越引起各国政府的高度重视。生态安全包含两层基本含义：一是防止由于生态环境的退化对经济基础构成威胁，主要指环境质量状况低劣和自然资源的减少和退化削弱了经济可持续发展的支撑能力；二是防止由于环境破坏和自然资源短缺引发人民群众不满，特别是环境难民的大量产生，从而导致国家的动荡。[①]

自然资源是人类赖以生存和发展的物质基础，生态环境的好坏也直接影响到人类的生存与发展。国际军事安全与生态安全有着紧密的联系，尤其是战争严重威胁着生态安全，可以说二者是如影随形的关系。冷兵器时代，战争对经济的破坏很少波及到自然资源，即使有所破坏，也是范围和程度较少的破坏。但进入火药兵器时代以后，随着武器杀伤力和破坏力的不断增强，战争对自然资源特别是对人类赖以生存的自然环境的破坏越来越严重。在战争中，河堤决口、空气污染、森林被毁等现象，已经司空见惯，不胜枚举。特别是随着核武器、生化武器的出现，战争对自然资源的破坏程度愈来愈深、范围愈来愈广，人类的生存环境面临着严重威胁，水资源、动植物资源、土地、矿藏以及空气等资源都会受到严重的破坏。例如，海湾战争中，科威特的许多油田化为滚滚浓烟，不仅严重地破坏了石油资源，而且造成了大区域的空气污染。据科学家预测，如果大规模核战争爆发，核大战产生的数亿吨尘埃和烟雾将把整个地球笼罩起来，遮断阳光的照射，地球将进入数月甚至数年不见天日的“核冬天”，人类的生存环境将遭受到毁灭性的破坏。

战争中还常常出现这样的情况，即交战一方通过破坏交战对方的生态环境，以迟滞其军事行动。而其所采取的针对性措施则往往对生态环境带来巨大的破坏，甚至是毁灭。如越战后期，美军为了战争的需要向越南倾倒了约5700万升的橙剂，这种内含剧毒物质二恶英的有毒化学除草剂致使越南境内大量土壤侵蚀、很多农田不能耕作，给越南生态环境带来了长期性的巨大损害。[②]

---

① 曲格平：《关注生态安全之一：生态环境问题已经成为国家安全的热门话题》，载《环境保护》，2002年第5期。

② 杜文君：《生态安全与军队后勤保障》，载《后勤学术》，2007年第1期，89页。

因此，稳定的国际军事安全环境塑造，避免战争爆发，是人类维护自身生存环境和建设美好家园的有力保证。

第三节　国际军事安全是影响各国国防和军队建设发展的重要因素

“安而不忘危，存而不忘亡，治而不忘乱”是被人类历史实践所证实的真理，军事安全关系到每个国家的兴衰存亡。进入全球化的信息时代，军队的职能使命随着国家利益的拓展而不断延伸。所以，维护国际军事安全对每个国家都十分重要。国际军事安全直接与战争相关。战争是解决国家、政治集团之间矛盾冲突的最后形式，也是军事安全的主线和基轴。能否遏制战争和打赢战争，是衡量军事安全程度的最高标准。任何国家，无论是生存，还是发展，都需要安全保障，自国家形成之日起，军事安全就是国家安全的核心内容和关注焦点。而维护国家在对外交往中的利益，确保国家利益不受侵犯，维护世界的和平与稳定，都需要建立一支强大的国防力量。因此，国际军事安全就成为影响各国国防建设和军队发展的重要因素。

一、战争威胁是推动国防和军队建设的动力

国防与军队建设是国家生存与发展的重要领域，对维护国家的安全与利益，保障国家经济建设的顺利进行，具有极其重要的作用。国际军事安全对国防与军队建设具有很大的影响作用，复杂多变的国际军事安全形势常常促使各国国防与军队建设不断发展。从理论上讲，“一个国家的军事安全状况主要决定于以下两方面因素：一是国家所处的安全环境和面临的威胁；二是决策者主观上对构成安全环境的各种

因素的认识、理解和判断。前者是构成安全环境的客观因素，后者是对前者的主观认识和反映”。[①] 在当今的国际体系中，如果国家所处的安全环境糟糕，面临着严重的安全危机，国家势必千方百计、想方设法加强国防与军队建设。因为，只有强大的国防才是保障国家在国际体系中安全与发展的坚实后盾。毛泽东曾在《论联合政府》中指出：“没有巩固的国防，便没有人民的福利，便没有国家的富强。”[②] 面对北约的战略压力，2009 年 8 月 11 日，俄罗斯总统梅德韦杰夫向议会提出一项法案，允许俄国军队在境外行动。新法案为俄国在海外用兵创立一系列新法律基础，这包括当俄国维和部队遭到攻击时做出反击；保护在海外生活的俄国人；打击海盗、在海外保护俄国船只。[③] 梅德韦杰夫还命令俄军从 2011 年起“大规模”升级军备。他说：“（我们的）首要任务是提高我军的战斗准备能力，首先是我军战略核武装的战斗准备能力。我军的核武装力量必须有能力完成所有旨在维护俄罗斯安全的任务。”[④] 为此，俄罗斯安全会议 3 月 27 日公布了一份北极战略规划，[⑤] 宣布将组建一支北极部队，以维护俄罗斯北极地区的利益。

---

① 刘静波著：《21 世纪初中国国家安全战略》，时事出版社，2006 年 5 月版，第 201 页。

② 《毛泽东选集》第 3 卷，人民出版社，1991 年 6 月版，第 1080 页。

③ “俄罗斯总统提出新法案拟允许俄军在境外行动”，中国新闻网，http：//www. chinanews. com. cn/gj/gj－ywdd/news/2009/08－11/1812456. shtml。

④ “俄总统要求大规模升级军备”，载《参考消息》，2009 年 3 月 18 日，第 18295 期，第 2 版。

⑤ 这份当天在俄安全会议官方网站上公布的规划已于去年 9 月由俄总统梅德韦杰夫签署。规划阐述了俄罗斯对北极地区的战略构想，提出俄在北极地区的中期目标是保持其在该地区的“领先优势”。根据这一规划，俄罗斯将在北极地区建立新的部队编制，以确保北极“在各种政治、军事环境下的军事安全”。同时，规划要求这一地区的俄边防部队增强实力和改进装备。参见“俄罗斯宣布拟组建北极部队维护其北极地区利益”，新华网，http：//news. xinhuanet. com/world/2009－03/28/content_11088682. htm。

对于安全受到威胁的国家来说，防止战争不能代替准备防御战争与实行防御战争，后者依然是受到威胁的国家维护安全的最后盾牌。尤其是军队，必须不断提高战斗力，增强实战能力，准备打仗，这仍是防止战争、维护和平的最可靠保障。总之，人类文明史是不断向前发展的，和平的力量、文明的力量总是会战胜战争的力量、邪恶的力量。人类在不断的斗争与探索中，终究会逐渐认清现实，达成共识，找到争取和平、维护和平的正确道路。

美国在当今世界的大国地位，就在于美国拥有世界上首屈一指的综合国力，特别是建立在这个国力基础上的强大的军力。苏联解体后，尽管俄罗斯国势衰落，大不如前，但由于它的军事实力仍然排在世界第二位，特别是拥有很强的核实力，因而还能保持世界大国地位。日本战后主要靠美国的保护伞维持安全，成为经济大国后，也产生了要在军事上有所作为的强烈愿望，因为日本认识到，如果军事这条腿“短”了，当政治大国的抱负就不可能实现。印度是个发展中国家，经济比较落后，为了在南亚次大陆和印度洋地区称雄，它在发展军事力量上也从来不吝投入，这些年更是重视发展海上力量，确立了“核武加航母”的“双箭头”目标，不仅要建 3 个航母编队，从而超过俄、英、法，成为世界第二航母大国，而且大力开发海基核作战平台，搞“三位一体”的核威慑力量体系。大国是这样，即使中小国家，也把谋求军事安全摆在重要位置。瑞士、瑞典和南美许多国家就是这方面的典型。

新中国建国初期，国家的综合国力较弱，在许多方面还处于落后状态，不可能对国防有更多的投入。尽管如此，毛泽东仍然主张，在国防的重要领域和重要项目上，别人能办到的，我们也要办到，别人有的，我们也要有。1956 年他在《论十大关系》中指出，“国防不可不有”，“我们现在已经比过去强，以后还要比现在强，不但要有更多的飞机和大炮，而且还要有原子弹。在今天的世界上，我们要不受人家欺负，就不能没有这个东西”。[①] 江泽民指出：“在当今世界上，一个国家如果不随着经济社会发展努力增强国防实力，提高军队的素质和武器装备水平，在现代技术尤其是高技术条件下的作战能力不强，一旦战争发生，往往陷于被动挨打的地位，国家利益、民族尊严和国际威望就要受到极大损害。”[②] 胡锦涛根据新世纪新阶段国际军事安全形势作出了开创国防和军队现代化建设新局面的战略部署，他强调指出：“国防和军队建设，在中国特色社会主义事业总体布局中占有重要地位。必须站在国家安全和发展战略全局的高度，统筹经济建设和国防建设，在全面建设小康社会进程中实现富国和强军的统一。”[③]

由此可见，以武装力量为主体的国防力量，是中国人民民主专政的坚强柱石，对于维护国内的长治久安，有着极其重要的作用。在中国社会主义制度条件下，由于消灭了阶级压迫和阶级剥削，因而消除了人民内部产生对抗的根源。但仍然有各种破坏社会主义秩序的犯罪分子和敌对分子，加上外部敌对势力的煽动，中国社会仍然存在不安定的因素。因此，国防力量，不仅承担着对外防御侵略、捍卫国家的独立、主权和安全的任务，而且在国内承担着巩固政权、维护社会稳定的任务。中国如此，其他国家也是如此。

① 毛泽东：《毛泽东军事文集》第6卷，军事科学出版社、中央文献出版社，1993年版，第365页

② 江泽民：《国际形势和军事战略方针》，载《江泽民文选》第1卷，人民出版社，2006年8月版，第278页。

③ 胡锦涛：《高举中国特色社会主义伟大旗帜　为夺取全面建设小康社会新胜利而奋斗——在中国共产党第十七次全国代表大会上的报告》，人民出版社，2007年版，第41页。

二、军备竞赛是刺激国防和军队建设的要素

由于国际体系是一个无政府的自助体系，缺乏超越各主权国家之上的最高权威，各国在寻求安全时只能依靠自己，而国家间互信不足，一国安全的追求被视为别国不安全的因素，一国追求军事优势的努力被别国同样的扩军计划所冲破，导致军备竞赛，由于军备竞赛的互动性和无休止性，各国寻求的自身安全成为泡影，造成安全困境。①

冷战期间，美苏为首的两大阵营以军事联盟为基础、以加强军备为手段在全球范围内展开了激烈的军备竞赛。冷战高峰时，美国年度防务开支曾达到 2904 亿美元（1988 年），占国家预算的 27.3%和 GDP 总额的 6.1%。20 世纪 80 年代中期，苏联国防开支每年也达 2500 亿～3000 亿美元，占国家预算的 27.3%和 GDP 的 12%～13%，有的估计可能在 20%以上。②

美俄两国虽然大幅度裁减核武器，但为了保持大国地位，谋求军事上的绝对优势，仍然不断加快战略核武器现代化进程，对世界安全依然形成重大的威胁。特别应指出的是，美国在部署国家导弹防御系统（NMD）和战区导弹防御系统（TMD）问题上一意孤行，是对国际军控努力的公然挑衅，很可能引发新一轮的外空军备竞赛。另外，西方大国在防止核扩散和军控问题上采取偏袒态度和搞双重标准的做法，不但是对国际军控努力的嘲弄，也是造成某些国家军备迅速扩张的重要原因。

近年来，全球和地区性的霸权主义又甚嚣尘上，特别是近期几场高技术局部战争让世界上大多数国家感到战争离自己并不遥远。在

---

① 刘昌明、李影：《论东北亚安全合作的困境及其民族主义根源》，载《山东社会科学》，2008 年第 4 期，第 120 页。

② 左凤荣著：《致命的错误——苏联对外战略的演变与影响》，世界知识出版社，2001 年版，第 252—254 页。

这种条件下，可以说，主权国家对国家利益的追求，仍然是比其他国际性的乃至全球性的需求更有效更主要的追求，国家无论大小强弱，仍然是从各自所处的地缘政治、地缘经济和本国面临的安全环境出发，在国际舞台上进行活动。这是造成部分国家进行军备扩张的外部原因。

“9·11”事件后，许多国家为了制止民族分裂，打击国内恐怖分子，保证国内稳定以及为解决边界争端，维护国家领土主权的完整而加强军队建设。这是造成部分国家进行军备扩张的内部原因。

军火贸易是大规模杀伤性武器扩散甚至核扩散的主渠道。冷战结束后，国际形势缓和，世界军火贸易总额同冷战时期相比有所下降。但是当前的国际安全环境并不稳定，局部战争和武装冲突连绵不断，一些地区的军备竞赛正在加剧，一些国家和地区对先进武器的需求仍在增加。同时以美国为首的西方国家及俄罗斯为了在减少国内武器采购和削减本国军备的同时维持其现有军工企业并从军火贸易中牟利，都试图扩大已有的军火市场并积极寻求新市场，尤其值得注意的是军火交易已经开始向高、精、尖方向发展。①

为了适应新的国际形势，不少国家借助于新军事技术革命的动力，依托自身的综合能力，发展高技术装备，深化军事调整，加强军事实力。尤其在加大先进武器装备研制的投入，发展远程精确打击、信息战、电子战等高技术武器装备方面，已形成了突飞猛进之势。高新技术武器的不断出现，将使国际或地区军力对比处于不断变化之中，原有的力量平衡被打破，各种不稳定因素增多。目前，大国围绕争夺高新技术军事优势的竞争以及向其他国家大量销售先进或比较先进的武器装备，使一些地区出现“逆裁军”现象，甚至在某些地区引发局部

① 樊增礼：《国际军控与裁军任重道远》，载《瞭望》，2001年第11期，第59页。

军备竞赛，加剧地区的紧张局势和国际军控的难度。[①] 而更为严重的是，一些国家为了自身安全和追赶新的军事革命，而不得不加入军备竞赛，并把发展核武器当作获得国防安全的一种经济而现实的选择。越是在高技术军备竞赛中不占优势，就越依赖核武器的等效威慑的作用。[②] 可以说，对自身安全能力的不信任或担心自身防御能力被削弱的恐惧心理，是导致军备竞赛出现的主观原因，而国际军事安全环境的恶化，则是导致军备竞赛的客观因素。这些因素集合在一起，尽管一定程度上增强了国家军队的总体力量，促使军队建设有了一定程度的进步，但从另一个角度看，却也进一步恶化了国际军事安全局势。

三、军事变革（革命）浪潮是推进国防与军队建设的动因

“军事变革，是指由科学技术的进步而引起武器装备的演进，进而引起军队编成、作战方式和军事理论等方面逐步发生根本性变化，最终导致整个军事形态发生质变的特殊社会现象。”[③] 它是人类发展史上有关军事建设前瞻性思维的产物，更是科学技术发展到一定时期的必然结果。它所形成的世界性浪潮，推动着世界主要国家的国防和军队建设，成为其谋变求强的动因。

从历史经验上看，历史上的历次军事变革（革命），都推进了当时的军事建设的发展。目前正在进行的这场新军事变革（革命）也不例

---

① 荆海涛：《冷战后的国际军控与裁军形势》，载《高等教育与学术研究》，2008年第2期，第133页。

② 李际均著：《论战略》，解放军出版社，2002年1月版，第53页。

③ 林建超主编：《世界新军事变革概论》，解放军出版社，2004年11月版，第1页。

外。当前，人类的战争形态正由机械化向信息化演变过程中，信息战争、知识军队、网络战争等新的作战理念已经出现。近年来发生的几场局部战争都已表明，信息化战争终将取代工业化时代的机械化战争，这一趋势正在也终将强行改变军队建设的模式。目前，世界各主要军事大国都在进行新一轮军事变革（革命），加快军队的转型步伐，以信息化战争的要求为牵引，围绕打赢未来高技术战争进行国防和军队的信息化建设，各主要国家都在信息化建设上取得了一定的进步，推动了军队的建设和发展。

通过军事变革（革命），美俄等军事强国在军事领域不仅大大领先于其他军事大国，而且与第三世界国家已经形成了“代差”，这导致了世界军事力量的失衡进一步加剧，使得超级大国依仗武力对世界事务进行干预，上演不对称战争的危险进一步增加。与此同时，处于物质技术基础劣势的国家，为了消除或缓解面临的威胁和压力，除了积极顺应新军事变革的潮流，推进本国的军事变革外，更多地是寻找和发展符合自已物质技术基础的军事能力，以便能够应对超强军事力量所构成的威胁，维护国家的生存权和发展权。有许多中小国家，面对军事强国的威胁，转而寻求核、生、化武器，这同样给世界的安全与稳定带来新的危险因素。①

“9·11”事件后，在利益冲突和军事竞赛的双重压力下，世界军事安全形势还可能趋紧，军事安全的地位和作用可能进一步增强。美国著名历史学家保罗·肯尼迪《大国的兴衰》一书中通过考察工业化时代的军事史得出结论说，凡是不能适应19世纪中叶的军事革命的国家都以失败告终。

---

① 姜汉斌主编：《国防政治学》，人民出版社，2007年7月版，第476—477页。

目前，方兴未艾的新军事变革对世界各国的国防与军队建设带来了深刻的影响。不仅发达国家，许多发展中国家都意识到，只有追赶这股历史潮流并乘上新军事变革这艘航船的国家，才有可能在21世纪的全球竞争中占有一席之地，才能在风云变幻的国际环境中维护国家安全。但是，新一轮的军事变革（革命）却也是大国发起的一场战略游戏，追赶不慎将会落入晃动着鸡毛的陷阱。有关这一问题将在第九章做专门论述，在此略去。

第八章

新军事变革对国际军事安全的影响

世界新军事变革是历史上历次军事变革延长线上的一个阶段。它既是世界军事发展的一股潮流或趋势，也是世界军事强国因应国际格局变化进行的军事领域重大的根本性全方位调整，更是世界军事强国发起的新一轮战略游戏。受此影响，国际战略格局受到巨大冲击，世界军事形势也发生着深刻的变化。军事相对不发达国家如不追逐这股潮流或趋势必将落伍，盲目追随则会落入军事发达国家布设的陷阱而成为这场游戏的失败者。这是一种追随与发展的悖论。

第一节　新军事变革的基本问题

“新军事变革”是“Revolution in Military Affairs”的中文“意译”。如今，它已成为我国军事和政治领域的一个专有名词，指的是：世界军事发达国家因应新的国际战略格局变化，特别是科学技术进入信息时代所进行的从军事思想到武器装备、指挥作战模式等军队建设领域的一场重大的全方位根本性战略调整。从目前情况看，新军事变革已对世界军事形势产生了重大影响，而且这种影响不仅不会停止，还将继续加大。从维护中国国家利益的角度出发，其对中国国家安全的影响值得认真关注和研究。

一、历史上的历次军事变革（革命）

军事变革（革命）始终伴随着人类社会的发展，是经济发展和科技进步的必然产物。“是指由科学技术的进步而引起武器装备的演进，进而引起军队编成、作战方式和军事理论等方面逐步发生根本性变化，最终导致整个军事形态发生质变的特殊社会现象。”①

迄今为止，世界究竟发生过多少次军事变革（革命），说法不一，究其主要原因，是看待这一现象的视角和对其内容实质的认知不同造成的。大多数学者认为一共发生过 3～6 次左右的军事变革（革命）。其中，俄罗斯著名军事专家弗·伊·斯里普琴科依照另一位俄罗斯军事哲学家谢列布里亚尼科夫的战争系统分类方法，即（1）根据所属的历史阶段；（2）根据其主要矛盾；（3）根据社会性质和意义；（4）根据使用手段和方法；（5）根据造成的社会后果，对人类历史上的军事革命（变革）进行了划分。他认为：第一次军事革命发生在军事对抗双方使用专门制造的梭镖、剑、弓箭以及铠甲代替石头和木棒的历史时代。这一过程被称为第一代战争。在 5500 年的人类文明史中，有 3500 年是在这种使用冷兵器以及徒手格斗为对抗方式的第一代接触战争中度过的，一直持续到 12～13 世纪。第二次军事革命与火药的发明密切相关。由于火药的发明，导致步枪、手枪和火炮等射击武器的出现，这就导致战争形态发生了根本转变，尽管依然属于接触战争，但这些武器的出现已经可以在一定距离内毁伤敌人，属于第二代接触战争，它大约持续了近 600 年。第三次军事革命出现在大约 200 年前，

① 林建超主编：《世界新军事变革概论》，解放军出版社，2004 年 11 月版，第 1 页。

科学技术的进步导致了线膛枪的发明，使得在毁伤目标时更加精准、射程更远、装药更多、口径多种多样，并由此出现了散兵壕和新的战役规模。这一时期也被称作第三代接触战争。第四次军事革命发生在100多年前。这次革命与自动武器的发明相关，在大量的这种武器被安装在坦克、飞机和轮船上之后，这种第四代接触战争更具战争规模。第五次军事革命发生在1945年，其标志是核武器的出现。这就首次具备了进行非接触导弹——核战争（第五代战争）的可能性。第六次军事革命出现在20世纪的最后10年，它与高精度常规武器的出现有关。使用这种武器的战争则是全新的非接触战争，也可称作是第六代战争。因此，“军事革命是在科技进步的影响下发生在军事领域的根本性的质变，它使武装力量的建设与训练以及军事行动和整个战争方式发生根本性的变化”①。我国学者在介绍军事变革（革命）时，有着不同的划分方法，认为近代以来就发生过6次军事革命（变革）。第一次军事革命（变革）发生在16世纪至17世纪的欧洲：滑膛枪炮取代长矛刀剑，宣告了火器时代的到来；步兵成为新的主角，炮兵开始受人瞩目。到18世纪后期至19世纪初期，第二次军事革命在欧洲和北美风起云涌：在以法国革命战争和拿破仑战争为核心的这场军事革命中，资产阶级民族军队将封建雇佣军赶出了战争舞台，义务兵役制度风光一时，“帝王的战争变成了人民的战争”；枪托弯曲并带有准星的火枪和威力更大的火炮在战场上开始亮相。第三次军事革命发生在19世纪后半期至20世纪初的欧洲、北美和东亚：后装枪炮取代前装枪炮，无烟火药取代黑色火药，蒸汽舰船取代木制帆船；总参谋部成为军队最高统率机关，军队的领导和指挥发生了历史性的变化。第四次军事革命发生在20世纪初至20世纪中叶，特别是以两次世界大战为中心：坦克、飞机、潜艇、航空母舰和化学武器等新兵器纷纷出现，军队的面貌大为改观；

---

① ［俄］弗·伊·斯里普琴科著，张铁华主译：《第六代战争》，新华出版社，2004年1月版，第52—54页。

战场从平面变成了立体，从二维发展到三维。第五次军事革命发生在20世纪40年代至80年代，它被称为“核时代”的军事革命。第六次军事革命就是目前正在推进的新军事变革。[①] 无论如何划分，我们都会发现，武器装备的变化是军事革命（变革）的决定性因素。军事革命（变革）不仅改变了战争形态、引发国际军事安全形势变化，也导致国际安全体系的出现和世界格局面貌的变迁。而从学术上讲，“从第四代战争开始，军事革命就通过战略表现为军事学的一个主要组成部分，前三次军事革命主要是通过战术及战役法表现出来”[②]。

当今的“新军事变革”是在科学技术迅猛发展，以微电子技术特别是计算机技术为统领的高新技术群逐步运用于军事领域而引发的一场全面根本性的重大变革，涉及从武器装备的概念、武装力量结构、指挥控制方式、作战样式、战场维度，到战场评估手段、军事建设思想和方法等各个方面。

有关新军事变革开始的时间，学术界众说纷纭。一种认为始于20世纪60～70年代。理由是军事传感技术领域发生了根本性革命，计算机技术开始运用于军事传输领域，使得单个平台和武器系统计算机化。另一种看法认为始于20世纪70年代末80年代初，主要认为美国“空地一体战理论”的出现，并开始以此理论为先导制定相应的武器装备发展、编制体制调整和教育训练计划。第三种看法是新军事变革始于20世纪80年代末90年代初。理由是，此时许多新武器系统已开始装备部队，作战理论和编制体制发生了明显的变化。第四种看法是以1991年海湾战争为标志。理由是此场战争开始显现出未来信息时代战

---

① 皮明勇：《世界近代六次军事革命》，载《党员特刊》，2007年第7期，http://wjgf.wj.gov.cn/InformationDetail.aspx?InfoGuid=9c5fd048－c71a－4f5e－b468－37aa08f6ff0e。

② ［俄］弗·伊·斯里普琴科著，张铁华主译：《第六代战争》，新华出版社，2004年1月版，第54页。

争的雏形，并就此引发了美国至今的军事领域的全面变革。[①] 但无论怎样，信息技术运用于军事领域是最关键的标志，它预示着未来战争样式发生了根本性变化。海湾战争则是这种新军事变革成果的第一次尝试，给世界主要军事强国未来的军队发展方向带来了巨大的冲击和挑战。

二、新军事变革既是历史潮流也是大国游戏

世界军事发展是伴随着军事变革发展的，军事变革既是人类社会进步的潮流所致，也是人类社会发展的必然趋势。因此，从理论上说，此次新军事变革是历史上历次军事变革的一种延续和发展，即世界军事变革延长线上的一个阶段，是军事发展的一股新的潮流。它既不是第一次，也不会是最后一次。值得注意的是，从历史上看，军事变革往往是由大国首先开始并主导的一种大国游戏，当今的这场新军事变革也不例外。

大国一直是世界格局的主宰者和推动者，规制和影响着世界的发展方向。因为大国首先是世界经济的领跑者，而经济发展水平则一直是军事发展的重要前提。同时，大国又多是世界科学技术的领跑者，而世界最先进的科学技术大都首先运用于军事领域。于是，它们开始利用自己的经济和技术优势，进行一轮又一轮军事变革，影响着世界各国的军事发展理念和做法。火药的发明曾导致冷兵器时代的结束，也导致作战方式的改变；原子裂变的发现导致原子武器的问世，在人们看到其巨大杀伤能力后，最终也使得核威慑战略变得可能。微电子技术特别是以计算机技术为统领的高新技术群的发明并逐步运用于军事领域，则导致信息化武器平台的出现，最终促使战争方式开始朝着

① 朱小莉、赵小卓著：《美俄新军事革命》，军事科学出版社，1996 年 9 月版，第 6—7 页。

信息化时代发展，全球化网络时代又为这场新军事变革提供了新的传播影响渠道和方式。

自二战后，美国一直占据着世界军事技术领先地位，出于冷战需要，不断进行军事变革，并在一直注重理论探索的同时，不断在实践中检验理论。尽管“新思想，尤其是蕴涵着重大变革的思想在军队中通常不那么为常人所接受”，[①] 但基于历史经验和教训（特别是越战的教训），为打造一支全新的领先世界的军队，新思想和新概念依然层出不穷，例如“积极防御”、“空地一体战”、“打赢首战”、“严阵以待”、“目标勤务”、“纵深打击”、“监护跃进”、“精锐陆军”等等。这些新思想和新概念在不断争论中，经历着实践的检验。从越南战争结束到海湾战争，美军共实施了 8 次军事行动。[②] 尽管这些军事行动大都取得了不同程度的胜利（除了解决伊朗人质危机和占领贝鲁特行动失败以外），但并未给大多数美国人留下真正好印象。直到 1991 年的海湾战争，美国公众（和很多部队）才醒悟，自越战以来美军发生了多么巨大的变化。[③] 海湾战争之所以创造了现代战争的神话，就是因为自越战以来美军进行了诸多前所未有的改革。

海湾战争后，美国掀起了新一股有关军事变革的理论探讨和实践浪潮，着重针对 21 世纪战争特点探讨美军的建设问题，建立了各种战斗实验室，形成了一批研究成果。其中，为应对未来“数字化战场”，成立“数字化工作组”和“数字化办公室”，协调组织建立“数字化部

---

① ［美］詹姆斯·邓尼根、雷蒙德·马塞多尼亚著，军事科学院外国军事研究部译：《美军大改革：从越南战争到海湾战争》，海南出版社，1999 年 7 月版，第 157 页。

② 这 8 次军事行动分别是：“马亚克斯”号货船救援行动、解救伊朗人质、锡德拉湾行动、占领贝鲁特、格林纳达行动、挫败“阿基利—劳罗”号游船恐怖主义行动、轰炸利比亚和巴拿马行动。

③ ［美］詹姆斯·邓尼根、雷蒙德·马塞多尼亚著，军事科学院外国军事研究部译：《美军大改革：从越南战争到海湾战争》，海南出版社，1999 年 7 月版，第 214 页。

队”，全力发展基于全球信息栅格的 C^4KISR 系统，并在一系列演习和军事实践中检验和完善自己的理念。在此推动下，国防和军队建设，特别是武器装备建设有了巨大的飞跃性发展。

在美国军事变革浪潮的推动下，世界主要国家如英国、法国、德国、意大利、加拿大、澳大利亚、印度、新加坡、挪威、丹麦、波兰、罗马尼亚以及其他北约国家也开始纷纷加入到这场“变革”潮流之中，且一发不可收。特别是，“经过近 10 年的摸索，到 2001 年，以美国开始详细规划军事转型为标志，新军事变革进入有组织、有计划、有纲领、目标明确、全面推进、协调发展的新时期”。①

从近年来的情况看，世界主要军事强国的军事变革步伐不是放缓，而是有加速趋势。2008 年起，俄罗斯已着手进行自二战以来最大的军事改革。俄军事改革涉及人员数量、中央军事指挥机关、编制结构和军官培养制度等，这些均为俄武装力量发挥职能的基础，故被认为是自 1945 年以来俄军事体系的最重大转变。英国开始着重打造“适应未来战争的一支规模小、装备精、具有较强快速反应和联合作战能力的新型部队”。“在军备建设方面，英军采取的方针是：减少数量，提高质量，重点发展数字化高技术常规兵器，使装备结构从高、中、低档技术武器相搭配转向高、中档技术兵器相结合。在推动军事变革的过程中，英国还十分注重纵向联合，加强与盟军、特别是美军的联合作战能力，借鉴甚至直接吸收美国新军事变革的成果。”② 英国军队信息化建设的重中之重是加强信息网络基础建设，分三个阶段完成全军性综合信息网络系统建设，即 2007 年前解决现有系统的互联互通问题，2015 年前解决通信一体化问题，2020～2030 年完全实现系统的综合

① 王保存：《世界新军事变革最新动态分析》，载李效东主编：《世界军事发展年度报告·2006 年版》，军事科学出版社，2006 年 1 月版，第 273 页。

② “部分先进国家推进新军事变革”，全球防务网，http：//www.defence.org.cn/article－13－28443.html。

集成，具备信息化作战能力。[①] 法国于1996年就正式通过了《1997～2002年军事纲领法》，提出了新的军事战略，对军事理论、建军思想、组织结构、军备方针等进行了全面调整，目标是建立一支以信息技术为核心、以高新技术武器为手段的精干部队，以战略威慑为基础，强化投送与机动能力，完善纵深打击力量，以期通过对军队的全面改造，完成法国自主防务的战略目标。[②] 日本于1995年对已执行了20年的自卫队建设总指导方针《防卫计划大纲》进行修订，确定了新《防卫计划大纲》。这是日本应对呈现加速发展趋势的世界新军事变革的反应，目的在于通过贯彻提高质量的方针，建设一支更加“高效、精干、合理的基础防卫力量”。[③] 在新一轮军事改革中，德国军队建设的重点包括：建立有效的指挥、控制和通信系统；加大侦察和情报搜集能力；增加机动性；改进武器装备；提高后勤保障能力；增强部队战场生存能力。[④] 印度信息化建设的中心任务是实施“网络中心计划”，提高“网络中心能力”。为此，印度国防部2004年6月正式启动了“网络中心战”规划，2005年又推出《网络中心建设纲要》，决定用25年时间完成网络中心建设。韩国已正式提出了四项军队信息化建设指标，即实现战场环境管理信息化、作战能力信息化、通信系统信息化和资源管理信息化。为达到这四项目标，韩军于2003～2005年又推出了多项信息化发展方案，如“信息化军队2010构想”、“电子—防卫目标2015计划”、“国防信息系统开发方案”、“中长期国防信息化建设方

---

① 王保存：《世界新军事变革最新动态分析》，载李效东主编：《世界军事发展年度报告·2006年版》，军事科学出版社，2006年1月版，第274页。

② “部分先进国家推进新军事变革”，全球防务网，http://www.defence.org.cn/article－13－28443.html。

③ “部分先进国家推进新军事变革”，全球防务网，http://www.defence.org.cn/article－13－28443.html。

④ “部分先进国家推进新军事变革”，全球防务网：http://www.defence.org.cn/article－13－28443.html。

案”等。[①] 可见，这场方兴未艾的新军事革命，是由超级大国发起，发达国家包括发展中国家紧随其后的军事领域大变革。

值得注意的是，这场新军事变革也是大国主导的一场游戏。因为，这场新军事变革的主要支撑不仅是先进的信息技术，更是巨大的经济实力，是富人的游戏。发达国家与不发达国家的经济能力和技术水平并不在一个水平线上，高技术武器平台是富人的奢侈品，星球大战计划拖垮了苏联就是最好的佐证。从最普遍意义上说，“对应该实施军事改革的多数国家来说，军事建设的财政经济保障是一个极其严重的问题，现在，实际上所有国家的武装力量自身和其他强力部门的军队对国家和社会来说都是难以承受的财政负担”。[②] 更不用说有限的资源运用于无限的武器装备发展，显然会对国家造成灾难性后果。

三、新军事变革导致强者更强弱者恒弱

如前所述，武器装备平台的变化可以导致整个军事领域的变化，新的武器装备平台大量装备部队并形成战斗力后，军事变革也就自然伴随而生。例如，19 世纪初火箭作为一种新发明的兵器，曾被发明者康格里费爵士（Colonel Sir. William Congreve）预言：“事实上，火箭这一种兵器注定了会使整个战术体系都要为之而发生变化”。而这个预言在第二次世界大战中终于兑现了。此外，物理学革命发明的原子弹及其 1945 年 8 月 6 日的爆炸，使公认的战争理论从根本上发生了动摇。它使有组织的国际性战争丧失了其政治意义，因为它使这一类战争变得荒唐不合理了。它使得用武装冲突来当作政策工具的理论彻底

① 王保存：《世界新军事变革最新动态分析》，载李效东主编：《世界军事发展年度报告·2006 年版》，军事科学出版社，2006 年 1 月版，第 275 页。

② ［俄］弗·伊·斯里普琴科著，张铁华主译：《第六代战争》，新华出版社，2004 年 1 月版，第 200 页。

破产，而把它们的威胁变成了一种战争的威慑物。[①] 因此，军事专家明确指出，尽管事实上并不是每一种新式武器的出现都可以引发军事革命。但是，由于到目前为止尚没有对军事革命的范畴做出严格的科学定义，因此"军事革命"这个概念在军事和政治文献中出现和使用时，经常与新式武器的出现有关，如：弓箭、剑、冲锋枪、坦克、飞机、轮船、天基传感器等。[②]

当今这场新军事变革的一个重要部分是武器装备的跨代发展，即由机械化向信息化发展。在这个过程中，已实现机械化的军事强国向信息化转型期间，在发展信息化武器装备的同时，不断优化和改良现有机械化武器装备。在此期间，不发达国家为追逐军事变革的潮流，也在寻求武器装备的发展，但由于技术和制造能力落后所导致的自主研发能力不够，不得不向发达国家出资购买，发达国家则趁势将过时的机械化武器装备大量抛售给不发达国家。军事强国通过这种手段和途径，不仅获取了其发展信息化武器装备的大量资金，还可控制不发达国家的武器装备发展，因为武器装备一旦形成某种系统，便具有很强的依赖性。这就形成了一个新的循环体系，结果是：发达国家和军事强国传统的机械化武器装备平台不仅得到进一步发展，信息化武器装备也比其他国家拥有巨大的优势；而不发达国家的武器装备尽管纵向发展有了提高，横向比较依然处于落后状态，形成强者更强、弱者恒弱的逻辑怪圈。

这是一种战略，是超级大国因应时代变化、为追求绝对安全而发起的一场新的战略游戏。在军事理论上我们或将其归类为"间接路线战略"，即不同于积极寻求决战、企图以优势兵力打垮敌人的直接路线

① ［英］J. F. C. 富勒著，钮先钟译：《西洋世界军事史·卷三·从美国南北战争到第二次世界大战结束》，广西师范大学出版社，2004 年 8 月版，第 3、553 页。

② ［俄］弗·伊·斯里普琴科著，张铁华主译：《第六代战争》，新华出版社，2004 年 1 月版，第 51—52 页。

战略，间接路线诱使敌人采取错误的行动，进行不正确的调动，设法让敌人用自己的力量来打击自己。因为，最理想且最有利的战略，应该着眼于“瘫痪”敌人，而不是从肉体上去消灭他们。麻痹敌人军事机器的“神经系统”，要比对敌人的直接硬打更有效。[①] 这场由美国发起的新一轮军事革命正是这种间接路线战略的又一次实施。美国依靠其丰厚的财力和技术资源，通过信息优势打造信息武器，确保自己在未来战场上的绝对优势。其他国家不跟进，优势将获得确保，如果积极跟进，势必消耗大量的资源而陷入困境，最终自己打垮自己。这种战略明显地反映出美国以单极霸权为核心的战略诉求。因此，不发达国家如果不改变思路，沿着这个怪圈循环，则会在这场游戏中永远处于劣势，处置不当，甚至可能在新一轮军备竞赛中被彻底拖垮。

总之，我们必须清醒地认识到，如今的这场新军事变革，是历次军事变革延长线上的一个阶段，是历史的发展潮流，因此必须追随，但绝不可盲目，要识破其中深藏的玄机，在这种悖论和两难之选中寻找到平衡点。

第二节　新军事变革对国际军事安全形势的影响

新军事变革对当今世界军事形势的影响十分显著，其导致了地区和世界局势的紧张，一些看似孤立的问题，其背后都有新军事变革的影子。尽管新军事变革主要发生在冷战结束以后，但是冷战思维并没有伴随冷战结束而走进坟墓，依然影响着当今世界的军事形势变化。

① ［英］巴兹尔·亨利·利德尔—哈特著，军事科学院译：《战略论：间接路线战略》，战士出版社，1981年版，第138、300、301页。

世界格局因各种因素的交集变得更加复杂，高技术条件下的局部战争频频发生，成为高新武器装备的试验场。由于人们对未来战争武器装备需求，导致军备竞赛掀起新一轮浪潮，其中核扩散导致的僵局，不仅使地区处于紧张的气氛之中，也使国际社会为此付出了高昂的外交成本。更引人关注的是，非传统安全的多点并发，增加了人们对引发军事安全危险性的担心。

一、新军事变革导致地区和世界局势紧张

冷战结束后，世界格局正发生着深刻的变化。其中，世界主要大国在新军事变革的推动下，不断调整着国家安全战略，导致大国关系出现新的分化组合，新的大国关系格局正在形成。

新军事变革给地区和世界带来的一个最为重要的影响就是，为谋求军事优势，以发展先进武器装备为代表的新一轮军备竞赛已经开始，结果导致一种恶性循环下的局势紧张：参与国家更多、成员更为复杂、涉及领域更为广泛、控制和监管难度更大的世界性难题，也给地区和世界局势增添了新的紧张气氛。

首先，新军事变革导致军费预算和实际开支不断增加。在新军事变革浪潮的推动下，各国为取得军事力量建设的发展，不断投入大量经费。1998～2007 年的 10 年间，全球军费开支实际上升了 45%。①其中美国在推进军事转型和军事变革过程中，军费增加最为明显；作为世界第二军事强国的俄罗斯的军费也呈连年增长态势；其他军事强国和一些国家的军费开支也在增长。即使在全球金融危机的背景下，2008 年的全球军费开支仍“接近 1.3 万亿美元，占全球国民生产总值的 2.5%，比 2007 年增加 6%，其中美国 5069 亿美元（加上 1894 亿

① ［瑞典］斯德哥尔摩国际和平研究所编，中国军控与裁军学会译：《SIPRI 年鉴 2008：军备·裁军和国际安全》，时事出版社，2009 年 5 月版，第 4 页。

美元的反恐战争开支，美国的军费总额高达6963亿美元，占世界军费总额的一半以上）；日本47769亿日元（约480亿美元）；俄罗斯393亿美元；印度约264亿美元。2009年世界主要军事大国依然保持高额军费投入。美国防预算为5425亿美元；俄军费将增加27%，达500多亿美元；日本防卫费48449亿美元（因日元升值因素可能突破500亿美元）；印度军费将达到300亿美元上下的水平”。[①]

其次，全新武器装备的研发和部署导致新的安全对峙。其中最为典型的是美国研发和推动建立、部署反导系统，导致了与俄罗斯的激烈冲突。作为信息化武器装备系统，反导系统建立和部署的目的“在于实现战略武器的优势，通过削弱其他国家维护自身安全的威慑力来实现本国的绝对安全”[②]。美国反导系统建设和准备在欧洲部署的举动，引发了俄罗斯的强烈反弹，致使俄美矛盾加深，地区局势动荡。例如俄格冲突不能否认具有向美国领导的北约“示威”的深层内涵，而俄罗斯与乌克兰之间的矛盾显然有美国反导系统因素。美俄的这种安全对峙发展至今日，特别是以俄罗斯为首的集体安全条约组织的发展，已演变为人们对“新华约”复活导致新冷战爆发的担心。而印度斥巨资购买先进武器装备的举动，也导致南亚次大陆的紧张局势。

第三，一些国家通过核、生、化武器开发寻求军事力量平衡，成为世界局势不稳的根源。信息技术的不平衡发展以及经济实力的差距，是军队建设向未来战争状态转型的重要制约。因此，一些经济相对落后国家在这场新军事变革中另辟蹊径，将有限的财力转向研发核、生、化武器，以寻求某种军事上的平衡。朝鲜核武开发引发的朝鲜核问题起起伏伏和最终六方会谈的破裂，伊朗核问题引发的美伊关系对峙和大国博弈等，无不导致国际社会投入大量的外交成本，也使地区局势

① 盛欣主编：《世界军事形势分析·2009》，国防大学出版社，2009年7月版，第11页。

② 刘强主编：《2008·国际安全》，时事出版社，2009年4月版，第87页。

出现紧张。而被称为“穷人核武器”的生、化武器，更是面临着一种复杂的局面，因为“防止和应对化学和生物战（下称‘生化战’）的措施正在从针对以国家为基础的生化战计划，演化为针对更分散的、难以量化的、非国家性的、有时充满冒险性的威胁情形——如那些装填了有毒化学物质或病原体的自制装置”。[①] 目前，从军控的角度看，“对科技发展进行有效管制和监督以使其不被用来发展生化武器变得困难，而合成生物学似乎日益成为这种困难的象征”。更为严重的是，“人们对于科技进步及其对生化武器扩散和控制的影响仍然认识不足”。[②] 非常明显，这种现状势必给一些国家和次国家组织发展生化武器预留了很大的空间，其对世界安全的威胁之严重不言而喻。

二、冷战思维没有消失，军事对峙依然存在

尽管冷战已结束多年，国家间的对抗更多地体现为协调、对话与合作。但是，以美国为首的西方世界，依然以冷战思维看待世界并体现在实践中。它们对与其价值观相悖国家的围堵行动一刻也没有停止，国家安全战略中依然存在着严重的冷战思维，这严重影响了国际社会的稳定与发展。在它们对战略环境的判断中除了认为“企图颠覆全球国家体系的暴力极端意识形态”是最大的威胁外，依然认为“一些国家可能积极寻求在传统战争的部分或所有领域对抗美国、或发展与我们针锋相对的能力来获取优势”，因此美国“将继续实施全球防务态势调整，由过去的基地结构和前沿驻扎部队转变为一支远征力量，从而在不断变化的战略环境中，更加灵活地应对不确定性威胁”。[③] 这种进攻性极强的战略态势，导致其军事力量不断精锐化。这也是其军费连

---

① ［瑞典］斯德哥尔摩国际和平研究所编，中国军控与裁军学会译：《SIPRI 年鉴 2008：军备·裁军和国际安全》，时事出版社，2009 年 5 月版，第 594 页。

② 同上，第 622、624 页。

③ 美国国防部：《国家防务战略报告》，2008 年 8 月 1 日颁布。

年增长的主要原因。

在美国这种冷战思维的影响下，其他国家出于自身安全考虑不得不加以应对，结果导致严重军事对峙现象重现。其中，冷战时期美苏两大集团的对峙，演变成为今天的美俄对峙，并在2008年达到了一个新的高峰。2008年，俄罗斯推出了《对外政策构想》和外交政策五项原则，总统德梅韦杰夫还发表了以安全为主要内容的国情咨文，对俄罗斯的安全问题做了进一步强调，重视程度之高，态度之坚决，为冷战后所罕见。其中特别引人注目的是，“普京的政治路线（或称普京主义）得到进一步发展，面对威胁恢复俄罗斯大国地位和复兴俄罗斯人民福祉等重要利益的举动，俄不惜放手一搏，欲让对手望而却步。因此，针对美国的地缘战略扩张和一系列诸如伊朗、科索沃、南奥塞梯、乌克兰、导弹防御、北约东扩和国家治理等国际问题，俄与美针锋相对，甚至称为维护俄国家利益不惜爆发新的冷战来宣示俄的强势作风，成为近年来两国关系的一个重要转折点”①。进入2009年，俄罗斯在军事防务上新动作不断，在重启与美国的削减进攻性武器谈判的同时，不断举行各种名目的军事演习，向世人展示其军事力量。同时，直面美国和北约的压力，俄罗斯显示出其一贯的硬朗作风，积极调整对外军事战略，扩大防御范围，更加重视其海外安全利益。例如面对北极军事化问题，俄罗斯总统梅德韦杰夫认为，北约仍在努力向俄罗斯边境方向扩大部署。他命令俄军从2011年起“大规模”升级军备。梅德韦杰夫说：“（我们的）首要任务是提高我军的战斗准备能力，首先是我军战略核武装的战斗准备能力。我军的核武装力量必须有能力完成所有旨在维护俄罗斯安全的任务。”② 北极战略规划的出台就是旨在维护俄罗斯北极地区利益的重要战略举措。更为引人注目的是，2009年

① 刘强主编：《2008·国际安全》，时事出版社，2009年4月版，第6页。

② 参见《俄总统要求大规模升级军备》，载《参考消息》，2009年3月18日，第18295期，第2版。

2月，独联体集体安全条约组织[①]成员国首脑在莫斯科举行特别会议，就组建集体快速反应部队达成一致意见。据称，独联体快速反应部队的主要任务是抵御军事侵略、救灾、打击国际恐怖主义和有组织跨国犯罪等。最终，俄罗斯、哈萨克斯坦、塔吉克斯坦、吉尔吉斯斯坦和亚美尼亚5个成员国签署了有关协议。[②]如前所述，独联体集体安全条约组织框架下组建的快速反应部队不断进行联合军事演习，此举甚至被人认为大有“华约”重现的味道。

在其他一些地区，美国不断加强与其盟国的军事关系，以应对所谓的威胁，引发了地区国家的不安和警惕。这种不安和警惕，自然反映在军事建设力度的加大上，形成某种意义上的军事对峙和军备竞赛。

三、局部战争频发，军火交易购销两旺

自新军事变革在世界范围展开后，局部战争和暴力冲突成为世界关注的焦点问题。据统计，仅1998～2007年，世界范围内因政权之争和领土之争引发的重大武装冲突达166起，其中因政权之争引发的有93起，因领土之争引发的有73起。[③]尽管这些武装冲突中绝大多数跟“高技术”不沾边，属于传统的低端战争范围。但是，其中一些众所周知的由美国或西方发达国家发动的战争，如科索沃战争、阿富汗战争、伊拉克战争则是“高技术”运用最多的局部战争。无论是精确制导还

---

① 独联体集体安全条约组织成立于2002年5月14日，其前身是1992年签署的独联体集体安全条约。目前，该组织成员国包括俄罗斯、白俄罗斯、哈萨克斯坦、亚美尼亚、吉尔吉斯斯坦、塔吉克斯坦和乌兹别克斯坦。

② 集体安全条约组织成员的另外两个国家，即白俄罗斯和乌兹别克斯坦因在快速反应部队的角色定位上存在分歧，尚未签署加入快速反应部队。参见“独联体集体安全条约组织举行综合性军演”，国际在线，http://gb.cri.cn/27824/2009/08/26/3785s2603003.htm。

③ ［瑞典］斯德哥尔摩国际和平研究所编，中国军控与裁军学会译：《SIPRI年鉴2008：军备·裁军和国际安全》，时事出版社，2009年5月版，第96页。

是隐形战机，以及信息指挥系统，局部战争的战场都成为检验这些高新武器性能和效能的试验场。

更为严重的是，局部战争导致军火交易购销两旺，不仅常规武器销售量不断增长，“美国及其他国家在高技术电子、通信和军事服务领域的公司的军火销售也有巨大增长，这反映出军事规划者在满足美国军队在阿富汗和伊拉克更紧迫需求的同时继续将重点放在‘网络中心战’上，以及反映出军事服务外购越来越多的长期趋势”。① 俄罗斯制定《2007～2015 年国家装备计划》，准备投入 1890 亿美元，旨在到 2015 年更新俄武装部队 45%的装备。② 而国际大范围的武器转让，更是使得武器生产无法降温。2003～2007 年，美国、俄罗斯、德国、法国和英国这 5 个最大的武器供应国占全球武器转让的近 80%，而非洲、中东和南美洲的一些国家甚至用出售资源的资金购买武器装备。一些发展迅速的国家，如印度、韩国更是武器采购的主要国家。此外，供应国和接受国均用一些与政治、资金和安全相关的理由来使这种不断扩大的转让合理化。③ 这就使国际武器转让形成一种不断增长的发展趋势。

主要供应国在国际武器转让中获取了巨额利润，这些巨额利润更多地被其转化为研制和生产更为先进的、适应未来战争的高技术武器，由此形成了一个新军事变革背景下的武器产业链，即较新武器生产——销售——最新武器研制、生产。暴力冲突对先进武器装备的需求和维护绝对安全对最新武器的需求将使这个产业链继续维持，并使得发达国家的武器装备得到进一步发展，并长期占据优势，除非其他国家在关键技术上有所突破且有足够的经费支撑。

---

① ［瑞典］斯德哥尔摩国际和平研究所编，中国军控与裁军学会译：《SIPRI 年鉴 2008：军备·裁军和国际安全》，时事出版社，2009 年 5 月版，第 363 页。

② 同上书，第 367 页。

③ 同上书，第 412 页。

四、军备竞赛程度不减，核扩散处理陷僵局

如前文所述，军备竞赛在一些地区方兴未艾，加剧了地区紧张局势。但更引人瞩目的是在防扩散领域，伊朗核问题、朝鲜核问题同时出现，其解决难度之大导致双双陷入僵局。

伊核问题自出现以来久拖不决，对地区的稳定与安全不仅有现实的影响，还存在潜在的威胁，成为影响地区稳定的重要因素。伊朗与国际社会时而合作时而对抗的做法，使这一问题陷入难以解决的困境。围绕伊朗核问题，不仅存在着伊朗是否真在发展核武的争论，更存在着伊朗是否有权和平利用核能问题的拷问。尽管大国之间在伊朗核问题上的合作有所体现，但由于问题的复杂性，伊朗核问题已超越了其问题的本身，成为大国博弈的战场。伊朗核问题的前景目前很不明朗，能否顺利解决首先取决于伊朗与国际社会合作的程度；其次取决于国际社会解决的方式；第三取决于美国与伊朗关系的缓和程度；最后也是最关键的，就是取决于伊朗核开发的真实目的。我们最不愿意看到的情形是伊朗因核问题招致美国军事打击而成为第二个伊拉克。那将引发中东地区的大动荡。

朝核问题一波三折，最终不仅没能解决问题，反而陷入僵局，还导致一种处理危机模式的流产。六方会谈能否重新启动，成为国际社会十分关注的问题。从军事层面看，朝鲜发展核武器，也是从自身国力考虑，汲取阿富汗和伊拉克被美国和西方国家推翻政权的教训，加速核武化进程，以缩小因信息技术落后导致的被动局面，并欲以此取得与美国在军事上的某种平衡。从这种意义上看，朝核问题也是新军事变革背景下出现的难以回避的现实问题，从一个侧面反映出在技术非对称时代，一些国家的军事发展思路和对策，即高技术优势可以通过发展威慑性武器装备来打破。

五、非传统安全频搅局，易成军事冲突诱因

近年来，人们对非传统安全对国家和国际社会威胁的认识不断加深。其中，以“9·11”事件为代表，现代国际恐怖主义达到了一个新的高峰。由于“现代国际恐怖主义是复杂的国际社会政治背景下社会冲突的一种特殊表现形式”，[①] 其对国际社会造成的影响也是巨大的。在治理国际恐怖主义过程中，以西方为主导的国际社会将军事打击作为一种优先选择。阿富汗战争和伊拉克战争都是这种选择的实例。在军事打击恐怖主义过程中，阿富汗塔利班政权和伊拉克萨达姆政权都成为美国等西方国家军事打击的牺牲品。由此，人们已经十分清楚地看到，恐怖主义问题不仅可能招致军事打击，政府亦可能被颠覆，国家主权亦可能被侵犯。除恐怖主义问题外，其他一些非传统安全的威胁不仅是现实的，也是严重的，同样极易成为军事冲突的诱因。

首先，国际金融危机导致国际政治力量的重组。因为，由于“重创后遗症的作用，尽管美国在世界经济中的主导地位和作用不会改变，但必将大幅衰落。同样受此影响，美国防投入受到严重影响，战略扩张必将收缩，地缘政治实力和影响力也将有所削弱。”[②] 而新兴国家成为世界新宠，在解决金融危机导致的经济危机中发挥着巨大作用。国际政治现实中，“经济格局的变化必将导致政治格局的改变，这是历史经验曾给出的答案”。[③] 在政治力量和政治格局重组过程中，重大利益冲突会否引发军事冲突，显然无人可以妄下否定的结论。

---

① 刘强：《现代国际恐怖主义再解析——基于社会心理与冲突和意识形态的视角》，载《江苏社会科学》，2010年第1期，第95页。

② 刘强：《当前若干非传统安全问题的国际政治解读》，载《南京政治学院学报》，2009年第4期，第59页。

③ 刘强：《2008年全球安全形势纵论》，载《世界经济与政治论坛》，2009年第1期，第18—19页。

其次，能源安全导致地缘政治更趋复杂，引发军事冲突的几率在上升。“从政治和安全视角看，油气蕴藏和供应大国与需求大国之间因供需关系所导致的政治利益接近或疏离，以及对油气和管线的控制与反控制，最终导致地缘政治的复杂化”。① 更为令人担心的是，在开发出新能源并替代现有能源之前，有限能源与无限发展导致巨大的结构性矛盾——供需差，关乎人类生存与发展问题，极易成为军事冲突的诱因。例如，人们在美国对阿富汗和伊拉克动武的原因上存在诸多争论，但对于美国欲控制、攫取中亚和中东能源的动因还是具有共识的。

第三，粮食问题、水危机、环境安全等也易成为军事冲突的原因。近年来日趋严重的粮食危机、水危机和环境安全问题困扰着世界。这些问题同样关系到人类的生存与发展，特别是粮食危机和水危机。据联合国粮农组织 2008 年 12 月 9 日发布的《2008 年世界粮食不安全状况》报告称：“主要由于高粮价的影响，2008 年新增 4000 万饥饿人口，使饥饿人口总数达到 9 亿 6300 万”。② 近 40 个国家和地区因饥饿发生冲突和骚乱。然而，2009 年的情况依然没有好转，且仍在加剧。根据联合国粮农组织的的报告，2009 年世界饥饿人口比 2008 年增加了 11%，达到 10.2 亿。③ 这就意味着全球每不到 7 人中就有一个人要过着饥肠辘辘的生活。联合国粮农组织 2009 年 11 月 10 日发布报告称，尽管 2009 年全球粮食收成较好，但低收入缺粮国的粮价仍居高不下，31 个国家需要紧急援助，其中东非地区由于受到武装冲突和旱灾的影响，情况尤为严重，预计有 2000 万人需要粮食援助。粮农组织表

① 刘强：《2008 年全球安全形势纵论》，载《世界经济与政治论坛》，2009 年第 1 期，第 19 页。

② “粮农组织：2008 年全球饥饿人口达 9 亿 6300 万”，联合国网站，http://www.un.org/chinese/News/fullstorynews.asp?newsID=10863。

③ “联合国粮农组织报告全世界饥饿人口突破 10 亿”，新华网，http://news.xinhuanet.com/world/2009-10/16/content_12242385.htm。

示，对世界贫困人口来说，粮食危机还远未结束。① 因而，粮食危机被联合国秘书长潘基文形容为一场全人类共同面临的“输不起的战争”。此外，目前世界范围的缺水状况十分严重，例如非洲大约还有三分之一的人口缺乏饮用水。同时，世界上有 26 亿人饮用的水达不到卫生标准。② 世界卫生组织（WHO）的一项调查显示，全世界 80％的疾病是由饮用被污染的水而造成。全世界 50％儿童的死亡是由于饮用水被污染造成。联合国环境规划署认为，就全球范围而言，污染的水源是人类致病、致死的最大单一原因。③ 全世界每年因饮用不安全的水、卫生条件差而死亡的人数超过 220 万。④ 2009 年 11 月，在第 13 届世界湖泊大会上，来自全球 45 个国家和地区的专家和政府官员代表经过研讨、论证后形成了一个共识，即：如果说“19 世纪争煤，20 世纪争油”，那么 21 世纪人类争夺的将是水。⑤ 因此，越来越多的人担心因水源的争夺而诉诸武力解决。特别是一些跨界河流的水资源分配问题极易引发矛盾和冲突。目前，世界上有 40％的人口居住在由两个或更多国家共享的 263 个河流流域中。⑥ 有关资料显示，1949～2009 年的 60 年，世界各国共签署了 200 多份有关跨界水资源的国际协议，有 37 起国际水资源争端最终诉诸武力解决。⑦ 与此同时，环境问题近年来越来越成为国际社会关注的焦点。在解决这些问题时，国家利益间的冲突

---

① “联合国称冲突与旱灾致东非 2000 万人需粮食援助”，中国新闻网，http://www.chinanews.com.cn/gj/gj－zd/news/2009/11－11/1958700.shtml。

② 杨凌：“水危机成健康问题全球每天 4500 个儿童缺水丧生”，中国新闻网，http://www.chinanews.com.cn/jk/ysbb/news/2008/03－20/1197692.shtml。

③ “联合国报告：世界 80％疾病由饮用水污染导致”，中国环境生态网，http://www.eedu.org.cn/news/resource/water/200711/17795.html。

④ 同上。

⑤ “人类将提前面对‘滴水贵于油’的挑战”，新华网，http://news.xinhuanet.com/society/2009－11/04/content_12386026.htm。

⑥ 《联合国呼吁分享水资源》，载《解放日报》，2009 年 3 月 22 日。

⑦ “跨界水”，百度百科，http://baike.baidu.com/view/2293193.htm。

会否导致军事手段解决，同样令人担心。

总之，以上问题如果得不到很好的解决，为求生存和谋发展而导致军事冲突的可能性就会大大增加，国际军事安全问题将变得更加突出和复杂。

第三节　新军事变革对中国国家安全的影响

随着中国改革开放的不断深入和更加融入国际社会，世界新军事变革给中国带来的影响也在增强。党和国家领导人对此高度重视，“多次亲自主持召开座谈会，要求军队重视研究高技术战争的特点和规律，为我军建设提供有益的借鉴”。[①] 从维护中国国家安全的角度看，深入发展的这场影响世界的新军事变革，正导致国际军事格局的大变迁，既给中国国防和军队建设发展带来了巨大的压力和挑战，也给中国国家安全带来了现实和潜在的威胁，因而必须找到理性应对的方案。

一、中国国家安全环境不容乐观

由于中国经济的迅猛发展和外交工作不断取得重大成果，中国的国家安全环境相对过去已有了很大的改善，被称为建国以来最好的时期之一。但是，我们同时还应该看到，21 世纪初期的中国国家安全环境也是最为复杂的时期之一，甚至是最困难的时期之一。因为我们不仅面临着许多严峻的现实问题和挑战，还面临一些潜在重大问题和

① 熊光楷著：《国际战略与新军事变革》，清华大学出版社，2003 年 10 月版，第 42 页。

挑战。

首先，一些国家特别是西方大国对中国发展方向的认识仍未统一。无论是“崩溃论”、“威胁论”还是“责任论”，都反映出一些国家对中国发展认知上的偏差。近年来，中国的迅速崛起已经成为许多国家“格外关注”的重要问题，一些国家从中国崛起中看到的是对世界和平发展带来的希望，但也有一些国家对中国强大后的发展方向，尤其是以怎样的姿态和角色参与国际事务心存疑虑甚至恐慌，其中对是否会取代美国而成为新霸权国家的担心尤为深重。特别是美国，从现实主义理论观点和历史经验出发，将中国的崛起视为对其现有霸权的挑战，即颠覆现有的国际秩序、损害现有霸权国的利益，甚至将中国列为其面临的三大挑战之一。前美国贸易代表罗伯特·佐利克曾在 2007 年 2 月 10 日接受新加坡《海峡时报》记者采访时表示，美国面临的三大挑战之一就是如何看待中国和亚洲的崛起。[①] 即便是中美关系处于良好状态的 2009 年，美国对中国的遏制心态依然根深蒂固。美国 2009 年 9 月 15 日发布的《国家情报战略》（报告）中，便将中国和俄罗斯定性为主要“挑战者”。可见，美国防范和遏制中国的心理准备一直没有松懈。这点从美国在中国周边的排兵布阵上同样可以看出。一是美日同盟不断加强并部署最新武器装备平台，其“项庄舞剑”之意路人皆知。二是与印度关系明显加强。2009 年美国与印度关系可谓具有突破性进展。美国国务卿希拉里·克林顿于 2009 年 7 月访问印度期间，与印度签署了有关国防、太空和科技协作的三项协议。其中的“实际监控”协议最为引人关注，它完全消除了美国武器出口印度的一切法律障碍。俄罗斯《全球政治中的俄罗斯》杂志主编费奥多尔·卢基扬诺夫对此撰文称，美国对与印度建立特殊关系寄予厚望，主要是想把印度变成

① 前美国贸易代表罗伯特·佐利克认为美国面临的三大挑战是：一是伊斯兰世界中现代化和全球化引起的有关问题；二是如何看待中国和亚洲的崛起；三是经济全球化问题。

像日本一样的盟友，依靠它来遏制中国。[1] 俄罗斯另一家报纸《俄罗斯商业咨询报》也认为，“美印签署的一批协议将建立两国的战略伙伴关系，从而把印度变成美国在亚洲的主要立足点。……另外，与印度结盟可使印度控制整个印度洋并向中国施加压力。因此，不能排除将来美军驻扎印度的可能性。”[2] 应该说，这是美国全球霸权战略中的一个重要步骤。因此，美国人提出“G2”（两国集团）也好，“Chimerica”（中美国）也罢，在反映中国实力上升开始得到美国重视的背后也有捧杀中国的一面，最不好的结果就是很可能导致将中国从“潜在对手”转变为“现实对手”。

其次，经济全球化的负面影响日益深刻，中国面临的安全威胁更加复杂。受2008年以来美国金融危机的影响，全球经济衰退的同时，也导致全球地缘政治的变迁和财富中心的转移，传统安全与非传统安全相互交织所导致的问题日益凸显，国际格局正进入一个新的变化之中。在此过程中，中国不但面临着“硬威胁”，还面临着“软威胁”，诸多安全困境导致的问题既是现实的也是严峻的。在这些问题中，中国至少面临着这样一些现实安全威胁和挑战：台湾问题和领土（领海）纷争对中国国家主权的挑战；金融危机对中国经济发展构成的挑战；国际恐怖主义和“三股恶势力”对中国国家安全和社会稳定构成的挑战；诸多问题如朝核问题、伊核问题、气候问题等对中国所谓的“国际责任”带来的压力和挑战；水危机、能源危机、环境恶化导致的生存危机等等。“敌人”的概念开始泛化，甚至可能是“无形”、“无组织”和“无国家（或称非国家）”的，并可能呈现出“多元化”、“模糊化”和“组合化”特点。如果传统安全与非传统安全多点并发，“硬威胁”和“软威胁”同时出现，其对中国国家安全形成的挑战之严峻则可能是空前的。

---

① 方华：《世界大事综览》，载《国际信息资料》，2009年第8期，第47页。

② 同上。

第三，周边安全存在隐患。中国与14个国家接壤，还有近乎相同数字的邻国，历史上多多少少与其中的大部分国家因边界争端等问题有过军事摩擦或战争。一些国家从朝贡体系的历史经历中一直仰视这个“中央王国”，加之“中国威胁论”的弥漫和影响，根深蒂固地存在着对中国的不信任感。中国所处的西太平洋区域是全世界主权纠纷最多的区域之一，在这些主权纠纷中，中国占了相当一部分（目前与10个国家存在主权纠纷）。在这些因素影响下，周边一些国家也在追随世界新军事变革的浪潮中，致力于增强自己的军事力量。中国所面临的这种复杂严峻的地缘政治形势和军事形势，是世界其他大国所没有的。由于新安全观主张和问题解决手段的有限性，中国在解决与周边国家间的问题时，在手段的选择上必将受到很大的限制。这是中国不得不付出的军事和外交成本，既是严峻的现实挑战，也是重大的潜在危机。

二、世界新军事变革给中国军事发展带来巨大压力

从世界新军事变革的基本特征来看，武器装备系统出现了断代性飞跃，武器的性质、效能和组成都发生了变化；作战方式和作战理论发生了根本性变化；军事组织结构转向全新构架，多层次树状指挥体系将被扁平化指挥结构代替，条块分割的军兵种结构将被陆海空一体化部队取代，军事组织中将出现某种程度的军民结合结构。[①] 从另一个角度看，这种建立在新的物质技术基础上的新军事变革，必然导致军队建设和作战方式等一系列方面发生革命性变化：信息化武器装备将成为军队作战能力的关键因素，非接触、非线式作战将成为重要作战方式；体系对抗将成为战场对抗的基本特征；太空将成为国际军事竞

① 朱小莉、赵小卓著：《美俄新军事革命》，军事科学出版社，1996年9月版，第14—28页。

争的新的战略制高点。[①] 从我军的现实看，必须承认，由于技术、经济实力和军队结构特点等方面的因素，世界新军事变革所带来的压力和挑战是十分明显的。

首先，发展信息化武器系统不仅需要先进的科学技术支撑，还需要大量的资金支撑，这就涉及如何平衡军事发展与经济发展的问题。其次，中国军队的现有规模和指挥控制体系适应未来信息化条件下的作战方式还需要一个过程，西方的作战理论也很难运用于中国军队的训法和战法。再次，中国军队现有的军兵种结构和装备技术水平，也很难在短时间内形成一体化作战平台。更重要的是，要将一个处于工业化并不完善国家的正向机械化过渡的军队，打造成符合信息化时代要求的信息化军队，特别是在经济、科技等方面与发达国家相比尚不占优势的情况下，中国在世界新军事变革中面临的挑战和压力之大不言而喻。

三、世界新军事变革拉动了我军建设的快速发展

从另一个角度看，世界新军事变革的浪潮，客观上推动了我军建设的快速发展。海湾战争后，中国就认识到，“现代战争正成为高技术战争，世界军事领域开始发生深刻变革”。[②] 同时，党中央和中央军委也清楚认识到新军事变革对我国国防和军队现代化建设带来的挑战和机遇，开始致力于抓住 2020 年前这个战略机遇期，大力推进中国特色军事变革。在党中央和中央军委的科学谋划下，在新时期军事战略方针的引领下，以新军事变革理念为指导，以应急作战为目标，一批具

① 江泽民：《论中国特色军事变革》，载《江泽民文选》（第三卷），人民出版社，2006 年 8 月版，第 579—581 页。

② 同上书，第 577 页。

有信息化作战效能的武器装备平台应运而生。从国庆60周年阅兵式上展示的武器装备看，机械化和信息化建设都有了长足进步，不仅适应未来信息化战争的武器装备有了新发展，具有巨大威慑能力的战略导弹更是成为最大的亮点。此外，近年来，在新的建军思想指导下，特别是在科学发展观的统领下，我军的正规化建设不断取得新的进展。无论是武器装备还是作战理论以及作战训练与以往相比都呈现出跨越式发展的态势。客观地说，这些都有世界新军事革命拉动的因素。

四、理性发展是应对世界新军事变革维护国家安全的关键

在新军事变革潮流的影响下，国际战略格局受到巨大冲击，国际军事安全形势也发生着深刻的变化。中国在这场军事变革的潮流下，照搬西方军事变革中基本理念、内容和手段，不仅是不现实的，也是不理性的。在解决中国所面临的诸多挑战和矛盾中，必须平衡好稳定与发展、军事发展与经济发展等关系，最终走出最适合自身军事发展的道路，最大限度地维护中国国家安全和发展利益。

首先，危机意识是确保国家安全的前提。中国著名兵书《司马法》中写道："国虽大，好战必亡；天下虽安，忘战必危。"中国经济的快速发展虽然给国防和军队现代化建设创造了良好的物质基础，但在深刻变化的国际形势中，中国也正日益成为西方国家"格外关注"的对象，中国"威胁论"和"责任论"的结合也日益成为制约中国发展的羁绊。作为一个发展中大国，尚未实现国家统一和存在领土和领海主权纠纷的现实，给中国国防和军队在维护国家稳定与发展方面提出了更高的现实要求，正在深入发展的世界新军事变革给军队带来的压力也是现实和严峻的。我们不仅不能被西方刻意渲染的中国军队"强大论"所迷惑，也不应出现自我"被强大"的认知浮夸，更不要忘"远

东第一舰队”——北洋水师惨败于甲午海战的历史教训。这些都时刻提醒着我们，危机意识对军队建设和发展的重要性。危机意识是确保国家安全的前提，因此军队必须养成“抱着枪睡觉”的习惯。

其次，科学谋划是实施军事变革的依据。胡锦涛主席指出：“新世纪新阶段，国防和军队现代化建设的发展，必须是融入国家现代化战略全局、与国家安全和发展利益相适应的发展，是注重全面建设、革命化现代化正规化相统一的发展，是坚持以人为本、推动军队建设与促进官兵全面发展相一致的发展，是走中国特色精兵之路、速度质量效益相协调的发展，一句话，必须努力实现国防和军队现代化建设又好又快发展。”[①] 胡主席的这一重要指示，给世界新军事变革背景下的中国军队发展指明了方向，即必须坚持依据中国军队自身特点，走中国特色的富国强军之路，是中国军队发展的理性选择。从中国军队的现实看，我军正处于半机械化向机械化发展的过程中，一些领域的信息化建设也已经开始，如果放弃目前的发展目标，不顾中国自身实际，盲目追求军队建设的全面信息化，不仅要消耗大量的人力、物力和财力，还可能因此耽误军队的机械化建设，从而影响军队的信息化建设。这就要求我们在推进中国特色军事变革的过程中，应依据中国的实际情况和面临的现实威胁与潜在威胁，科学谋划，创造适合中国国防和军队现代化建设的组织体制、武器装备、军事理论、军队训练和后勤保障方式，并随着军事变革的推进，不断对其进行调整和完善。

第三，把握平衡是确保有效实力的关键。国防和军队建设没有统一的模式，必须根据自身条件和任务需求设置合理的建设目标，即在能力与目标间建立良好的平衡关系。在推进中国特色军事变革过程中，我们必须依据自己的国情，冷静、理智地看待世界新军事变革，分析

① 胡锦涛：《在庆祝中国人民解放军建军八十周年暨全军英雄模范代表大会上的讲话》（2007 年 8 月 1 日），载《科学发展观重要论述摘编》，中央文献出版社、党建读物出版社，2009 年 1 月版，第 100 页。

理解其内涵，在追随世界新军事变革潮流与自我发展中寻找平衡点。这其中的关键是，既要在机械化建设与信息化建设间构建平衡，也要在实力建设和谋略设计间构建平衡；既要在防御能力与反击措施间构建平衡，也要在战略威慑与战术进攻间构建平衡；既要在有限资源与快速发展间构建平衡，也要在重点建设与全面发展间构建平衡。只有这样，才能真正提高我国的国防和军队的有效实力。

此外，对世界新军事变革的内涵不可盲目崇拜和追捧甚至夸大。从现实情况看，尽管最具信息化军事优势的美国在伊拉克战争中缔造了所谓“其杰出性在战争记录中无以伦比”的战争神话，但即便美国学者也指出，“回头来看，众多类似判断只能被认为滑稽可笑。一场本应在 2003 年 4 月 9 日巴尔达奥费多斯广场结束的战争只不过刚刚开始。战斗延续了数年，美国付出了惨重的代价。伊拉克战争成了越南战争的翻版，所幸的是规模稍小些”。[①] 可见，尽管一国军队的信息化优势在不对称战争中可以取得暂时的军事胜利，但战后这种优势则不再显现。

总之，我们必须清醒地认识到，如今的这场世界新军事变革是历史的发展潮流，也是军事强国发起的战略游戏，我们必须追随，但绝不可盲目追随而迷失方向，必须识破其中深藏的玄机，加强军事理论创新研究，在追随与发展中寻找到平衡点。而危机意识、理性应对和科学谋划，对于在世界新军事变革背景下推进中国特色军事变革，建立起一支适应未来战争的威慑与实战皆可奏效且得胜的军队，更好地维护国家安全，具有极其重要的意义。

---

① ［美］安德鲁·J. 巴塞维奇著：《美国的极限——实力的终结与深度危机》，中信出版社，2009 年 5 月版，第 116 页。

第三部分

当代国际军事安全威胁与应对战略

当代国际军事安全形势正发生着深刻变化，主要反映是，传统安全威胁并未消除，新的安全威胁不断增多。其中，武装冲突等传统安全在进入21世纪后，不仅没有减少，其造成的破坏还给国际军事安全带来灾难性的后果。在发达国家发起的新一轮军事变革（革命）的影响下，军备竞赛不断升温，核扩散造成的安全问题，更是直接导致人类生活在核威胁之下。一些非传统安全问题引发军事冲突的几率增加，而一些国家的绝对安全理念也给国际军事安全形势带来巨大的冲击。总之，这种安全因素交织导致当代国际军事安全出现新的困境。国际社会只有在新安全观的理念下，以联合国为主体，通过增加政治和军事互信以及加强双边及多边合作，才能有效地维护人类的和平与发展。

第九章

传统安全因素导致国际军事安全的灾难后果

冷战结束后，两极格局的崩坍降低了世界范围内大规模军事对抗的威胁，但是以国际恐怖主义、能源安全、气候环境恶化等为代表的非传统安全问题却日益突出，一定程度上降低了人们对于传统安全问题的关注。然而，传统安全因素不仅没有因此减弱，且伴随着非传统安全因素的多发，呈现出愈演愈烈之势。进入新的世纪，传统安全问题依然严重困扰着世界各国，并考验着各国政治家与军事家的智慧，由主权领土争端、武力对抗以及种族矛盾等传统安全因素导致的地区性武装冲突、军备竞赛和种族屠杀仍然威胁着世界的和平与安宁，成为国际军事安全领域一个跨世纪的全球性难题。

第一节　武装冲突：地缘政治危机与人道主义灾难

冷战以来，全球范围内的武装冲突不仅没有平息，反倒显现出了“此地冲突已平，他地冲突又起；一波冲突刚平，一波冲突又起”的波浪形现象。[①] 冷战结束后的头7年，世界共发生了193次战争或武装冲突，年平均28次，远远超出冷战期间年均4起的数量。[②] 近年来，武装冲突的样式主要表现为：国际化冲突、国家间冲突、国内冲突、越境打击冲突等。就当代全球冲突的背景与原因来说，包括了霸权主义和强权政治横行，国际战略力量严重失衡，极端民族主义泛滥，极端宗教主义盛行等因素，这不仅导致了当前世界范围内的战争和冲突频频发生、愈演愈烈，更导致了地缘政治危机与人道主义灾难的爆发。

一、“不稳定弧形带”武装冲突导致的紧张局势

西方地缘政治学家认为，地缘政治是导致战争与冲突的重要原因。自“地缘政治”理念出现以来，地缘政治不仅成为国际政治中最为热门的话题，像“谁统治着东欧，谁就掌握了心脏地带；谁统治着心脏地带，谁就掌握了世界岛；谁统治着世界岛，谁就掌握了世界”[③] 之类的战略判断也几乎成为至理名言，而实践中针对亚欧大陆的世界“心脏地带”的争夺更是一直没有停止。

20世纪以来，地缘政治理论在不断演化的过程中，几乎完全成为一些西方国家实施侵略和发动战争的理论基础。美军为了迎合其世界范围内反恐战争的需要，将自西至东贯穿于加勒比海沿岸、北非、高加索、中亚、南亚、东南亚和朝鲜半岛这一片弧形地区命名为“不稳定弧形地带”。沿着这条弧线，集中着20多个伊斯兰国家，居住着10

---

① 李慎民、王逸舟主编：《全球政治与安全报告（2009）》，社会科学文献出版社，2008年12月版，第56页。

② 姚有志主编：《战争战略论》，解放军出版社，2005年8月版，第86页。

③ Sir Halford J. *Mackinder*, *Democratic Ideals and Reality*, New York: Henry Holt, 1919, p. 150.

多亿穆斯林，这里是世界上反美、仇美情绪最为突出的地区，国际上发生的针对西方特别是美国人的重大袭击大多发生在这里，如中东、南亚和东南亚地区就不断发生针对西方的恐怖活动。被美国政府称作3个“邪恶轴心”、5个“无赖国家”和15个有核能力的国家，也都在这条弧上。俄罗斯和中国这两个被美国视为潜在对手的国家，“恰好”也在这条弧上。于是，在美国看来，这是一条很不稳定之“弧”，是威胁美国利益之“弧”。①

以2008年发生的30起武装冲突为例，其中亚洲地区有17起，其中西亚8起、南亚5起、东南亚3起、东亚1起，非洲地区有11起，其中东非5起、北非2起、中非2起、西非2起，美洲2起。这些冲突绝大部分发生在不稳定弧形地带。② 2009年全球共发生局部战争与武装冲突23起，热点地区仍集中于朝鲜半岛、东南亚、南亚、中亚、高加索、中东、非洲这一“不稳定弧形地带”，冲突的导火索主要是领土主权争端、部族冲突、民族矛盾、宗教对立、武装叛乱、恐怖袭击，冲突主要表现为武装对抗、恐怖袭击和非对称打击。在这23起冲突中，国家与非国家组织间的冲突有16起，是冲突的主体，大多表现为国内武装冲突的形式，如以色列军队对加沙地带哈马斯发动的地面战、巴基斯坦打击塔利班和部族武装的行动、斯里兰卡政府军对“猛虎”组织的攻势等。国家与国家间的冲突有4起，如泰柬边境武装冲突、朝韩军事对峙及海上武装冲突等。有外国或外国组织介入的国际化冲突3起，如伊拉克、阿富汗境内的武装冲突，国际社会联合打击索马里海盗等。③ 2008年8月，格鲁吉亚对南奥赛梯采取全面军事行动，

---

① 黄剑炜：“美军事基地调整美军欲包围‘不稳定弧形带’”，新华网，http：//news.xinhuanet.com/mil/2005－04/26/content_2879488.htm。

② 俞晓鹏：《全球局部战争与武装冲突2008年综述》，载《外国军事学术》，2009年第1期，第9页。

③ “全球战略角逐加剧军事专家盘点2009年世界军事安全形势”，新华网，http：//news.xinhuanet.com/mil/2009－12/29/content_12723671.htm。

俄罗斯立即出兵对格鲁吉亚进行打击，位于这条“不稳定弧形地带”上的高加索地区再次引发世人的关注。有学者就认为，俄格冲突打破了这一地区苏联解体后持续多年的“冷和平”，战争所造成的震荡已超出地缘范围，高加索地区成为新一轮大国地缘战略博弈的坐标点。[①] 中东、南亚和非洲仍是重大武装冲突频发之地。在中东，美国占领下的伊拉克暴力事件层出不穷，恐怖分子剿而难绝，国内和解进程步履维艰，迄今仍是世界上最危险、最脆弱的国家。以巴冲突以及巴勒斯坦内部的派别冲突则是一个持续多年的老问题，各方不断的武装冲突（虽然烈度并不高）几乎使我们看不到这一地区的和平前景。2007 年底土耳其军队越过土伊边境打击库尔德工人党武装则使数年来淡出人们视线的库尔德问题再度吸引了全球目光。在南亚，斯里兰卡政府军与泰米尔猛虎组织的战斗，使得 2008 年以来已导致双方近 5000 人死亡。在克什米尔，印度军警与越境恐怖分子的小规模冲突也时有发生。

1999～2008 年世界主要武装冲突

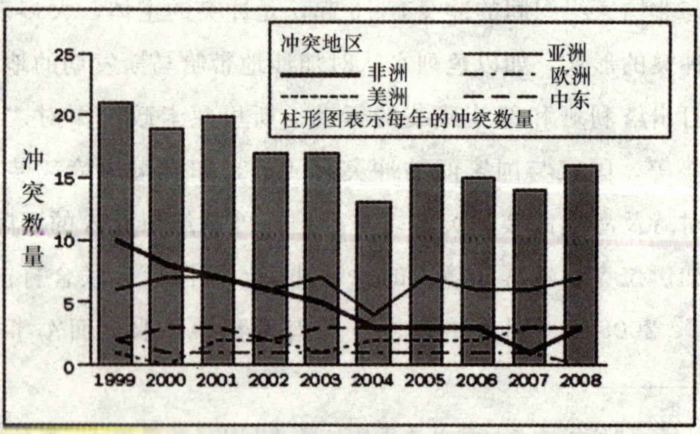

图 1. 资料来源：斯德哥尔摩国际和平研究所（SIPRI）：《SIPRI 年鉴 2009：军备·裁军和国际安全》，时事出版社，2010 年版，第 85 页。

---

① 刘强主编：《2008·国际安全》，时事出版社，2009 年 4 月版，第 16 页。

从以上情况不难发现，发生在“不稳定弧形地带”上的武装冲突和局部战争，导致了地区紧张局势的同时，也造成了大量的人员伤亡，加之对相关国家经济和社会的不良影响，已经成为国际社会关注的焦点。同时，地缘政治依然是国际军事安全的主要关注点，其爆发出的问题值得人们认真研究。

二、主权领土纷争仍是世界和平的重大阻碍

领土是国家主权不可侵犯的象征。冷战后世界主权领土纷争依然激烈，地区间或国家间为此发生的局部冲突持续不断，主权国家间领土争端导致的冲突已成为当代局部战争的主要类型之一。在维基百科“世界主权争端领土列表”这一词条中，详细收录了世界范围内（包括两个或多个国家和地区之间存在的）91起悬而未决的主权领土争端，其中非洲地区的主权领土争端有25起，美洲地区有17起，亚洲和大洋洲有35起，欧洲有14起。[①] 这个数字还不包括南奥赛梯等众多存在争议的地区。审视当代的世界局部战争与地区冲突，诸如科索沃战争、俄格冲突、巴以冲突、朝核问题等，归根结底都是因主权归属和领土争端等问题而引发的。以亚洲为例，东北亚地区有日本和韩国的独岛（日本称竹岛）争端，中国与日本有钓鱼岛争端，日本与俄罗斯有“北方四岛”争端等；南亚有印度与巴基斯坦的克什米尔之争，中国与印度的划界争端；东南亚有泰国与柬埔寨关于柏威夏寺归属问题的冲突，中东地区巴以领土争端等等。随着近年来北极地区的冰融速度不断加快，俄罗斯、加拿大等环北冰洋国家又纷纷对北极地区提出领土要求。美国的一份名为《21世纪海军合作战略》的文件中，将北极未来的局

① 维基百科，http：//zh. wikipedia. org/wiki/%E4%B8%96%E7%95%8C%E4%B8%BB%E6%9D%83%E4%BA%89%E7%AB%AF%E9%A2%86%E5%9C%9F%E5%88%97%E8%A1%A8。

势走向列为必须加以防备的“新时代的挑战”之一。[①] 俄罗斯同样认识到局面的严重性，海军总司令维索茨基上将指出，不排除北极地区将来被武力分割乃至发生武装冲突的可能。[②]

主权领土纷争有着纷繁复杂的历史原因。有些是西方国家殖民时期留下的后遗症，有些是重大战争和冲突之后悬而未决的产物，有些则是霸权国家在发展中国家中制造矛盾的产物，另外一些则是一些国家民族主义情绪滋长，在宗教与文化上冲突加剧所致。事实上，当前的领土争端早已脱离了纯粹的领土意义上的争夺，而与领土的地缘价值及领土资源价值密不可分。例如以色列与叙利亚之间的戈兰高地之争、俄格之间对南奥赛梯的争夺均与领土的战略价值密切相关。

主权领土纷争乃“冰冻三尺、非一日之寒”，起因复杂、影响深远。从历史上看，主权与领土纷争常常是武装冲突和战争的策源因素，而一些有关领土争端的战争，常常带来灾难性的后果，严重制约着地区与世界和平的发展。

三、战争与武装冲突引发的人道主义灾难

战争最大的受害者是手无寸铁的平民百姓，历史上很多战争都引发了严重的人道主义灾难。不仅地雷和集束炸弹等残留武器对平民和儿童造成了惨重的伤亡，还由于战后政府控制力减弱等因素导致了社会治安混乱、水电不通、缺医少药，涌现出了大批的战争难民。以20世纪70年代的越南战争为例，战争不仅造成了大量的平民伤亡，遗留

---

① “俄美北极较劲俄三大军区计划在北极执行任务”，搜狐网，http://mil.news.sohu.com/20080714/n258134837.shtml。

② “美国军演拉开北极争夺战序幕”，新华网，http://news.xinhuanet.com/world/2008－06/02/content_8298570.htm。

的地雷和喷洒的“橙剂”[①] 至今仍对几百万人的安全与健康造成威胁与损害。据美国军方透露，美军在越战期间使用炸弹、地雷、炮弹以及其他弹药超过 1500 万吨，大约有 10%的弹药当时没有爆炸。越南官方资料显示，自 1975 年越战结束以来，以遗留爆炸物炸死的人超过 3.8 万，并有大约 10 万人因此受伤。[②] 纽约的一个人权观察组织曾发布了一份报告，称美军在 1991 年海湾战争中投掷了 1 万枚集束炸弹，共造成了 4000 多人伤亡。[③] 近年来，美军宣称的所谓“零伤亡”战争，虽然最大限度地减少了自己军人的伤亡，但仍对平民造成了巨大伤害。例如，1999 年以美国为首的北约对南联盟的战争，共造成南联盟至少 1800 多平民丧生，6000 多人受伤，炸毁桥梁、铁路、炼油厂、化工厂、发电厂、医院、学校和民房无数。轰炸造成了近 100 万的难民，10 多万人失去工作，200 多万人失去生活来源，150 万儿童无法上学。南联盟的经济至少遭受 2000 亿美元的损失。据有关经济学家估计，南经济倒退 40～50 年，直接和间接损失甚至高于其在二战期间的损失。[④] 2002 年的阿富汗战争，美军在对阿富汗塔利班政权实施军事打击过程中，投下了近 25 万枚榴霰弹，袭击了阿境内多个非军事目标，造成大量平民伤亡。据美《时代周刊》披露，平民死亡人数超过 3000 人。时

---

① 橙色剂是一种有毒化学落叶剂。在越南战争期间，美军对当地丛林喷洒橙色剂以求破坏植被，消除越南军队的地面掩护。如此做法给越南军民带来深重苦难。虽然战争已过去多年，但仍有大约 300 万人因为沾染橙色剂而受到癌症、血液病和先天残疾等后遗症的折磨。转引自《中国大使馆向越南橙色剂受害者捐款》，新华网，http：//news. xinhuanet. com/overseas/2010－03/11/content _ 13150961. htm。

② “越南引爆最大一枚越战遗留炸弹重达 5.5 吨”，中国网，http：//www. china. com. cn/chinese/junshi/699781. htm。

③ “伊战后一大祸害——美新型集束炸弹滥杀无辜”，中国日报网，2003 年 4 月 19 日，http：//www. humanrights－china. org/china/rqzt/zt2002003421143218. htm。

④ “被卷入战火中的孩子”，中国人权研究会网站，http：//www. humanrights－china. org/china/rqzt/rqzz－1/zainan. htm。

至今日，估计仍有1.24万枚可爆炸性哑弹继续在夺走阿富汗平民的生命。① 中国国务院新闻办公室发表的《2007年美国的人权纪录》中就指出，美军入侵伊拉克制造了当今世界最大的人权悲剧和人道主义灾难，自2003年美军入侵伊拉克以来，已造成66万人丧生，其中伊拉克平民占99%，平均每天死亡450人。②

武装冲突直接导致的严重人道主义后果是国际难民问题。当前，在中东、南亚和非洲等地区，难民问题依然严峻。据联合国难民署的统计报告，全球现有难民和类似难民近4200万人，由于发生金融危机，各国的捐助减少，救援难民的行动也变得困难。③ 另据联合国难民署和伊拉克红新月会统计，伊拉克目前难民总数约为420万人，其中在国内避难的约200万人，出国避难的约220万人。④ 而在难民营中，难民的人身财产也根本无法得到保障。分属不同政治派别和各执政见的战斗人员、武装分子和国内流离失所者在营内与平民混居，常常引发严重的治安问题和骚乱。与此同时，国际组织发放的救济用品往往会被转入无资格享受国际保护或援助的交战各派成员手中。

在各类武装冲突当中，妇女儿童的人身安全和基本权益最容易遭到侵害，日益引发国际社会的关注。据联合国儿童基金会的一份报告，战争造成伊拉克100多万人流离失所，而其中约一半是儿童。⑤ 因此，近年来，联合国安全理事会常常将如何在武装冲突中保护平民的问题

---

① “被卷入战火中的孩子”，中国人权研究会网站，http://www.humanrights－china.org/china/rqzt/rqzz－1/zainan.htm。

② “2007年美国的人权纪录”，新华网，http://news.xinhuanet.com/world/2008－03/13/content_7778705.htm。

③ “中国社科院黄皮书，世界各国军费上升明显”，新华网，http://news.xinhuanet.com/mil/2009－12/24/content_12698602.htm。

④ “背景资料：伊拉克严重的人道主义危机”，新华网，http://news.xinhuanet.com/newscenter/2008－03/19/content_7822160.htm。

⑤ “伊拉克：五年未走出战争梦魇”，新华网，http://news.xinhuanet.com/world/2008－03/18/content_7810940.htm。

纳入其工作日程的重要层面加以讨论，武装冲突中的儿童保护问题以及有关妇女、和平、安全和防止武装冲突的事项往往会得到特别的关注。安理会通过了一系列相关决议，扩大和加强保护处于复杂紧急状态下的平民的措施，并将其机制化，建立起一种“保护文化”。[①] 其中，值得关注的是，《国际刑事法院罗马规约》于 2002 年 7 月 1 日生效，从此结束了灭绝种族罪、战争罪和危害人类罪不受惩罚的时代。诸如强奸、性奴役、强迫卖淫、被迫怀孕、被迫绝育和其他形式的性暴力行为首次被定义为战争罪行和危害人类罪。

联合国秘书长在 2002 年 10 月向安全理事会递交的关于妇女、和

① 1999 年，安全理事会就武装冲突中的平民问题举行为期两天的辩论。当时安理会有秘书长的报告，描述了全世界数百万平民在武装冲突情况下面临的严峻现实：人们陷于战争之中，急需援助和保护。最后，安理会一致通过第 1265 (1999) 号决议，决定立即建立机制，进一步审查报告中的建议，并考虑在 2000 年 4 月前采取适当的步骤。2000 年 9 月，联合国全体会员国在《联合国千年宣言》中决心依照国际人道法，扩大和加强保护处于复杂紧急状态下的平民。2000 年 10 月，安全理事会通过了历史性的关于妇女、和平与安全的第 1325 (2000) 号决议。该决议对平民，特别是妇女和儿童，构成受武装冲突不利影响人口的绝大多数表示关切。除其他措施外，决议呼吁武装冲突各方充分尊重适用于妇女和女孩的权利与保护的国际法，尤其在她们身为平民的情况下。2001 年，秘书长在向安全理事会提交的关于武装冲突中保护平民的第二份报告中，呼吁建立一种“保护文化”。在这种文化中，政府将负起责任，武装团体将尊重公认的国际人道主义法规则，私营部门将注意它涉足冲突地区所产生的影响，会员国和国际组织将表现出必要决心，在危机面前确保果断迅速行动。安全理事会轮值主席在 2002 年 3 月 15 日的声明中，重申关切平民在武装冲突中承受的苦难，认识到这种情况对持久和平、科技与发展所造成的影响，强调必须采取旨在预防冲突和解决冲突的措施。同日，安全理事会通过了主席声明附件中的备忘录，以便于审议有关保护平民的问题。备忘录还提请注意必须满足儿童对援助和保护的具体需要，包括防止违反国际法招募儿童兵、促成流离失所儿童与家人团聚、向易受剥削和虐待的儿童难民和流离失所的儿童提供可靠渠道。该备忘录是安全理事会和联合国秘书处相互协商的结果，综合了联合国内众多机构的经验，包括机构间常设委员会的经验。相关内容参见，“联合国和武装冲突中保护平民”，联合国网，http: //www. un. org/chinese/hr/civilians/index. html。

平与安全的报告中说，妇女和女童是武装冲突的主要受害者。冲突期间，社会结构崩溃，家庭瓦解，妇女和女童因此往往特别容易受到各种形式的暴力，尤其是性暴力和性剥削，包括折磨、强奸、轮奸、被迫怀孕、性奴役、被迫卖淫和被贩卖。其中，强奸是性暴力和针对性别的暴力的中心内容，是现代武装冲突中蓄意使用的武器。[①] 联合国人权高级专员塞尔希奥·比埃拉·德梅洛也在2002年11月向大会第三委员会讲话时指出："我常感到关切的是，空间距离使我们不再尖锐地感受到冲突对那些身陷其中的人所造成的极为可怕的破坏性影响。我们绝不能让这种事发生。屠杀、破坏、野蛮、强奸、流离失所、恐惧、饥饿和心理创伤：它们构成冲突车队，一旦开动就很难停止……如果我们要向前迈进，各国和各武装集团就必须在所有情况下都彻底摒弃疏忽、不顾一切或蓄意地针对无辜平民的行为。"[②]

以上情况表明，因战争导致的难民问题和人道主义灾难，已成为国际社会最为关切的问题之一。但是，只要国际军事安全问题得不到很好解决，武装冲突和局部战争就会依然存在，其导致的人道主义灾难也就无法消除。

第二节　军备竞赛：冷和平导致的世界纷乱

人类战争对于武器装备的渴求由来已久，从青铜兵器到毛瑟枪，从四轮马车到主战坦克，从风帆战船到航空母舰，武器装备随着科学技术的发展而不断更新换代。工业革命以来，随着科学技术的不断革

① "联合国和武装冲突中保护平民"，联合国网，http://www.un.org/chinese/hr/civilians/index.html。

② 同上。

新，战争需求的不断推动，一些国家和国家集团在军备建设上呈现出你追我赶的态势。20世纪，苏联的外太空计划和美国的星球大战计划，彰显着军备竞赛成为国家战略而登峰造极，也直接导致了冷战的如火如荼和武装冲突与局部战争的不断爆发。冷战后，世界范围内的军备竞赛仍势头不减，信息化战争、新军事变革（革命）以及不断的武装冲突等，在某种意义上使得新一轮的军备竞赛日新月异。

一、军备竞赛导致的“安全困境”

有关军备竞赛（armament race），学界虽然公认是“安全困境”的产物，“是世界政治的重要问题，而且是通过军事手段寻求安全这一总体企图的根本难点”①。但是，对于解释什么是军备竞赛，军备竞赛与正常军备建设的区别等问题上却争论不休。科林·格雷将军备竞赛定义为：“两方或多方认为各自互为敌手，他们以极快的速度增加其军备数量，提高其军备质量，在注视其他各方过去、现在与未来可能的军事与政治行为的同时形成各自的军事立场。”② 其含义表明，军备竞赛是国与国之间关系的一种非正常的紧张状态，它反映了强烈的政治对立和对对方军事潜力的担忧，并最终反映在军备扩张与备战行动上。相比之下，互联网维基百科给出的解释较为言简意赅：“军备竞赛指和平时期敌对国家或潜在敌对国家互为假想敌、在军事装备方面展开的质量和数量上的竞赛。”③ 综合分析之下，军备竞赛有以下几个特点：一是军备竞赛的主体是国家或国家集团，体现的往往是国家的总体战略诉求。二是特指“和平时期”开展的军事准备和装备建设，而非指

① ［英］巴里·布赞、埃里克·海凌著，薛利涛、孙晓春等译：《世界政治中的军备动力》，吉林人民出版社，2001年8月版，第93页。

② 同上书，第97页。

③ 维基百科，“军备竞赛”词条，http://zh.wikipedia.org/zh－cn/%E5%86%9B%E5%A4%87%E7%AB%9E%E8%B5%9B。

战争时期。三是这种竞赛具有“假想敌”，双方“互认为敌手”，有明显的针对性。四是这种竞赛有相当的规模和速度，而非普通意义上的小打小闹。五是军备竞赛应是双方在军事投入或军备建设上的“逐次增加”，美苏之间的核武器竞赛便是其中最典型的个例。

进一步探究军备竞赛的发生机理与深层原因，汉斯·摩根索将军备竞赛与权力斗争联系起来，认为军备竞赛只是权力斗争的一种具体手段。他指出：“军备和军备竞赛是国际舞台上权力斗争的一种表现——而且是最重要的表现之一。国家之所以武装，或者是由于它们想要自卫以抵御别国，或者是由于它们想要进攻别国。原则上说，所有政治上活跃的国家都参与权力竞争，而军备是权力的不可或缺的因素。”[①] 汉斯·摩根索还指出：“一个国家试图运用自己拥有的权力来维持或重建权力均衡时，使用的主要手段是加强军备。在军备竞赛中，A国试图赶上并超过B国的军备水平，反之，B国亦是如此。这种军备竞赛是一种不稳定的、动态的权力均衡的典型表现形式。军备竞赛必然导致军事负担的不断增加。军备费用将越来越多地吞噬国家预算，并带来越来越深的恐惧、猜疑和不安全感。”[②] 也有学者认为，“军备竞赛是安全困境的关键所在，一个危险的现象是，它使个别国家追求军事安全或军事优势的政策产生了违背初衷的效果。他们认为军备竞赛不仅是需要研究的现象和需要解决的问题，而且是对世界政治的战略研究方法持批评观点的基础”[③]。

不管学者对于军备竞赛持何种担忧或批评的观点，军事竞赛在历史上真实存在且从未消失确是不争的事实。考察历史，很多军事大国为了获得支配性的政治权力或参与权力竞争，在实行对外扩张、争夺

① ［美］汉斯·摩根索著：《国家间政治：权力斗争与和平（第7版）》，北京大学出版社，2009年4月版，第434页。

② 同上书，第218页。

③ ［英］巴里·布赞、埃里克·海凌著，薛利涛、孙晓春等译：《世界政治中的军备动力》，吉林人民出版社，2001年8月版，第93—94页。

世界霸权的过程中，不断树立假想敌，军事预算迅速增长、武器性能不断提高、军事战略不断变化，大大增加了战争爆发的危险。学术界公认有两次具有代表性的军备竞赛，一次是一战前20年中欧洲各国的军备竞赛，主要体现为英国和德国之间的海军造舰竞赛。另一次是二战后以美苏两个超级大国为代表的军备竞赛，具体包括了常规武器竞赛、核武器竞赛和太空武器竞赛等内容。后者无论从军备竞赛的规模大小、空间范围以及持续时间来看，都达到了空前的程度。这两次军备竞赛虽然都导致了各方军事技术的发展与军事力量的膨胀，结果却截然不同。前者最终导致了第一次世界大战的爆发，后者则引发了长达40多年的冷战，最终以苏联的解体而告终。

冷战结束后，由于美苏各自军事战略的调整，国际局势不断缓和，军备竞赛的势头趋缓。但20世纪90年代以来，一些国家为推行地区霸权主义，大力加强军备，不断引发局部战争和地区冲突，军备竞赛继续成为诱发战争、破坏国际和平的一个重要因素。近年来，由于新军事变革和区域热点频发等诸多因素的影响，世界范围内的军备竞赛又呈现加速势头。根据斯德哥尔摩国际和平研究所的报告，世界范围内的军备竞赛正在加速，其中最激烈的竞争发生在东南亚和南美洲等地区。过去5年来，世界军火交易额平均上升22%，远高于世界经济的增速。新一轮区域性的军备竞赛似乎正在酝酿之中。①

以上情况表明，军备竞赛具有明显的和平备战属性，是统治集团之间为争夺利益而进行的“冷战”，在无休止的针对假想敌进行的备战中，无法摆脱“被害”的恐惧，在消耗大量资源的军备发展中，国际军事安全形势变得紧张而莫测。

---

① “亚洲国家陷入危险军备竞赛　中国军力威胁成借口”，新浪网，http://news.sina.com.cn/o/2010-03-18/073119888562.shtml。

二、新军事变革成为新一轮军备竞赛催化剂

著名的未来学家阿尔文·托夫勒指出："社会进化的每一个时代，都有与之对应的战略模式和战争形态。"① 20世纪90年代以来，世界上相继发生了海湾战争、科索沃战争、阿富汗战争和伊拉克战争，以美国为首的西方国家凭借全新的军事理论和先进的武器装备，在战场上获得了压倒性的胜利。这四次高技术局部战争昭示世人，"人类战争在经过冷兵器战争、热兵器战争、机械化战争几个阶段后，正在进入信息化战争阶段"②。

新旧战争形态的交替是战争发展的必然规律。这意味着，谁在这场变革中落后，谁就会陷入被动挨打的境地。具有"代差"的两支军队，战斗力的差异可以用指数级来衡量。正如同在1893～1894年的马塔比战争中，50名英国殖民军士兵使用4挺马克沁机枪挡住了5000名马塔比黑人战士的进攻。③ 1991年海湾战争中，美国海军舰载机从停靠在波斯湾的航母上起飞，使用2枚斯拉姆空地导弹对伊拉克一座水电站进行精确打击，第一枚导弹炸开了电站的外墙，第二枚导弹穿墙而过摧毁了正在发电的发电机，几亿电视观众亲眼目睹了这一酷似好莱坞大片的战争场面。2003年的伊拉克战争中，美军的信息化武器装备优势更为明显，全副机械化装备的共和国卫队尚未与美军正式交战就溃败四散。为此，前美国副总统切尼就指出："与12年前沙漠风暴相比，美军地面部队是那时的一半，飞机数量是那时的三分之二。

① Thierry Gongora, Harald von Riekhoff, *Toward a Revolution in Military Affairs?: Defense and Security at the Dawn of the Twenty - first Century*, Greenwood Press, 2000, p. 130.

② 江泽民：《论国防和军队建设》，解放军出版社，2002年版，第287页。

③ 姚有志主编：《战争战略论》，解放军出版社，2005年8月版，第159页。

这场战争的胜利是美军军事改革取得成功的有力证据。”① 此番言论显示出武器装备变化对战争效率的直接巨大影响。冷战以来战争变革的急剧发展，充分印证了信息化战争作为信息时代的基本战争形态已经在几次高技术战争中初露端倪。两支在战争形态和武器装备上存在“代差”的军队，在战场上胜负立判。

新军事变革（革命）的实质，就是把工业时代的机械化军事形态改造成信息时代的信息化军事形态的过程。要想实现这一变革（革命）目标，就必须在军事理论、战争实践、军事组织、武器装备、军事人员、后勤保障、兵役制度、战争动员等各个领域实施大刀阔斧的改革（革命），这显然需要庞大的军备支出与投入。《管子》曰：“故一期之师，十年之蓄殚；一战之费，累代之功尽。”古代战争尚且需要大量的军备投入和军费支出，现代战争更是一场综合国力和科技实力的较量与比拼。美国国防部颁布的《2020 年联合构想》明确指出，美国在军事技术关键领域要与中小国家保持时代上的差距；与其他西方大国也要保持一个时代内的 1～2 代武器的差距。1994 年，美国建立了军事变革（革命）高级指导委员会，并不断加大军费投入，强力推动军事变革（革命）的进程，其军费预算仅本世纪以来的 3 年时间，就净增 1000 多亿美元。军费预算占国内生产总值的比例从 1999 年的 3.2%，增加到 2003 年的 4%左右；同期军费预算占联邦政府预算的比例也从 15%增至 18%以上。②

新军事变革导致的新一轮军备竞赛是围绕军事技术“时代差”进行的。美国为保持已经形成的“时代差”，正持续加大投入，全方位推进新军事变革（革命），力图进一步拉大与其他国家的差距；英、法、德、日等发达国家和俄罗斯，为缩小与美国的距离，也在逐步增大投

---

① “美副总统切尼：伊战胜利是美军事高科技的胜利”，新华网，http://news.xinhuanet.com/world/2003－05/02/content_855991.htm。

② 王保存著：《世界新军事变革新论》，解放军出版社，2003 年 8 月版，第 8 页。

入，力争在某些领域谋取优势；而许多发展中国家，为避免陷入被动挨打的境地，则千方百计发展国力，壮大军力，力求尽快消除已出现的“时代差”，这就构成了一种各国竞相发展军事力量的局面。

由此，新军事变革（革命）不可避免地引发了新一轮军备竞赛。与以往军备竞赛不同的是，这一轮竞赛的重点在于军事高新技术领域的竞争，而非军队与军备的规模与数量。以军事航天领域为例，包括了航天器技术、运载器技术、载人航天技术、发射与远程测控技术等，其中还具体包含了军事信息技术、军用新材料技术、军用新能源技术、军用生物技术、军事航天技术、军用海洋开发技术等一系列高新技术集群。特别是进入20世纪下半叶以来，各国均认识到，军事航天技术是一个国家迈入世界军事强国的关键性门槛。当前，美国、欧洲各国以及日本、印度等国家纷纷集中资源，谋求在太空领域占到一席之地。

三、军费涨幅成为衡量军备竞赛的晴雨表

查尔士·达维在其1695年出版的《略论战时供应的方法和手段》中写道：“全部战争艺术，在某种意义上来说，就是钱的问题；一个善于取得金钱来供应军粮、军服和发放军饷的国王，比一个拥有最优良军队的国王还有更多的把握取得成功和胜利。”① 通常来说，军费的涨幅最能直观与量化对军备竞赛的判读，各国军事情报人员往往也通过对他国军费的增减来研究判读该国的军事意图与军事实力。

瑞典智库斯德哥尔摩国际和平研究所（SIPRI）发布的《SIPRI年鉴2009》指出，2008年全球的军费开支估计总额达14640亿美元，相比2007年实际增长了4%，相比1999年则增长了45%。2008年全球军事开支大约占到全球国内生产总值的2.4%。除了西欧和中欧，几

① 转引自杨仕鹏著：《军费新论——基于权力、制度视角的解释》，军事科学出版社，2009年5月版，第1页。

乎所有的国家和地区的军费都较 1999 年有了显著的增长。在 2001～2008 年间，美国进行反恐战争的总支出是 7970 亿美元，其中伊拉克战争就花费了 6030 亿美元。年鉴分析称，美国军费的上升很大程度上是因为两场战争。美军用于阿富汗和伊拉克战争的历年军费总计已达 9030 亿美元。从美国深陷这两场战争的情况看，其高额战争开支还将继续下去。①

2008 年军费开支前 10 位

排名	国家	开支（10 亿美元）	世界比例（%）
1	美国	607	41.5
2	中国	[84.9]	[5.8]
3	法国	65.7	4.5
4	英国	65.3	4.5
5	俄罗斯	[58.6]	[4.0]
6	德国	46.8	3.2
7	日本	46.3	3.2
8	意大利	40.6	2.8
9	沙特阿拉伯	38.2	2.6
10	印度	30.0	2.1
前十名之和	1064	74	

[] ＝为估算数

开支数据以当前美元价格和汇率统计

资料来源：斯德哥尔摩国际和平研究所：《SIPRI 年鉴 2009：军备·裁军和国际安全》，时事出版社，2010 年版，第 225 页。

年鉴的统计结果表明（见上图），美国 2008 年以 6070 亿美元的军

① 参见斯德哥尔摩国际和平研究所网站，http：//www.sipri.org/yearbook/2009/05。

费总额高居第一，占到了世界41.5%的份额，超过位列其后的14个国家军费支出总和。除此之外，中国的军费支出大约为849亿美元。其后依次为：法国（657.4亿美元）、英国（653.5亿美元）、俄罗斯（586亿美元）、德国（468.7亿美元）、日本（463.8亿美元）、意大利（406.9亿美元）、沙特阿拉伯（382亿美元）、印度（300亿美元）。而美国自1998～2008年间，军费增长了2.2倍（见图3）。

近10年来美国的军费支出一览表（亿万美元）

年份	1998	1999	2000	2001	2002	2003	2004	2005	2006	2007	2008
军费	274278	280969	301697	312743	356720	415223	464676	503353	527660	556961	607263

资料来源：斯德哥尔摩国际和平研究所：《SIPRI年鉴2009：军备·裁军和国际安全》，时事出版社，2010年版，第274页。

与此同时，《SIPRI年鉴2009：军备·裁军和国际安全》提供的图表数据（见图4）还表明：从1999年到2008年，世界各地区军费支出有了较大的增长，其中，东欧地区军费支出高达174%，美国军费支出增长了64%，中东地区和东亚地区的军费支出都增长了56%，非洲地区则增长了40%。从数据可以分析，东欧地区作为冷战时期的前沿缓冲带，1999年以来受科索沃战争与北约东扩的影响，各国军费支出均有大幅增加。美国则因为发动反恐战争的需要，大幅增加军事开支。哥伦比亚大学经济学教授、前世界银行首席经济顾问、2001年诺贝尔经济学奖获得者斯蒂格利茨根据多年的研究分析，得出了十分惊人的结论：为了打这场为时4年的战争，美国支出的军费已经高达3万亿美元，差不多等于美国全年GDP的五分之一。仅是美国在伊拉克战争行动中所花的军费，就相当于1991年第一次海湾战争费用的10倍；12年越南战争的3倍；3年朝鲜半岛战争的2倍；甚至于第一次世界大战全部战费的2倍。斯蒂格利茨断言，到现在为止，世界各种战

2008年地区军费开支

地区	支出 2008（＄b.）	增长 1999～2008（%）
非洲	20.4	＋40
北非	7.8	＋94
撒哈拉以南非洲	12.6	＋19
美洲	603	＋64
加勒比地区	..	
中美	4.5	＋21
北美	564	＋66
南美	34.1	＋50
亚洲和大洋洲	206	＋52
中亚	..	..
东亚	157	＋56
大洋洲	16.6	＋36
南亚	30.9	＋41
欧洲	320	＋14
东欧	43.6	＋174
西欧和中欧	277	＋5
世界总计	1226	＋45

为了便于比较，上述支出数据换算为2005年美元固定价格

资料来源：斯德哥尔摩国际和平研究所：《SIPRI年鉴2009：军备·裁军和国际安全》，时事出版社，2010年版，第269页。

争中能够超过美国打伊拉克战争花费的，只有第二次世界大战。战争开始的年战争费用为每月 44 亿美元，而当伊战进入第 5 个年头的时候，美国每个月需要付出的费用就高达 125 亿，相当于原先估计每月军费的 3 倍。加上在阿富汗的军事行动，美国的战争费用高达每个月 160 亿美元。这个数字意味着什么？相当于联合国全年的经费，或美国 13 个州的一年预算开支。①

中东地区的军费高居不下则是地区局势动荡与外来干涉共同作用的结果。20 世纪 90 年代以来，接连发生了海湾战争、伊拉克战争，地区安全形势持续恶化。而今，伊朗核问题、伊拉克问题、巴以问题以及反恐问题，是当前中东悬而未决的安全问题。近年来，美国不断制造"伊朗威胁论"，这既符合其对伊朗进行孤立和重塑的目的，同时还挑起该地区的军备竞赛，以使其军火商坐收渔翁之利。值得注意的是，由于面临以色列强大的军事威慑特别是核威慑，以及伊朗不放弃在核问题上的强硬立场，中东地区核竞赛呈不断加剧之势。埃及、沙特、阿联酋等国计划建造核电站，这将使该地区政治环境进一步复杂化，也对整个地区乃至全球的稳定与安全产生威胁。②

同时，西方大国在诱人的军火利润吸引和强大的军火利益集团的鼓动下，不断向动荡的中东地区军售，军火商们趁机大发横财。中东武器市场号称世界的"万国军火博览会"，几乎囊括了所有门类的常规武器。2001～2005 年，中东国家进口的主战坦克、步兵战车、战斗机、隐身舰艇和防空导弹数量约占第三世界进口总量的一半。③ 最典型

---

① 陈有为．"三万亿美元打不赢伊拉克战争"，联合早报网，http：//www. zaobao. com/special/forum/pages6/forum _ zp080307a. shtml。

② "军售，把中东变成火药库"，新华网，http：//news. xinhuanet. com/banyt/2007－09/20/content _ 6759506. htm。

③ "耗巨资军购不为打仗：中东藏着大批崭新军火"，http：//www. 360doc. com/content/06/1127/01/7579 _ 273586. shtml。

的例子莫过于沙特阿拉伯，在海湾战争后的15年间，光从美国进口的武器就包括455辆新式坦克、1525辆装甲车、548门各种火炮、500枚防空导弹、55架武装直升机、17艘各型水面舰艇、232架作战飞机。沙特和英国曾于2007年9月签署过一份购买72架EF－2000“台风”战斗机的合同，总价值高达44.3亿英镑（约89亿美元）。而在全部72架战机为期25年的服役时间里，沙特方面的总支出将高达200亿英镑（其中包括100亿英镑的基础设施支持服务和相关的升级改进工作）。①

2007年，美国国防部官员又宣布，将在今后10年内向沙特阿拉伯、科威特、阿曼、巴林、卡塔尔和阿联酋等6个海湾国家出售总价值达200亿美元的军火，并将把向以色列提供的军援额度由240亿美元增加到300亿美元。② 虽然此前曾有不少专家预测，世界油价大规模下滑将沉重打击海湾阿拉伯国家的军火购买力，但美欧等国在2009年的防展上拿到的一系列订单表明，中东军火市场并未受到全球性经济危机的影响。对此，路透社分析说，海湾国家，特别是沙特阿拉伯，比非阿拉伯国家更担忧伊朗在该地区不断增长的影响力，它们担心伊朗正通过其核计划来发展核武器，而这种担心正在引发一场军备竞赛。③

可以说，无休止的军备竞赛给本不太平的一些地区增加了新的不安因素，其引发的“安全困境”得不到解决，不仅人类的财富大量流向最终可能残杀人类本身的战争机器，成为毁灭人类文明的烈焰，还将导致国际军事安全形势的进一步恶化，人类将永远处于一种“冷和

① “沙特计划增购72架台风战机总数将达144架”，人民网，http://military.people.com.cn/GB/52938/111716/7735746.html。

② “美国军售把中东变成火药库军备竞赛后果严重”，中国网，http://www.china.com.cn/military/txt/2007－08/23/content_8730535.htm。

③ “中东军火市场温度挺高”，国际在线网站，http://gb.cri.cn/27824/2009/02/27/2625s2441577.htm。

平”的状态之下。

第三节　种族屠杀：族群矛盾导致的人类灾难

据估算，20 世纪共计有超过 5000 万无辜的生命遭到肆意屠杀，尤其是针对种族和平民的大规模屠杀更是令人触目惊心。因此，20 世纪堪称最令人悲叹的“大屠杀世纪”。

一、灭绝与骇人听闻：20 世纪种族大屠杀案例

种族屠杀是人类最为野蛮和血腥的行为之一。我们选取了 7 起国际社会公认的种族屠杀事件，从中可以看到这些骇人听闻的惨剧。

1.1915～1923 年，土耳其奥斯曼帝国时期亚美尼亚人大屠杀

19 世纪中期，曾经盛极一时的奥斯曼帝国气数将尽。奥斯曼帝国把国家分裂归咎于亚美尼亚等民族与外部势力勾结，决定“攘外必先安内”。一战时任土耳其内政部长的塔拉特·帕夏说：“要一劳永逸地解决亚美尼亚问题，就必须从肉体上消灭亚美尼亚这个种族。”①

1914 年，奥斯曼帝国主动与德国结盟，成了第一次世界大战中同盟国的一员。战争期间，德国向土耳其提供了军事援助。土耳其人在战争中要与基督教国家俄国交战，由于担心国内信奉基督教的亚美尼亚人会揭竿而起，站在敌人一边，青年土耳其党领导人制定了一项灭

① “亚美尼亚大屠杀”，百度百科，http：//baike.baidu.com/view/553299.htm。

绝人性的屠杀亚美尼亚人的残暴计划。[①] 1915 年 4 月 24 日至 1916 年秋，在这一年多的时间里，生活在奥斯曼土耳其帝国土地上的 200 万亚美尼亚人中，有 100 万到 150 万人遭到屠杀。联合国于 1978 年将此事件定性为“种族灭绝”。世界各地的亚美尼亚人每年 4 月 24 日都会举行纪念活动，悼念那些被屠杀的牺牲者。遗憾的是，土耳其政府至今仍拒绝承认这段种族屠杀的历史，以至于 2010 年 3 月 4 日美国国会众议院外交事务委员会通过将这一事件定性为“种族屠杀”的议案后，土耳其政府以召回驻美大使来表示强烈抗议。[②]

2. 1937 年底至 1938 年夏，南京大屠杀

南京大屠杀是日本侵华战争中令人发指的种族屠杀罪行之一。1937 年 12 月 13 日，日本侵略军侵占南京后，侵华日军在日本华中方面军司令官松井石根和第 6 师师长谷寿夫指挥下，在全城进行了 40 多天的血腥屠杀，使用集体枪杀、活埋、刀劈、火烧等惨绝人寰的方法，杀害中国平民和被俘军人达 30 余万人，南京这一享誉中外的六朝古都顿成人间地狱。日军除残酷屠杀无辜外，还肆意强奸、轮奸中国妇女并实施了大规模的抢劫和纵火破坏。后来发表的《远东国际法庭判决书》中写道：“日本兵完全像一群被放纵的野蛮人似的来污辱这个城市”，他们“单独的或者二、三人为一小集团在全市游荡，实行杀人、强奸、抢劫、放火”，终至在大街小巷都横陈被害者的尸体。“江边流水尽为之赤，城内外所有河渠、沟壑无不填满尸体。”[③] 据 1946 年 2 月中国南京军事法庭查证：日军集体大屠杀 28 案，19 万人，零散屠杀 858 案，15 万人。日军在南京进行了长达 6 个星期的大屠杀，中国军

① “亚美尼亚大屠杀”，百度百科，http：//baike. baidu. com/view/553299. htm。

② “美国众议院通过‘亚美尼亚大屠杀’议案”，国际在线网站，http：//gb. cri. cn/2784/2010/03/05/3365s2775454. htm。

③ 百度知道，http：//zhidao. baidu. com/question/41137949. html。

民被枪杀和活埋者达30多万人。[①]

南京大屠杀事件的实质，是日本军国主义对中国军民实施的种族灭绝行为。但是，至今日本历届政府仍未正式就此事件向中国军民道歉，无数大屠杀遇难者及其家属的诉讼之路依然遥遥无期。

3. 第二次世界大战，德国纳粹对犹太人的种族清洗

纳粹对犹太人的大屠杀是人类历史上最为血腥与残忍的暴行之一。1933年希特勒领导的德国纳粹党开始法西斯独裁执政，纳粹党一上台即进行大规模反犹活动。同年，纳粹德国政府撤销了所有犹太裔公务员的职务，1935年通过的纽伦堡法案对“犹太人”作出了定义。根据纽伦堡法案，凡有一个犹太裔祖父母以上的德国人都会被视为犹太人。纽伦堡法案还剥夺了犹太人的德国国民权利，并将犹太人与非犹太人有性关系定为非法。1938年纳粹德国禁止犹太人进入大多数专业。[②]

随着纳粹铁蹄的肆虐，越来越多沦陷区国家的犹太人落入纳粹的魔掌。1941年6月22日，希特勒发动巴巴罗莎计划，德国盖世太保跟随德军，对住在苏联乡区的犹太人进行大规模屠杀。1942年1月20日的万湖会议上，纳粹阴谋出炉了所谓“犹太人问题的最后解决方法”，纳粹德国开始用包括臭名昭著的奥斯维辛和特雷布林卡等在内的6个集中营来杀害犹太人，成千上万的犹太人被秘密警察和军队用毒气杀死。据估算，整个二战中，大约580万欧裔犹太人被纳粹德国杀死，是欧洲犹太人人口的2/3。

4. 1987～2003年，伊拉克对库尔德人的大屠杀

在萨达姆受审期间，其遭到指控的一项罪名是，1991年海湾战争结束后，伊拉克南部占多数的什叶派穆斯林和北部少数派库尔德人奋起反抗，萨达姆对其实施血腥镇压，巴格达南部的屠杀墓坑中掩埋着

① “永不忘却——南京大屠杀史实”，新华网江苏频道，http：//www.js.xinhuanet.com/xin_wen_zhong_xin/2006－12/12/content_8764001.htm。

② “犹太人种族大屠杀”，新华网，http：//news.xinhuanet.com/ziliao/2005－04/22/content_2863273.htm。

许多被屠杀的什叶派人和库尔德人，另有数十万库尔德人逃往伊朗和土耳其。自 2003 年 4 月萨达姆倒台以来，人们已经在伊拉克发现了 270 多座屠杀墓坑。[①] 据伊拉克内政部统计，萨达姆的行动造成了约 18.2 万名库尔德人死亡，2000 多个库尔德村庄被毁。[②]

5. 1994 年，卢旺达种族大屠杀

此次事件发生在1994 年位于非洲中部的卢旺达。胡图族的政府军与图西族的卢旺达爱国阵线（Rwandan Patriotic Front，简称 RPF）之间所发生的武装冲突，被称为卢旺达内战，但实质上是一场有组织的大屠杀。1994 年 4 月 6 日，卢旺达总统、胡图族人哈比亚利马纳的座机在基加利上空被导弹击落，机上人员全部遇难。该事件立即在卢全国范围内引发了胡图族人针对图西族人的血腥报复。7 日，由胡图族士兵组成的总统卫队杀害了卢旺达女总理、图西族人乌维林吉伊姆扎纳和 3 名部长。在此后 3 个月里，先后约有 80 万至 100 万人被杀，其中绝大部分为图西族人，也包括一些同情图西族的胡图族人，卢旺达全国 1/8 的人口消失。[③] 很多国际学者认为，卢旺达种族大屠杀是继德国纳粹大屠杀之后，最大规模的一次种族清洗，两者只相距了大约半个世纪。

6. 1995 年，波黑塞族大屠杀

20 世纪 90 年代初的波黑战争中，塞族军队曾经在斯雷布雷尼察制造了惨绝人寰的大屠杀，杀害了至少 7000 名穆斯林。1995 年，当波黑内战进入高潮时，联合国在波斯尼亚东部城市斯雷布雷尼察设立“安全地带”，并派 110 名荷兰维和士兵把守。但是在 7 月 11 日，波黑塞族军警未用一枪一弹就占领了该地区，逮捕了无数波黑青壮年男子，

① “萨达姆二审即将面临的六项指控”，中国新闻网，http：//www. chinanews. com/news/2005/2005－11－28/8/657895. shtml。

② “寻找消失的库尔德人：伊拉克屠杀库尔德人的见证（3）”，中国网，http：// military. china. com/zh _ cn/historys/news3/11078476/20091027/15689512 _ 2. html。

③ “1994 年的卢旺达种族屠杀”，新华网，http：//news. xinhuanet. com/ziliao/ 2004－04/05/content _ 1401346. htm。

并用卡车将他们运到偏远地区进行了惨无人道的集体屠杀，这起惨案由此被国际红十字会等国际组织认定为二战以来欧洲最血腥的战争罪行。波黑政府调查委员会于2004年公布调查报告，承认波黑军队曾于1995年在斯雷布雷尼察屠杀了7000名平民。[①] 2004年4月，联合国前南问题海牙国际刑事法庭作出裁决，1995年在波斯尼亚斯雷布雷尼察发生的大屠杀被定性为种族灭绝行为。

7.1998年，刚果（金）种族大屠杀

1998年8月2日，刚果（金）班尼亚穆伦盖族士兵在乌干达和卢旺达军队的支持下，发动了武装叛乱，企图推翻当时的总统老卡比拉。津巴布韦、纳米比亚和安哥拉则出兵支持老卡比拉，使这场“内战”成为非洲有史以来规模最大的战争，而刚果（金）各部落平民则成为冲突的牺牲品。据联合国的估计，1998年至2005年8月，赫马人与伦杜人之间的种族冲突已经夺去了6万多人的生命，还有50多万人流离失所。仅在2002年6月到2004年9月间，各路军阀为夺取伊图利地区蒙巴瓦卢地区的金矿控制权进行的持续争战，就造成至少2000名平民丧生。而在伊图利地区盛产黄金的布尼亚市，80%的布尼亚人为躲避战乱逃离家园，布尼亚市曾一度由一个拥有35万人口的省府城市变成一座空城。而这还只是刚果全国死于战乱的人数的一部分。据估计，全国的死亡人数约为400万。自二战以来，任何一次战争都没有对平民造成如此大的伤亡。[②] 其中最惨烈的一起针对平民的大屠杀发生在2003年4月3日刚果（金）伊图利省多罗多罗市，联合国驻刚果维和观察团发言人杜尔在金沙萨说，多罗多罗大屠杀的生还者已列出一个966人的受害者名单。生还者表示，大屠杀从3日早晨开始，共持

---

① “波黑政府公布斯雷布雷尼察大屠杀调查报告”，新华网，http：//news. xinhuanet. com/world/2004－10/15/content_2093572. htm。

② “刚果（金）遭遇‘黄金诅咒’内战5年400万人惨死”，南方网，http：//www. southcn. com/news/international/gjkd/200509050351. htm。

续了三个小时。[①]

二、征服与殖民统治：种族大屠杀的背景、起因与认定

1944 年，波兰籍犹太学者拉斐尔·莱姆金，创造了“种族灭绝”（genocide）一词，为希腊文“genos”（种族、家庭）以及拉丁文“cide”（杀害）的合成词。[②] 但是“种族灭绝”的历史渊源，却远早于词源的诞生，有其复杂的背景及发生原因。

考察“种族灭绝”的深层原因，一些学者倾向于用“马尔萨斯人口论”、“文明的冲突”甚至“达尔文进化论”对一些种族灭绝现象进行解释，这实质上抹杀了“种族灭绝”的历史真实。不可否认，人口压力、土地制度、经济危机以至于两极分化等非政治因素是导致种族屠杀的重要原因，但不是最根本的原因。回顾历史，帝国主义（包括法西斯主义）对弱小国家和民族的野蛮侵略与征服，西方的殖民统治以及殖民者对殖民地实行的分而治之政策是导致众多种族纷争与屠杀的两大主要原因。从上面提到的种族屠杀案例可以看出，二战前发生的土耳其奥斯曼帝国时期对亚美尼亚人的大屠杀、德国纳粹对于犹太人的屠杀、日本法西斯策划的南京大屠杀等，都是帝国主义（包括法西斯主义）对弱小国家和民族的野蛮侵略与征服的具体案例；而二战后，特别是冷战之后发生在亚非拉等地区的种族屠杀，却是西方的殖民统治与分而治之政策的恶果。以下将重点对后者进行阐释。

首先，西方国家的长期殖民和残酷剥削，或是长期受到大国势力影响与战争牵涉，使得亚非拉一些地区的经济、政治、文化等方面的

---

① “联合国调查公报指刚果（金）种族大屠杀至少千人死”，搜狐网，http：//news. sohu. com/10/18/news208191810. shtml。

② 百度百科，http：//baike. baidu. com/view/231248. htm。

发展都远远落后于外部世界。经济社会发展的停滞与人民生活水平的低下导致各种矛盾因素竞相凸显，为该地区爆发种族矛盾埋下了潜在危险。时至今日，非洲国家的经济社会状况仍十分落后，“全球 49 个最不发达国家有 34 个在非洲，全球最贫困的 10 个国家全部在非洲，另外还有 800 多万流离失所的难民、2300 多万艾滋病患者和病毒携带者、2 亿多人长期营养不良等，非洲经济目前所保持的增长态势仍然不足以提供非洲民众摆脱贫困状态所需要的动力”[①]。

其次，西方殖民者在殖民统治期间，往往对殖民地采取分而治之的政策，对不同的种族施以不同的政策待遇，从而埋下了种族之间的矛盾与仇恨。在归还主权时，又大耍所谓的平衡策略，制造国内长期内讧不宁，以期能够继续介入争端，保留影响力。历史上，西方殖民者为了争夺势力范围和资源，对非洲大肆殖民瓜分。[②] 二战以后，非洲人民争取民族独立和解放的运动蓬勃兴起。1974 年，安哥拉、莫桑比克等国宣布独立，非洲整个殖民体系宣告解体。到 1990 年 3 月 21 日，非洲大陆最后一块殖民地纳米比亚也宣告独立。西方殖民者在非洲大陆上的殖民势力却没有真正消除，他们通过扶植代理人、控制国民经济命脉等方式，继续对非洲国家进行剥削与影响。因此，有人指出，“几乎所有非洲国家现在的民族矛盾，都是欧洲国家人为制造的”[③]。可以说，殖民统治、分而治之和大国意志都是种族大屠杀发生的重要背景与条件。

以卢旺达大屠杀为例，德国殖民者将卢旺达国民人为划分为图西

---

① 黄泽全：《非洲经济亦喜亦忧》，载《人民日报》，2006 年 4 月 18 日第 7 版。

② 1884 年 11 月至 1885 年 2 月，英、法、德、比、葡、意等 15 个国家在柏林召开会议，以协议形式对非洲进行了瓜分。到一战前，整个非洲大陆只有利比里亚和埃塞俄比亚还保持独立，其余的国家和地区全部沦为西方列强的殖民地或半殖民地。

③ “卢旺达为何发生种族屠杀”，新浪网，http://forum.book.sina.com.cn/thread-1894329-1-1.html。

族和胡图族。其目的是利用“等级”程度较高的图西族人，帮助殖民者一起统治占人口大多数的胡图族人。后来的比利时殖民者与德国一样，在政策上向图西族倾斜较多，使得占人口15%的图西族获得更多的教育机会。卢旺达殖民统治时期的政府及社会上层，主要被少数图西族人占据，图西族人也占据了较多的财富。1962年，卢旺达独立后成立共和国，建立了三权分立的“宪政”制度，也引进了西方的普选制度，成为一个完全符合西方标准的民主制度国家。但是，由于卢旺达落后的经济社会条件，西方民主的多党制实质上成为了种族对立的工具。等级地位较低但占全国人口85%的胡图族人开始利用民主制度，对曾经高高在上的图西族人实行迫害，致使大批图西族人成为难民，流亡国外。从卢旺达逃亡的图西族难民，像被以色列逐出家园的巴勒斯坦难民一样，居住在周边国家，与周边国家的图西族联合，开始对卢旺达的胡图族人统治发起挑战。因此可以说，西方殖民者历史上对非洲国家的殖民统治，以及之后输入的“民主制度”的过程，是植入种族仇恨、挑起种族争端、引发种族屠杀的根本原因之一。

三、审判与国际努力：防止与惩治种族大屠杀的历史重担

2009年4月7日是卢旺达种族大屠杀10周年纪念日。在人们痛悼那100多万无辜冤魂时，也在沉痛地反思：如果当年有5000名装备精良、授权明确的联合国部队介入，就能够制止这场惨痛的屠杀。

实际上，国际社会在消除种族歧视与种族主义影响、防止与惩治种族灭绝的问题上一直在积极努力。早在1948年12月9日，联合国大会就通过《防止和惩治灭绝种族罪公约》的第260号决议。公约第一条明确规定：“缔约国确认灭绝种族行为，不论发生于平时或战时，均系国际法上的一种罪行，承允防止并惩治之。”并将“种族灭绝”定

义为：以完全或部分地消灭一个国家的、种族的、人种的或宗教的人群所犯下的以下一个或多个罪行。这些罪行具体包括：杀死这个人群的成员；严重摧残这个人群的成员的身心健康；以完全或部分消灭这个人群为目的的，蓄意对这个人群强加的生活环境；强制的禁止生育；强制让另一个人群来抚养这个人群的儿童等等。1965 年 12 月 21 日，联合国大会第 2106A（XX）号决议通过了《消除一切形式种族歧视国际公约》，该公约是“据以消除种族主义、种族歧视、仇外心理和相关的不容忍现象的主要国际文书”，郑重申明“任何基于种族差别的种族优越学说，在科学上均属错误，在道德上应予谴责，在社会上均属失平而招险，无论何地，理论上或实践上的种族歧视均无可辩解”①。1978 年 11 月 27 日，联合国教育、科学及文化组织大会第二十届会议通过了《种族与种族偏见问题宣言》，对“不断变换形式的种族主义、种族歧视、殖民主义和种族隔离”现象进行了严厉抨击②。

此外，2001 年反对种族主义世界会议制定了关于“反对种族主义、种族歧视、仇外心理和有关不容忍行为”的最权威和最全面的方案——《德班宣言和行动纲领》，其中确立了 219 条具体的行动指南。③ 2009 年 4 月，德班审查会议审查了全球在克服种族主义方面所取得的进展，得出了有待实现的事仍然很多的结论。毫无疑问，该会议最大的成果就是国际社会重申支持反对种族主义议程。④

世界各国也纷纷制定本国的法律，或通过法庭对种族屠杀罪行进

① “消除一切形式种族歧视国际公约”，联合国网站，http：//www. un. org/chinese/hr/issue/docs/15. PDF。

② “种族与种族偏见问题宣言”，联合国网站，http：//www. un. org/chinese/hr/issue/docs/16. PDF。

③ “行动纲领”，联合国网站，http：//www. un. org/chinese/durbanreview2009/docs/programme _ action. pdf。

④ “消除种族歧视国际日（3 月 21 日）·背景资料”，联合国网站，http：//www. un. org/zh/events/racialdiscriminationday/background. shtml。

行审判。例如，比利时于1993年通过全球审判法，容许在国内起诉任何在世界上犯有种族灭绝罪的人。根据加拿大的战争罪及反人类罪法案，无论在国内或国外，种族灭绝属违法行为。任何一种或以上的情况下，犯种族灭绝的人士可依加拿大法律检控。1995年，芬兰政府把种族灭绝列为个别的刑事罪行，刑期为4年到终身不等，而策划或试图犯种族灭绝的有关人等也有机会被检控。根据西班牙法律，法庭可对怀疑在西班牙境外犯种族灭绝罪的任何外国人士作审判。瑞典也于1964年把种族灭绝列入刑事罪行，根据当地法律，任何向国家、种族、宗教团体等作出的部分或完全的灭绝行为，皆属违法，一经定罪，将被监禁4年至终身不等。英国把国际刑事法庭法案纳入国内法，但可追溯的事件限于2001年5月之后发生的种族灭绝案件，而被告人也仅限于英国国民或居英人士，“任何人士如果为金钱利益而援助犯有战争罪的政权，可被检控”①。

自2000年起，瑞典政府每年召开一次讨论种族灭绝和大屠杀等问题的国际会议，即“斯德哥尔摩国际论坛”。2004年，最后一届论坛达成了一项重大的成果，来自世界60多个国家的代表签署了《斯德哥尔摩宣言》，呼吁国际社会共同采取有效行动，防止种族屠杀事件重演。会议强调指出，与会各国都应建立有效机制，使用切实可行的手段，尽早确定可能发生种族屠杀的威胁，并对此进行监督和报告。宣言认为，各国有义务在联合国及其他有关国际与地区组织的范围内开展多边合作，以便为消除发生种族屠杀的危险而采取有效措施。为此，欧盟负责外交与安全政策的高级代表索拉纳指出，多边主义和国际合作是防止种族屠杀的有效手段之一，而国际法是多边主义的核心和指导原则。各国应遵守现有的国际法体系，并不断加以完善，才能建立

---

① “法律常识：反人类罪和种族灭绝罪、酷刑罪”，360个人图书馆网站，http：//www.360doc.com/content/09/1126/08/106843_9766431.shtml。

起强有力的伙伴关系，国际合作也会越来越密切。①

诚然，国际社会与世界各国为了制止与惩治种族歧视与种族大屠杀，已经做出了不懈的努力。然而，每每考察众多的种族屠杀事件，人们总能产生这样的疑问：我们为何不能挽救数以万计无辜的人们？我们当时为何没有制止这些惨绝人寰的屠杀事件？

可以欣慰的是，人们没有放弃过众生平等、和谐共处的伟大理想，也从没有放弃过制止与惩治种族灭绝罪行的不懈努力。联合国秘书长潘基文在2010年“消除种族歧视国际日”上致辞时呼吁：“让我们缅怀那些在沙佩维尔事件②和其他种族主义事件中丧生的人们，加倍努力消除一切形式的种族主义和种族歧视。让我们把良好意愿转化为法律标准和维护这些法律标准的意志。最重要的是，让我们珍惜人类丰富的多样性，尊重每个人与生俱有的尊严和平等地位。”③

---

① 刘仲华：《加强多边合作 防止种族屠杀》，载《人民日报》，2004年1月30日第3版。

② 沙佩维尔事件是南非白人种族主义政权大规模屠杀非洲人的一桩惨案。1960年3月21日，南非德兰士瓦省沙佩维尔镇的非洲黑人举行大规模的示威游行，反对南非白人当局推行种族歧视的“通行证法”，这是战后南部非洲地区第一次大规模的黑人群众运动。通行证法是南非当局颁布的几百项有关种族歧视的法令之一，规定年满16岁以上的非白人必须随身携带通行证，证件不全者随时会遭到逮捕。南非当局出动大批军警，使用了喷气式飞机、装甲车、机关枪和催泪弹等镇压示威群众，致使72名非洲人被枪杀，240多人被打伤，造成了震惊世界的“沙佩维尔惨案”。南非当局这一法西斯暴行激起了南非人民的极大愤怒，反对“通行证法”的斗争迅速在南非各地展开，并获得非洲其他国家人民和世界人民的深切同情和声援。——著者注。

③ 1960年3月21日，在南非的沙佩维尔，警察开枪杀害了69名参加反对种族隔离“通行证法”和平示威的人。为了让爱好和平的人们牢记这一天，1966年，联合国大会宣布3月21日为消除种族歧视国际日，并号召国际社会加倍努力消除各种形式的种族歧视。参见“消除种族歧视国际日（3月21日）”，联合国网站，http：//www. un. org/zh/events/racialdiscriminationday/index. shtml。

四、舆论与泛政治化：以“种族屠杀”为名的扭曲与攻击

近年来，一些西方国家居心叵测地将亚非拉地区出现的一些民族问题、发展问题扭曲夸大，通过煽动媒体制造舆论，将苏丹达尔富尔地区出现的局部部落冲突、缅甸问题等扣上了“种族屠杀”这顶大帽子，含沙射影地将其政治化、国际化，借反种族屠杀之名，行获取政治利益之实。必须认识到，以种族大屠杀为名进行的政治利益争夺无助于解决任何问题，对受难国家是一种假仁假义，对受诽谤国家更是一种亵渎。这一现象，必须引起国际社会的高度重视与爱好和平人们的警醒。

以种族大屠杀为名的扭曲与攻击，实质上是对一些国家和地区进行政治攻击和军事干预提供借口。以苏丹达尔富尔地区冲突为例，[①] 美

---

① 达尔富尔（Darfur）地区位于苏丹西部，自北至南依次与利比亚、乍得、中非等国毗邻，面积50多万平方公里，约占全国总面积的五分之一。达尔富尔地区包括三个州，即北达尔富尔州、西达尔富尔州和南达尔富尔州，有人口600多万。这里居住着包括阿拉伯人、富尔人和黑人等80多个部族，其中信奉伊斯兰教的阿拉伯人多居住在北部，而信奉基督教的土著黑人则住在南部。历史上，由于苏丹边界是19世纪欧洲列强瓜分非洲和实行殖民统治时人为划定的，达尔富尔地区不少部落曾被划到不同的国家，因而该地区的部族与周围邻国有着千丝万缕的联系。自苏丹独立以来，由于经济落后和生存资源匮乏，这一地区的民族和部落矛盾严重，冲突频发。近年来，随着达尔富尔地区石油等矿产资源不断被开发，部族之间争夺资源的斗争日趋激烈，一些邻国也以各种形式卷入其中。2003年2月，达尔富尔地区黑人居民相继组成“苏丹解放运动”（又称“苏丹解放军”）和“正义与平等运动”两支武装力量，以政府未能保护土著黑人的权益为由，要求实行地区自治，与政府分享权力与资源，并不断攻城掠地，展开反政府武装活动。尽管苏丹政府曾召集当地部族首领举行了一个千人大会，试图化解矛盾，但未能如愿。此后，随着反政府组织内部不断分化，这一地区的派别日益增多，形成派别林立、多个反政府组织并存的局面。多年来的战乱已造成近30万人死亡，200多万人流离失所。参见“苏丹达尔富尔问题”，新华网，http://news.xinhuanet.com/ziliao/2004－08/24/content_1871528.htm。

国时任国务卿鲍威尔于2004年9月9日把该事件定性为“种族灭绝”，但联合国2005年则认定，苏丹政府在达尔富尔的行动不是种族灭绝行动。[①] 对此，中国政府达尔富尔问题特别代表刘贵今表示，达尔富尔问题实质不是种族屠杀，而是因为欠发达和贫困以及资源短缺，导致不同部落之间争夺水源、土地，“实质上是发展的问题”。[②] 中国政府为了缓解达尔富尔地区的人道主义危机，前后分四批，承担了总额1000多万美元的援助，其中一半物资已经转交给达尔富尔地区。此外，中国政府还为北达尔富尔州修建大坝项目投入了近3000万美元的资金，中国的石油公司在苏丹的勘探、精炼原油等的工作也帮助苏丹从贫油国发展到拥有相对完整石油工业的国家，为苏丹的经济社会发展提供了很大帮助。[③]

以种族大屠杀为名的扭曲与攻击，实质上是少数西方国家为了维护其原有的殖民权益以及获取排他性的经济利益。对一些国家说三道四，其出发点根本不是出于救助受难国民众的人道主义考虑，而是为了获取某种狭隘的政治目的进行的一场国家间的政治角力。2008年北京奥运会召开前后，一些居心叵测的西方人士将达尔富尔问题与北京奥运会挂钩，妄图藉此抵制奥运会的顺利召开。“拯救达尔富尔”组织将活动的焦点转向了中国，除了敦促美国人转移对投资中石油的美国金融服务公司繁德投资（Fidelity Investment）的持股外，更将2008年北京奥运同苏丹的冲突挂钩，在6月7日的《华盛顿邮报》刊登了全版广告“控诉”中国，试图逼迫中国政府切断对苏丹的经贸往来。[④] 为

① “种族灭绝”，维基百科，http：//zh. wikipedia. org/zh－sg/%E7%A7%8D%E6%97%8F%E7%81%AD%E7%BB%9D

② “刘贵今：达尔富尔问题实质是‘发展的问题’”，中华人民共和国驻南非共和国大使馆网站，http：//za. china－embassy. org/chn/zt/darfur/t324198. htm。

③ 同上。

④ “达尔富尔危机考验美中外交智慧”，中国选举与治理网，http：//www. chinaelections. org/newsinfo. asp? newsid＝113249。

此，中国政府明确表示，根据奥林匹克运动会的基本精神，奥运会是非政治化的，把奥运会问题同中国在达尔富尔问题上的态度挂钩是“完全没有道理的”。[1]

2010年2月23日，苏丹政府和西部达尔富尔地区最主要的反政府组织“公正与平等运动”在卡塔尔首都多哈正式签署停火协议。苏丹政府方面表示，双方之后将展开全面和谈，以便在3月15日之前达成最终和平协议。停火协议的签署，不仅是为结束达尔富尔冲突而签署的第一份具有实质意义的文件，也是达尔富尔地区走向全面和平的重要一步。[2] 这次苏丹政府与反政府组织签署停火协议为接下来的总统选举、全民公投创造了良好的政治氛围，使得达尔富尔的和平曙光再现，也再一次表明了外来势力的政治军事干涉与扭曲丑化不能真正解决问题，一国的内部矛盾与民族纷争仍然要通过和平谈判与协商的方式加以解决。

---

① “刘贵今：达尔富尔问题实质是‘发展的问题’”，中华人民共和国驻南非共和国大使馆网站，http：//za. china—embassy. org/chn/zt/darfur/t324198. htm。

② “新华国际时评：达尔富尔走向全面和平的重要一步”，新华网，http：//www. sx. xinhuanet. com/newscenter/2010—02/24/content_19092916. htm。

第十章

国际军事安全困境及其表现

“安全困境”一词，最初是由美国学者约翰·赫茨（John H. Herz）于20世纪50年代初提出的，具有明显的悲观主义色彩。[①] 它是指一个国家为了保障自身安全而采取措施，但这些安全措施反而会降低其他国家的安全感，从而导致该国自身更加不安全的现象。一个国家即使是出于防御目的增强军备，也会被其他国家视为需要作出反应的威胁，这样一种相互作用的过程是国家难以摆脱的一种困境。而其导致的直接负面效应就是军备竞赛的出现、反复甚至加剧。

“安全困境”亦被称作“安全两难”。霍布斯的“自然状态”认为，人类在这种状态下，由于受自我保全或自我安全冲动的驱使，每个人

① 赫茨先是在1950年发表的《自由主义者的国际主义与安全困境》一文中首次提出“安全困境”概念，随后又在1959年出版的《原子时代的国际政治》一书中更为系统地阐述了“安全困境”对国际政治发展演变的影响。赫茨认为：“‘安全困境’或‘权力与安全困境’是一种社会状态，在这样的状态中，当权力单元（比如在国际关系中的国家或民族国家）比肩共存时会发现不存在凌驾于它们之上、能规范其行为和保护其免受攻击的权威。在这样的条件下，从相互怀疑和相互恐惧而来的不安全感迫使这些单元为寻找更多的安全而进行权力竞争，由于完全的安全始终无法最终求得，这样的竞争只能导致自我失败。”赫茨同时指出，他所提出的“安全困境”与英国历史学家和权力政治学者赫伯特·巴特菲尔德（Herbert Butterfield）几乎在同时提出的“霍布斯恐惧困境”（“Predicament of Hobbesian Fear”）具有异曲同工之妙。参见John H. Herz, *International Politics in the Atomic Age* , New York, Columbia University Press, 1959, p. 231, 232。

都欲最大限度地保持个人的自由，同时也都欲得到支配别人的权力，于是就发生了一切人对一切人的战争。与霍布斯的“自然状态论”相对应的国际间的无政府状态会促使国家之间的互不信任，其必然的逻辑结果就是“安全困境”，即某一国家增强自我安全的行为会不自觉地导致降低他国安全，从而使他国为了自身的安全而竭力增加自己的实力，以致卷入安全竞争的恶性循环之中。而约翰·赫茨认为：正是人们对彼此意图的不确定性使他们陷入了这一根本的两难局面中，并且使人与人之间的非人道行为成为人类社会中的一个基本事实，而人类若想摆脱这一局面，不仅必须做到推己及人，且必须对由这一局面产生的行为要求予以明确的否定回答。他认为，无政府状态中的个体由于彼此共处且缺乏一个能够对它们施加行为规范并保护它们免于受到伤害的公共权威，因而由个体对彼此意图的不确定性而导致的不安全感必然驱使它们追求更多的权势以求更大的安全，但这样做的结果只能加剧它们原有的不安全感，安全困境就出现了。

因此，肯尼思·沃尔兹（Kenneth N. Waltz）指出：“自希腊的修昔底德和印度的考蒂利亚时起，武力的使用以及控制武力的可能性一直是国际政治研究着重研究对象。约翰·赫茨新创了‘安全困境’一词以描述这种状态，在此状态中，各国都无法摸透彼此的意图，为了安全，各国便将自己武装起来，而在这样做时，恶性循环便形成了。各国出于安全考虑将自己武装起来后，更感不安全，需要购买更多的武器，因为保护任何一国安全的手段是对其他国家的威胁，而后者又转而武装起来作为对前者的反应。”①

进入 21 世纪后，由于国际体系力量结构和制度体系正在发生深刻变化，国际安全威胁呈现出多元化特性，传统安全与非传统安全的交织不仅影响着各国的安全战略选择，也使问题变得更加复杂，构成了

---

① ［美］肯尼斯·N. 沃尔兹著，胡少华、王红缨译：《国际政治理论》，中国人民公安大学出版社，1992 年版，第 5 页。

国际军事安全新的困境。主要表现在：互信机制的缺失导致世界各国和地区军备竞赛持续升温；核扩散阴影下的国际军控形势复杂多变；非传统安全引发军事冲突的潜在危险增大；绝对安全理念对军事安全领域的冲击等等。

第一节 互信机制的缺失导致地区军备竞赛持续升温

影响战争爆发的可能性的变量是多方面的，[①] 其中对敌意的错误假定，即相互间信息的错误解读，是一个重要的原因。因为，它引发的是“一方错误地认为对方对自己怀有敌意，然后就采取似乎证实了所有怀疑的预防性措施”[②]。而这一切可以说均产生于彼此间互信的缺失。尽管进入21世纪后，和平与发展成为世界的主题，但是发生武装冲突的因素并未彻底消除，一些国家的明显进攻性优势导致其他国家产生恐惧心理，不断提升自身防御性能力。

根据斯德哥尔摩国际和平研究所2010年3月14日推出的年度报告，世界范围内的军备竞赛正在加速，而其中最激烈的竞争发生在东南亚和南美洲。2005年以来，世界军火交易额平均上升22%，远高于世界经济的增速。其中整个东南亚地区在2005年至2009年间的武器

---

① 美国学者乔治·H. 奎斯特认为，至少有五种明显的影响战争可能性的变量：1. 国家间政治分歧的程度。2. 错误地假定谁将在战争中获胜（即双方也许都认为自己拥有更为训练有素的军队）。3. 对双方决心的错误评估（即每一方都低估了对方在持久对抗中做出牺牲的意愿）。4. 对敌意的错误假定。5. 军事技术刺激国家采取攻势。参见［美］乔治·H. 奎斯特著，孙建中译：《国际体系中的进攻与防御》，上海人民出版社，2008年3月版，第9页。

② ［美］乔治·H. 奎斯特著，孙建中译：《国际体系中的进攻与防御》，上海人民出版社，2008年3月版，第9页。

进口与前5年相比几乎翻了一番，印尼增加84%，新加坡增加146%，马来西亚增长的幅度更是惊人，达到722%。新加坡在过去5年增添了6艘护卫舰和32架战斗机，还预订了2艘潜艇和12架战斗机。马来西亚购买了2艘潜艇、6艘护卫舰和26架战斗机。印尼进口了4艘护卫舰、4架战斗机，此外还预订了3架战斗机。[①] 军火贸易的升温必然导致军费的增长，近年来全球军费开支，已呈现出连年攀升的态势。仅以2008年的全球军费开支看，尽管受全球金融危机的影响，依然“接近1.3万亿美元，占全球国民生产总值的2.5%，比2007年增加6%，其中美国5069亿美元（加上1894亿美元的反恐战争开支，美国的军费总额高达6963亿美元，占世界军费总额的一半以上）；日本47769亿日元（约480亿美元）；俄罗斯393亿美元；印度约264亿美元。即使在金融危机的背景下，世界主要军事大国2009年仍然保持高额军费投入。美国防预算为5425亿美元；俄军费将增加27%，达500多亿美元；日本防卫费48449亿日元（因日元升值因素可能突破500亿美元）；印度军费将达到300亿美元上下的水平”[②]。而1998～2007年的10年间，全球军费开支实际上升了45%。[③]

之所以出现这样的局面，主要是因为冷战思维并未完全消失，特别是在新的国际环境中，影响国际安全的因素出现了一些新的变化，传统安全与非传统安全相互交织，导致问题趋向复杂和多元化。其中，拥有超强军事优势的美国的安全战略思维发生了重大变化，其将“绝对安全”作为追求的目标，并将“单边主义”和“先发制人”作为实现这一目标的战略支撑。受此影响世界多数国家，不安全感普遍趋强，

---

① “瑞智库：中国军力上升 亚洲陷入军备竞赛”，中国网，http://military.china.com/zh_cn/important/64/20100318/15859001.html。

② 盛欣主编：《世界军事形势分析·2009》，国防大学出版社，2009年7月版，第11页。

③ ［瑞典］斯德哥尔摩国际和平研究所编，中国军控与裁军学会译：《SIPRI年鉴2008：军备·裁军和国际安全》，时事出版社，2009年5月版，第4页。

并将发展自身军事实力作为获取安全环境的主要手段。“安全困境”的本质性特征再次出现——一国的军备加强导致另一国的相对削弱，相对削弱国家因平衡被打破而力图构建新的平衡，方法只能选择同样手段——加强军备，以致形成新的军备竞赛。这不仅反映出进攻与防御的本质性特征，也是互信机制建设严重滞后的恶果。

在美国安全战略的调整过程中，尽管一些国家（如英国和法国）的2010年的军费预算与上一年度相比有所下降，但多数国家仍呈上升态势。其中，除美国上涨了9.5%外，印度上涨了8.13%，俄罗斯上涨了3.4%，日本上涨了0.3%。[①] 说明即便是在全球金融危机和经济危机的状况下，情况也并未得到根本扭转，其中亚洲的情况更是令人担忧。

冷战终结后，与全球范围内裁减军备形成鲜明对照的是，亚洲不仅未实现人们期待已久的真正和平，反而涌动着一股军备扩充的浪潮，这与该地区复杂的领土争端问题存在着密切关系。领土争端作为最常见也最具传统性的安全威胁，一直是冲突和战争的主要诱因，严重损害着冲突各方之间互信机制的建立。这些领土争端有些是历史遗留问题，有些则是两极体制崩溃后出现的新问题，如：日本与俄罗斯之间的千岛群岛（北方四岛）之争，印度与巴基斯坦在克什米尔的尖锐对立，韩国与日本之间的独（竹）岛之争，印度尼西亚与巴布亚新几内亚之间的领土争端等等。这些争端的存在导致该地区的国家长期处于军备竞赛之中。[②] 特别是在东北亚、台海地区及南中国海周边地区，“逆裁军”态势尤为严重。尽管在20世纪90年代末，受金融危机影

---

① “2010：各国军费重点投向何方?”，新华网，http://news.xinhuanet.com/mil/2010-03/31/content_13274027.htm。

② 东亚多国（地区）军费开支持续数年呈上升态势。特别是在1990至1996年间，日本、韩国、中国、中国台湾、泰国、马来西亚、新加坡等东亚国家（地区）的军事开支一直保持较大幅度的增长。自新西兰到韩国的整个地区，防务开支以每年3%～5%的速度增长，是世界军费开支增加最快的地区。参见杨志丹：《东亚安全困境及其出路》，载《现代国际关系》，2003年第9期。

响，部分东亚国家一度削减了武器购买计划。但总体上看，通过购买和研发尖端武器，东亚各国（地区）在后冷战时期反而竞相建立了更具杀伤力的常规武器库，结果导致军备竞赛节节升级、区域和平与稳定难以保障的安全困境局面。①

之所以出现这种局面，其中一个重要原因是没有建立起实质性的地区安全合作保障体系，这使得该地区固有的复杂矛盾，诸如领土纠纷等问题找不到有效的解决途径。朝鲜核问题更是增加了一些国家的不安全感，以实力求生存的固有安全思维模式遂占据主导，地区国家欲通过增强军事实力来提高安全系数和获得安全感。此外，美国在东亚的长期存在和美日同盟的威慑性，也是造成东亚安全困境的重要原因。

美国长期在东亚地区的军事存在，致使一些国家感受到巨大的压力和威胁，“零和”理念下的军备发展，最终导致军备竞赛的“长盛不衰”②。而朝鲜核问题的出现，如同给东亚地区军备竞赛加入了助推剂，形成了更加严峻的军备竞赛形势，特别是日本和韩国都加大了军费投

① 杨志丹：《东亚安全困境及其出路》，载《现代国际关系》，2003年第9期。

② 其中，美国对日本的战略支持迎合了日本成为政治、军事大国的意愿，推动日本军事实力的迅速膨胀，增加了其他东亚国家对日本的猜忌，加剧了地区安全困境。1996年美日签订的《日美安保联合宣言》和1997年公布的《日美防卫合作指针》，为日本扩充军备提供了某种合法性基础。近年来，美国还力图将日本拉入TMD计划。在1999和2000年度，日本防务开支已分别达到479.91亿和480.39亿美元。1999～2002财政年间，日本总共花费137亿日元（约1.14亿美元）用于导弹防御的研究，此外还增拨了19亿日元（1580万美元）用于试验新开发的系统。2003年8月5日，日本防卫厅公布了2003年度国防白皮书，将朝鲜及其弹道导弹列为对日本国家安全的最大威胁，呼吁日本政府加速反导弹系统的研究和部署。近年来，日本已经并还将发射多颗间谍卫星，监测亚太特别是东北亚军情。由于有强大的经济、科技实力作为基础，日本军事实力的每一步提升都会导致地区力量对比的失衡，引发朝鲜等周边国家的安全担忧。亚洲国家除了担忧日本军国主义会借尸还魂，更担忧一个亚洲新冷战体制将从此出现，最终导致亚洲的分裂与冲突。这些动作导致其他国家感到威胁而不断加大军备发展的力度，为谋求自身安全的努力最终导致新的军备竞赛，使东亚地区形成军备竞赛不断升级的危险态势。

入，主要用于发展武器装备，以期确保对朝鲜的绝对军事优势。[①]

军备竞赛不仅是东亚问题，也是全球性的问题。其中南亚地区的印度在军备投入上连年增长，扩张态势不断彰显。[②] 在中东、南美等地

① 朝鲜进行核试验后，韩国方面加紧从美国引进各种先进装备。据韩国媒体报道，继准备从美国引进“全球鹰”高空无人侦察机后，韩国军方近日宣布将引进 GBU—28 激光制导炸弹和 84 枚“标准—2”舰空导弹。很显然，韩军引进绰号“掩体破坏者”的 GBU—28 炸弹旨在强化打击朝鲜的地下军事设施的能力。GBU—28 炸弹能够穿透 100 英寸厚的泥沙土层或 20 英寸厚的混凝土层。而更加令人担心的是，在朝鲜二次核试之后，韩国国内也出现了拥有和平开发核能的“核主权”主张。目前，日本和韩国内部都有发展核武器的呼声，当然更有这样的能力。此外，韩国 2006 年 11 月 8 日公布了《2006—2010 年财政运用计划》，宣布从 2006 年到 2010 年共投入 41 万亿韩元（约合 410 亿美元）用于研发和采购高精尖武器装备以改善防卫能力。另据《环球时报》报道，韩军五年内将投入 41.3 万亿韩元用于提升高精尖武器的发展，相关支出将从 2006 年的 5.78 万亿韩元增至 2010 年的 11.1 万亿韩元，年均增长 17.7%，逐渐摆脱在尖端武器方面严重依赖美国的状态。参见“美日韩加紧对朝鲜备战威胁中国周边安全”，新民网，http：//news. xinmin. cn/rollnews/2009/06/10/2075546. html。“韩国军费五年将投四百亿朝鲜半岛局势扑朔迷离”，360 个人图书馆网，http：//www. 360doc. com/content/06/1111/17/7579 _ 256417. shtml。

② 据《印度时报》报道，过去 10 年里，印度是发展中国家里最大的军火购买国，未来 10 年，印度还将进一步提高军购支出，预计军购费用将达到 300 亿美元。2007 年 2 月 28 日，印度财政部长奇丹巴拉姆在向议会提交 2007 至 2008 财年预算案时表示，国防预算比上一财年增加 7.8%，达到 9600 亿卢比（约合 217 亿美元）。2006 至 2007 财年，印度国防预算达 8900 亿卢比，实际开支 8600 亿卢比。奇丹巴拉姆表示，9600 亿卢比国防预算中将有 4192.2 亿用于基础建设费用和购买新式装备，这意味着印度军队可以进行几笔数额巨大的军火交易。奇丹巴拉姆还保证，如果军方实际需求增加，政府将追加资金。印度国防部长安东尼当天表示，印度持续增加国防开支表明了印度政府全面推进军事现代化的决心。他说，印度军方目前的重点是更新三军的武器装备。对于印度近几年来在军事和军购方面的大动作，一位驻印度的美国记者评论说，印度这样做，有两个战略目标：一是继续保持并加强在南亚次大陆的绝对军事优势，二是希望能一跃成为全球军事强国，与其他核大国平起平坐。参见“印度军事发展计划庞大增长速度正赶超欧美”，中国经济网，http：//www. ce. cn/xwzx/mil/junmore/200703/15/t20070315 _ 10703925. shtml。

同样存在着如火如荼的军备竞赛。而处于“绝对安全”的澳大利亚也莫名地加入到这场世界的竞赛之中，被指有明显的扩张意图。① 对澳大利亚的举动，国际上尤其是东南亚地区国家极表示其关注。澳军费开支特别是军购费用大幅增加的现实，使国际社会普遍担心此举会引发东南亚地区的军备竞赛。一些东南亚国家的左翼媒体批评说，这集中反映了澳军事战略目标的“野心”，即做“地区性帝国主义强国”，并成为“世界第一帝国主义强国——美国的政治军事伙伴”，以至于澳大利亚《左翼绿党周刊》也指出，澳购买的武器并不是为了保卫本国国土，而是“企图搞军事扩张”，澳正在通过加入美国的军事体系进而对远离澳国土的区域进行军事干预。② 在其他的一些热点地区，同样存在由于担心自身的安全没有保障而不断加强军备建设的情况，这就导致全球军费的普遍上涨和军备竞赛的严峻局势。

军备竞赛的主要动因和出发点是安全问题。安全的基本属性决定了其不仅仅基于现实的威胁存在，还取决于心理感知，说到底常常是过度的恐惧心理造成了对现实判断的夸大，进而导致安全感的降低。因为，“当安全主要聚焦于外部威胁时，军事安全首先是关于国家的实际武装攻击能力和防御能力；同时包括彼此对对方能力和意图的认识。

---

① 2009年5月2日澳大利亚总理陆克文公布了新版《国防白皮书》，表示澳大利亚未来20年将耗资2263亿美元加强军备建设，尤其是加强海军和空军军备力量的建设，其中包括射程达2500公里的巡航导弹，改进卫星技术等，澳军人数也将从目前的5.3万人增加到5.78万人，以防备亚太地区可能出现的各种新的威胁。对此，澳大利亚《左翼绿党周刊》指出，澳购买的武器并不是为了保卫本国国土，而是“企图搞军事扩张”，澳正在通过加入美国的军事体系进而对远离澳国土的区域进行军事干预。澳海军一旦真正实现从单一海面作战力量向两栖作战军事力量的转变，那么“在东南亚及南太平洋所有国家中，澳第一军事强国的地位就将无人撼动”。参见“澳大利亚全力打造海空军称新大国影响亚太安全”，搜狐网，http：//mil. news. sohu. com/20090507/n263817814. shtml。

② 戴亮、夏尔：“澳大利亚军事扩张惹纷争”，大家报刊网，http：//www. djbkw. com/Html/news/junshi/621927891159. html。

外部威胁，包括从国家、社会和人们被消灭的恐惧，到在一些政策的特殊问题方面进行强迫和胁迫的炮舰外交等诸多方面。恐惧反应也可能影响现有能力远远超过了对预期中潜在能力的影响，比如一些人对当代中国的理解”①。

可见，这种不安全感的一个最重要的根源就是互信的缺失，它是造成军备竞赛恶性循环的主要推手。因此，只要互信问题得不到根本解决，军备竞赛就很难停止，军备竞赛不停止，安全困境将无法消除，国际军事安全局势也就得不到缓解。

第二节　核扩散阴影下的国际军控形势复杂多变

自核武器问世以来，核毁灭的阴影一直笼罩着人类，如同头上悬着的一把达摩克利斯之剑。因此，核军备控制几乎成为二战后国际政治的一个基本特征。尽管冷战结束后，伴随着国际局势的缓和，国际核军备控制领域出现了积极进展②，但也出现了许多新问题，表现为

① ［英］巴瑞·布赞、［丹麦］奥利·维夫、［丹麦］迪·怀尔德主编，朱宁译：《新安全论》，浙江人民出版社，2003 年 2 月版，第 70 页。

② 主要表现为无论是数量、质量的裁军，还是核裁军观念，都有了实质上的突破，并为进一步的核裁军提供了更大的可能。包括“合理足够”原则盛行；通过单边的主动核裁军，以及美俄间的双边核裁军协定，俄的战略、战术核武器在数量上都有了大幅度的裁减，幅度之大超过了人们的想象，美俄基本上都消除了战术核武器；国际核裁军出现了重大突破，《不扩散核武器条约》的无限期延长、《全面禁止核试验条约》在联大的通过、禁止生产裂变材料谈判被列入国际核裁军的议程，预示着在未来的一段时期里核裁军可能会有更大的进展；核裁军的重点发生转移，从为防止核战争的爆发而减少核武器的数量、控制核武器的质量，转变为防止核武器的扩散，防止个别被西方国家看来“或以恐怖主义组织为代表的非国家行为体获得核武器；信任措施的广泛建立成为时尚，核裁军的地位虽然重要，但从国际社会的中心议题中退出，让位于以经济发展为核心的综合国力竞争”。参见滕建群等著：《国际军备控制与裁军概论》，世界知识出版社，2009 年 11 月版，第 263—264 页。

“当前的军控和防扩散问题，早已不是美苏两国的角斗，而是一幅参与成员更为复杂、涉及领域更为广泛、控制监督更为困难的局面”①。

核不扩散机制源于冷战开始后美苏对抗，被认为是美国及其盟国在两极对峙时代“为减缓核武器制造能力的扩散，并把核技术可能造成的使局势动荡的影响控制到最低程度而做出的一系列具有控制性的国际安排”②。该机制通过各种条约③以及相关组织加以实施。尽管自该机制建立起，参与国家不断增多，④ 并通过安全保障、禁止核试验、出口控制以及建立无核区等一系列措施和手段，在防止核武器扩散方面发挥了积极的作用，但是自1998年后，一度缓和的世界核态势又因印度和巴基斯坦的多次核试验对国际核不扩散机制的挑战而转向恶化。⑤ 南亚地区两个事实核国家的出现，两国之间的固有矛盾和对抗现

---

① 刘强主编：《2008·国际安全》，时事出版社，2009年4月版，第73页。

② 胡欣：《核不扩散机制的危机》，载《现代军事》，2009年第3期。

③ 构成核不扩散机制的主要条约包括：1. 以《不扩散核武器条约》为主的限制核武器发展的条约，如《全面禁止核试验条约》（CTBT）、《反导条约》（ABM）、《美苏关于限制反弹道导弹系统条约》、《美苏关于限制地下核武器试验条约》、《美苏关于和平利用地下核爆炸条约》、《核材料的实物保护公约》等。2. 以《美苏限制战略武器协议》（SALT Ⅰ）为主导的有关核裁军条约，包括：《美苏关于进一步限制战略武器协议》（SALT Ⅱ）、《美俄关于削减和限制进攻性战略武器条约》（START Ⅰ）、《美苏关于销毁中程和中短程导弹条约》、《美俄关于进一步削减和限制进攻性战略武器条约》（START Ⅱ）等。3. 限制核武器部署空间及有关无核区的条约，如《南极条约》、《外层空间条约》、《拉美加勒比地区禁止核武器条约》、《南太平洋无核区条约》、《东南亚无核区条约》、《非洲无核区条约》等。

④ 截止到2010年3月，除了以色列、印度、朝鲜和巴基斯坦之外的所有联合国成员国都已加入了以《不扩散核武器条约》为核心的核不扩散机制。

⑤ 1998年5月11日和13日，印度相继进行了五次核试验，成为举世震惊的重大事件。作为回应，5月28日和30日，巴基斯坦也进行了六次核试验，从而把业已存在的核军备竞赛由秘密推向公开。这一系列事件表明，两国已放弃原来的核政策，走上了公开发展核武器的道路。这一事态使南亚局势被核军备竞赛的阴影所笼罩。

实，使这一地区潜伏着核冲突的巨大威胁。1998年6月6日，联合国安理会通过决议，谴责印度和巴基斯坦最近进行的核试验。决议指出，印、巴核试验对南亚和国际的和平与安全造成了不良影响；两国应放弃核武器发展计划，防止南亚地区的紧张局势进一步恶化。[①] 但印巴两国核武发展已走得太远，根本无法回头。

根据瑞典斯德哥尔摩国际和平研究所2002年的文章显示，世界上8个核武器国家保留着大约17150枚部署的核弹头，美国和俄罗斯合起来占93%。其中美国的战略核弹头有6480个，非战略核弹头1120个，总计7600个；俄罗斯拥有战略核弹头4951个，非战略核弹头3380个，总计8331个。在较小的核武器国家中，中国拥有400多枚核弹头，法国拥有348枚核弹头，以色列和英国各有大约200枚核弹头。两个新的核武器国家巴基斯坦和印度各自拥有24～48枚核弹头，这些核弹头据认为不是全部已部署。除了这些部署的弹头以外，还有几千枚弹头被储存起来作为备用。这些弹头没有被列入政府宣布的库存数量之内。近年来，越来越多的弹头从条约规定的种类转变为“条

---

① 安理会决议认可了中国、俄罗斯、法国、英国和美国5个安理会常任理事国外长于1998年6月4日在日内瓦发表的关于印、巴核试验的联合公报。安理会要求印、巴双方保持冷静和克制，立即停止一切核武器试验，同时避免进行威胁性军事调动、越境侵犯或其他挑衅性行动，以防止该地区紧张局势的进一步恶化。安理会还要求印、巴双方放弃核武器发展计划，承诺不将核装置武器化，不部署核武器，不生产核武器的裂变材料，并保证不向其他国家出口与核武器有关的设备、材料和技术。安理会重申，《不扩散核武器条约》和《全面禁止核试验条约》是国际社会防止核扩散机制的基石，是进行核裁军的关键；印、巴和其他所有还没有成为《不扩散核武器条约》和《全面禁止核试验条约》签约国的国家应该立即无条件地加入这两个条约。安理会鼓励印、巴两国本着积极的精神，与其他国家一道参加在日内瓦举行的关于禁止生产核武器裂变材料公约的谈判，以早日就有关问题达成协议。安理会敦促印、巴两国通过对话，建立相互信任来解决一切与安全与和平有关的问题，其中包括克什米尔问题。安理会表示将继续关注印、巴核试验一事的发展，并要求联合国秘书长尽快就印、巴两国执行安理会上述决议的具体步骤向安理会递交报告。参见人民网，“安理会通过决议谴责印巴核试验”，http：//web. peopledaily. com. cn/haiwai/9806/08/newfiles/f1030. html。

约未涉及”的种类。如果把所有的弹头，包括部署的弹头、备用的弹头、现役和非现役库存的弹头以及储存的“弹芯”（钚芯）统统都计算在内的话，那么世界核武库的总量估计约为36800枚核弹头。[①]尽管这一数字到2006年有所下降，全世界的核弹头总数约为26000枚，[②]截至2008年1月约为10183枚（其中美国4075枚，俄罗斯5189枚，均为实战部署的），[③]但这显然仍是个极其恐怖的数字，意味着人类生活在核毁灭的阴影下。

现实远不止如此，除了上述被确认有核国家外，南非、阿根廷、巴西被认为也可能拥有核武器，但它们都正式宣布放弃使用核武器，而且前两者已决定签署不扩散核武器条约。此外，朝鲜和伊朗，以及阿尔及利亚、利比亚、中国台湾地区，在谋求核武器方面也受到了国际社会的高度怀疑，并且处于国际组织的高度监视之下。现在世界上已有50多个国家有发展核武器的能力或潜力，它们之中有些国家曾走到了核边缘，是在国际社会的压力下才放弃了核选择。此外，一些国家为了对抗核优势国家，转而发展生化武器，这也给国际军控与裁军带来了新的挑战。

近年来，朝鲜核问题和伊朗核问题更将国际核扩散的危机推向高潮。朝鲜在“六方会谈”框架下与大国周旋的过程中两次进行核试验，成为事实拥有核武器国家。朝核问题之所以发展到现在这种状态，其症结主要在于国际社会未读懂朝鲜的真实动机，即朝鲜坚定拥核是稳定政权的需要？换取经济援助的筹码？“拥核保安全”？还是“弃核换安全”？而且在整个过程中，对朝鲜拥核决心估计不足，所以，国际社

---

① ［瑞典］斯德哥尔摩国际和平研究所编，中国军控与裁军协会译：《SIPRI年鉴2002：军备·裁军和国际安全》，时事出版社，2003年5月版，第738页。

② ［瑞典］斯德哥尔摩国际和平研究所编，中国军控与裁军协会译：《SIPRI年鉴2007：军备·裁军和国际安全》，时事出版社，2008年5月版，第679页。

③ ［瑞典］斯德哥尔摩国际和平研究所编，中国军控与裁军协会译：《SIPRI年鉴2008：军备·裁军和国际安全》，时事出版社，2009年5月版，第511页。

会并没有制定出有效措施加以制止，致使朝鲜掌握了主动权。[①] 朝鲜事实拥核后，完全变成了“家中有粮，心里不慌”，拒绝接受安理会决议，高调宣布要“同时推进钚和浓缩铀两种核武计划”，并称朝鲜“弃核是绝对、完全不可能的事”，且“无论有无友邦，有无国际支援，朝鲜都将豪气冲天地走自己选择的道路”。[②] 朝鲜这种不畏国际压力以核武寻求军事力量平衡的做法，具有明显的示范效应，影响十分深远。而已经拥核的朝鲜在未来与大国的博弈中，很可能以“核裁军”的谈判对手出现，这给国际核不扩散机制带来的挑战无疑是巨大的。

伊朗核问题是个更为复杂的问题，伊朗官方一再宣称不谋求发展核武器，并坚称拥有和平利用核能的权利。截至2009年，国际原子能机构总干事巴拉迪在接受一家核科学杂志的采访时表示，“伊朗核计划的威胁被人为夸大了。巴拉迪强调，迄今尚无具体证据证明伊朗政府正在实施核武计划，但却有许多人在大谈伊朗核计划对世界是最大的威胁”[③]。其中以美国为首的西方社会坚信伊朗在开发核武。特别是，“在美国，有一种观点认为，策划和进行恐怖活动的国家与通过秘密计划积极寻求获得核、生、化武器的国家之间有着密切的关系。‘9·11’事件加强了这种观点”[④]。而伊朗正是美国一直认为的“支持恐怖主义国家”，因此美国步步紧逼，不断对伊朗施压，并推动联合国进行一轮又一轮的制裁，并不断释放“军事解决”的信号，意欲迫使伊朗放弃核技术开发，但伊朗则选择与美国“打太极”，有攻有守，张弛相间，致使问题久拖不决。

且不论伊朗是否在开发核武，目前伊朗与美国在核问题上的尖锐

---

① 刘强主编：《2008·国际安全》，时事出版社，2009年4月版，第42页。

② “官媒评论：局势迫使中国人重新审视朝核问题”，凤凰网，http://news.ifeng.com/mil/special/dongcha/200906/0625_6277_1220056_2.shtml。

③ “巴拉迪认为伊朗核计划的威胁被人为夸大”，新华网，http://news.xinhuanet.com/world/2009-09/03/content_11986714.htm。

④ [瑞典]斯德哥尔摩国际和平研究所编，中国军控与裁军协会译：《SIPRI年鉴2002：军备·裁军和国际安全》，时事出版社，2003年5月版，第671页。

对立，已远远超越了两国的边界，世界主要大国都成为这一问题的博弈角色，这使得当今的核不扩散问题变得更加复杂。更为严重的是，“如果伊朗根本没有发展核武计划而真的是为了民用而开发核技术，这种符合国际条约约定而进行的研发遭遇美国为首的西方阻遏和指责，明显属于对伊朗国家地位的蔑视，这就更加刺伤了为民族复兴而奋斗的伊朗人的心。同时，这种不信任和差别对待甚至可能刺激和坚定伊朗研发核武的决心。无疑给伊朗蒙上了厚重的悲情色彩，国家地位的不被承认与心中复兴波斯梦想碰撞所产生的悲情，使之不会轻易屈服压力，除了反击别无选择。因此会不惜冒着被制裁甚至遭受军事打击的风险，为民族尊严一搏”[①]。若果真如此，鉴于伊朗的地缘战略位置，则一旦伊朗拥有了核武器，其后果和影响将远远超过朝鲜。

当今的核扩散问题中，更令人担心的是非国家行为体特别是恐怖主义组织一旦获得核武器，局面将变得更加严峻。由于恐怖主义的特性，一旦拥有核武器对世界和人类来说将是灾难性的。而现实中已经出现旨在获得核武器的恐怖袭击事件，尽管未遂，但已经提醒人们核恐怖威胁并不遥远。

此外，由于科学技术的发展，研制核武器已经变得“相对”简单，加之一些国家对于核材料的管控漏洞，核走私已成为核扩散的危险渠道。其中，被称为“巴基斯坦原子弹之父”的卡迪尔·汗的核走私问题就是例证。利比亚2003年12月作出的放弃大规模杀伤性武器和导弹项目的决定，使得关于一个走私网络的活动和个别供货商的详细情况被曝光[②]，2004年被揭露的一系列事实证实了一直流传的关于巴基

① 刘强著：《伊朗国际战略地位论——一种全球多视角的解析》，世界知识出版社，2007年2月版，第96页。

② 调查人员确认了（这个网络的）国外中介基地在德国、马来西亚、南非、瑞士、土耳其、英国和阿拉伯联合酋长国——帮助汗向客户国输送核技术。据称一位斯里兰卡商人、也是汗驻扎在迪拜的密友Buhary Syed Abu Tahir，监督网络的财务活动。Tahir向马来西亚警方供认了走私网络如何安排生产和向伊朗和利比亚输送核相关部件的详细信息。

斯坦最著名的核科学家卡迪尔·汗隐藏在这个非法的核走私网络之后的传言。卡迪尔·汗不仅向利比亚提供核技术，包括为利比亚未申报的铀浓缩计划提供离心机的部件和整机，还向朝鲜提供离心机部件和设计信息，以及六氟化铀气体。[①] 除了个人之外，一些走私犯罪团伙的核走私活动更加不可忽视。据报道，独联体国家的核材料丢失现象非常严重。由于社会动荡，一些犯罪团伙趁机与国际黑手党相互勾结，进行核走私。这种情况屡见报端。哈萨克斯坦的铀储藏量占世界的1/4。哈萨克斯坦的《商队快报》曾报道说，1995 年 11 月该共和国乌斯季堪察茨克省有 100 公斤铀－235 被盗，同年 12 月，又被盗 149 公斤。[②] 另据国际原子能机构公布的资料显示，1993～2006 年，该机构共收到 275 起涉及走私核材料和放射性材料及相关犯罪活动的报告。其中 55％涉及核材料，45％涉及放射性材料。涉及核材料的走私活动中，15 起涉及高浓缩铀和钚。1993～2006 年，还发生了 332 起丢失核材料或放射性材料的事件，以及 398 起未经授权的核活动。[③]

显然，这种个人和犯罪组织——非国家行为体的核走私行为的确给核不扩散机制提出了新的挑战，这种挑战不仅体现在监控对象上，也体现在监控手段上。如果这些人与恐怖主义组织相结合，那么核扩散造成的严重后果将是不可想象的。

值得注意的是，2010 年初，美国有关核不扩散的政策发生了新的

---

① ［瑞典］斯德哥尔摩国际和平研究所编，中国军控与裁军协会译：《SIPRI 年鉴 2005：军备·裁军和国际安全》，时事出版社，2006 年 4 月版，第 791—794 页。有关汗网络活动的总体情况可参阅 B. Powell 和 T. McGirk："出售核弹的人"，《时代周刊》，2005 年 2 月 14 日，第 38—42 页。IAEA："利比亚执行 NPT 保障监督协议情况"，总干事巴拉迪向 IAEA 理事会提交的报告，GOV/2004/12，维也纳，2004 年 2 月 20 日，第 5 页，http：//www.iaea.org/Publications/Documents/Board/2004/gov2004－12.pdf。

② 刘建忠："21 世纪最能引发战争的六大因素"，http：//hhjd.luwan.sh.cn/view_0.aspx? cid＝77&id＝1&navindex＝0。

③ 滕建群等著：《国际军备控制与裁军概论》，世界知识出版社，2009 年 11 月版，第 279—280 页。

变化。美国总统核不扩散问题特别代表苏珊·伯克 2010 年 3 月 31 日在华盛顿卡耐基中心参加圆桌会谈时宣布，今后美国将不再敦促所有国家都加入《核不扩散条约》。伯克说："可以这么说，我们不会说服所有国家加入《核不扩散条约》。朝鲜以前曾经属于核不扩散条约成员国，但是如同你们所知道的一样，它最后决定退出。"伯克强调，华盛顿在《核不扩散条约》方面的立场发生了变化。她说："印度、巴基斯坦和以色列从来没有加入该条约。美国曾长期致力于敦促全世界所有国家都加入该条约，但我们认识到各国情况各不相同，应当单独看待每一个案例，所以我们放弃了这一目标。"[①] 美国这一态度的转变，不知是对核不扩散机制的无奈现状的反应，还是为某些国家"开绿灯"，但必对国际核不扩散机制产生重大负面影响。

第三节 非传统安全引发军事冲突的潜在危险增大

在研究安全时，我们总是可以问这样一些问题：谁的安全或什么的安全，即安全的主体是什么？什么样的价值观和利益受到了威胁，即安全的目标是什么？什么东西导致了不安全，即安全的威胁是什么？如何才能实现和维护安全，即安全的手段是什么？[②] 因此，"不论传统安全研究还是非传统安全研究，都必然要对这些问题进行回答，对这些问题的不同回答直接构成了两种安全研究的理论分野。前者主要以

① "美国官员称将不再敦促所有国家加入核不扩散条约"，中国广播网，http：//www. cnr. cn/allnews/201004/t20100401_506232637. html。

② 参见 Muthiah Alagappa，"Introduction，" in Muthiah Alagappa，ed.，*Asian Security Practice：Material and International Influences*，Stanford：Stanford University Press，1998，p. 17。

民族国家为轴心，以维护主权和国家利益为宗旨，强调用军事手段解决来自他国的军事性威胁，因此又被称作国家安全（national security）研究。后者主要以非国家行为体为关注焦点，以维护人权和公共利益为指向，注重用非军事手段解决来自非国家行为体的非军事性威胁，因此又被称作公共安全（public security）研究”。[①] 但是，现在我们在研究安全问题时，已常常很难将这两个问题分开考虑，因为两者相互交织引发的问题更加复杂，特别是非传统安全的不断深化和日益剧烈，引发军事冲突的潜在危险正在不断增大。

1943年，美国专栏作家李普曼首次提出了“国家安全”（National Security）一词，美国学界把国家安全界定为有关军事力量的威胁、使用和控制，几乎变成了军事安全的同义语。20世纪70～80年代以来，人们便把以军事安全为核心的安全观称为传统安全观，把军事威胁称为传统安全威胁，把军事以外的安全威胁称为非传统安全威胁。[②] 可见，将安全问题划分为传统安全和非传统安全是近年来的事情。

从本质上说，安全问题是相互联系的，既有一定的区分又没有明显的边界，因为传统安全能够导致非传统安全，而非传统安全也能导

① 潘忠岐：《非传统安全问题的理论冲击与困惑》，载《世界经济与政治》，2004年第3期，第38页。

② 20世纪70年代初，“罗马俱乐部”发表的两份报告《增长的极限》和《人类处于转折点》，是人类第一次意识到非传统安全问题的存在，也是第一次“以坦率的形式提出了不是一个国家或人民，而是所有国家和所有人民面临的选择，从而迫使读者把他们的眼界扩大到实际性问题的范围”；并认为“现在世界的首要问题从本质上将不是党派政治问题，而是关系到人类生存死亡的根本大计”，“除非以全球观点和顾及长远的观点从事世界范围的合作，否则，想根本矫正世界状况和人类前景是不可能的”。所以，“我们所有人的命运和我们的子孙后代的命运最终都取决于如何解决整个世界总问题”。不过，当时这两份报告主要是预警了人类社会可能面临的非军事性灾难，而且，报告列举的不少问题还不完全是国际社会面临的现实威胁。参见“传统安全威胁”，百度百科，http：//baike. baidu. com/view/151968. htm。傅占河、张策、史延胜：《非传统安全：必须直面的重大挑战》，中国军网，http：//www. chinamil. com. cn/site1/xwpdxw/2008－06/12/content _ 1312546. htm。

致传统安全。例如，恐怖主义问题被当今公认为是非传统安全，“9·11”事件对美国来说是典型的非传统安全威胁，美国随后的阿富汗战争对阿富汗来说就是传统安全的威胁，而因美国的战争行动导致新一轮对美国的恐怖主义袭击威胁，又导致了非传统安全威胁。再例如，巴勒斯坦与以色列之间的争端由来已久，原因是多方面的，但其中一个重要原因就是争夺水资源。水资源短缺问题并不是传统意义上的安全问题，但在严重缺水的中东地区，水资源却有战略性意义。于是，这种非传统安全问题不仅从国际问题上升为国际关系问题，而且也引发了传统安全冲突。由于以色列长期以来主张将“控制赖以生存的水资源不受任何政治、军事的压力，自由地达到水的源头”作为国家安全政策之一，并以对约旦河西岸和加沙地带、戈兰高地、黎巴嫩南部的占领来实现其对该地区水资源的控制，这长期以来成为巴以、叙以、黎以之间冲突的一部分。①

问题的复杂性还在于安全目标问题，“非传统安全威胁对传统安全理论提出挑战和冲击的同时，也带来了一定的理论困惑”②。这种困惑主要反映在，“当非传统安全目标和传统安全目标之间陷入冲突时，必须有主次之分以及与此相对应的不同资源配置。因此，安全目标的追求也涉及机会成本问题。在质问什么样的价值观和利益需要安全保护的基础上，我们还可以继续追问：哪些价值观和利益更为重要、更为根本？哪些价值观和利益应该得到更多的资源以便实现和维护？对于这些问题的不同回答不仅反映出国家行为体和非国家行为体关注焦点的不同，而且还能反映出两种不同安全目标的复杂关系”③。事实上，由于世界的变化与非传统安全威胁的不断上升，有关哪些价值观和利

① 胡健：“非传统安全问题：国家安全面临的全新挑战”，学说连线网，http://www.xslx.com/htm/gjzl/zlps/2003-11-4-15251.htm。

② 潘忠岐：《非传统安全问题的理论冲击与困惑》，载《世界经济与政治》，2004年第3期，第38页。

③ 同上书，第40页。

益更为重要、更为根本的问题，已很难确切回答；而哪些价值观和利益应该得到更多的资源以便实现和维护的问题更是难以区分，必须视情而定。不同的安全目标在一定时期和一定场合已经合二为一，都是重要的“国家安全”利益。

尽管由于非传统安全的特殊属性，西方学者认为，“军事力量不起主要作用”这一命题的提出已经在本质上改变了传统的安全理念，单独凭借军事力量已经难以实现和维护国家与国际安全这一客观发展态势。因为，“从传统上说，政治学家们一直强调军事力量在国际政治中的作用”，但在相互依赖条件下，从实现和维护安全的手段来看，军事手段已无法适应多样化的安全目标，“就实现其他一些愈益重要的目标（诸如经济福利和良好的生态环境）而言，武力也往往不是一种恰当的手段”①。但问题的复杂性在于，一些非传统安全的解决又无法完全排除军事手段的运用，例如打击国际恐怖主义。但是，令人值得深思的是，完全使用军事手段对付国际恐怖主义很难奏效，甚至导致“越反越恐”②。而过度使用武力进行反恐，还会引发传统安全问题的出现。这主要是由于“当代全球武装冲突的一个重要特点是日益分散化和碎片化。这种特点在相当长的时间内将构成全球政治与安全形势的重要表现。分散化、碎片化的武装冲突虽然不会导致大国之间的战争，但会使数以亿计的普通民众陷入战火和流离失所的苦难。对于卷入国来说，扩大和绵延的冲突，意味着长期的资源消耗、人员损失、国家政治权威的弱化与国家发展的失败”③。这种危害国家安全和阻碍国际社会实施可持续发展的问题还远不只是武装冲突，还有来自各种各样的非传统安全问题。特别是，由于“非传统安全问题具有跨国性、突发

① ［美］罗伯特·基欧汉、约瑟夫·奈著，林茂辉等译：《权力与相互依赖——转变中的世界政治》，中国人民公安大学出版社，1991年版，第30—31页。

② 有关这一问题，参阅刘强：《“越反越恐”：反恐理念和方式的缺失》，载《国际观察》，2006年第5期，第27—34页。

③ 李慎明、王逸舟主编：《全球政治与安全报告（2009）》，社会科学文献出版社，2008年12月版，第25页。

性和传播迅速等特点，因此它的破坏性极大，从多方面对国家安全和其他方面造成了严重威胁，在有些时候还可能诱发军事安全威胁，甚至有的还与军事安全交织在一起”①。如前所述，美国在阿富汗的反恐战争所导致的塔利班政权的瓦解，对阿富汗来说就是非传统安全问题导致的传统安全问题，即非传统安全问题对国家安全构成直接威胁。

“在传统的安全范式中，安全的主要内容是保护国家不受外来军事威胁。这种以军事为中心的国家安全范式反映了政治现实主义的理论假设，即民族国家是国际体系中的最重要的角色，始终居于国际舞台的中心”。②而民族国家的主要关注点主要集中在国家主权和领土完整的，以政治、军事为核心的国家利益上。尽管如此，并不意味着国家不面临着来自其他方面的威胁，也就是今天我们所说的非传统安全威胁。随着国际形势的变化，对大多数国家来说，国家安全的主要威胁已经发生了变化，涉及国家主权和领土完整的军事威胁逐渐减少，非军事因素的威胁成为主要威胁源，其中一些问题已经严重影响了国际社会的可持续发展。这些威胁所造成的问题“可分为三大领域的问题，即社会与社会之间的问题，社会与自然之间的问题和人与社会之间的问题”③。但是，这三方面还不能完全概

---

① 傅占河、张策、史延胜：“非传统安全：必须直面的重大挑战”，中国军网，http：//www.chinamil.com.cn/site1/xwpdxw/2008－06/12/content_1312546.htm。

② 胡健：“非传统安全问题：国家安全面临的全新挑战”，学说连线网，http：//www.xslx.com/htm/gjzl/zlps/2003－11－4－15251.htm。

③ 在社会与社会之间，除了防止战争与维护和平的传统安全问题，还有克服落后并保障经济发展的非传统安全问题。社会与自然之间的问题和人与社会的问题则基本上是非传统安全问题，前者又包括人与环境的相互关系问题，如环境污染（大气层的保护、水域的保护和土壤的保护）、保护生物物种多样化问题（动物种群的保护、植物种群的保护）和保护基因库问题，社会对自然界的开发问题，如自然资源保护问题和能源开发问题，自然界中新的全球性客体的保护性开发问题，如宇宙空间的开发问题和世界性大洋的开发问题；后者如人口问题、教育问题、健康保护问题、当代条件下人的适应问题、不同文化的发展及其相互作用问题、保障社会稳定以及与各种反社会现象的斗争问题等。参见傅占河、张策、史延胜：“非传统安全：必须直面的重大挑战”，中国军网，http：//www.chinamil.com.cn/site1/xwpdxw/2008－06/12/content_1312546.htm。

括非传统安全问题的全部，还有一些问题是这些问题的综合产物，诸如人口的不断增长与资源短缺、恶劣气候变化导致的自然灾害、环境污染、宗教极端主义、恐怖主义、民族分裂主义、人道主义危机、突发性公共卫生事件等，已经成为影响全人类的新的安全威胁。在安全问题日益交融的当今世界，这些问题越来越可能引发传统安全问题。这并非是什么新鲜的课题，历史已经曾经给出过答案。所不同的是，今天我们将以何种方式应对。

第四节　绝对安全理念对军事安全领域的冲击

绝对安全（absolute security）与布什主义[①]有着直接联系，它是基于美国超强实力所规划的21世纪美国国家安全战略的追求目标，其根源来自乔治·W·布什的安全理念。这种安全理念，事实上就是要“以更有效、更强硬的手段建立美在新世纪的军事霸权，长期保持美国在世界格局中的‘一超独霸’地位”[②]。它是美国在新形势下国际安全战略思维变化的反映。

① 所谓“布什主义”，是指布什政府从共和党保守主义和现实主义思想出发，奉行“共和党色彩的国际主义”路线，在国家安全政策和对外交往中遵循“美国利益至上”和“以实力求和平”两大原则，针对恐怖主义和谋求核武器、大规模杀伤性武器的不友好国家采取先发制人的打击政策，在全球地缘战略格局上以更具进攻性的军事部署为基础，采用强硬和保守的态度追求美国的国家利益。“布什主义”的显著特征在于提出了一反国际法规则的所谓“先发制人”政策，所以“布什主义”也被称为“先发制人主义”。参见“布什主义”，百度百科，http://baike.baidu.com/view/267145.htm。

② 江西元：《“9·11”事件后美国外交安全战略走向》，载《国际展望》，2002年第4期，第40页。

美国的战略大家基辛格认为，冷战结束后，伴随着经济繁荣，志得意满的美国人怀有一种使命感，具体体现为一种双重错觉：左翼方面，不少人把美国看作世界各国国内变革的最终仲裁者。无论哪个社会，无论其文化历史背景如何不同，美国都有一套合适的民主对策。而右翼人士认为，美国霸权是解决世界上一切问题的办法。[①] 尽管基辛格认为，“以上两种理论中无论哪一种，都不利于制定一项应对变革中的世界的长远政策”，应将价值观和自我利益、理想主义和现实主义“合二为一”[②]，但现实中，美国的“傲慢性”和“特殊论”依然导致现行政策的超级强势，这种超级强势的客观反映就是“绝对安全”的安全理念。

这种战略观念是美国基于自己在当今世界的超强实力，并认为依靠这种实力完全可以达到美国的“绝对安全”。要达到此目标，就必须建立一个有利于美国的安全环境，即美国不仅要消除一切对美国的威胁，而且要消除一切威胁美国的能力。特别是“9·11”事件的爆发更加强化了这种观念[③]，这是美国政府，特别是白宫和总统本人定下的基调。而“突然出现的先发制人这一新的战略学说，彻底改变了早已被世

---

① ［美］亨利·基辛格著，胡利平、凌建平等译：《美国的全球战略》，海南出版社，2009 年 10 月版，第 3—4 页。

② 同上。

③ 冷战结束后，大部分美国人对世界普遍抱着多边主义的看法。他们一贯把程序合法赞为原则，承认全球化这一越来越明显的现实，并认为有必要通过国际组织发挥作用。在世纪之交所做的民意调查中，约 67%的人支持强化联合国的作用；60%的人支持强化世贸组织；56%的人支持强化国际法庭；44%的人支持强化国际货币基金组织；有 66%的人支持建立国际刑事法庭的主张。很显然，美国人对美国在世界上扮演霸主角色的心态基本上是良好的，单边主义的吸引力并不广泛。参见［美］布热津斯基著，王振西主译：《大抉择》，新华出版社，2005 年 1 月版，第 221 页。

人接受的国际公约，并进一步强化了这种主张：如果一个霸权国家四面受困，而且国内也充满了高度不安全因素，它未必适合通过民主公开和谨慎思考的方式制定对外政策”①。乔治·W·布什的“非白即黑”——“谁不支持我们，谁就是反对我们”这种善恶二元论的说法，更将“单边主义”下的“绝对安全”推向了极致。

2002年9月20日发表的《美国国家安全战略》报告称，美国现在面临的不是舰队和大规模军事力量征服的威胁，而是不定的、甚至是零星的、小规模的军事冲突的威胁。布什政府否定了相互威慑战略思想，提出“绝对安全”，即要把对美国的威胁消灭在萌芽状态，不让这种能力出现。为了保证绝对安全，美国将采取“先发制人”战略，在威胁安全形成之前就采取行动，向恐怖分子和敌对国家发动进攻。②2006年2月《四年防务评估报告》更将“敌人”定义为“不是传统的常规军队，而是分散的、多国和多民族的恐怖主义网络”；将“战争的区域”扩大到“全球”；将军队行动分为“持续的行动”和“骤然的行

① ［美］布热津斯基著，王振西主译：《大抉择》，新华出版社，2005年1月版，第226页。作者在此进行注释说明：这种论调以及它所造成的氛围将把美国的对外政策带向何处，有一份学术期刊中刊登的文章对此作了阐述。该文的作者曾任中央情报局首席法律顾问的助理和乔治敦大学的副教授。文章指出：“作为对付大规模毁灭性武器和采取自我防卫的一种对外政策手段，除掉政权领导人可能不仅合适，而且在某些情况下也许是最佳选择……在有效的集体安全体系不存在的情况下，在危险程度越来越高的武器掌握在想使用这些武器的人手中这样一个世界里，除掉这些政权的领导人，不论有多么遗憾，也许是一种恰当的政策上的选择。”见凯瑟琳·洛特里翁特：《何时瞄准领导人》，载《华盛顿季刊》（2003年夏季号），第73、84页。作者暗示说，采取这种暗杀行动的决定权在美国的“决策者”手中，至于暗杀行动可能带来影响深远的国际后果并且还会促使外国仿效这两点，该文未加评论。

② 参见 The National Security Strategy of the United States of America, September 20, 2002, http://www.whitehouse.gov。

动”两类。这种划分使美国的威慑战略发生了重大转变，从“以不变应万变”的战略转变为“具有调控能力的威慑”战略，这种威慑既可以针对先进的军事大国和具有大规模杀伤性武器的地区性国家，又可以针对恐怖分子。[①] 这种超级强势的战略选择，不仅导致自己精疲力竭，也导致了国际社会的“反叛”，甚至导致其传统联盟出现重大裂痕，因为“美国已从最初与世界各国团结一致逐步走向孤军奋战，各国对美国的同情也已被一种对它动用武力的真实意图的广泛怀疑所取代”[②]。这种追求“绝对安全”的“单边主义”和“先发制人”战略导致的更为严重的后果，是使所有国家不安全感上升，进而采取相应的防范措施——扩充军备以防不测——致使国际军事安全形势变得更加严峻和复杂。

同时，美国更加强调奉行实力政策，其追求绝对安全的“先发制人”战略显然比冷战时期的“遏制”战略更具进攻性和冒险性。因其目标是维护美国国家利益的100%安全，因此任何有害美国的现实举动和潜在因素都被视为对美国利益的挑战，美国则可凭借其超强实力（特别是军事实力）予以消除，而消除的手段则可不必考虑，只要有效即可。为配合这一战略，美国国会放松了总统采取军事行动的决策权，事实上就是放弃了宣战权。而“霸权的动因和需要在多大程度上扭曲

---

① 这是美国防部对外公布的第三份《四年防务评估报告》（Quadrennial Defense Review Report，QDR），也是“9·11”事件以来美国推出的首份《评估报告》，是美国未来安保战略的集中体现，也是美国国会要求提供的最高军事文件。《报告》集中论述了六大问题：总结了过去的反恐战争和其他军事行动；评估了实施《美国国防战略》的五个关键领域；论述了应重塑的军队能力；阐明了应重塑的国防部机构；提出了正在建设的21世纪军队的总体要求；强调了达成各方（包括美国国内各机构间及美国与盟国和伙伴间）共同行动的协调问题。透视这份报告，通篇折射着美国试图追求国家利益的最大化诉求，确保美国的绝对优势和绝对安全。参见DOD，Quadrennial Defense Review Report，February 6，2006。

② ［美］布热津斯基著，王振西主译：《大抉择》，新华出版社，2005年1月版，第236页。

了两个主要决策部门之间在宪法上精心设计的均势”[①] 一目了然。更为严重的是，此举大大降低了美国对外动武的门槛，致使许多国家陷于不安全的惶恐之中，也使国际军事安全形势难以控制。

为了增强确保“绝对安全”的实力，美国除了不断增加军费开支和进一步提升信息战能力外，还不断扩大防御圈，地面上以导弹防御系统的研发和部署为主，空间方面，除了保持空中优势、研发制造最先进战机外，还大力发展太空作战能力，打造全新的太空武器平台。此外，为了确保自己的优势，美国还不顾国际社会强烈反对，执意退出《反弹道导弹条约》。这一系列动作，无疑对世界和平与安全产生巨大的负面影响。其直接结果就是导致众多国家危机感油然而生，并为确保安全而采取相应措施努力提高自身军事能力，以期将危险和可能造成的利益损失降至最低。

对于美国的这些做法，2007 年 11 月，已 84 岁的基辛格先生在美国驻俄罗斯使馆谈到世界形势和大国外交时指出：“美国人的问题是容易走极端：要么采取孤立主义，独善其身，要么采取干涉主义，四处出击。而俄罗斯人的问题是太在乎安全问题了，但要知道世界上并不存在绝对的安全。”他还一针见血地指出：“对一个国家而言的‘绝对安全’，就是对其他国家的‘绝对不安全’。”[②] 这种切中要害的观点，不仅反映了美国安全战略目标的不切实际，也反映了其不得人心，更反映了它将给国际军事安全带来的严重不良后果。

奥巴马政府意识到其前任的进攻性战略所导致的美国在世界范围产生的负面效应，进而以相对“温和”的“均衡战略”（Balanced Strat-

① ［美］布热津斯基著，王振西主译：《大抉择》，新华出版社，2005 年 1 月版，第 225 页。

② “美国的‘绝对安全’与世界的‘绝对不安全’”，新华网，http://news.xinhuanet.com/world/2007-11/16/content_7084661.htm。

egy)[①] 取代。但是，这并不意味着美国在追求国家安全目标上有了根本的改变，因为“这样的战略思维预示美国国防战略依然是为维护其世界霸主地位而设计”[②]，不过是方式的变化和因金融危机而进行的“技术性”调整而已。因为，“事实上，美国维护其全球霸权地位的战略思维并没有因金融危机而改变，只是为确保国家不摔进‘死亡’谷底，开始进行了一定的战略收缩，……以获得生存和发展的平衡”[③]。从美国的军费投入上看，尽管在金融危机的背景下，2009 年的军费比上一年度有所减少，但仍维持在 5263 亿美元的世界最高点上，而 2010 年度的预算又增加了 9.5%，这显然是为维护其全球霸主地位而设定的必须投入。

据法国《航宇防务》杂志 2010 年 1 月 26 日报道，依据美国国防部当前的需求水平，美国 2011～2028 年的军费开支将达到平均每年 5730 亿美元。这些金额不包括在美国境外进行的军事行动开支。报道称，以上是美国国会预算局（CBO）的结论，这样，美国在 18 年内将

---

① 这一战略思想最初是由罗伯特·M. 盖茨任小布什政府国防部长时提出的，发表在美国《外交》(Foreign Affairs) 杂志 2009 年 1/2 月号。后其留任奥巴马政府国防部长，这一战略被采纳而成为奥巴马政府领导下的美国国家安全战略。主要内容为：“美国的国防战略力争在以下三个方面取得均衡：努力赢得当前冲突中的主导地位与准备应对未来可能出现的新情况；建立制度化的反叛乱和对外军事援助能力体系与维持美军优于他国军事力量的常规和战略技术优势；保留美军获胜的文化因素与摒弃牵制美军能力发挥的因素。”

② 刘强主编：《2008·国际安全》，时事出版社，2009 年 4 月版，第 5 页。

③ 刘强主编：《2009·国际安全》，时事出版社，2010 年 3 月版，第 6 页。

向国防领域投入10.3万亿美元。[①] 如此巨额军费投入，显然不是一个防御型国家的做法，也不意味着“绝对安全”理念的放弃。其显示出的进攻性，必将导致国际军事安全局势的复杂多变，“安全困境”进一步加深，甚至造成国际核战略态势的失衡，使世界陷入绝对的不安全之中。

① 五角大楼上述每年的国防总开支将超过2010财年军事部门需求总额（不包括国外军事开支）的7%。根据CBO的计算，如果军费预算中考虑到计划外开支，那么到2028年以前国防开支将达到6320亿美元，比2010年申请的总金额高18%。在这种情况下，2028年的国防开支将会达到6700亿美元。2013—2028年军费预算中大约35%的计划外开支将用于境外军事行动。其中的200亿美元每年将用于把3万名士兵运送到阿富汗以及提供给养。参见“美国国防开支将在18年内超过10万亿美元”，中国工程信息技术信息网，http：//www.cetin.net.cn/cetin2/servlet/cetin/action/HtmlDocumentAction?baseid＝108&docno＝89049。

第十一章

国际军事安全困境的解决

上一章我们探讨了有关安全困境问题。事实上，国际军事安全困境面临的问题从根本上属于安全困境的理论范围。它被认为是在国际关系无政府状态下，主权国家（行为体）之间因为互信的缺失导致彼此猜忌，出于各自安全目的而扩充实力（军备）的国家行为，最终导致国际关系中普遍缺乏安全的危险境况。这其中关键点是不确定性，即一国为维护自身安全采取的战略（尤其是军事战略）有可能会在他国心中引起有关其战略意图的不确定性，而国际社会的无政府状态又使一国无法依靠他国为自己提供安全上的保障（特殊的同盟体系内部除外），因而这种不确定性往往导致一国针对他国的安全战略采取相应的战略以防止意外，而这样通常极易引发相关国家间紧张、对抗和冲突的发生。国际社会直至专家学者们对如何解决这种安全困境也有着深入的思考，并非没有出路。

第一节　国际军事安全困境解决的理论基础

现实主义学派（包括经典现实主义与新现实主义）认为安全困境是没有出路的，原因基于以下主要假定：1. 国际社会的无政府状态；2. 国家是国际关系的主要行为体，以国家为主要的分析单位；3. 国家是一个不可分的整体；4. 国家总是追求自己的最大权力或安全。现实主义分析国家的安全逻辑就是：在国际社会，由于没有一个中央政府，每一个国家都需要靠自己的力量保证自己的安全。为了保证自己的安全，每一个国家都尽可能地增加自己的军事实力，结果导致国家间的军备竞赛，形成安全困境中的“螺旋模式”。[①] 史学家修昔底德在其巨著《伯罗奔尼撒战争史》中描述的雅典与斯巴达的三十年战争，就是因为斯巴达对雅典力量增长的恐惧使它们陷入了安全困境而最终引发的。因此根据现实主义的逻辑，国家间的安全困境是由国际社会的无政府状态决定的，这一前提决定了国家之间对对方意图的不确定性，所以不改变国际社会的无政府状态，安全困境是没有出路的。从而进攻性现实主义者认为，“最好的防御就是有效的进攻。只要国家生活在无政府状态中，就几乎不可能采取任何措施改善安全困境”[②]。

自由主义学派（包括理想主义与新自由主义）则认为安全困境是可以缓解的。自由主义的分析基于以下假设：1. 国际社会是一个无政府但却是一个有秩序的社会，各种国际组织和各种制度是这种秩序的具体体现；2. 国家是主要行为体，但还有许多其他的行为体，如国际组织和跨国公司等；3. 国家在决策时并不是一个理性的整体，而是国内各个利益团体的综合；4. 国家不是追求自己的最大权力，而是追求自己的最大利益。[③] 因此，安全只是国家最大化利益中的一部分，追求最大化利益的国家，可能只追求相对的安全，即国家在制定安全决策时，不仅受领导人个人想法的影响，也要受社会众多团体和国际制度的影响；各种国际制度的存在和国家间的各种社会交往，为相互之间的理解提供了可能和机会，国家间的相互交往，增进了理解，减少了

---

① 倪世雄著：《当代西方国际关系理论》，复旦大学出版社，2001 年 7 月版，第 136—142 页。

② [美] 约翰·米尔斯海默著，王义桅、唐小松译：《大国政治的悲剧》，上海人民出版社，2003 年 4 月版，第 49 页。

③ 倪世雄著：《当代西方国际关系理论》，复旦大学出版社，2001 年 7 月版，第 152—162 页。

国家间对对方意图的不确定性猜疑，因此安全困境是可以缓解的。自由主义是以国际社会的无政府状态为前提假定的，国际制度只能减少不确定性，但不能根除，因此只能缓解而不能消除安全困境。新自由主义的领军人物小约瑟夫·奈认为，国家可以通过合作，来避免出现这样的安全困境，也就是说，它们可以达成一个共识，即双方都不增强国防力量，这样对大家都有好处。他还认为，现实主义和复合式相互依存（自由主义）在现实中都不存在，它们都是理想的模式。现实主义者看到的是一个由很多以武力追求安全的国家组成的世界，复合式相互依存的鼓吹者否定了这种观点，认为世界上还有非国家行为体、经济手段、福利目标，它们比安全更重要。现实主义和自由主义是两个极端的观点。罗伯特·杰维斯则认为，安全困境可以通过“安全困境下的合作”缓解。[①] 在当今的国际关系中，国家间的安全困境是不可避免的，但是人们对国家间的安全困境的化解却不是无能为力的，因为共同利益是国家之间沟通与合作的纽带，有多大的利益就有多大的合作空间。修昔底德根据古希腊人的经验曾说：利益一致是国与国之间或个人与个人之间最牢靠的纽带。既然国家之间“没有永恒的敌人，也没有永恒的朋友，只有永恒的利益”，说明利益是国家间关系中最为重要的因素，而这里的利益不仅包含国家主权安全的保障，也包含经济的发展，文化的进步等其他方面的利益。因此，安全困境虽然不能消除，但通过建立在共同利益基础上的合作与沟通，缓解安全困境是完全可能的。

建构主义认为，安全困境形成的互动双方在角色、身份认同方面有很大的主观性，历史的、心理的、国内国际等等的因素都左右了对对方角色、身份的认同，一旦认同与实际不相符，导致被认同国家对自己的认同错位，最终造成利益判断的失误。反之，如果冲突、紧张的双方在互动实践过程中通过学习塑造行为规范、角色身份合理认同，

---

① Robert Jervis, “Cooperation Under the Security Dilemma,” *World Politics*, Vol. 30, No. 2, 1978, pp. 167－214.

就会形成共有观念（知识）的共享，对彼此行为的后果形成约束和明确预期。安全困境的形成与国家行为体在国际社会中的角色、身份和利益的社会建构和文化认同有着不可分割的关系。巴里·布赞也认为，对威胁、脆弱性，与安全（不安全）的感觉与其说是存在或不存在，倒不如说它们是被社会建构而成的。因此，在国际社会中，国家间互动最终能够形成一系列的多元安全共同体。这些国际共同体可以对“安全困境”和安全政治产生巨大的影响。在共同体内各成员国培育出和平的性情，形成一种浓厚的共同体感，产生出不以战争手段解决彼此间争端的强烈互信。从而不但造就了一种国际秩序，而且能够建立一种有关和平变迁的稳固预期。安全困境不过是社会建构的产物，行动者完全可以通过互动的实践活动（包括相互交流、学习、规范的建立、信任的建立、协作机制的完善等）来改变行为体的主体间性。从而改变无政府状态的性质，使行为体的行为可以从安全困境中走出来，建立起某种程度的安全共同体，以保证相互关系持续的和平、稳定。①

总之，走出安全困境具有一定的理论基础，只要世界主要行为体对安全的认知和对对手安全威胁判断均保持理性并乐观的态度，同时建立起良好的互信关系，即便不能完全摆脱安全困境，至少不会走向武装冲突而能保持一种平衡。

第二节　国际军事安全困境的解决手段

解决安全困境的手段是多样的。但是，如何选择至关重要，应对不同的安全威胁应选择不同的手段。在当今的国际环境和国际体系之下，对于解决国际军事安全，军事力量的强大并不一定能够完全确保

① 袁正清：《从安全困境到安全共同体：建构主义的解析》，载《国际政治》，2004年第1期，第26页。

安全指数保持高位。这种悖论正是安全困境的本质特征所折射出的困惑，它提醒着我们寻找到军事手段以外的方式来作为解决国际军事安全困境的手段。

一、军事手段并非是维护国家安全的最有效手段

军事与国防力量是维护国家安全的基石，世界上绝大多数国家都不放松对军事力量的追求，也不放弃诉诸军事手段解决安全问题的权力。从统计数据看，各国的军事力量都在不断加强国防开支水平，通过增强军事实力提升自身的安全保障水平，即使在全球经济不景气的困境下，各国军队仍保持较高数目的开支。英国国际战略研究所 2010 年 2 月发布的《世界军事力量对比》指出，2006 年至 2008 年，全球军费总额从 1.3 万亿元增长至 1.55 万亿元，其中美国军费 2000 年至 2009 年的增长超过 75%。[①] 从这一现实需求出发，军事手段在捍卫国家安全利益方面的作用不容忽视，军事手段在很长时间内还将作为各国安全利益的主要捍卫力量，在国际安全领域是最活跃的因素之一。

从历史发展过程看，人类发展进程中曾面临的诸多安全问题，最终都在不同程度上演变成军事安全的问题，从而不可避免地诉诸军事手段，甚至演变成世界范围的大规模战争。然而，虽然军事因素在安全问题的重要作用不容置疑，但军事手段在解决国际军事安全困境中的效用却值得探讨与争论，在威胁日益多样化的国际安全环境和强调对话协商的国际政治背景下，军事手段对于解决国际军事安全领域内面临的困境是否依然有效？

以 2009 年为例，英国《简氏防务周刊》和《经济观察家》分别对

---

① “经济衰退无碍全球军费开支”，中国日报网，http：//www.chinadaily.com.cn/micro－reading/world/2010－02－05/12441.html。

全球各个国家的军力水平和安全程度进行了排名，从排名情况看，美国军力全球排第一，但在安全指数排名上为83，属于中等水平；俄罗斯在军力排名上位列第二，但在安全排名上为136，属不安全国家；新西兰及挪威等北欧国家在军力排名上较靠后，然而安全指数却居全球前列。

军力排名与安全排名的关系图

军力排名①	国家	安全排名②
1	美国	83
2	法国	30
3	俄罗斯	136
4	中国	74
5	英国	35
138	新西兰	1
109	丹麦	2
85	挪威	3
173	冰岛	4
15	澳大利亚	5

从人类历史的发展来看，军事手段在解决各国面临的国际安全困境方面确实发挥过积极的作用，尤其是当安全威胁以战争形式降临时，只能依托军事手段予以反抗与制止，以战止战作为不得已的方式选择

① 数据来源：《简氏防务周刊》，http：//www. janes. com。

② 数据来源："全球和平指数"，http：//www. visionofhumanity. org/gpi/results/rankings/2009/。

曾给人类带来了和平与安全的环境。典型的例子如第二次世界大战期间，各国组成反法西斯联盟共同抗击法西斯主义侵略，而正是盟军在军事上打败了法西斯国家才赢得了世界范围内长时间的和平；同样，第三世界国家在反抗殖民主义侵略、争取民族解放与独立的斗争中也伴随着军事力量的角逐与斗争，依靠不屈不挠的军事斗争才最终赢得了独立自主的发展空间。

同样，军事手段并非一定能解决国际安全困境问题，更多的时候还有可能加重安全困境的程度，这方面也有明显的事例：历史上，对于欧洲安全问题，确切地说是德法之间的安全问题，长期处于一种此消彼长的安全博弈之中，这一安全困境历经普法战争乃至世界大战都没有得到妥善解决，反而使民族和地区危机不断加深，最终通过建立煤钢联营使彼此核心利益相互联合形成共同体，进而发展到欧洲一体化才使彼此的安全威胁降至最低。(但从另一个角度看，如果没有军事手段介入的几次大战，人们不会认识到合作与联合的重要性。这也许说明，军事手段对解决安全困境问题的必要性。)

此外，恐怖主义活动一直是人类面临的共同敌人，给国际社会的安全与稳定带来诸多威胁，尤其是“9·11”事件以来，恐怖主义活动的方式与危害达到空前，成为非传统安全威胁中最重要的因素。美国一直将恐怖主义视为危害其本土及海外利益的重要安全威胁，“9·11”事件之后先后发动阿富汗战争与伊拉克战争以此打击恐怖主义活动。然而就打击效果看，恐怖活动并没有因此停止，反而不断变化出新的方式，呈现“越反越恐”的恶性循环。

在“9·11”事件后的2003年，美国马里兰大学民众安全感调查显示，28%的民众感觉比两年前更不安全，42%的民众表示对安全的担心较两年前没有增加也没有减弱，而73%的民众认为美国还会遭到恐怖袭击。[①]“9·11”事件6周年之际，美国智库“美国进步中心”与

① “美国人丧失了安全感”,《光明日报》网站，http://www.gmw.cn/01gmrb/2006-09/15/content_480127.htm。

《外交政策》杂志组织108名国际问题专家就反恐战争是否使美国更加安全进行研讨，84%的专家认为，美国的反恐战争并没有成功，世界变得对美国更加危险，较6个月前调查上升了9%；90%的人认为，现在美国人越来越没有安全感，较之前调查上升了10%。① 2009年12月25日圣诞节当天，尼日利亚籍男子在一架由荷兰阿姆斯特丹飞往美国的航班上引爆小型爆炸装置，造成数人受轻伤，此次美国虽有惊无险，但给美国带来的紧张与不安也是显而易见的，国内航空安检再次升级，甚至走向“裸检”的地步。②

反恐战争没有给美国人带来安全感，同样，两场战争不仅没有给阿富汗与伊拉克两国带来和平与稳定，反而生成了新的安全困局。早在2007年5月4日，联合国秘书长潘基文在埃及沙姆沙伊赫“伊拉克及周边国家外长会议”上致词时就表示，只靠军事手段不能解决伊拉克面临的安全问题，而需要真正的协调努力来促进全国和解，缓和派系之间的紧张局势，加强民族团结。③ 同样，阿富汗也面临这样的困境，2009年8月5日，新任北约秘书长拉斯穆森与阿富汗总统卡尔扎伊在首都喀布尔会谈后表示，单凭军事手段无法解决阿富汗当前面临的困境。④ 从某种意义上说，“越反越恐”也是安全困境的一种新的表现形式。

由此可见，军事手段并非解决安全困境的最有效手段，只能是特定时期和特定阶段的临时性或过渡性手段。

---

① “美专家：伊战、反恐使美国安全感下降”，人民网，http：//www.chinamil.com.cn/site1/xwpdxw/2007－09/14/conotent_951727.htm。

② “仅靠强硬军事手段只会越反越恐”，中国日报网，http：//news.eastday.com/w/20100118/u1a4961275.html。

③ “潘基文：只靠军事手段不能解决伊拉克的安全问题”，联合国新闻网，http：//www.un.org/chinese/news/fullstorynews.asp？newsID=7731。

④ “新任北约秘书长：单凭军事手段无法解决阿富汗问题”，中央电视台网站，http：//www.junshi.cctv.com/20090806/102552.shtml。

二、非军事手段有时远比军事手段更能发挥作用

单纯考察军事手段本身，并不能对其有效性进行科学解释从而得出合理的结论，这主要缘于：安全困境来源于主观与客观两方面因素，依靠军事力量的建设与运用只能在客观的力量对比或对抗中取得胜利，但这种胜利并不一定能在主观上战胜对方，使其放弃反抗或斗争的意志。况且军事手段所能达成的效果也并非由其本身完全决定，其使用方式在很大程度上也决定了战斗力的发挥，这就增大了军事对抗间的不确定性，带来的效果就是强大的军事力量并不能保障绝对的安全。所以，军事手段在解决当前国际军事安全困境发挥的有效作用越来越取决于其使用方式而不是其本身。在谋求和平、正义的人手中，军事力量就成为和平与安全的保障；而在崇尚霸权、邪恶的人手中，军事力量反而会加剧解决安全困境的难度。问题的关键在于，“当竞争不能取得共赢结果时，军事手段可能就会被用来维护国家权益。在国家消亡之前，各国采取一定的防御手段以策自身安全的趋势还将长期继续下去”。[①] 但是，这并不影响人类对解决安全困境出路探寻的热情。因为如果人的认识不能超越传统思维，人类就无法获得真正的安全，社会也就无法进步。

非军事手段相对于军事手段而言，更加强调沟通合作而不是武力对抗，在解决国际军事安全困境面前产生负面效应少，因而也越来越引起各国重视。尤其在强调和平发展、对话协调的国际交往中，世界主要大国都不忽视运用非军事手段处理一些国际军事安全问题。如在伊朗核问题上，美国尽管立场强硬但仍主张以非军事手段解决争端，2007 年 9 月 16 日，美国国防部长罗伯特·盖茨在接受《福克斯周日新闻》采访时表示，外交和经济手段仍是美国解决伊朗核问题的优先

① 沈丁立：《核扩散与国际安全》，载《世界经济与政治》，2008 年第 2 期，第 7 页。

选项。[①] 同样，俄罗斯也注重使用非军事手段应对“不友好国家”的威胁，俄罗斯总参谋长巴鲁耶夫斯基就曾表示反对美国的导弹防御体系，认为“有很多方法可以制止（来自不友好国家的）威胁升级，这些方法的主要特点是非军事的，是外交、政治和经济手段”。[②] 德国总统约翰内斯·劳2003年5月19日在年度“柏林演讲”中也表示，应当用非军事手段创建公正的世界秩序。[③] 这就说明，在解决国际争端等严重问题时，非军事手段作为一种“低成本”的有效方式，得到了国际社会的普遍推崇。

三、综合手段的防范与控制

传统安全理论一般把国家安全面临的主要威胁定义为军事威胁，而国家也总是把军事安全放在优先地位，以防止对其生存形成的种种威胁。主要原因在于，“只有在生存得到保证的前提下，国家才能安全地追求其它目标”。[④] 阿斯顿·卡特尔和威廉·佩里曾经把美国国家安全面临的威胁分为三类，即：A类是决定国家生存的威胁，如冷战时期的苏联；B类是虽不决定国家的生存，但却对国家安全构成直接损害的紧迫威胁，如伊拉克和朝鲜；C类是虽不直接威胁国家安全但却对其构成间接影响的威胁，如科索沃、波斯尼亚、索马里、卢旺达和

---

① “美方称优先考虑非军事手段解决伊朗核问题”，国际在线网，http://gb.cri.cn/19224/2007/09/17/2945@1767917.htm。

② “俄建议用非军事手段阻止‘不友好’国家的威胁”，人民网，http://www.people.com.cn/GB/guoji/22/84/20010807/529230.html。

③ “德国强调用非军事手段创建公正的世界秩序”，国际在线网，http://big5.cri.cn/gate/big5/gb2.chinabroadcast/cn/online.cri.com.cn/772/2003－5－19/67@237788.htm。

④ Kenneth Waltz, *Theory of International Politics*, p.126.

海地。[①] 传统安全主要包括军事安全、政治安全、领土和主权安全，关注对领土和公民的保护以及政治主权的独立完整。传统国家安全观在相当大程度上忽视了经济、科技、环境、教育、文化等安全要素的重要性。

然而，在全球化进程日趋发展的现代全球体系下，国际社会面临的传统安全威胁概念越来越模糊。因为，“无论是在政府之间（不清楚谁是对手，有时对手在另一种环境下会成为盟友），还是决策层之间（有些威胁，如毒品和有组织犯罪是超越国界的；有的威胁如恐怖组织是国家性的），或是在军事、经济、生态等其他令人担忧的方面之间，都越来越难划分出清晰的界限”。[②] 基辛格也曾指出：“在处理传统的议题上取得进展已是不够的了，一种崭新的前所未有的问题已经出现。当今的能源、资源、环境、人口、海洋和空间利用等问题与军事安全、意识形态和领土争端等传统的外交议题处于同等地位。”[③]

这就引出了非传统安全威胁的概念，非传统安全使人们不断将安全视线由高级政治转向低级政治，由军事威胁转向非军事威胁，由对称性威胁转向非对称性威胁，将威胁来源由国家行为体转向非国家行为体。非传统安全研究包括政治、经济、军事、科技、文化、社会环境等多个层面的综合安全，包括经济安全、信息安全、文化安全、生态安全、跨国犯罪与安全、核扩散与安全、民族主义与安全、移民与安全、社会矛盾与安全、环境安全等等。更为突出的问题是，“这些方

---

① Ashton Carter and William Perry, *Preventive Defense: A New Security for American*, Washington: Brookings Institution Press, 1999, p. 11; Joseph Nye, “Rethinking the National Interest,” *Foreign Analysis*, July/August 1999。转引自潘忠岐：《非传统安全问题的理论冲击与困惑》，载《世界经济与政治》，2004 年第 3 期，第 34 页。

② Cable, Vincent, “What is International Economy Security?,” *International Affairs*, Vol. 23, No. 4, 1989, p. 351.

③ 罗伯特·基欧汉、约瑟夫·奈著：《权力与相互依存——转变中的世界政治》，中国人民公安大学出版社，1992 年版，第 29 页。

面并非孤立地起作用。每一个都在安全问题群中确定了一个聚集点，以及一种要求优先性的途径，但所有这些部门领域都是紧密地交织在一起的”。[①] 同时，这些多元、复杂的全球性问题是传统安全理论难以应对的。换言之，冷战后的国际环境迫使世界各国无法仅由军事强大和经济发展去处理和平与发展的相关议题，而必须考虑可持续性、人类生存、生活品质、人民福祉和人类发展等超越传统国家安全的问题。

传统安全在安全手段方面推崇军事手段，过度依赖军事力量来维护国家安全，在无政府状态下的国际社会，多数国家为维护安全，倾向于扩大和加强其军事能力，认为只有成为军事强国才能保证他们的安全和利益，这使军备竞赛成为必然。事实上，军备竞赛无法真正促进国家安全，实际上反而增加了不安全。强大的军事力量可以确保一个国家的地缘安全，但也有许多威胁国家安全的因素并非是军事力量所能应付的，如经济、文化、环境、流行疾病、恐怖主义、有组织犯罪等问题，[②] 非传统安全的治理手段日趋复合化。战争的形式也发生了变化，更多的努力是使用技术、经济、政治、文化的手段而不是军事手段，国家从来没有像现在这样依靠国际社会和国际机制。

非传统安全理论认为，由于影响安全的因素和安全威胁的多元化，也带来了实现安全的手段、方式的复杂化和多样化，国家安全不再是单纯的守疆戍边，而是对涉及国家利益安全指数的所有方面进行综合考量，把政治（国家意志、价值观和凝聚力）、军事因素与经济、文化、外交、技术、环境、资源和民族等参数叠加在一起，把军事和非军事两大领域间的所有手段组合起来，形成综合安全手段。同时，有关国家实力的内涵也发生了重大变化，因为“过去，对一个大国的考

① ［英］巴里·布赞：《人、国家与恐惧：冷战后时代国际安全研究的一项议程》，科罗拉多州博尔德，1991 年版，第 19—20 页。转引自［澳］克雷格·斯奈德等著，徐纬地等译：《当代安全与战略》，吉林人民出版社，2001 年版，第 98 页。

② 李伟：《非传统安全与新国家安全观》，载《环球》，2002 年第 19 期，第 13—15 页。

验是其在战争中的实力，而今天，实力的界定不再强调军事力量和征服，技术、教育和经济增长等因素在国际权力结构中正变得日益重要”。[①] 一个国家要单独去应对和解决经济发展问题、环境问题、贫困与饥饿问题、人口与粮食问题、资源与能源问题、难民与移民问题、恐怖主义问题、毒品和艾滋病问题等具有全球规模的问题，几乎是不可能的。一国的安全需要在很大程度上建立在合作安全的基础上。此外，安全不能靠单边安全来实现，要通过双边或多边合作来实现。这使得传统军事手段在追求国家利益中的作用产生了新的变化，单纯或过度依赖军事力量并不能百分之百地维护国家的安全，其中包括军事安全。

第三节　联合国维持和平行动的功效

当今的国际军事安全困境往往超出了单一国家或集团的权力范围，其解决在很多情况下不能在当事双方力量掌控下实现，这就需要国际社会共同努力以实现和平与安全的目的。联合国作为现存的最大的国际组织，其维持和平行动在解决国际军事安全困境方面发挥了积极有效的作用。

一、联合国维和行动功能的演进

有关联合国维持和平行动（United Nations Peace－keeping Operation，UNPKO），一直没有一个公认的权威定义。从理论上讲，联合国运行的基本依据是《联合国宪章》，然而令人不解的是，尽管联合国维持和平行动已经进行了 60 多年，但是在《联合国宪章》中却找不到

① Joseph Nye, “Soft Power,” *Foreign Policy*, Fall 1990.

"维持和平"（Peace－keeping）一词，也就是说，《联合国宪章》中根本找不到有关"维和"这种基于集体安全原则的集体行动的指导方针。这不仅是由于世界各国对联合国维和行动性质的认识不同，也是由于对联合国维和行动的方式认识存在着差异。因此，"我们可以清楚地看到，维和的原因或至少是目前对维和行动概念的理解，在宪章中是完全找不到的"。[①] 也正是基于这样的原因，联合国第二任秘书长达格·哈马舍尔德认为，维持和平隶属《宪章》"第六章半"的范围，介于根据第六章进行谈判和斡旋等传统和平解决争端办法与根据第七章授权采取更强有力的行动这两者之间。

对于联合国维持和平行动的内涵，人们有着不同的理解。其中，联合国将其定义为"由联合国采取的、包括军事人员在内的但是没有强制力的行动，旨在帮助维持或恢复冲突地区的国际和平和安全"。[②] 但是，学者们也根据自己的理解纷纷给出定义。例如，保罗·戴尔（Paul Diehl）认为，维和是"在武装战斗停止后，并且得到一国的允许在其领土上部署中立的和轻型武装的干预部队，旨在阻止新的武装冲突的再发生和建立从根本上解决冲突的环境"。[③]。联合国秘书长的军事顾问、曾任联合国第一支紧急部队司令的里赫耶（Rikhye）在其《维持和平的理论和实践》一书中引用国际和平学院关于维和的定义，认为维和是"通过国际上组织和指导的第三方干预的手段，使用多国军事、警察和民事人员来恢复和维持和平，以防止、遏制、缓和与终止国际和国家内部的故对行动"。[④] 曾先后负责联合国维和事务和政治

① ［美］保罗·肯尼迪著，卿劼译：《联合国过去与未来》，海南出版社，2008年12月版，第70页。

② United Nations Department of Public Information, *The Blue Helmets*（2nd *edition*），New York，1990，pp. 4－5.

③ Paul F. Diehl，*International Peacekeeping*，Baltimore and London：The Johns Hopkins University Press，1994，p. 13.

④ Indar Jit Rikhye，*The Theory and Practice of Peacekeeping*，London：C. Hurst & Company，1984，pp. 1－2.

事务的安理会副秘书长格尔丁（Goulding）认为，维和是由“联合国建立的，得到有关各方的同意，并在他们中间控制和解决冲突的战地部队。这支部队在联合国的控制和指挥之下，依靠联合国会员国集体出资，由成员自愿提供军事和其他人员以及相应的设备，在冲突各方中公正地行动并且在必要时最小限度地使用武力”。①

根据以上情况，笔者认为，联合国维持和平行动通常是指当事国（包括主要派别）提出申请，经联合国安理会授权，运用非武力方式（武力只能用于自卫）防止冲突各方继续冲突并最终实现和平的一种维护国际安全行为。其主要目的是为最终的政治解决提供先决条件，是联合国的重要职能之一。

传统的联合国维和行动主要有两种形式：由军事观察员组成的军事观察团（亦称蓝色贝雷帽）和由配备轻武器的士兵组成的维持和平部队（亦称蓝盔部队）。其主要传统的任务包括：监督停火、停战、撤军；建立缓冲区或非军事区，使冲突双方脱离接触；观察、报告局势；帮助执行和平协议；防止非法越界或渗透以及维持冲突地区的治安等。但是近年来，随着国际形势的变化，联合国在维持和平行动的理念上也发生了重大变化，“维持和平行动”（Peace－keeping Operations）已经“泛化”为“和平行动”（Peace Operations），既包括了原有的“维持和平”（Peace－keeping），还涵盖了“预防性外交”（Preventive diplomacy）、“建立和平”（Peace－making）、“缔造和平”（Peace－building）和“强制执行和平”（Peace enforcement），任务范围扩大到涉及监督选举、全民公决、保护当地平民和人道主义援助，以及帮助扫雷和难民重返家园等许多非传统性的工作。参与维和的人员除了军事人

① Marrack Gaoulding, “The Evolution of United Nations Peacekeeping,” *International Affairs*, Vol. 69, No. 3, 1993, p. 445.

员以外，还有大量的文职人员（包括民事警察[①]）。这些人执行着由安理会根据联合国宪章所赋予联合国的使命，即“维护国际和平与安全”[②]，根据形势需要进行调查，证实某种行为确实对国际和平与安全构成威胁，然后通过决议向联大提出采取一项维和行动的建议，即在冲突各方同意并达成协议的基础上部署中立部队和人员，对发生冲突的地区进行托管。经联大下设的特别委员会审议并提交联大表决通过，

---

① 近年来，民事警察在联合国维和行动中的作用与日俱增，人员需求量不断增加，参与维和行动的民事警察已占联合国维和人员总数的1/3，成为维和行动的重要组成部分，而且近来还有急剧增长的趋势。目前已有50多个国家派遣了约3000名民事警察参与联合国维和行动。联合国民事警察在维和任务区根据安理会决议和任务性质，一般行使监督、警务和帮助等职责。具体来说主要有以下几点：1. 监督当地警察和司法机构在逮捕、拘留和审问罪犯以及对待犯人和搜查民宅时的行为表现；2. 监督并参与当地警察巡逻；3. 参与犯罪现场调查；4. 在确信地方当局的调查活动有失司法公正及有意偏误时，根据指令进行调查；5. 在城市和乡村地区单独巡逻，并观察当地警察的出勤；6. 观察和帮助管理难民和被遣散人员；7. 监督集会、游行和示威活动；8. 视察监所犯人及其待遇，保障人权；9. 监察针对少数民族的司法调查及结果；10. 为人道主义机构和民事部门提供协助；11. 维护社会治安、帮助缓解政治派别和种族间的紧张状态、在民众中建立信心；12. 根据要求记录和报告所有突发事件；13. 在选民登记处和大选投票站监督警戒，保证公正合法；14. 帮助重建和训练当地警察，帮助其提高执法水平。

② 尽管《联合国宪章》中没有关于“维和”的条文，但是作为“维护国际和平与安全”的一种方式，《联合国宪章》仍是维和行动的准绳。同时，维和行动还以《国际法院规约》、《国际人权宣言》等文件为普遍指导原则，其合法性来源于国际社会对国际法和国际惯例的支持、遵守及维和人员的公正执法和信誉。它遵循以下基本原则：(1) 冲突各方一致同意并达成协议予以配合；(2) 国际社会的普遍支持（安理会和秘书长在此发挥着重要作用）；(3) 维和行动所需的作战部队、军事观察员、民事警察及其他人员和装备完全是由联合国成员国自愿提供；(4) 整个维和行动必须在秘书长的全权领导下实施，秘书长本人对安理会负责，所有维和人员在行动上只能接受秘书长或上级维和官员的命令，而不得按照本国政府当局指令行事；(5) 维和行动的任务、使命应尽量明确，保证体现安理会的决议精神；(6) 在冲突各方中保持绝对中立，不干涉或不偏向任何一方；(7) 维和行动中必须最低限度地使用武力；(8) 维和行动所需费用根据各成员国的能力共同分担。

正式批准该项维和行动，同时确定预算支出方案。[①]

联合国维持和平行动是在特殊的国际体系和环境中产生的。因此，它一开始就反映出某种“柔软”的特性。在1945年联合国成立时，“英国东方帝权的战略中心已经由印度转移到了中东以及东北非地区；法国完全专注于重建帝制的问题；葡萄牙和西班牙对殖民地的统治权看起来也即将失效。很多同时代的人都认为，非洲还要再经历一个世纪的时间才能够开始独立”。[②] 而签署《联合国宪章》并真正能够以会员国身份发挥维护世界和平作用的国家也并不多。对于“维和”的认识也并不统一，甚至出现了即便是以非武力干涉的“观察”行为也遭到部分会员国反对的现象。[③] 但是，随着1948年第一次中东战争的爆发，一些会员国开始改变原有的看法，在“维和”问题上的认识开始趋同。这才有了1948年的“联合国停战监督组织”（UNTSO）的出现，也开始了现代意义上的联合国维持和平行动。

至今60多年过去了，截止到2010年2月28日，联合国累计共部署了63项维和行动，正在进行的有15项，目前由维和行动部指挥和支持的和平行动16项。从统计数据不难看出，很多维和任务已经进行了多年，包括联合国维和行动的开始标志——联合国停战监督组织（UNTSO）。随着维和行动规模的不断扩大，参与的人数越来越多。2010年初，参加维和的军事人员（军事观察员和部队）超过10万人，警察近1.3万人；向维和行动中提供军事人员和联合国警察的国家数

① 秘书长作为联合国办事机构总秘书处的最高行政长官，全面负责联大决议的执行，计划、实施并指导包括维和行动和人道主义援助在内的所有联合国在世界各地开展的行动。秘书长下设一名专门负责维和事务的副秘书长，他所领导的维和部作为秘书长的一只“操作手臂”，具体负责所有维和行动的部署实施。

② ［美］保罗·肯尼迪著，卿劼译：《联合国过去与未来》，海南出版社，2008年12月版，第71页。

③ 联合国大会在希腊内战期间在其边境上的部署（但是并没有进入希腊，因为安理会成员苏联在这一问题上投了否决票），或观察团监控荷兰从印度尼西亚撤军的时候，使用的都是类似的方法。

达到115个；参加维和的国际文职人员近6000万人；参加维和的当地文职人员约1.4万人；联合国志愿人员约3000万人。自1948年以来在维和行动中死亡的达到2776人。截止到2009年6月，维和费用共计花费了610亿美元。2009年7月1日—2010年6月30日，核定预算约78.7亿美元；拟议预算约84亿美元。[①]

作为当今世界最大的国际组织，联合国自成立伊始就把维护国际和平与安全作为自己追求的首要目标。为了实现这一目标，1948年联合国首创了维持和平行动。60多年来，联合国维和行动尽管步履维艰，但在解决地区冲突、恢复或维护世界和平方面取得了明显成效。冷战结束后，随着国际政治与安全形势发生深刻变化，国际社会对维和行动提出了新的要求。因此，冷战后联合国维和行动取得了新的进展并呈现出新的发展特点和发展趋势，联合国维和行动已成为维护和促进世界和平的重要手段。然而，由于国际环境日趋复杂，加上诸多因素的综合作用，冷战后的联合国维和行动也面临着许多严峻挑战。

二、联合国维和行动在解决国际安全困境中面临的挑战

在介绍联合国维和行动的重要性时，联合国网站的文章认为，它是“应对国际冲突的核心要素”，因为“联合国维持和平行动为无数人民以及在冲突后建立的脆弱机构提供基本的安全保障和各种支持。维持和平人员驻守在他人不愿问津或无能为力的战乱地区，防止再起冲突或冲突升级。经联合国安理会授权的维持和平任务具有国际性，因而在执行任何联合国和平行动时具有无可比拟的合法性，联合国维持和平行动为分担负担和有效行动提供了不偏不倚、广泛接受的工具”。

① 联合国维持和平行动·情况与数据，联合国网站，http://www.un.org/chinese/peace/peacekeeping/facts.htm。

同时也承认，“联合国维持和平行动可提供一个安全的环境，使和平努力得以继续；但这并非化解每种危机局面的惟一办法。维持和平行动支持和平进程，但不能取而代之”。[①]

事实上，联合国初创时，其设计的“维护国际和平与安全”的理念是基于处理国与国之间冲突的。因此，最初的维和行动作为一种手段也都是处理此类问题的，联合国在维和行动中扮演的角色相对单一。因为，联合国的建立是以集体安全和大国一致为原则的，这就使最具实权的安理会在行使权力时，赋予了常任理事国一票否决权，即在任何实质性问题上，一旦违背了常任理事国的利益，任何一国都可以通过行使否决权来阻止行动的实施。这就为后来实施维和行动带来了问题，特别是由于美国和苏联两大集团的长期冷战，在一些维和行动的议题上动用否决权，致使联合国在维护国际和平与安全的作用发挥上受到极大制约。然而，在一些地区性冲突的解决上，联合国维和行动为双方通过对话合作解决问题提供了有效的框架，这在一定程度上避免了因小规模冲突引发大国武力对抗的危险，表明了联合国维和行动在解决冷战两极格局下的国际军事安全困境方面发挥了一定的作用。因此有学者认为，“在冷战时期，尽管维和的任务因事件的不同而有所不同，但是其地缘政治任务是确保当地的冲突不升级，防止邻近的地区大国或超级大国卷入其中”。同时，虽然“可能这并非偶然，大多数维和部队部署在中东，而中东却在任一超级大国势力范围影响之外，并且美国和苏联支持不同的派别。陷入混乱的危险在那里经常存在，但是，超级大国也看到了利用充当‘减震器’角色的联合国作为它们自己危机管理努力的组成部分的好处”。[②] 由于这一时期国际军事安全困境主要表现在由国内矛盾引发冲突进而导致国家甚至地区层面发生

---

① “联合国维持和平行动概况介绍”，联合国网站，http：//www.un.org/chinese/peace/peacekeeping/factsheet.shtml。

② Stephen Ryan，“United Nations Peacekeeping：A Matter of Principles?”，*International Peacekeeping*，Volume 7，1 Spring，2000，p. 27.

武力对抗或军备竞赛的危险上，联合国的维和行动通过有限的合作和制约起到了缓冲器的作用。

冷战结束后，原来被冷战压抑而没有得到解决的潜在冲突不断爆发，许多国家内部出现了更为激烈的矛盾冲突，联合国维和行动不得不改变原有的方式，更多地介入到出现问题的主权国家内部，这就使得联合国维和行动的性质发生了一定的变化。但是幸运的是，这一时期，冲突各方赞成部署维和部队或军事观察员，以隔开冲突方或监督停火，作为调解争端的手段。因此，仅过去的10年中就进行了17项维和行动，占到了迄今联合国62年维和行动历史中已实施的63项总数的约27%。

但是，尽管联合国维和行动在解决国际军事安全困境方面发挥了重要作用，也受到了绝大多数会员国的赞扬，但由于联合国的性质决定了它不是一个可以超越国家主权的强力组织，在处理国家内部冲突时，受到会员国利益的制约，必须依靠会员国的支持与合作才能发挥效用。这主要是因为，联合国建立时，“由于联合国没有被授权干涉任何国家的国内事务，并且其会员国也不需要赋予联合国此类权力，因此，当任意一个会员国出现类似国内部分地区努力要求独立并寻求国外帮助，或是种族集团、宗教集团间发生国内战争的情况之时，联合国由于权限问题只能束手旁观”。[①] 因此，当面对一些极端困境时，联合国并不能保证其在维持地区安全稳定方面具有完全的责任和有效的行为能力，甚至在有些情况下不仅不能解决困境反而会导致危机加深。这就使得国际社会对于联合国维和行动的评价常常是毁誉参半。特别是近些年，由于联合国维和行动更多地使用武力，造成的当地人员伤亡不断增多，以及未能制止一些国家内部冲突升级，特别是未能及时阻止其中的一些“大屠杀”行为，所以受到了广泛的质疑。例如，1994年发生的卢旺达大屠杀。尽管国内派系斗争是发生悲剧的主要原

① [美] 保罗·肯尼迪著，卿劼译：《联合国过去与未来》，海南出版社，2008年12月版，第70页。

因，但联合国在事前的漠视和事后的消极应对也使其难辞其咎。[①] 这也从另一个角度说明，"联合国面对的另一个选择是袖手旁观，让这些冲突进一步恶化升级，进而形成一个犯罪分子可以恣意妄为、恐怖分子

① 胡图族和图西族是卢旺达的两大部族，分别占全国总人口的85%和14%。在欧洲人来到卢旺达之前，胡图、图西两个部族之间并没有什么矛盾。殖民主义者在卢实行"以夷制夷"的政策，在两大部族之间轮番制造矛盾，从而埋下了两者不和的种子。1990年10月，侨居乌干达的图西族难民组织卢旺达爱国阵线与胡图族政府军又爆发了长达3年的内战，双方虽于1993年8月签署了和平协定，终因积怨太深而未能得到真正实施，进而在1994年总统遇难时再度爆发全面内战。1994年4月6日，卢旺达独裁者哈比亚利马纳（Habyarimana）在首都基加利被刺杀，一批极端的胡图族军阀掌控了政权。这些以灭绝卢旺达境内每一名图西族人为己任的军阀随即发动了种族屠杀：在接下来的100天内，至少有100万人（卢旺达1/10的人口）被残杀，平均每一分钟即有5人遇害——其中大部分人是被大砍刀以最原始的方式杀害的。这场屠杀因为联合国和欧美国家的漠然而没有被制止。电影《卢旺达饭店》中有一句经典台词：一万个非洲人的性命也抵不上他们一张选票。事后，在卢旺达举行的种族灭绝国际研讨会上，曾领导联合国驻卢旺达援助团的加拿大退役将军达莱尔指出，卢旺达大屠杀本可避免，只是因为国际社会没有采取行动制止。他在1994年1月11日大屠杀发生前3个月就曾向联合国维和行动部发出电报，报告卢旺达胡图族武装正在囤积武器，准备对图西族大开杀戒，图西族处于危险之中。然而，联合国维和行动部以"超越权限"为由，拒绝了达莱尔的请求。接着，达莱尔奉命向比利时、法国和美国驻卢旺达大使通报了胡图族正在加紧备战的情报，但仍未引起注意。4月7日，卢旺达女总理惨遭杀害，胡图族军人还打死了奉命护送她的10名比利时维和军人。比利时于是决定撤回全部维和部队。比利时部队在驻卢旺达维和部队中装备最好，其撤出不但使联合国卢旺达援助团陷入困境，而且助长了胡图族民兵的嚣张气焰。大屠杀开始后，联合国安理会曾试图采取行动，由于美英两国的漠视和不介入政策，始终未能采取有效行动。南非《商业日报》当时一针见血地指出，在西方大国的眼里，"非洲人的命不值钱"。2003年10月，达莱尔出版了专著《与魔鬼握手》。他认为这是一本关于"失败"的书：失败属于驻卢旺达维和部队，因为在他们的眼皮底下，胡图族极端分子残酷地杀害了近百万无辜者；失败属于几个西方大国，因为它们有能力却没有及时制止大屠杀；失败属于联合国，它未能给身处困境的少量援助部队以支持。他在深刻的自责中认为，自己身为指挥官，是这一失败集体中的一员。

可以安全藏匿的庇护所”，[①] 而这恰恰反映了联合国维和行动的先天不足和“脆弱”一面。

然而，如前所述，由于国际形势的变化，维和理念也发生了变化，特别是自《和平纲领》[②] 和《卜拉希米报告》[③] 出台后，联合国维和行动不仅开始越来越多地处理国家内部的武装冲突和内乱，手段也越来越强硬，部署的时间也开始提前。尽管现在的维和行动仍以军事人员和军事力量为主，但今天的维和人员（Peacekeeper）已经开始扮演着更加复杂、多面的角色。这其中就包括行政人员和经济师、警察和法律专家、扫雷人员和选举观察员、人权监督人员以及民政与治理方面的专家、人道主义工作者及通信和宣传专家，等等。

由于联合国的大国一致原则，使得其维和行动的决定权与主导权都掌握在大国手中，这样就导致了联合国也常被某些大国作为推行其霸权主义和强权政治的工具。在处理国与国冲突或国家内部冲突时，军事干涉取代了和平谈判，强制措施取代了斡旋协商，甚至打出“人权高于主权”的旗号，常常绕过联合国，直接践踏别国主权，干涉别国内政。这些都造成联合国维和作用的弱化甚至偏离，可谓联合国维和行动作用的一大败笔。且不说远在 20 世纪 50 年代以美国为首的联合国军出兵朝鲜造成的恶劣影响，40 年后联合国在索马里维和行动的结局同样如此。联合国既没能在索马里建立人们所期望的一个民主政府，也未使各部族实现和解，却使近万名索马里人丧生，100 多名维和士兵也白白搭上了性命，索马里行动成了联合国维和历史中一个最

---

① 美国常驻联合国代表苏珊·赖斯大使：“联合国能够维持和平吗?”（Can UN Keep the Peace?），http：//www. pbs. org/now/shows/520/index. html。

② 该文件设计了一整套解决办法，如预防性外交、促进和平、维持和平以及冲突后建设和平等新理念，被认为是联合国维和行动新战略的出台。

③ 正规的名称是《专家小组关于联合国和平行动的报告》，是 2000 年 8 月由联合国前秘书长安南召集的一个以阿尔及利亚前外长拉赫达尔·卜拉希米为首的 10 人专家小组，通过审查过去 50 年联合国实施的维和行动，对未来实施维和行动给出建议，并获得安理会通过。

为失败的案例。[①]

这其中的主要原因是，“随着冷战的结束，联合国维持和平的战略背景发生了巨大变化，促使本组织改变和拓展实地行动，从仅仅包括军事任务的‘传统’特派团，向复杂的‘多层面’行动转变，以确保执行全面和平协定，协助奠定可持续和平的基础。今天的维持和平人员担负着多种多样的复杂任务，从协助建立可持续的施政机构，到人权监督、安保部门改革、前战斗员解除武装、复员和重返社会，不一而足”。[②] 也正因为如此，学者们将自1948年以来联合国的所有维和行动划分为第一代（传统型）和第二代（复合型）。[③] 依据任务特点，笔者更倾向于称其为“单一型”和“综合型”；依据时空概念和性质变化，则更倾向于称其为“传统型”和“现代型”。

所谓“单一型”和“综合型”是指，联合国维和行动在某一任务区的任务、职责相对单一或相对多样。例如，联合国伊拉克—科威特观察团（United Nations Iraq－Kuwait Observation Mission－UNIKOM），根据联合国安理会的相关决议，其主要职责就是在伊拉克和科威特两国边境设置的非军事区内，由联合国军事观察员监视、监督

① 当时索马里各派对联合国的干预表示不满，势力最大的“索马里联合大会”领导人法拉赫·艾迪德把联合国看成其夺取全国政权的绊脚石，对维和部队采取伏击行动，致使维和部队伤亡惨重。事件引发世界舆论对美国出兵索马里的抨击。英国前首相爱德华·希思说，联合国不应成为美国军事行动的保护伞；埃及外长穆萨表示，目前在索马里发生的一切，将会给索马里民族和解进程增加新的障碍；法国国防部长莱奥塔尔指责美国的所作所为超出了“人道主义使命”的范围，变成了“不能容忍的对抗”；德国报刊称，美国正在索马里进行“一场肮脏的战争”。克林顿最终认识到应该政治解决索马里问题，单方面规定了美国从索马里撤军的最后期限。1995年3月2日，最后一批联合国维和部队撤出摩加迪沙，标志着历时27个月、耗资20多亿美元的维和行动以失败告终。

② “联合国维持和平行动”，联合国网站，http：//www.un.org/chinese/peace/peacekeeping/。

③ 中国国际战略学会军控与裁军研究中心编著：《当代国际维和行动》，军事谊文出版社，2006年6月版，第38—49页。

撤军和从一国向另一国发动的入侵行动以及慑止边境地区的暴力活动。因此，这个维和行动就属于“单一型”。像这样任务相对单一的任务区还有：联合国停战监督组织（UNTSO）、联合国脱离接触观察员部队（UNDOF）、联合国两伊军事观察组（UNIIMOG）和联合国科特迪瓦行动（UNOCI）等。[①] 而联合国莫桑比克行动（United Nations Operation in Mozambique－ONUMOZ），其主要任务涉及政治、军事、选举和人道主义援助等领域，是一项综合性的维和行动，因此属于“综合型”。这样的任务区还有联合国利比里亚特派团（UNMIL）、联合国驻塞拉利昂特派团（UNAMSIL）、联合国驻东帝汶援助团（UNMISET）等。[②]

所谓“传统型”和“现代型”主要分类依据是时空和性质。依据这一概念，“现代型”泛指 1992 年联合国秘书长加利提出《和平纲领》后的联合国维和行动，若更加严格地限定，应指 2000 年《卜拉希米报告》出台后的联合国维和行动。因为，这两个关键性的“报告”彻底颠覆了过去联合国维和行动的理念，简言之，维和行动更多地由被动

① 联合国停战监督组织的主要任务是协助和监督四个停战协议的执行。联合国脱离接触观察员部队的主要任务是监督隔离区，保证其没有军事活动。联合国两伊军事观察组的主要任务是核查、核实、监督停火和撤军。联合国科特迪瓦行动的主要任务是监督停火和设立隔离区。

② 联合国利比里亚特派团的主要任务是支持执行《停火协议》及和平进程；保护联合国工作人员、设施和平民；支持并援助人道主义活动和人权活动；支持并援助国家安全改革，包括培训警察和组建一支新的经过改组的军队。联合国驻塞拉利昂特派团的任务是协助塞政府与当事各方执行《洛美和平协议》，包括监督停火；监督全国选举；解除前战斗人员武装；培训警察和人权检查和观测人员；安排难民和流离失所者自愿返回和重新安置；协助冲突后重建等。联合国驻东帝汶援助团的主要任务是对事关东帝汶的生存和政治稳定的核心行政机构提供援助；提供临时执法和公共安全，协助建立东帝汶新的执法机构——东帝汶警察机构；协助维护东帝汶的内外安全等。

“维持”变为主动“缔造”，“六章半行动”色彩淡化、“第七章行动”[①]色彩开始浓厚。称呼上，“和平行动”（Peace Operation）已开始更多地取代“维持和平行动”（Peacekeeping Operation）。“维持”（Keeping）的删除，既意味着形式的改变，也意味着内容的改变。在这种前提下，以前联合国维和行动也就自然成了“传统型”。

作为“现代型”联合国维和行动的典型代表，联合国驻民主刚果特派团（MONUC，以下简称为联刚团）正是联合国维和行动理念发生重大变化的产物。这是自联合国实施维和行动以来规模最大的行动。[②]随着形势的变化，联刚团的任务不断调整和增加，它已超越了传统维和任务相对单一的界限，成为一个“包罗万象”的“综合型”维和任务区，也超越了传统的部署形式和行动原则，属典型的“现代型”联合国维和行动。然而，其反映出的现代维和理念在实践中面临着许多挑战和选择的困惑，不能不引发人们深刻的理性思考。

（一）综合治理：意愿与能力的差距

从人员组成上看，除了传统的军事人员外，还包括警察以及人权、人道主义事务、新闻、儿童保护、政治事务、医疗支持和援助及行政支持和援助等领域的适当文职人员。从执行的任务看，除传统的监督

---

① 《联合国宪章》第七章的主要内容是：当安理会认为规定（非武力）之方法不足或已经证明为不足时，得采取必要之空海陆军行动，以维持或恢复国际和平及安全。

② MONUC是法文 Mission de l'Organisation des Nations Unies en Republique du Congo 的缩写，英文名称为 United Nations Organization Mission in the Democratic Republic of the Congo，中文译名为联合国刚果（金）特派团。我国通常简称其为联刚团。截至 2008 年 8 月 31 日，观察团人员达到 21137 人，其中部队 16668 人，军事观察员 670 人，民事警察 1051 人，国际文职雇员 937 人，当地雇员 2120 人，联合国志愿者 535 人，年经费预算达到 12.4 亿美元。参见“刚果民主共和国—联刚特派团的情况与数据”，联合国网站，http：//www. un. org/chinese/peace/peacekeeping/Congo/联刚团 F. htm。

《停火协议》执行、监督并核查各方部队的脱离接触和重新部署、建立军事缓冲区等任务外，还包括人道主义救援，释放战俘，武器禁运，保护妇女儿童，武装人员的武装解除、复员、遣返和安置，监督总统和地方官员选举，协调和解与对话，排雷等，并随着形势的变化进行调整和增加。由此不难看出，联合国是想通过联刚团一次性将刚果（金）问题彻底解决，将其送上和平、稳定和发展的道路。应该说，联刚团在其中的一些问题上，如监督总统大选，武装人员的武装解除、复员、遣返和安置等都取得了一定成绩，为刚果的和平与稳定作出了应有的贡献。但是，刚果（金）的局势一直没有得到根本的改变，特别是东部地区，甚至首都的安全形势也一直令人担忧。经常发生的武装冲突所造成的人道主义危机依然严重，国家重建依然步履艰难，众多问题的交织，使联刚团疲于应付，总体工作效率难以令人满意。

这种综合型任务区的另一个特点是，民事部门成为一个庞大的体系，这也是联合国现代维和行动的一个显著特点。庞大的军事部门与民事部门的并存，使得两大部门之间的协调、合作成为一大难点，常常出现军事部门与民事部门意见相左、难以合作的情况。军事人员与民事人员间的矛盾致使军事人员士气低落而影响其工作效率。综合性任务的复杂和局势的紧张，使联刚团面临着巨大的压力和挑战。2008年10月，正值刚果（金）局势十分紧张的情况下，上任仅一个半月的联刚团总司令、西班牙中将比森特·迪亚斯·德比列加斯就突然宣布辞职，其原因就是在这种复杂紧张的局势下无法完成如此复杂多样的任务。这种情况是联合国维和史上绝无仅有的，也从一个侧面反映出当代维和行动面临的新问题。

由于联刚团的任务一直无法达到预期目标，联合国只得不断将任务的结束期延长。这明显折射出联合国在刚果（金）维和问题上理想与现实的巨大差距。

（二）非线性多元组合部署：协调与管理的挑战

随着国际和地区安全局势的变化，联合国维和人员的部署越来越广泛，参与的人员种类增多，规模也越来越大，由原来的设立军事分界线、停火线、非军事区和缓冲区等“线性部署”朝存在于一国全境的“非线性部署”发展，其中联刚团就是“非线性部署”的典型例子。而非线性多元组合部署带来了诸多现实挑战。

首先，这样的部署使得对于人员的需求量大幅增加。例如联刚团，各类人员总和达到2万多人，其中军事人员接近1.8万人，但由于部署是在234.5万平方公里的刚果（金）全境展开，1.8万人就显得微不足道。为此，联刚团多次请求增加军事人员部署，特别是呼吁西方国家向该地区派出维和部队。2007年3月，联刚团军事指挥官、荷兰海军陆战队少将卡马尔特就曾表示，西方国家应向非洲派遣工程师、医务专家以及特种部队等，以支援联合国在非洲的维和工作。卡马尔特在接受采访时表示，联合国驻非洲国家的维和部队大多来自印度、巴基斯坦和南非等国，这是不公平的。联合国驻非洲维和部队急需工程师、医疗专家和精锐部队，西方国家如果能派出小规模专业化部队，将极大地推动维和工作。他强调说，维和工作必须在联合国指导下进行，联合国是“唯一能在非洲采取行动的机构”。卡马尔特说，刚果（金）首都金沙萨的武装冲突再次凸显外国维和部队的短缺。他认为，这一武装冲突有可能扩展到刚果（金）其他地区。[①] 而鉴于刚果（金）的安全形势，许多国家不愿向这一任务区派遣部队，这就造成任务区长期编制不满。

其次，非线性部署和军事人员的不足给维和人员的人身安全带来潜在威胁。例如，联刚团共有约500名军事观察员，分为60个队，部署于刚果（金）全境。每个队仅编制6人甚至不足6人，除去休假和轮换造成的缺员，平时只有不足4人在岗。更为严重的是，其中一些观察员队周边没有任何联刚团部队的部署，加之观察员的驻地安全防范措施有限，军事观察员的安全保障存在着极大的潜在危险。尽管联

① “联合国军事指挥呼吁西方国家向非洲派维和部队”，中国网，http://military.china.com/zh_cn/news2/569/20070327/14009878.htm。

刚团也十分清楚这种潜在危险，袭击观察员队并造成观察员伤亡的事件也曾发生，但军事人员不足的现状使得这一问题长期无法解决。军事人员短缺至少带来两方面的问题：其一，联刚团无法完成其所肩负的多元复杂任务，特别是保护当地平民的任务；其二，联刚团自身人员的安全保障成为最令人担忧的问题之一。

第三，协调和管理的挑战。联刚团成建制的分队和军事观察员来自近50个国家，分为6个战区（旅），① 部署在234.5万平方公里的国土上。由于联合国没有独立统一的军事编制，来自各国的分队管理水平不一致，从编制的设置到人员管理都存在着巨大差异，加之交通不便，通讯设施老化，组织结构又相对松散，指挥协调十分困难。更为突出的问题是，联刚团6个战区（旅）中4个战区（旅）由固定出兵国派出主要部队和旅长，这些旅基本形成了一个相对独立的势力整体。师、旅长的观念和作风直接影响到这个旅的建设和行动，在师、旅长与总司令之间出现观点不一致的时候，总司令的命令常常很难贯彻执行。因此，相互妥协成为总司令与师、旅长间的经常性选择。这对于一种军事行动性质的组织来说，不能不说是一种不正常的现象，这种不正常的现象也就自然会影响到行动的一致性和统一性。更为严重的是，由于管理乏力，联刚团自成立起，一直面临着维和人员违法违纪等丑闻的困扰。其中，性剥削、性侵犯、性虐待、走私、非中立立场等问题更是成为媒体的焦点。例如，性剥削、性虐待等问题一直是严重影响联刚团声誉的问题。尽管联合国维和部门为此专门颁布了维和人员行为准则，并重申对于性丑闻采取“零容忍”态度，一再强调将对任何参与性剥削和性虐待的维和人员严惩不贷，但这一问题依然屡禁不止，其中一些国家的维和人员已经成为这一问题的“惯犯”。此外，严重违反中立原则的事情时有发生，其中较为严重的是，2008年7月部署在刚果（金）东部北基伍省的印度维和部队的一名高级军官

---

① 截至2008年8月31日，联刚团总体划分为东部师和西部旅，东部师下辖除西部旅以外的5个旅，师长由来自印度的一名少将担任。

向盘踞在当地的反政府武装头目恩孔达授勋，称其为“兄弟”，并对恩孔达“为崇高目标所进行的战斗表示敬意”。刚果（金）政府对这名印度军官的行为强烈不满，并向联刚团提出抗议。[①] 尽管联刚团此前也驳斥了这名印度维和部队军官的言论，并对有关人员展开调查，但这种事情的出现无疑对联刚团的声誉带来巨大的负面影响。还有，走私当地贵重资源甚至用武器换资源的事情也时有发生。[②] 这些问题不仅在当地，在全球范围内都产生了十分恶劣的影响，严重影响了联刚团甚至联合国的声誉。当2008年刚果（金）东部局势紧张、联合国决定向这一地区增兵时，刚果（金）政府就因印度维和人员的违纪行为，拒绝印度的增兵请求。[③]

第四，经费保障的挑战。随着现代维和行动规模的不断扩大，经费保障一直成为困扰联合国的重大难题之一，自然也影响着联合国维和行动的深入。12亿多美元的年度经费预算，对联刚团来说尽管不少，但从实际情况看显然不能保证其需求。由于多年战乱造成连接城市间的道路中断，维和人员又呈非线性多元部署，长途交通只能靠飞机解决。众多的大小飞机使联刚团宛如一个大航空公司，成为有限经费的主要消耗者。这就造成后勤保障因经费短缺而常常捉襟见肘，最为典型的是，连起码的车辆轮胎和配件也很难保证。而复杂破旧的道路，特别是热带雨林地貌，即便良好的车况也很难通过，更何况较差

① “联刚团向叛军首领授勋刚果（金）政府欲严肃处理”，新浪网：http://news.sina.com.cn/w/2008—07—18/112614183275s.shtml。

② 2007年7月13日，联合国维和部门曾宣布派遣审计小组前往刚果（金），调查部分联合国维和部队成员涉嫌走私黄金的丑闻。根据联合国公布的文件，部分来自印度的维和人员被控和刚果（金）东部的反政府武装相互勾结，走私黄金。此外，驻扎在刚果（金）东北部伊图里地区的巴基斯坦维和人员也卷入类似丑闻，涉嫌走私黄金和枪支。参见“联合国体系已近末日黄昏”，易网 http://www.news.163.com/special/00012Q9L/UN091226.html。

③ 刚果（金）政府2008年11月23日在致联合国秘书长潘基文的信中，明确表示不希望印度军人参加即将被部署在该国东部北基伍省冲突地区的联合国维和部队。

的车况和几乎磨得没有纹路的轮胎。此外，由于资金紧张，通讯器材老化，一些偏远地区的军事观察员队的通讯设施不完备甚至经常处于瘫痪状态。这些都严重地影响了观察员正常巡逻任务的进行，大大降低了工作效率，也造成了严重的安全隐患。

（三）偏爱强制措施：挑战与危机的苦果

受《卜拉希米报告》的影响，联合国已越来越倾向于“采取一切必要手段完成其使命”，换言之，就是必要时不惜运用武力强制执行和平。对武力使用要求放松，甚至从被动变为主动，成为联合国现代维护和平的重要理念和手段，“和平行动（Peace Operation）”取代“维和行动（Peace－Keeping）”成为新的表现形式。

根据传统的联合国规定的交战原则，只有受到攻击时方可使用武力以自卫，不能成为交战方。但是，联刚团却曾对拒不放下武器的部族民兵展开过清剿行动。联刚团在使用武力方面虽不能说是当代维和行动中的“排头兵”，但无论是口头上还是实践中都更多地强调“第七章”的使用，充分反映出其运用强制措施达到和平目的的现代维和理念。因此，现实中其强硬的态度和武力的使用自然引发武装派别的强烈反弹，一定程度增加了维和人员的风险性。

（四）涉足内政：公平与偏袒的尺度难以掌控

现代维和行动的另一个重要特点就是由原来解决国际冲突演变为越来越多地解决国家内部动乱，这就难免会越来越多地介入主权国家内部事务，联合国维和行动固有的重要指导原则之一——公平、公正——尺度的掌控就更加困难。

刚果（金）是国家内部冲突引发的国内动乱的典型，而联刚团也正是为解决这种局面而部署的。经过近 8 年的实践，事实上，联刚团已越来越多地介入到刚果（金）的内部事务，其中各反政府派别和武装对联刚团从政治、经济到军事支持政府的做法表现出极大的不满，敌对情绪不断增加。尽管联刚团一再敦促刚果（金）政府加大打击非法武装的力度，但刚果（金）民众对联刚团的工作一直持怀疑态度，甚至认为联刚团偏袒和保护反政府武装，并因此时常抗议甚至攻击联刚团的人员和车辆。例如，2004 年 5 月 26 日，刚果（金）东部武装冲突再起，几天后，由反政府武装领导人恩孔达将军率领的一支 1000 多人的武装部队从北基伍省一路南下，击溃政府军，攻占南基伍省省会布卡武。得知此消息后，6 月 2—4 日，金沙萨大学学生及市民数千人走上街头游行示威，他们高呼爱国口号，并抗议联刚团对反政府武装以武力夺取布卡武反应不力、无所作为。示威人群聚集在联刚团总部门前，喊声震天。其中很多人不顾刚方警察阻拦，强力冲击联刚团防线，示威活动很快演变为大规模骚乱。联刚团多处建筑被烧，许多车辆被毁，多人受伤。面对人员生命及财产的严重威胁，联刚团警卫部队被迫使用武力，金沙萨市陷入完全混乱之中。①

经过一段时间的平静后，2008 年政府军与反政府武装的冲突开始加剧，反政府武装开始新一轮对政府军队的军事攻击，且屡战屡胜，并由乡村向主要城市推进。这种情形自然遭到联刚团的阻止。反政府武装领导人洛朗·恩孔达 2008 年 10 月 30 日说，联合国维和部队阻挡了他们进入戈马市的道路，他不想直接面对联合国维和部队。但如有必要，他将不惜一战。恩孔达在接受法新社记者采访时称："我们尊重联合国驻刚果（金）特派团（联刚团）。我们不能与其交锋，但如果他们朝我们开火，他们是士兵，我们将不得不自我防卫。"② 与此同时，首都金沙萨也不断出现针对联刚团的示威抗议活动，指责联刚团的不作为。

以上情况表明，联合国介入国家内部冲突，存在着巨大的尺度把

① "我使馆一度被骚乱围困 金沙萨混乱针对联合国"，搜狐网，http://news.sohu.com/2004/06/08/54/news220435482.shtml。

② "刚果（金）叛军欲与联刚团开战"，新浪网，http://news.sina.com.cn/w/2008－11－01/020714661499s.shtml。

握困难，处理不当不仅无法完成预定任务，而且有陷入当地冲突而无法自拔的危险。

三、联合国维和行动解决国际军事安全困境的出路

国际军事安全困境的解决，在国际安全观层面需要建立新的安全认知模式，改变传统的安全观，即不能将安全视为一种“此消彼长”的零和博弈，而应是“彼此相生”的共存概念，因此倡导“你中有我，我中有你”的共同安全是作为最大国际组织的联合国应努力实践的目标。然而从现实情况看，联合国的维和行动还没有完全成为这一理念的坚定的执行者，因而无法实现对国际军事安全领域一系列困境的有效解决，其明显表现即是维和行动的目的不是改变现有安全状况，而是立足维持现状。[①] 而这一局限性是受到以下因素的制约而成：首先，维和并不以制止侵略为目的。维和旨在调和，通过部署和平观察团或维和部队来监督各方执行业已达成的协议，促使冲突双方接触、谈判、达成和平协定，用前联合国秘书长德奎利亚尔的话说，维和部队是“没有敌人的军队”。其次，维和部队行动组建是建立在自愿原则上的。自愿性意味着会员国可以派遣也可以不派遣维和人员，而不派遣并没有违反任何规定，也不会受到道义上的谴责。第三，共同安全制度保证安全的手段是多样的，包括外交的、经济的、军事的等。当威胁安全一方诉诸武力破坏安全，如实施侵略时，使用武力来阻遏、击败侵略者就不可避免，联合国维和是“禁止使用武力的，而使用武力对于集体安全体系来说却是必不可少的”。[②] 第四，联合国维和行动的目的在于维持现状。维和部队是在战斗停止后而不是在冲突前或冲突中部

① 聂军：《联合国维和与集体安全辨析》，载《欧洲研究》，2005 年第 3 期。

② John J. Mearsheimer, “The False Promise of International Institutions,” *International Security*, Vol. 19, No. 3, Winter 1994/95, p. 29.

署的，维和部队并不是作为一种威慑力量而存在的，并没有任何进攻性的军事任务，也没有能力去实现这种任务。

联合国维持和平行动已经过近60多年的风雨洗礼，后冷战时期的维和实践呈现出许多新的特点，面临新国际军事安全困境的挑战，联合国维和行动要想发挥积极的建设性作用，亟需在财政支持、立法基础、预防机制、参与规则等方面进行积极有效的改革。中国常驻联合国副代表刘振民大使2009年8月5日在安理会维和问题公开辩论会上发言时表示，联合国维和行动在政策理念、资金保障、规划管理等方面面临新的困难和挑战，中国对推进维和行动改革提出建设性意见：第一，联合国应高度重视就预防和解决冲突制定综合战略，应同等重视部署维和行动和推动政治谈判；改变“重治理、轻预防”的倾向，做好预防冲突的工作，就能够减少部署维和行动的需要。此外，联合国在部署维和行动的同时，也要重视推动政治对话和谈判进程，使维和行动“有和可维”。第二，维和行动改革既要积极创新，又要坚持基本的原则。事实证明，由当事国同意、非自卫不使用武力、保持中立的三大“哈马舍尔德”① 原则是维和行动获得成功的重要保障，仍然行之有效。维和行动应慎重使用武力，避免过度军事化。第三，安理会应提高授权部署、规划和管理维和行动的水平。在部署维和行动时，需要充分考虑到当事国政治环境、安全条件、经济社会发展水平等因素，以及维和行动能够获得的相应资源，制定有针对性的授权，并明确优先事项。安理会还应密切跟踪、监督授权落实的情况，适时制定维和行动撤出战略。在部署或延期维和行动时，安理会、秘书处保持密切沟通至关重要。第四，会员国有义务为维和行动提供充足的资源保障，同时维和行动也要提高资源利用效率。中国支持联合国会员国

① 达格·亚尔马·昂内·卡尔·哈马舍尔德自1953年4月起担任联合国秘书长，1957年，他再次被一致推选连任，任期五年。1961年9月18日，他在刚果从事和平任务时飞机失事殉难。他在联合国努力防止战争和实现宪章其他宗旨方面作出过积极贡献。

及时、足额缴纳维和摊款，支持秘书处继续加强和完善后勤保障体系，优化维和行动部署运作程序，提高维和行动部署速度。目前联合国维和行动出兵国主要来自发展中国家，中国呼吁更多国家向维和行动提供兵源。第五，联合国应继续重视加强与区域组织在维和领域的合作，尤其要关注非洲的特殊需求。目前全球联合国维和人员有75％部署在非洲，2008年联合国维和摊款约70％用于非洲。非盟日益在预防和解决非洲地区冲突方面发挥重要作用，联合国应继续在维和行动问题上加强与非盟的伙伴关系，帮助非洲提高维和能力建设。①

显然，联合国维持和平行动是维护国际军事安全的重要途径，尽管其有不少失败的教训，但也有许多成功的案例，对解决地区军事危机，恢复地区稳定发挥过很大作用。也就是说，“当联合国良好运作时（有很多这样的例子），它也许就是我们共同人性的最高表达形式之一，同样也是人类进步的证据”。② 因此，只要坚持“维持和平”，科学实施“预防性外交”，谨慎推进“缔造和平”，联合国维持和平行动仍是国际社会维护国际军事安全的最有效手段之一。

为此，笔者认为，联合国现代型维和行动的理性选择似应为：

首先，美好的意愿必须与现实结合才能达成。从现代联合国维和任务区（如联刚团）的现实情况反映出，综合性任务和非线性多元组合部署这种贪大求全的做法并不可取。而也许只有由单一目标开始逐渐渗透到其他领域的逐步解决方式，才能取得更好的功效。无论是从理论上讲还是从联合国维和历史看，从单一任务入手逐步解决各种问题的方案远比复杂多样的复合型方案效率高。当然，也许“联合国驻

---

① “刘振民大使阐述中国对联合国维和行动改革的看法”，联合国新闻网，http：//www.un.org/chinese/News/fullstorynews.asp？newsID=12044。

② ［美］保罗·肯尼迪著，卿劼译：《联合国过去与未来》，海南出版社，2008年12月版，第69页。

柬埔寨过渡时期权力机构”[①]的成功给了联合国振奋，促使其开启规模宏大的维和行动。除了刚果（金）之外，苏丹的达尔富尔任务区的庞大规模也充分地说明了这点。而这种大规模部署能否取得成功，同样拷问着现代维和理念是否行得通。

其次，健全的法律法规是维和行动的基础。众所周知，联合国维和行动的首要法律基础是《联合国宪章》，但是《联合国宪章》中没有任何有关维持和平行动的条款。“六章半行动”依然是联合国维和行动的主调。因此，尽快出台有关联合国维和行动的专门性法规，是维和行动得以有法可依、有章可循的行动指南。从联刚团的实际操作看，既有传统维和行动的影子也有现代维和行动的做法，表现出在传统与现代维和理念中踌躇徘徊的特点。而这一切都只有依靠健全的规范法规才能得以解决。

第三，慎用武力是联合国维和行动——即便是现代理念的和平行动——的基本准则。武力可以缔造和平，但武力同样恶化和平环境甚至破坏和平基础。近年来，越来越多的时候，“第七章”更为广泛地被提及和使用。然而时至今日，《宪章》没有修改，“第七章”中也没有明确武力使用时机和范围的解释，这就给武力的使用带来问题。因此，对于当今越来越多地解决国内冲突问题的联合国维和行动，武力绝对不是最佳选项，“联合国索马里行动”的教训之深刻应该成为联合国维和行动使用武力的反思和行动指南。通过斡旋、调停、政治施压和促成谈判等非武力手段，因而依然应该成为解决问题的首选。

第四，有效的组织形式和结构是联合国完成任务的必然途径。维和任务区的民事人员主要来自联合国的各大机构，管理和协调相对容易，问题主要出在军事领域。联合国没有自己的军队，来自不同文化背景和不同发展水平的国家的军队，无论是指挥系统还是指挥方式均

① “联柬机构”也是一项军事人员多达 2 万人，任务涵盖监督停火、维持法律秩序、扫雷、构筑新的基础设施、遣返难民、人道主义救援、监督大选和建立新政权等的复合型任务区。

有所不同，加之对维和任务的理解不同甚至掺杂自己的国家利益，指挥协调遂成为军事部门发挥最佳效益的掣肘，而民事部门与军事部门的协调不畅也自然成为整体发挥效能的主要制约因素。因此，联合国建立长效的维和指挥与控制机构，并在此基础上建立有效和可控的军事指挥机制和相对稳定的军事人员编制体制，以较好地解决这一问题。

第五，拓展有效的资金来源渠道是确保维和任务顺利进行的基本保证。资金紧张一直是联合国最为头痛的问题之一，也是制约维和行动取得成效的重要原因之一。现有的资金来源于成员国分摊制，无法保证不受政治倾向影响而造成拒缴、缩水和拖欠；先“消费”后“报销”的做法，也很难保证出兵国的应有补偿得到保证，这些都是影响维和行动顺利实施的掣肘。因此，为确保维和行动的资金来源，改革原有的资金提供机制迫在眉睫。其中，由联合国建立维和基金会，接收一切爱好和平的国家、组织机构和个人捐款是筹集资金的有效途径之一。

总之，联合国维和行动历经 60 多年的嬗变，目前已由原来的“维持和平行动”，发展到“促成”和“建设”和平的“和平行动”，成为维护世界和平的重要手段。而正在以现代维和理念实施着的联合国维和行动，无疑将是对联合国维护世界和平现代理念成败的最大考验。在国际安全局势复杂多变的当今世界，作为代表世界绝大多数国家利益的联合国，在维护世界安全领域必须有所作为，其中“安理会既要具备快速反应能力，也要注意标本兼治，制定从预防冲突到促进和平、从维持和平到建设和平的全面战略”，[①] 以使联合国维和行动在维护世界安全领域发挥更加有效的作用。

---

① 中国国际战略学会军控与裁军研究中心编著：《当代国际维和行动·序》，军事谊文出版社，2006 年 6 月版，第 3 页。

第四节　军控与防扩散的新途径

军控与防扩散是国际军事安全领域内的重要议题，也是国际军事安全困境寻求解决出路的重要方面。国际社会日益重视国际军控和防扩散问题，并不断探索其发展实施的有效途径。

一、国际军控与防扩散面临的挑战

自从人类社会出现国家、有了国际间的军事和外交斗争以来，军控就成为这种斗争的一个组成部分。军事斗争的最高形式当然是武装冲突和战争，但是国与国之间不可能总是处于战争的状态，在非战争时期（和平时期），国家间的军事关系往往通过军控活动加以调节，借以增进相互的了解，稳定军事态势，规范对方的军事活动，以确保自己的安全利益。因此，军控斗争是和平时期实现国家军事战略目标的一个主要途径。即便在战争和武装冲突时期，军控也往往用来稳定或缓和已经恶化的形势，不使危机进一步升级。所有这些活动中，有些是通过一个国家自我约束体现出来的，但多数需要通过复杂的外交谈判，以协议的方式加以实现。在这个意义上，军控斗争可以看作是一种为了达到军事甚至战略目的而采取的外交斗争。

人类社会在进入 19 世纪以前，军控并没有在国际军事或外交斗争中占据主要地位，其内容及对形势的影响都非常有限。现代意义上的军控是在第二次世界大战后美苏两大集团对峙的大背景下产生的。美苏两国既相互竞争核优势，又避免导致核冲突，同时还竭力维持其核垄断地位，因此军控与防扩散行为主要由两个大国主导。同时，广大中小国家反对核战争威胁和军备竞赛，发起了声势浩大的和平倡议活动，成立大量非政府机构，也在一定程度上推动了军控与裁军形势的发展。

冷战结束后，由于两大阵营对峙的消失，给军控一度提供了一个良好的空间，不仅原有的一些重要军控条约或生效或延期，还达成了一些新的公约。但是好景不长，由于美国一超地位的确立和霸权思维的膨胀，为追求绝对安全和维护超强军事实力，不再对军控问题感兴趣，甚至常常阻碍国际军控进程，对国际军控形势起到了极大的负面影响，给国际军控带来了严峻的挑战。

同时，在防扩散问题特别是防止核扩散问题上，尽管国际社会关注度有所上升，但各方不仅在重大军控议题优先次序上的分歧犹存，核不扩散热点问题更是“延宕难决，国际防扩散体系依然面临严峻挑战”。[①] 受2008年的金融危机的影响和奥巴马政府安全战略思维的调整，美国开始重新关注军控问题，奥巴马甚至于2009年4月在布拉格提出了“无核世界”倡议，明显反映出军控议题已开始在美国政府对外政策日程中占据了较重要位置。一些大国也纷纷调整政策，如英国布朗首相表示，将把军控问题放在外交政策的突出位置。美俄之间也重新启动了削减战略性进攻武器的谈判。但是，也有学者表示，尽管“无核世界倡议不仅对有核武器国家提出核裁军建议，对无核武器国家也提出防核扩散的要求。然而，实现无核世界的道路并不平坦”，[②] 因为这不仅与人们“迷恋”核武器的功效有关，也存在着核不扩散机制本身面临的问题和挑战。

核武器的出现是科学技术进步与大国战略需求相结合的产物。为研究和开发原子核能的巨大资源，人类付出了艰辛而不懈的努力。然而，核能的研制开发并没有首先造福于人类，而是直接用于争取战争

---

① 中华人民共和国外交部政策规划司：《中国外交》（2009年版），世界知识出版社，2009年7月版。

② 吕德胜：“滕建群：国际军控与裁军形势正在回暖——访中国军控与裁军协会副秘书长滕建群”，人民网，http://military.people.com.cn/GB/42969/58520/9313108.html。

胜利的军事目的，成为人类所面临的最大威胁。自从核武器出现以后，发展研制核武器与反对核武器的斗争就没有停止过。经过半个多世纪的发展，国际社会形成了一套以《防止核武器扩散条约》为核心的核不扩散机制。该机制有效地遏制了核武器及核原料的扩散，促进了核军控的进展，对维护世界和平与稳定发挥了积极的作用。但是，随着历史的发展和科学技术的进步，核不扩散机制也暴露出一系列缺陷和问题，面临着严峻的挑战。

核不扩散机制是国际安全机制的重要组成部分，它是所有国际的、国家的、双边的、多边的（核）不扩散法律、政策和协定的总和，[①] 也是为了阻止核扩散而构筑的一个法律的、技术的、经济的和政治的广泛性国际网络。核不扩散机制以不扩散核武器条约为基础，涵盖了所有防止核扩散方面的法律、条约、协定和国际组织。主要包括：（1）有关裁减军备的条约，包括《美苏关于销毁中程和中短程导弹条约》、《美苏关于削减和限制进攻性战略武器条约》等；（2）关于限制核武器空间部署及有关无核区的条约，包括《南极条约》、《外层空间条约》、《海床条约》、《南太平洋无核区条约》、《东南亚无核区条约》等；（3）限制核武器发展条约，包括《不扩散核武器条约》、《部分禁止核试验条约》、《全面禁止核试验条约》等；（4）有关无核国家安全保障问题的联合国决议和政府声明，包括1968年联合国安理会第255号决议、第984号决议以及1995年中、美、俄、英、法分别发表的关于无核国家安全保障问题的声明等；（5）有关国际安全的其他协定，如《美苏关于减少爆发核战争危险措施的决议》等；（6）有关核裁军和核军控的组织，包括联合国大会、联合国大会第一委员会、联合国裁军特别大会、联合国裁军审议委员会、裁军谈判会议等；（7）有关国际出口控制与核查的机构，包括核出口委员会、核供应国集团、澳大利亚集团、导弹及其技术控制制度、巴黎统筹委员会、瓦森纳尔安排、国际

① Oxford Research Group, "Strengthening the Non Proliferation Regime: 1995 and Beyond," *Current Decision Report No.* 13, December 1993, p. 11, 12.

原子能机构等。①

以《不扩散核武器条约》（NPT）为核心的世界范围的核不扩散机制，在近半个多世纪的时间里取得了一定的成效，起到了积极的作用。主要表现在：一是美苏（俄）核裁军取得一定进展。在美苏（俄）之间，通过谈判先后达成了限制和裁减战略武器的协定，使得两个超级核武库的规模大幅度减小。美国还同俄（苏）各自单方面宣布削减自己的战术核武器。二是一些国家放弃了拥有核武器的选择。20世纪60年代，埃及、意大利、日本、挪威、瑞典、联邦德国等6个国家放弃了本国当时正在进行或正考虑启动的核武器计划；70年代以后，澳大利亚、阿根廷、巴西、加拿大、南非、韩国、西班牙、瑞士、南斯拉夫、利比亚、乌克兰、白俄罗斯、哈萨克斯坦以及中国台湾地区先后放弃了核武器计划或撤出了曾部署和遗留在其领土上的核武器。三是无核区在世界各地陆续出现。无核区即在特定区域范围内禁止制造、拥有、试验、使用或部署核武器，它是根据条约或公约而建立、并经联合国大会承认的地区，目前世界上已有5个无核区条约。② 四是为全球国家提供了行为规范。在核不扩散这种大环境的压力下，任何一个国家要反其道而行之，都不得不慎重估量它可能得到的好处和必须付出的代价，从而在一定程度上限制、遏制了核武器的扩散，为全球国家在核军控方面提供了一种行为规范。

尽管核不扩散机制成效显著，但仍存在固有的缺陷，在解决国际

① 李少军：《论核不扩散体制》，载《世界经济与政治》，2001年第1期。

② 1967年，拉丁美洲国家率先签订了《拉美禁止核武器条约》，使拉丁美洲成为世界上第一个无核武器区。1989年，澳大利亚、新西兰等南太平洋国家签署了《南太平洋无核区条约》。1995年，东盟国家及当时尚未加入东盟的越南、老挝、柬埔寨和缅甸签署了《东南亚无核区条约》。1996年，49个非洲国家在开罗签署了《非洲无核区条约》。中亚5国于2002年9月27日结束了长达5年的谈判，就《中亚无核区条约》文本达成一致，2006年9月8日，5国外长签署了《中亚无核区条约》。见姚大学：《核不扩散机制的缺陷及面临的挑战》，载《内蒙古民族大学学报》，2008年第11期。

军事安全困境上仍面临严重不足，其根本原因就是核武器本身在安全保障上的悖论。沈丁立教授提出了核扩散的“利益详谬（paradox）”的概念，他认为：在《不扩散核武器条约》框架下，核武器的扩散不符合国际期待。但对各条约成员国而言，国家安全具有至高无上的价值，重要性甚于条约责任。主权国家保全国家安全是其国家行为的天然法则，履约乃是为了促进国家安全之利益。如果继续履约有损国家安全，那么通过各种手段不再履约才具“合理”与“合法性”，不过此举将对《不扩散核武器条约》构成违法。国家安全和遵约、履约可能并不总是一致，这种矛盾反映了核扩散问题上的利益详谬。国际法上的体系安全利益与体系成员（或非成员）的单体安全利益之间可能存在的不一致性，是蕴含于当今核扩散现象中的本质矛盾。[①] 由此可见，防止核扩散是一个十分复杂和棘手的问题。

二、国际军控与防扩散的出路

随着技术发展及国际安全形势的变化，核扩散形势趋向严峻，恐怖分子或集团正寻求大规模杀伤性武器，用以对付无辜平民。同时，由于大国强权政治和单边主义死而不僵，核能和平利用不单是技术问题，还涉及政治、经济、军事、外交等多领域，因此和平利用核能与防止核扩散日趋复杂化，必须采取综合治理的方法，从根本上应对有关国家在安全、经济、技术等领域里的关切。在国际军事安全困境的大环境下，如何寻求军控和防扩散的出路是个重大的战略性问题。对此，有学者认为“必须重新审视和平利用与防扩散间的关系，寻求两者间的平衡支点”，并开出了“药方”，即：第一，强化现有的和平利用核能的监督保障机制。国际社会应进一步强化现有监督保障机制，要让相关国家意识到获取核武器所付代价远远高于其受益，减少对核武器的需求。针对无核国家的要求，有核国家进一步实现真正的核武

① 沈丁立：《核扩散与国际安全》，载《世界经济与政治》，2008 年第 2 期。

库裁减，并逐步降低核武器在军事战略中的地位，对无核国家承诺不使用核武器。第二，防扩散要标本兼治，注意力不只放在核扩散上，还要考虑有关国家在寻求核武器背后的国家安全、政权巩固、国家形象等方面的考虑，不可采用双重标准，从而弱化现行机制。第三，采取相应措施包括确保核设施的安全，保管好现有核武器和核材料。所有国家停止生产武器级材料（浓缩铀和钚），并将现有燃料循环设施置于新机制控制之下。使用武器级燃料的反应堆应改用替代燃料或者关闭，有效防止恐怖分子和怀有核武器企图的国家发展核力量。应加强出口管制并对非法转让进行拦截。第四，强化国际机构的核查和惩戒力度。加强联合国安理会在防扩散问题上的权威性。加强国际原子能机构的职能，包括提供更多授权、足够经费和人力资源支持，推动大国间磋商合作。第五，加强国际合作，改进核能和平利用技术。长期以来，出现和平利用核能与防扩散矛盾还有技术性原因，现行核能利用技术带有相关副产品，不利于防扩散。国际社会应合作开发新型和平利用核能的方式，建设更经济、更安全的核反应堆，不但要提高核能利用率，而且要保证防扩散措施的落实。这种国际合作应是国际性和不带有任何歧视的，而不单单是美国、俄罗斯、欧盟少数国家或集团的合作，要照顾发展中国国家对能源的需求，从技术角度提高防扩散的有效性。①

而事实上，问题的关键有两点：第一，只要核武器作为战争威慑的作用不消除，一切有能力（无论是研制还是获取方面）的国家或非国家行为体就不会停止对其追求，因此，即便是核国家主动销毁自己的核武器，其他国家也未必会跟随销毁，因为这是可以作为平衡实力差距的重要甚至是唯一的手段。第二，只要世界上还存在战争，作为战争工具的武器不消除，核武器就将难以退出历史舞台。这既是基于维护自身安全的现实需要，也是基于担心自身防范威胁的能力被削弱

① 滕建群：《和平利用核能和防扩散的困境与出路》，载《国际问题研究》，2006年第9期，第69—70页。

而产生的心理需要；既是基于威慑的需要，也是基于可能的实战需要。因此，只有国际社会对消除核武器的共同认知趋同是远远不够的，还必须在防止核扩散上切实寻找有效的监管和惩罚措施。只有这样，在核国家明显减少自己的核武器规模，并使无核国家真正在心理上消除对核武器对其安全构成威胁的心理，切实对违反国际相关规定的国家采取足以震慑意欲发展核武国家的惩罚性措施，才有可能最大限度地减小核扩散给国际军事安全带来的不利影响。但这显然是一场旷日持久的“战争”，需要国际社会的广泛参与。而就眼下来看，防止非国家组织特别是恐怖主义组织或个人获得核武器，是防扩散的重中之重，因为一旦恐怖主义组织或个人拥有核武器（哪怕是威力较少的核装置），由于其缺少“责任监管”和“难以惩罚”而具有的“无畏感”，其对国际社会的危害要远远大于国家或国家集团。

第四部分

国际军事安全的发展趋势

国际军事安全形势近年来呈现出复杂多变的态势，各种因素对其变化都在产生着影响，世界正以一种不平稳的轨迹向前发展。但未来国际军事安全形势到底朝什么方向发展，会对国际社会产生怎样的影响，国际安全环境会发生怎样的变化，进而对国家安全指数的升降可能发生怎样的作用，不仅是世界各国政治家、军事家十分关注的问题，也是所有领域的高层人士所共同关注的问题。作为学者，同样有责任依据一定的理论知识和预测方法，对此进行一些分析和预测，描绘出未来国际军事安全形势的图景，以期能对关心这一问题者提供参考。

第十二章

国际军事安全预测的方法论

国际政治、军事和经济领域的研究者和实践者经常面临着这样一种困惑，即对未来发展趋势的预测。人们都希望运用不同的理论体系和方式感知和解读未来。因为，“人类在生产活动、社会活动、科学实验活动、思维活动中，往往要对事物发展的趋势、事物发展的未来状况、事物发展的后果和影响，进行估量、预料、推测、分析和判断，进而考虑设计解决现实问题和对付未来可能出现问题的对策方案、行动计划，确定各种奋斗目标等”。① 具体到国际军事安全问题研究，同样需要对国际军事安全未来的发展趋势、未来的状况、造成的后果和影响，进行预测、分析和判断，对于一些可能产生负面效应的情况适时预警，设计和制定消除问题影响的预案。这对探索出一种能够相对科学、合理和准确预测未来国际军事安全发展趋势的方法提出了要求。这就涉及预测的方法论。

第一节　事物的发展是否可以预测

现实中，人们对于预测未来充满了兴趣。用“谷歌”搜索一下

① 张继泽著：《未来研究学》，贵州人民出版社，2006年12月版，第2—3页。

“预测”会告诉你获得约6820万条结果，即便用谷歌的“高级搜索”，也会获得约5830万条结果。[①] 随便查看一下会发现，预测的领域可谓五花八门。自古以来，算命、卜卦和占星术等等行当之所以十分盛行，就是因为人们渴望预知未来。同时，也反映出人们显然是相信预测的。

今天，我们依然生活在充满着预测的时代，且不说现在我们每天都生活在一些准确的预测中，如我们已经习惯了每天了解未来的天气，各种媒体也以不同的形式预测着未来的天气。随着科学技术和手段的不断进步，预测的准确率也在不断攀升，目前中国对于距离上千公里的未来三天的预报准确率，已能够达到80%或更高。同时，在一些难以预测的领域，历史上确也有过成功的案例。例如：中国辽宁省沈阳地震地质大队1974年11月提出营口、大连等地是近期发生破坏性地震危险性较大的地区。1975年2月4日零时又及时向省政府发出了辽宁海城—营口将要发生大震的预测，而当天19时36分，震级7.3级的大地震发生了。尽管成功准确预测大地震的功臣们也把“凑巧”这个因素放在重要位置，但联合国最终确认海城地震预报为人类第一次、也是迄今为止惟一一次对强震作出的准确临震预报。[②] 的确，此次预测的精准度已达到令人惊叹的地步。当然还有像著名的16世纪的“大预言家”诺查丹玛斯[③]的诸多所谓准确的对未来发生事情的预测，有研究者从他的预言短诗中“看到”对不少历史事件（如法国大革命、希特勒之崛起）及重要发明（如飞机、原子弹）的预言。但是，关于法国预言家诺查丹玛斯对后来发生事情预言的准确性和真实性，一直存在

---

① 搜索时间为2010年3月2日19点14分。

② “揭秘：史上惟一成功预测1975辽宁海城7级地震”，新华网，http://society.huanqiu.com/discovery/2008—05/115157.html。

③ 诺查丹玛斯（拉丁语名：Nostradamus，1503.12.14—1566.07.02），亦译为诺斯特拉达姆士，原名米歇尔·德·诺特达姆（法语：Michel de Nostredame），法国籍犹太裔预言家，精通希伯来文和希腊文，留下以四行体诗写成的预言集《百诗集》（Les Propheties，1555年初版，有人认为译为《诸世纪》为误译）一部。

着争议。不同的人有不同的解释。尽管如此，依然有很多人认同他的预言，甚至达到崇拜的地步。此外，人们还可以从众多科幻小说家的作品中发现，今天的很多事情与当初小说家们的“预测”是何等相似，尽管这可能是科学家们受科幻小说家们的启示所取得的成就。但是，这仍旧说明众多人相信未来是可预测的。因此，时至今日，从各类政要、科学家、社会学家、经济学家、军事统领、学者到普通网民都十分热衷对未来的发展趋势进行预测，以至于有的网民对未来中国的发展趋势预测得“有鼻子有眼”，甚至自己认为“虽然是猜测，但是我觉得这些事情大部分都是可能发生的，或者类似的事情会发生，只不过是具体顺序，过程和发生时间有所不同罢了”。①。我们发现，迄今为

① 网民“冷冻西瓜”的预测是：2009 年，两岸实现大三通，结成更紧密的贸易区。台湾经济开始复苏。2010 年，京沪、京广高速铁路投入运营，时速 400 公里。中国外汇储备达 20000 亿美元。2011 年，中国全年出国人次累计超过 1 亿，各国重视中国旅游市场。中国宽带用户超过 2 亿，位居世界第一。2012 年，中国电影蓬勃发展，并且产生第一部科幻大片，讲述了未来发生世界大灾难，中国拯救世界的故事。影片制作精良，视觉效果震撼，气势恢弘，故事精彩。2013 年，受到电影业成就的鼓舞，中国电视业后来居上，大量中国产电视剧出口，中华风风靡亚洲。中国国内开始流行穿汉服过年，穿汉服结婚。2014 年，中日韩一东盟成为世界上最大的自由贸易区。美国影响逐渐淡出亚洲。中国高速铁路网初步建成，一举解决铁路运力不足对中国经济发展的制约，春运成为历史。朝鲜借鉴中国模式，开始改革开放。2015 年，中国成功发射载人登月航天器。首名中国女航天员成为有史以来第一个登上月球的中国人。航天器于农历八月十五降落在月球表面。全国超过 10 亿观众在中秋节亲眼目睹了现代版的嫦娥奔月。2016 年，中国 GDP 总量超过日本，成为世界第二。中国人均 GDP 超过 6000 美元。全国城镇人口超过 60%，农业人口不足 40%，中国正式完成了从农业化国家到后工业化国家的转变。同年，农村、城市户口差别取消。2017 年，中国宣布建成科技创新型国家，这项计划始于 2005 年，终于利用 12 年时间完成。中国产业升级初步完成，中国企业的生产线更多地设立在非洲、印度、东南亚、拉丁美洲，中国本土制造比例逐渐下降。2018 年，龙芯处理器占领国际 CPU 超过 10% 的市场份额，中国国产汽车大量占领广大发展中国家市场，中国国内汽车拥有率达到 20%，个人移动终端（那个时候估计不用手机了，应该是掌上电脑的感觉吧）拥有率超过 80%，按照绝对数量，全部位居世界第一。2019 年，当年全球 GDP 排行为：美国、中国、

止，这位网民至少有关2009年海峡两岸实现大三通的预测是准确的。这似乎印证了即使非专业人士（当然这位网民也可能就是专业人士）同样可以准确地预测未来。据此，似乎更加使人们坚信未来是可预测的。但是，世界上也有太多太多的预测荒谬到令人瞠目无语的地步，在此不例举也罢。

日本、德国、英国、法国、朝鲜韩国经济体、意大利、印度。2020年，有中国渔民在东海看到外形似龙的不明生物，引起全国媒体关注，一时间关于是否真的存在龙这种生物的讨论沸沸扬扬。2021年，一种以学习中华礼仪、复兴中华文化为目的的仿古私塾在民间兴起，有条件的家庭纷纷送孩子去这种私塾学习古礼、古文、古文化和琴棋书画，以增加孩子的修养。以往火热的英语、钢琴、芭蕾、素描等等培训机构逐渐被冷落。2022年，台湾回归中国，中国正式将大陆、香港、澳门、台湾总称为大中华区。2025年，柳叶眉、丹凤眼、樱桃口、小鼻子、黑色直发逐渐成为中国女性的流行审美，美容整容行业纷纷推出相应服务，以往以高鼻梁、薄嘴唇、面部棱角分明、小脑袋为美的审美观逐渐被淘汰。同年，中美俄欧日联合在月球建立国际月球基地。从此，月球上有人类生存。2027年，朝鲜经过多年改革开放，各方面体制与中国无异，加之中国对朝鲜的扶持，朝鲜人均GDP达到韩国的60%。朝鲜半岛开始统一谈判。2033年，大中华地区，包括中国大陆、香港、澳门、台湾的经济总量首次与美国持平。当年全球GDP排行为：大中华、美国、日本。2034年，中国成功登陆火星。美军撤离日本，日美安保条约失效。中国主导建立亚洲共同体，成为世界最大的经济体。2035年，朝鲜正式全面启用汉字书写，要求利用10年时间恢复汉字与朝鲜文书写系统并用。同年，日本限制假名和英语词汇的过量使用，规定有汉源词的词语一律使用汉字书写，同时，日本人姓名中，不得出现假名。2036年，越南正式启用简体中文作为书写系统，朝鲜、日本也开始引进中国的简体字，保证本国汉字与中国汉字的一致。同年，全世界学习汉语的人数超过1亿。2037年，中国出台新移民法，严格限制外来移民和偷渡者。2038年，亚洲共同体把人民币作为通用货币。日元汇率与人民币挂钩。以西方世界主导的经济秩序正式崩溃，2040年，东方世界的财富超过西方世界，全球GDP排行为：大中华地区、欧盟、北美（美国加拿大）、日本、大朝鲜民国、印度。中国人均GDP达到15万元人民币，成为中等发达国家。中国新一个强盛期正式开始。冷冻西瓜："目前关于中国未来最中国最准确的预测"，发表于2008－9－606：14，环球网论坛，http：//bbs. huanqiu. com/shidaizhongguo/thread－77374－1－1. html。

事实上，预测是一种科学，在学术领域被称作“未来学”[①]或“预测学”[②]，甚至有学者认为更准确的表述应称作“未来研究学”[③]。有关事物的发展是否可以预测的疑问，未来学家或预测学家们给出的答案是肯定的。因为“人之所以是人类，除了所有先决条件以外，还包括一点，那就是人类能够预知未来”。[④]同时，“在文化人类学的视野中，不同地区的原始人类具有与生俱来的未来想象能力，及至这种能力逐渐发展成为文化体系”。[⑤]因为“许多未来学家认为，未来研究活动的起源，可以追溯到在木头、骨头、石头、陶器、岩石、洞穴、壁画上形成的古代文字、符号、造型和绘画”。[⑥]中国自古就有“人无远虑，必有近忧”和“凡事预则立，不预则废”的说法，显然这是基于对未来是可预测的理解而形成的。但是，很显然，未来学或预测学家们预知未来并不是像巫师或算命先生和所谓的预言家对世界上一些事物未来具体描绘的预言，既不是“算命”也不是“押宝”，它是依靠对事物发展规律研究进行科学分析后的一种“假设判断”。正如美国著名未来学家阿尔文·托夫勒指出的那样，“未来的绝对真相，不是我们可能得

---

① 未来学（futures studies）为近几十年在国外迅速兴起的一个新兴学科，是涉及自然科学、社会科学和人文科学等多学科知识的综合科学。它是以事物的未来为研究和实践对象的科学，被认为是仍处于一种发展阶段，属于并不成熟的边缘学科。

② 预测学（prognostics）作为一门独立的学科是20世纪50代后渐渐形成的。国内外各部门、各行业不断应用各种预测理论和方法来进行社会、经济、科学、技术、军事等各方面的预测。同时，决策过程也逐步由经验型向决策分析技术型过渡发展。目前，预测决策理论和方法得到了广泛的应用，并已发展成为理论分析、方法技术与实际应用相结合的专门学科。

③ 张继泽著：《未来研究学》，贵州人民出版社，2006年12月版。

④ ［挪］埃里克·纽特著，于芳译：《未来学》，华文出版社，2009年1月版，“前言”第1页。

⑤ 庞景安主编：《现代未来研究理论方法及其应用》，科学技术文献出版社，2008年8月版，第48页。

⑥ 同上书，第15页。

知的，但是若能看清了解未来的景象，对今天也是极有价值的”。[①] 这就是说，虽然我们不能完全预知未来发生事件的全部实质，但是还是有可能看到未来大致轮廓的。正因为如此，人们才不断地探寻能将未来看得更加清晰的方法和手段。

更重要的是，由于“未来”对人类生存与发展的重要性，尽管预测未来十分困难，也因经常性的预测失误而成为一种冒险。但我们依然不能放弃能够准确预测未来的希冀和努力，只要能够找到影响和决定事物发展的主要因素，认识到事物的本质和规律，就不仅可以理解过去，也可预测未来——看清事物未来的大致模样。

第二节　影响和决定事物发展的主要因素

事物发展是有规律的，这种规律也是可以追寻的。唯物辩证法认为，事物的变化发展是内因和外因共同作用的结果，内因是事物变化发展的根据，外因是事物变化发展的条件，外因通过内因而起作用。但是，内因的变化是多种多样的，存在着诸多可能，而外因同样也存在着诸多变化的可能，在此情况下，内因与外因相互作用更会呈现出千变万化的可能。这就需要我们洞察内因和外因的本质特征，从而通过实践认识和把握客观存在且不以人的意志为转移的事物变化发展规律。而“预测的各种技术和方法实质上也就是寻求研究对象发展变化

① ［美］阿尔文·托夫勒著，蔡伸章译：《未来的冲击》，中信出版社，2006年7月版。转引自庞景安主编：《现代未来研究理论方法及其应用》，科学技术文献出版社，2008年8月版，第5页。

中所隐含着的规律”。①

尽管我们从唯物辩证法中已经认识了内因和外因的关系和决定事物发展规律的基本特性。但是，问题的关键是，如何认识事物发展的规律，影响和决定事物发展的主要因素是什么？实际上，这涉及人类思维对客观存在的反映的问题。

从马克思主义的基本原理看，思维和存在的关系问题是哲学的基本问题。世界是物质的，而物质的唯一特性是客观实在性。意识是物质世界长期发展的产物，是人脑的机能和属性，是人脑对物质世界的反映。意识从其起源来看不仅是自然界长期发展的产物，而且是社会劳动的产物。意识作为一种反映形式，它的产生经历了三个发展阶段。意识从其本质来看是物质世界的主观映象，是客观内容和主观形式的统一。意识在内容上是客观的，在形式上是主观的。现代科学的发展证明了马克思主义的物质观的正确性。现代科学表明，物质具有极为丰富的形态、极为复杂的结构和极为多样的特性。它们都是不依赖于人的意识的客观实在。运动则是物质的根本属性，时间和空间是物质运动的存在形式。一切事物、现象的共同的本原和本质是物质，都是统一于物质的。社会物质性的表现分为三种：第一，人类社会依赖于自然界，是整个物质世界的组成部分。离开了自然界，人类实践活动无法进行。第二，人类谋取物质生活资料的实践活动是以物质力量改造物质世界的活动，离开自然界就无法获取物质生活资料。第三，物质资料的生产方式是人类社会存在和发展的基础。生产力是人类改造自然的物质力量，生产关系是不以人的意志为转移的物质关系，所以人类不可能离开自然。社会生活在本质上是实践的，实践是人类能动地改造客观世界的物质活动，必须从实践出发理解社会生活的本质。世界上的任何事物和过程都不能孤立地存在，都同前后周围的其他事物和过程联系着；每一事物和过程的各个要素和环节也不能孤立地存

① 李华、胡奇英编著：《预测与决策》，西安电子科技大学出版社，2005年3月版，第6页。

在，都同其他要素和环节联系着；整个世界是一个相互联系的统一整体，任何事物和过程都是普遍联系的网状结构的一个部分、环节或阶段；孤立的、不与其他事物和过程相联系的事物和过程是不存在的。事物的相互联系包含着事物的相互作用，而相互作用必然导致事物的运动、变化和发展。世界是矛盾的，无处不在，无时没有。但不同事物的矛盾不仅各有其特点，同一事物的矛盾在发展的不同过程各阶段上也各有不同的特点，同时，构成事物的诸多矛盾以及每一矛盾的不同方面各有不同的性质。就事物发展过程而言，有根本矛盾和非根本矛盾之分；就事物发展的不同阶段而言，在诸多矛盾中，有主要矛盾和非主要矛盾之分；就每一矛盾内部对立的双方而言，又可分为矛盾的主要方面和非主要方面。事物发展过程中会发生量变和质变并相互转化，量变是质变的必要准备，质变是量变的必然结果，量变和质变相互渗透。马克思主义同时认为，自然界和社会的规律都可以被认识和利用，两者的区别仅在于，自然规律是作为一种盲目的无意识的力量起作用，社会规律则是通过有意识、有目的的人的活动实现的；自然规律可以完全相同的形式反复出现，而社会规律则是历史的，在不同社会、国家、民族以及不同的历史阶段具有不同的表现形式。从意识的起源和本质看，物质决定意识，意识是物质发展的产物和人脑对物质的反映；而意识一经产生，就不是消极被动的，它对物质具有能动作用，能够能动地反映客观事物，能够指导人们的实践而改造世界。具体表现为：第一，意识活动具有目的性和计划性；第二，意识活动具有创造性，意识不仅能够反映事物的外部现象，而且能够认识事物的本质和规律，不仅能够“复制”当前的对象，而且能够追溯过去，推测未来；第三，意识活动通过指导人们的实践对客观世界进行改造；第四，意识活动对人体生理活动具有调控作用。主观能动性与客观规律性是辩证统一的。首先，必须尊重客观规律性，即发挥主观能动性必须以承认客观规律性为前提；其次，在尊重客观规律性的基础上，要充分发挥主观能动性，即人们通过自觉的活动能够认识和利用规律。而要正确发挥主观能动性，必须注意以下几点：第一，要从实际出发，努力认识和把握事物的发展规律；第二，实践是发挥人的主观能动性的基本途径；第三，主观能动性的发挥，要依赖于一定的物质条件和物质手段。①

从马克思的基本原理中我们可寻找到影响和决定事物未来发展的主要因素，即：物质时空下一切相互联系着的客观存在且运动变化的事物形态、结构、特性，人类实践和意识活动的影响和改造，最终导致事物量变和质变的相互转化关系等，这些因素的相互作用构成了物质世界的发展规律并影响和决定着事物未来发展的方向和结果。这些主要因素的相互关系，可以用一个图示来描述（见下图）。

当然，这种深邃的哲学思想，不是用这种简单的平面化了的图示就可以说清楚的，只是想使人们通过这个图示更加容易厘清物质运动基本规律的线索。无论怎样，在预测未来的实践中，只要准确地把握住物质时空下一切相互联系着的客观存在且运动变化的事物形态、结构、特性，深入了解人类实践和意识活动对其可能造成的影响和改造能力和程度，掌握导致事物量变和质变的相互转化关系等，就基本掌握了物质世界的发展规律，也就可大致看清事物未来发展的方向和结果。

但是，这是一个科学的思维过程，它不仅需要掌握大量的信息，还需要对这些信息进行合理和科学的梳理。因此，美国资深心理学家伊迪·韦纳和阿诺德·布朗称：“在花费了超过30年的实践来研究那些混乱的、持续不断的变化后，我们发现，只有当你把关于未来变化的客观信息与逻辑清楚的思考结合在一起的时候，你才能准确把握住

① 以上有关马克思主义的基本原理内容，见赵卯生：“马克思主义基本原理”，中国政法大学精品课程网站，http://jpkc.cupl.edu.cn/jpkc/%E9%A9%AC%E5%85%8B%E6%80%9D%E4%B8%BB%E4%B9%89%E5%9F%BA%E6%9C%AC%E5%8E%9F%E7%90%86%E6%A6%82%E8%AE%BA%EF%BC%88%E8%B5%B5%E5%8D%AF%E7%94%9F%EF%BC%89/ja1.html。

未来。"[①] 显然，所谓的逻辑清楚的思考，不仅仅是单纯的想象，还应该包括科学的方法，它们可以帮助人们预见事物的未来。

物质世界与事物发展规律示意图

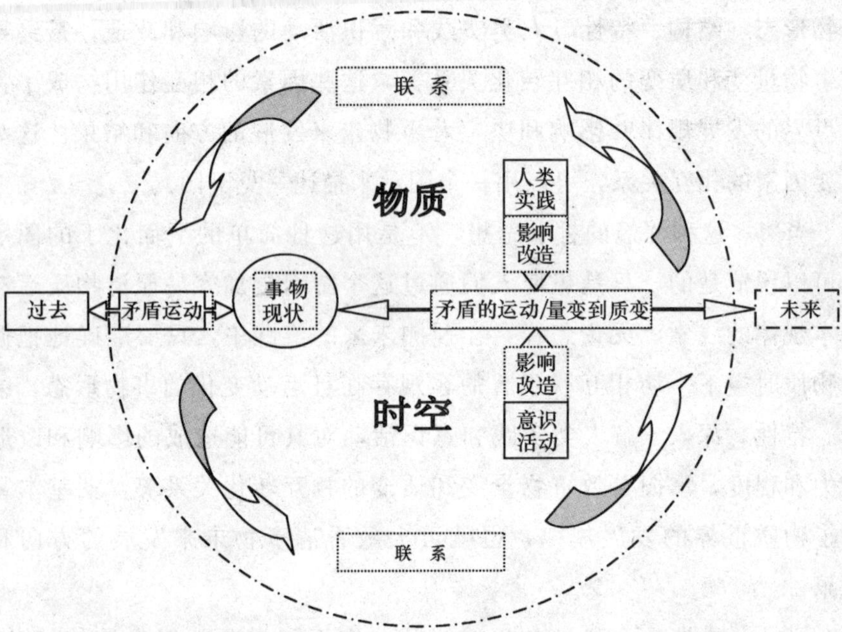

第三节 如何科学预见事物的未来

尽管我们探讨了有关预测未来的哲学理念和心理学解释，但是，要想科学地预知未来，还是需要一些科学的方法的。针对这一问题，未来学和预测学者不断地进行探索，也逐渐形成了一些基本理念和方

① ［美］伊迪·韦纳、阿诺德·布朗著，杨剑雄译：《前瞻思维——如何在变化的时代清醒思考》，中国人民大学出版社，2009 年 1 月版，"作者前言" 第 3 页。

法，例如“直观预测法”（亦有人称“专家预测法”）、“定性分析法”、“定量分析法”和“计算机模拟与建模法”等几大类。每一种类别下面又有若干方法（见下表）。

未来研究和预测的主要方法

类别 方法	直观预测方法（专家预测法）	定性分析方法	定量分析方法	计算机模拟与建模方法
1	头脑风暴法	情景分析法	趋势分析法	系统动力学模型
2	德尔菲法	反推法	时间序列法	T21 模型
3	派生德尔菲法	战争游戏法	马儿可夫法	Swarm
4	科学幻想法	形态分析法	灰色系统法	
5		关联树法	交叉影响分析法	
6			内容分析法	
7	其他直观方法	其他定性分析法	其他定量分析法	其他计算机模拟法

事实上，现实中的研究方法远不止表中所列举的这些。作为未来研究的一般科学方法，还有“系统分析法”、“控制调节法”和“信息反馈法”等；而作为未来研究的专门方法则还有“层次分析法”、“功能模拟法”、“类比推理法”和“技术发明法”等。① 据统计，目前世界上共有近千种预测方法，其中较成熟的有 150 多种，常用的有 30 多种，用的最为普遍的有 10 多种。② 上面列举的是未来和预测学者们常用的一些方法，其中一些提法是很多人所熟知的，例如定性分析方法和定量分析方法，而另一些看上去却是陌生的，令人完全摸不着头脑。这无关紧要。重要的是我们从这些研究和预测未来的方法中，看到了

① 张继泽著：《未来研究学》，贵州人民出版社，2006 年 12 月版，第 51—89 页。

② 李华、胡奇英编著：《预测与决策》，西安电子科技大学出版社，2005 年 3 月版，第 19 页。

未来研究已经成为一个庞大系统工程，看到了人们对于探索未来的勇气、执著和智慧。客观地说，没有哪一种方法能够精准地预知未来所发生的一切，否则，就不会出现由于事情的发生而导致人们“意想不到”和“措手不及”了。只有那些熟练运用这些方法，并在不断总结经验后修正这些方法或探索创立新方法的人，才最有可能接近未来事物的表象和本质。

作为个体来说，只要找到适合自己的预测未来的方法，不断地研究探索和加以应用，并在实践中不断地印证、修改和完善，就可能领悟到预测未来的真谛。1975 年 2 月 4 日的海城大地震之所以能够成功预测，就是因为建立在不断地探索和知识及经验积累的基础之上，特别是科学家们在海城—营口地区发生了一次 3.1 级地震后，观测到地震频次逐渐增加，并结合全省各地提供的近 2000 条前兆信息，才分析并得出了地震活动的发展趋势。这说明人类智慧完全可以预测未来。

在预测未来的实践中，人们逐渐形成了一些运用不同的方法预测不同事物发展趋势和未来景象的习惯。有的喜欢使用其中的一种方法，如定性分析方法；有的喜欢运用以一种方法为主并适量地加入其他方法，如以定性分析方法加上一定的定量分析因素；还有的是尽可能将所有方法综合使用，例如，以直观预测方法为主，通过定性和定量分析，再加入计算机模拟的辅助。这既是由预测的目标所决定的，也是由各种预测方法本身所具有的功能特点所决定的。事实上，一些预测法的创立，是基于某种类型的事物而“量身定做”的，在运用到其他类型事物的预测时，不具备适用性。例如用预测自然规律的现象（或事物）的方法，就无法预测社会现象（或事物）未来的发展图景：即你可以用某种方法十分精确地预测未来 100 年甚至 1000 年后某个行星会出现在什么方位，却无法运用这种方法精准地预测某一地区 1 年后会否发生恐怖袭击事件。因为行星的运动严格遵守着固定的规律，而社会事物的发展有太多的不确定因素。可见，预测自然要比预测社会相对简单，因为预测未来社会受到太多影响因素的制约，就像人们无法预测不同的人在遭遇不同的境遇时会采取什么行动一样。所以，特殊的目标配以合适的方法，才能达到预测的最佳效果。

作为预测未来的一种方法，无论哪一种都至少包含着以下一些基本要素：目标、方法、数据、预测、分析评估等。有了这些基本要素，作为最重要的要素——人——才能运用创造性的前瞻思维，结合一定的模型对未来进行预测。之所以说人是预测未来最重要的要素，不仅仅因为人是预测未来的主体，更因为人的创造性前瞻性思维和适度的想象力在预测未来中发挥着极为重要的作用。在这个问题上，未来学家们有着极大的认同感。我们说预测未来需要前瞻性思维和适度的想象力，并不是眼盯着水晶球[①]得出的胡言乱语结论，而是因为真正的预测“是一种根据既有事实或规律做出的预期判断”。[②] 而人之所以是人，是因为人的思维有着无限的广度和深度，人类在社会实践中，学会了这种观察世界的方法，也形成了形形色色的思维方式。面对相同事物或现象，不同的人因其思维方式（模式）的不同可能会得出完全不同的结论，这就是思维的力量。而问题的关键是，“思维模式就是我们接收信息的方式”，[③] 是需要与人的智慧结合才能产生应有效用的。因为人类的智慧如果不被充分利用，再有价值的信息也会被忽略。就像“9·11”事件后《纽约时报》专栏作家托马斯·弗里德曼在评价那些针对美国智囊的强烈批评的言论时所写的那样：“9·11”事件的发生不是美国智力方面的失败，而是想象力方面的失败。美国政府拥有信息——很好的信息，但它不知道如何用最有效的方式去思考这些信息。[④] 诸葛亮虽隐居山野，却依然利用接受到的信息，准确地前瞻预测未来“三分天下”的大势，其成功之处就在于信息与智慧的结合。

作为预测未来的一般步骤，大致需要以下的程序：

---

① 西方占卜常用的一种道具。

② ［挪］埃里克·纽特著，于芳译：《未来学》，华文出版社，2009年1月版，第6页。

③ 同上书，导言第XVIII页。

④ ［美］伊迪·韦纳、阿诺德·布朗著，杨剑雄译：《前瞻思维——如何在变化的时代清醒思考》，中国人民大学出版社，2009年1月版，“作者前言”第5页。

1. 确立目标。这是任何预测方法必须首先解决的问题，预测目标不确定，预测本身就不可能成立。因为任何预测都是有目的的预测，不同的目的要求会导致选择预测方法的不同，其中包括预测的期限和预测的精度等。应该说，确立预测目标是预测的逻辑起点。

2. 选定方法。预测的方法众多，如前所述，世界上较成熟的预测方法就有150多种。但是，任何方法和手段都有其适用性，作为预测方法也同样如此，不仅有自身的适用范围，还需要不同的前提条件。而由于预测的目标不同，就决定了特定的预测对象有特定的因素限制，这就使得选择方法经过筛选比较后显得有限，即便如此，找出最适合选定预测对象的预测方法依然有可能。这个程序不仅关系到预测的适合性，更重要的是关系到预测结果的相对准确性。同时，由于预测人或机构的诸如工作环境、经济、物质和技术条件的限制，选择最适合的方法也就显得十分必要。

3. 建构模型（根据需要）。一些预测方法是需要通过建立模型来对预测对象未来发展变化的客观规律进行近似模拟。这就需要预测模型越近似于预测对象的未来发展规律的真实程度就越好，因为只有这样，最终的预测结果才可能更接近预测对象未来发展的结果。用于预测的模型类别和种类很多，有经验预测模型和正规预测模型（其中包括时间关系模型、因果关系模型和结构关系模型等）。因此，在预测时，如果需要模型，则选择和构建一个适用且有效的模型显得至关重要。

4. 评价模型（如果有模型）。选择的模型是否适用预测对象，特别是能否反映预测对象未来发展的规律，必须经过分析评价才能最终付诸实施。因为预测模型通常是运用历史信息、资料建立的，而人的认识却是不断提高的，况且历史资料的真伪也是需要时间的检验。同时，运动着的物质世界在相互联系中产生影响，一定程度上可能改变原来的运动轨迹，一些事物还有可能产生突变。这样，原有的模型还能否准确地反映它的应有趋势等等，这一切都给评价模型提出了要求。因此，重新评价模型不仅是对模型本身的重构，也是贴近科学而引向真实未来的必由之路。

5. 搜集并选定相关信息、资料。信息、资料的搜集和选定是预测工作的本源，是预测未来的基本依据。没有信息、资料，预测未来也就成了无源之水、无本之木，成为真正的“空想”或“幻想”。由于种种条件的限制，因资源缺乏而找不到所需信息、资料常常成为预测者很头痛的事。但是，处于当今这种“信息爆炸”的时代，有时更令人头痛的事是如何在浩瀚的信息海洋中选取对预测对象有价值的信息、资料，特别是如何做到“去伪存真”，这种选定程序同样关系到是否能够准确地预测事物未来。一般而言，选定预测所需的信息、资料主要包括：“预测对象本身发展的历史资料；对预测对象发展变化有影响作用的相关因素的历史资料（包括现在因素的资料）；形成上述资料的历史背景，影响因素在预测期内可能表现的状况”。[①]

6. 预测（包括运用模型预测）。这是运用选择的预测方法，对筛选过的信息、资料进行分析、论证、计算和推测的过程。一些需要并构建了模型的预测，在选择和构建一个适用且有效的模型以及对其进行评价后，使用经过筛选的有价值信息、资料，运用选定评价过的模型进行计算或推测，最终推测出预测对象的未来结果。这个程序预测结果只是初步结果，还需对其进行进一步分析、调整。

7. 再分析、调整预测结果。初步预测的结果必须经过再分析和调整的过程，才能最终得出相对符合事物发展规律的预测结果。从根本上说，预测未来是人类的一种思维活动，其目的是要预见未来、控制未来和改造未来。因此，几乎一切预测都是在假设条件下进行的，即便是构建的预测模型也是人们对于实际情况的近似模拟，加之选择的信息、资料，特别是一些数据可能存在一定的偏差，模型的科学性也需要在实践中不断检验而调试。另外，“计算”中可能发生错误，因此初步的预测结果往往不一定准确，甚至与常识相差很远。这就必须运用常识和经验对其进行调整和修正，只有不断对初步预测结果进行科

① 李华、胡奇英编著：《预测与决策》，西安电子科技大学出版社，2005 年 3 月版，第 9 页。

学地分析、调整，并通过日后的检验，才能使预测方法更加合理，预测能力不断提高，预测的准确率也将逐步提升。

以上的预测步骤基本涵盖了最常用的定性和定量分析方法的运作过程。现实中，不同的预测者也可能存在着不同的甚至更为复杂的预测程序和步骤。但是，所有的预测者都离不开两样东西，一是信息、资料，二是分析方法。而决定预测水平的往往是预测者的素质水平，这种素质水平包括基本知识储备、逻辑思维能力、对客观事物的观察力和判断力、对事物变化的想象力等。预测者这方面能力越强，预测得出的结果则越可能接近预测对象未来面貌，反之亦然。就像面对同样的材料，不同的厨师可能会利用不同的烹饪技艺做出不同的菜肴一样，水平的差异不在材料本身，而在于操作者的水平。古往今来，尽管人们面对着同样的物质现实，但不同的人得出的结论千差万别。例如，面对当今的中国现实存在，有人认为未来的中国将会“崩溃”——中国崩溃论，而有人则认为未来的中国将是世界的“威胁”——中国威胁论。这是两种完全相反的预测。这就是不同的看待现实的思维模式导致的不同结果（如果是别有用心的预测，则另当别论）。

前面已经谈到良好前瞻性思维的重要性，的确，科学有效的思维模式的确是洞察未来的有效方式。著名的美国未来学家约翰·奈斯比特[①]在他的《世界大趋势》（Mind Set!：Reset Your Thinking and See the Future）一书中认为，好的思维模式可以帮助人调整、纠正自己的思维模式，并打破旧的思维局限，帮助你最大限度地利用搜集到的信息。他列举了把握未来大趋势的 11 种思维模式：（1）很多事情变了，

① 约翰·奈斯比特（John Naisbitt，1930—），世界著名的未来学家，埃森哲评选的全球 50 位管理大师之一。他阅历丰富，有着哈佛、康奈尔和犹他三所大学的教育背景。1963 年，他被肯尼迪总统任命为教育部助理部长，还曾任约翰逊总统的特别助理。其主要代表著作《大趋势》，与威廉·怀特的《组织的人》、阿尔文·托夫勒的《未来的冲击》并称“能够准确把握时代发展脉搏”的三大巨著。但是他自己不喜欢别人喊他“未来学家”和“经济学家”。

但大多数事情没有变；（2）未来就存在于现实之中；（3）要认真把握媒体统计数据；（4）勇于追求，错又何妨；（5）把未来看作一幅拼图；（6）不要走得太快，免得让人不知道你在哪里；（7）要变革，先要让人们看到收益；（8）改变需要时间的；（9）成功靠的不是解决问题，而是利用机会；（10）旧的不去，新的不来；（11）科技，始终来源于人性，并认为他会将“勇于追求，错又何妨”排在这 11 种思维模式的首位。[①] 尽管我们也许不能完全认同这些思维模式是预见未来的“灵丹妙药”，但是正确的思维模式对正确预见未来的作用，无人可以否认。奈斯比特经过 3 年的调研，运用他独特的“内容跟踪分析法”最终写出了《中国大趋势：新社会的八大支柱》（吉林出版集团、中华工商联合出版社有限责任公司，2009 年 9 月版）。他在接受媒体采访时说：“我发现我的写作和所有西方媒体的报道是相反的，他们报道的是一个糟糕的中国，这不是我所了解的繁荣的崛起的中国，所以我一定要告诉大家，中国是怎样的。希望这也能影响世界对中国的评价和认识。”[②] 尽管我们不知道他的预测（预言）是否是未来中国的真实景象，但“据《金融时报》证实，他最负盛名的《大趋势》一书中没有一条预言是错误的，曾成功预测了网络的兴起以及全球经济一体化的出现”。[③] 笔者没有比对，也不知道事实是否真的如此。但有一点必须承认，他独特的思维模式确实成功地预测过未来，这也许就是适合的思维模式运用于适合的事物预测上所产生出的力量。

值得注意的是，对于预测未来，有时不能仅向前看，还必须时常向后看。因为人们常常忘却一些极为珍贵且有重要价值的历史遗产，而这些历史遗产则是历史的真实写照，只有充分消化和利用历史遗产，

---

① ［美］约翰·奈斯比特著，魏平译：《世界大趋势》，中信出版社，2010 年 1 月版。

② 谢梦：“约翰·奈斯比特预言：‘中国模式’将改变世界”，搜狐网，http://news.sohu.com/20090904/n266448220.shtml。

③ 见《中国大趋势：新社会的八大支柱》一书中有关约翰·纳斯比特的介绍。

才能看清现实并有可能洞察未来。因此，向前看实际上是向后看的一种反向思维过程，在回首过去的过程中发现未来。

第四节 预测国际军事安全发展趋势

国际军事安全是军事科学领域的重要分支，需要进行缜密的学术理论研究。国际军事安全还是一个关系到国家安全的应用学科，更需要在研究成果的应用上下工夫。理论联系实际、理论指导实践是辩证唯物主义的学术研究指导思想。国际军事安全作为关系到国家安全的实际应用学科，更需要坚实的学术研究作为支撑。研究国际军事安全问题，不仅要看清眼下现状，还要回眸并厘清历史，更要力争科学准确地预测其未来发展趋势，未雨绸缪。

国际军事安全有其独特的内涵和外延，预测其发展趋势必然有别于其他领域的预测原则、预测方法和预测依据。把握好这些问题，才能更加准确地认识和揭示国际军事安全发展变化规律，相对准确地预测国际军事安全的发展趋势，为国家制定安全战略提供理论依据和决策参考。

一、预测原则

所谓原则，是指预测所应遵循和依据的准则。每种预测对象都有各种特性，选择适合这种预测对象的预测方法十分重要，针对“国际军事安全发展趋势”这个预测对象也不例外。因此，在预测国际军事安全发展趋势时，在可能的情况下，要坚持定性预测与定量预测相结合、定性预测和定量预测与专家预测法[①]相结合，甚至多种预测方法相结合的原则，以确保预测达到最接近未来事实的目的。

总体上看，由于预测“国际军事安全发展趋势”的最终目标是要预见未来国际军事安全的总体态势，其中包括构成国际军事安全的诸要素（或主要内容）的未来情况。因此，对于这样一个预测对象或目标，必须采取“因地制宜”和“统筹兼顾”的预测理念，即针对不同的预测目标单元采取不同的预测方法，最终将这些预测目标单元统一衡量、综合分析，得出一个总体判断。这样，对于一些定量分析比定性分析更能反映客观发展规律的问题，必须坚持以定量分析为主的原则，而对于一些定量分析显然无法解决或效果相对较差的问题，则必须坚持以定性分析为主的方法实施。也就是说，预测方法和操作程序，取决于问题的类型特质和对预测的要求。而综合运用各种方法的结合，可以最大限度地相互弥补各种预测方法的不足。这是原则性与灵活性相结合的原则，也是实事求是的原则。

此外，还要坚持区域预测与全球预测相结合的原则，即以区域预测入手，“对具有全球意义的重要地区性潮流予以特别的关注，并从总体角度上看待区域性结论以确定跨区域的突出的变化趋势”。[②]

二、预测方法

传统上，在国际政治和军事领域的预测上，进行个人预测的人们多以定性分析方法加适当的定量分析元素来进行。这种做法确实也很有效，例如前述年仅27岁的诸葛孔明虽人居山野，却利用掌握的信息

① 这里的专家预测法主要包括专家评估预测法、专家意见汇总预测法、头脑风暴法、德尔菲法、派生德尔菲法等。具体内容参见李华、胡奇英编著：《预测与决策》，西安电子科技大学出版社，2005年3月版，第22—37页。

② ［美］美国国家情报委员会著，相蓝欣译：《大趋势——2020年的世界》，华东师范大学出版社，2007年4月版，第15页。

准确地分析了当时的“天下”战略态势，为刘备开出了“北伐”的争霸战略“药方”，并准确地预测出未来“三分天下”的鼎足局面。事实上他就是运用了以定性分析为主并加入了适量的定量因素。这点只要认真研读一下《隆中对》[①] 即可发现。从整篇来看，诸葛亮用地缘战略的宏观视角，通过逻辑推理对当时的天下大势做了精辟的定性分析，最终得出了不能与曹操争锋，将孙权作为外援，则可以击败刘璋的兴汉之策。但诸葛亮在定性分析的时候，也有大量的定量分析元素，例如曹操“已拥百万之众”、袁绍“众寡”、荆州“利尽南海”、益州“沃野千里”等。这些“量”的元素，成为定性分析的重要依据。

在科学技术不断发展的今天，特别是计算机技术日新月异的时代，对众多信息、数据的分析，像诸葛亮一样仅靠人脑分析已经远远不够，建立数学模型并借助计算机进行复杂的定量分析已经成为可能，因此必须加以应用。但是，由于社会科学的特殊性，仅靠数据进行分析有时很难达到预测目的。有关定量分析运用于国际政治领域，清华大学阎学通教授在总结其6年的定量研究中外关系预测主要经验时说，“数

---

① 《隆中对》出自《三国志·蜀志·诸葛亮传》，作者是陈寿（233—297）。《隆中对》的提法并不是陈寿在《三国志》中提出的，而是后人加的，还有一种提法叫《草庐对》。《隆中对》是指中国东汉末年诸葛亮与刘备初次会面的谈话内容，因发生于湖北隆中（今湖北襄阳一带），遂被后世称为《隆中对》。诸葛亮的分析和预测如下，“自董卓已来，豪杰并起，跨州连郡者不可胜数。曹操比于袁绍，则名微而众寡。然操遂能克绍，以弱为强者，非惟天时，抑亦人谋也。今操已拥百万之众，挟天子而令诸侯，此诚不可与争锋。孙权据有江东，已历三世，国险而民附，贤能为之用，此可以为援而不可图也。荆州北据汉、沔，利尽南海，东连吴会，西通巴蜀，此用武之国，而其主不能守，此殆天所以资将军，将军岂有意乎？益州险塞，沃野千里，天府之土，高祖因之以成帝业。刘璋暗弱，张鲁在北，民殷国富而不知存恤，智能之士思得明君。将军既帝室之胄，信义著于四海，总揽英雄，思贤如渴，若跨有荆、益，保其岩阻，西和诸戎，南抚夷越，外结好孙权，内修政理；天下有变，则命一上将将荆州之军以向宛、洛，将军身率益州之众出于秦川，百姓孰敢不箪食壶浆，以迎将军者乎？诚如是，则霸业可成，汉室可兴矣。”

值预测是依据历史记录所做的机械性预测，预测反映的是历史的惯性趋势和历史重复的可能趋势。然而，数值预测不能全面反映当前国际形势或双边关系，因此必须考虑近期国际关系变化不同于以往的可能性。也就是说，要根据可能出现的新的干预变量调整数值预测的结果。由于不可能确知未来的所有因素，因此专家们对事态发展的直觉就成为我们对数值预测进行修订的参考依据。特别是在做折点预测时，如果专家的经验与数值预测结果相反，采取以专家意见为主并用数值预测结果修订专家意见的方法”。[①] 显然，经过 6 年的实践，阎教授发现，仅仅依靠数值的定量分析是行不通的，必须要加入专家的定性分析，有时甚至要靠专家的“直觉”。但是，至少有一点阎教授已经发现，那就是只有加入“定性”的因素，“定量”才有可能准确。事实上，这是符合前述有关预测方法的一般原则的，而这种定性和定量结合的方式运用，不仅在现实中取得过成功，还成功地创造出一种固定的模式——具有独特内涵的预测法。

例如，被誉为美国的“思想库”、“大脑集中营”、“超级军事学院”的兰德公司[②]曾对诸如朝鲜战争中国将出兵、苏联发射第一颗人造卫星的时间、中美建交、古巴导弹危机、美国经济大萧条和德国统一等重大事件进行过成功预测。对于这类问题的预测，显然是不能用机械的定量分析可以解决的。因此，兰德公司普遍使用的是将函询专家主观判断意见收集后，将其综合、整理并用统计学方式进行计算分析，并将初步结果反馈给专家，几经反复，最终得出一个比较一致且可靠性较高的意见。事实上这就是一种将定量分析和定性分析相结合的预测方法。这种方法一开始是以“Delphi”（中译“德尔菲”）为代号的，后

---

① 阎学通、漆海霞等著：《中外关系定量预测》，世界知识出版社，2009 年 9 月版，“前言”第 2 页。

② 兰德公司（Research and Development，简称 RAND）是美国非营利性的研究和咨询服务机构，主要对国家安全和公共福利方面的各种问题进行系统的跨学科分析研究，是美国最重要的智库之一，1948 年由福特基金会提供资金正式成立，总部设在加利福尼亚州。

被人们称作“德尔菲法”[1]，由于其可有效地避免“人微言轻”和“话语霸权”，体现专家总体意见的综合性，遂被很多国家和机构广泛使用。

总体来看，定性分析方法更多地被运用于军事和外交领域。例如其中的“情景分析法”就被美国长期运用于军事领域的预测。“情景分析法（Scenario Analysis）又称前景描述法、脚本法，是假定某种现象或某种趋势将持续到来的前提下，通过想象、联想、推测和猜想来构思和描绘可能的未来面貌，对预测对象可能出现的情况或引起的后果做出预测的方法。”[2] 20 世纪 40 年代美国国防部曾使用该预测法对核武器可能被敌对国家利用的各种情形进行描述；70 年代兰德公司也用该预测法研究美国导弹防御计划的前景。现在，该研究方法已经被广泛使用，并成为其他预测法经常结合使用的方法。例如，美国中央情报局常常运用“战争游戏法”[3] 来研究军事对策。

但是，诸多定量分析法同样可以运用于这一领域。其中，对于一些发展变化具有一定稳定性和渐进性的预测对象，就可以采用定量分

---

① 德尔菲法是兰德公司研究人员奥拉夫·海尔默和诺曼·达尔奇发明的。德尔菲是古希腊的一个地名，是传说中神谕灵验、可预卜未来的阿波罗神殿的所在地。此方法是 1953 年奥拉夫·海尔默和诺曼·达尔奇在研究美国空军委托给兰德公司的一项预测项目——“美国遭受原子弹轰炸后可能出现的结果”时提出的，目的是为了提高预测的精准性和可靠性，克服专家个人判断和专家会议调查的缺点，通过有控制地反馈来收集专家意见。

② 庞景安主编：《现代未来研究理论方法及其应用》，科学技术文献出版社，2008 年 8 月版，第 102 页。

③ 战争游戏法（War Gaming）也称战争模拟法，源于军事领域。早在古希腊时代，军事将领就使用这种模拟法来研究战场上复杂多变的形势，以应对形势的变化。1811 年，波斯人发明了三维战争游戏板，使得这种战争游戏更加逼真。后经过不断完善，此方法已经成为一种经常使用的预测法，主要是通过自己、对手或第三方的身份模拟，在设定的尽可能逼真的环境中进行模拟竞争，从中发现一般想象和推理无法发现的问题，从而预测对手的可能发展动向。

析的方法。例如，作为定量分析方法的趋势分析法[1]就可用于预测未来军事科技的发展趋势。"趋势分析法是一种运用逻辑思维进行推理达到预测目的的重要方法，它根据已知的历史资料来拟合一条曲线，使得这条曲线能够反映负荷本身的增长趋势，然后按照这条增长趋势曲线，去预测指定时刻未来某一点的负荷估计值。"[2] 趋势分析法是通过建立数学分析模型对预测对象进行分析预测的。这些模型包括线性趋势模型、指数趋势模型、逻辑斯蒂模型（珀尔模型）、龚伯茨模型等。这种分析方法主要依据的是，事物发展过程是一种渐进式的发展过程，其变化一般不会是跳跃式的，因此那些决定事物过去发展的因素，基本上也会决定该事物的未来发展，除非发生一些突发事件形成的外力导致系统的突变。正因为科技的发展具有这样的特性，所以运用这一方法就基本可以预测未来某个时刻军事科技的发展趋势。

总之，预测国际军事安全问题的方法很多，可以依据不同的预测对象和预测目的以及预测要求来选择最适合的预测方法。预测国际军事安全的总体发展趋势，因其本身的复杂性更应坚持多种方法并用，最终通过统一分析和调整，才能更加有效地接近未来的状态。而作为一般的学者，在技术条件和资金条件受限的情况下，预测国际军事安全的发展趋势，通常只能采取专家评估预测法[3]、趋势外推预测法[4]和"情景分析法"，以定性分析并加入适当的定量分析元素来进行。

---

① 也称趋势曲线分析、曲线拟合或曲线回归，根据拟合曲线不同，可以分为线性外推法、指数曲线法、生长曲线法和包括曲线法等。趋势分析法由 R. 赖恩(Rhyne) 首先用于科技预测。

② 庞景安主编：《现代未来研究理论方法及其应用》，科学技术文献出版社，2008 年 8 月版，第 127 页。

③ 专家评估预测法是以专家为索取信息的对象，依靠专家的经验、智慧来进行评估预测的一种方法。见李华、胡奇英编著：《预测与决策》，西安电子科技大学出版社，2005 年 3 月版，第 22 页。

④ 趋势外推预测法是运用逻辑思维，根据事物发展的特有规律，进行推理并着重研究其可能发展趋势的一种预测方法。这种方法有一个假设前提，即预测对象的发展变化具有稳定性和渐进性。

三、预测依据与变量

国际军事安全是个庞大而复杂的体系，涉及的问题众多，牵扯面很广，要想准确地预测其未来发展趋势，就必须很好地把握预测所应依据的要素和相关干预变量。从国际军事安全的内涵和外延出发，在预测其发展趋势时，必须考虑以下因素：

1. 世界政治、经济、军事、科技和社会文化发展与国际战略格局。国际战略格局是国际社会中主要行为体构成的战略力量在一定时期内相互联系、相互作用下形成的相对稳定的世界范围内的力量对比结构和态势。国际战略格局构成了国际战略环境的总体框架，各战略力量即通常人们称之为“极”或“力量中心”，因其强大的综合国力影响并主导着世界事务。而所谓综合国力主要是由政治力量、经济力量、军事力量、科技力量、社会文化力量等组成的，因此这些情况的变化，无疑会导致“极”的偏移或“力量中心”的转移，这种偏移和转移将促使国际战略格局的变化和重组，对国际军事安全的影响也就显而易见。观察和掌握国际战略格局的变化规律，预测其发展趋势，是预测国际军事安全总体发展趋势必须首先考虑的依据和变量。

2. 安全威胁与国际安全思维。安全威胁的变化对国际军事安全的影响很大。一些因素可能对国际军事安全构成直接威胁，而一些原本不直接构成威胁的因素，在一定的条件下也可能转化为直接威胁。例如，理论上说，一般性水危机①问题对国际军事安全并不构成直接威胁。但是，水危机状况如果急剧恶化，农作物因缺水而大量减产，人类因水污染而染病并大量死亡或因缺乏饮用水而导致生存危机，为争夺水资源就极易引发军事冲突甚至战争。这样，原本对国际社会经济发展构成直接威胁的水危机，在这种前提下就转变为对国际军事安全

① 水危机是联合国及其他国际组织用来泛指自1970年以来世界性的水资源相对人类需求的状况，主要的危机来源是可用淡水的匮乏以及水体污染。

的直接威胁。随着人类历史进入 21 世纪，非传统安全威胁不断凸显，并与传统安全相互交织，使得威胁国际安全的因素更加多元、复杂，在这种情况下，世界主要行为体的国际安全思维也随之发生变化，各种安全理念和思维层出不穷，导致其对安全威胁的判断出现新的动向。这些安全思维影响着其战略选择，也会影响国际军事安全体系/格局的变化。例如，美国“先发制人”安全理念的出现，就促使了美国从防御性现实主义安全观逐步转向进攻性现实主义安全观。“9·11”事件的发生，使美国将恐怖主义视为其国家安全的最大威胁，从而导致了阿富汗战争和伊拉克战争。而美国咄咄逼人的单边主义作风，甚至导致其与盟友之间出现裂痕，一定程度上促使了世界多极化格局的演进。因此，安全威胁与国家安全思维也就必然成为预测国际军事安全发展趋势的主要元素与变量考虑。

3. 安全战略选择与国际军事安全体系/格局。安全战略选择影响并改变一个国家追求的战略目标和行为方式。大国因是世界的力量中心，对世界有着巨大影响，其安全战略选择则会影响国际战略格局（自然包括国际军事安全体系/格局）的改变。当年美国的遏制战略导致了冷战和两极格局的出现，在核威慑下，尽管没有再爆发世界性战争，但为争夺利益而进行的局部战争不断出现，事实上国际军事安全形势处于一种冷和平状态。冷战后，新保守主义思潮的兴起和“先发制人”军事战略思维的出现，使得美国开始调整其国家安全战略，而“美国大幅调整国家安全战略牵动了新世纪初国际关系的变化”。[①] 随着奥巴马成为美国总统，一种基于新现实主义的美国国家安全战略也开始新的调整。卡内基国际和平基金会高级研究员罗伯特·卡根（Robert Kagan）对此评论认为：其政府的核心构想，是奥巴马总统和他的顾问们反复重申的一个观点，即当今世界的诸多大国拥有共同的利益。奥巴马主张，大国之间的关系“不需要再被视为一场零和游戏”。这一“奥

① 钱其琛：《美国国家安全战略调整与新世纪初的国际关系》，载《国际问题研究》，2004 年第 1 期，第 1 页。

巴马学说”所指的是“双赢”和“开始说‘是’”。按照国务卿希拉里·克林顿的说法，美国的新“使命”是扮演杰出的“会议召集人”的角色，即让全世界的大国聚集到一起，谋求它们共同的利益，寻找解决世界性问题的共同办法。正是在此基础上，奥巴马政府寻求与俄罗斯重新确立关系，着手对中国采取新的“战略再保证”的策略，并从总体上创建一个希拉里·克林顿所说的“基于共同利益、相同价值观和相互尊重的接触的新时代”。作为奥巴马政府所谓的“接触的新时代”的一部分，美国还转而采取更为公正的姿态，来对待专制政府与其政治反对派之间的争斗。[1] 但是，卡根认为：美国在阿富汗的挫败，会进一步把这个已经处在危险之中的地区推入混乱的泥潭，并将严重损害美国在世界上的可信度和声誉。伊朗掌握核武器，则将实质性地打破该地区对抗美国及其盟友的力量的均衡，催生新一轮的全球核扩散，大大助长伊斯兰极端主义的气焰，并严重加剧置美国于核恐怖主义阴影之下的危险。如果奥巴马的外交政策意在制造一个地缘政治的“双头火车”（doubleheader）——在阿富汗的失败和装备有核武器的伊朗，那么他留下的历史遗产将比他的前任所留下的更为糟糕。如果他设法在阿富汗问题上取得进展，并找到一些阻止伊朗获得核武器的办法，他将因拯救世界于危难之中而被世人所铭记。同时，当我们看到奥巴马政府开创“接触的新时代”时，我们想知道，有朝一日，奥巴马的团队是否会承认自己失败了？如果它真的承认了，那么接下来该怎么办？那时候，奥巴马政府会认识到这样一个事实么——这个世界不会如此轻易地焕然一新，原来的挑战依然存在，最好的战略可能更接近“二战”后诸多政治倾向不同的美国总统所共同追寻的目标：让美国成为这个世界上“必不可少的国家”。到那时，问题将不是如何应

---

① 罗伯特·卡根：“奥巴马上任一年：后霸主时代的战略演变”，腾讯网，http：//view. news. qq. com/a/20100226/000003. htm。

对美国的衰落，而是如何防止这种衰落。[①] 美国人之所以有这样的担心，显然是因为考虑到奥巴马的国家安全战略会导致新的国际战略格局的形成，美国的霸主地位必将在新的世界格局重组中丧失主导地位，这不仅对美国，对世界安全也将是个灾难性的后果。在此，笔者不想对此加以评论，只想说明，安全战略选择与国际军事安全体系/格局的变化会对国际军事安全带来极大的影响，在预测国际军事安全的未来发展趋势时，作为一个重要因素必须加以考虑。

4. 军事变革（革命）与军事科技和武器装备发展。武器装备是战争的工具，既是发动战争的工具，也是遏制战争的工具。历史上的历次军事变革（革命）都使军事科技和武器装备有了巨大发展，并由此带动了世界军事的发展。军事技术与武器装备的发展，不仅可以改变战争形态，也会导致国际军事安全形势的变化。最为典型的就是核武器的出现，由于它具有毁灭人类及其文明的巨大杀伤力，人们对未来战争形成了巨大恐惧心理，从而导致其最终成为一种威慑性武器，这从某种意义上却防止了世界大战的再次爆发。军事变革（革命）的发展速度决定着军事发展的速度，军事发展的速度与国际军事安全有着密不可分的关系。同时，军事变革（革命）会使得军事强国变得更强，一些成功进行军事变革（革命）的国家会脱颖而出，由此改变地区甚至国际军事格局。因此，在预测国际军事安全发展趋势时，也就不能丢掉这个因素。

5. 国际争端和武装冲突几率。对未来国际争端和武装冲突几率的分析判读也是预测国际军事安全的重要指标。国际争端是导致国际形势不稳定的重要因素，其处理的好坏直接影响地区甚至全球的安全与稳定。一旦争端演变成武装冲突甚至战争，国际安全将面临巨大的挑战。由于导致国际争端的因素众多，解决方式的选择也多种多样，因此在预测国际军事安全趋势时，就要对未来可能导致国际争端的主要

---

① 罗伯特·卡根："奥巴马上任一年：后霸主时代的战略演变"，腾讯网，http：//view. news. qq. com/a/20100226/000003. htm。

问题和冲突点进行很好的分析判断，还要对可能解决的方式选择以及导致的结果进行预估。最终将两点结合，得出这一问题对国际军事安全产生的影响。如果得出的结论是导致国际争端的冲突因素少，且大都可以和平的方式解决，则意味着对国际军事安全的冲击较小。若得出的结论是导致国际争端的冲突因素不断增加，冲突点分布广泛，而一些问题很难以和平的方式得到解决，导致武装冲突的几率增大，则无疑意味着其将对国际军事安全的冲击程度加重，未来的国际军事安全形势显然也就难以乐观。

6. 国际军事安全机制建设与军事危机管理能力。在预测国际军事安全趋势时，国际军事安全机制（包括国际间、地区和全球三个层次）建设情况和国际军事危机管理能力的变化因素必须加以考量。在无政府状态下以国家为核心的世界主要行为体，在国际政治空间中通过以军事安全为主的利益和权力博弈形成的一系列规范（包括原则、规则）、行为载体和具有规律性的决策程序将朝何处发展，如何将多元社会和世界维系在一起，是否处于一种长期的稳定状态，影响着国际军事安全的变化。而能否建立起一种有效的国际军事危机管理机制，通过监控机制消除危机形成的潜在因素，将危机消灭在萌芽状态；而一旦发生则通过预警机制及时发出预警信息，通过健全的决策机制有效应对和化解，使之不至于恶化而导致战争灾难，是防止国际军事安全形势恶化的重要手段。这种手段能力的建设在未来将有怎样的发展，自然必须加以考察、分析。例如：对于防止军备扩散机制和能力，是否能够有效地控制武器，特别是核、生、化、导或其他可能出现的大规模杀伤性武器；国际军事安全政策将会出现怎样的变化；等等。

7. 其他主客观因素。一切可能影响国际军事安全的因素，在预测时都应予以考虑，这些因素考虑得越全面、越细致，预测的精度也就越高。

四、预测精度

预测的精度，即准确率是预测的生命。一般性质的学术预测如缺乏准确性，最多因缺乏学术水准而显得毫无意义，但职能部门在实践中对于一些重要问题的预测如果缺乏准确性，不仅不能给决策者提供有价值的参考依据，还可能干扰或最终导致决策的失误。因此，准确的预测结果被称为“可靠的未来信息”。“从预测学的角度讲，预测的准确率达到75%就有了参考价值，但是要超过85%才有应用价值。”[①]可见，要准确把握“可靠的未来信息”并非易事。

从影响预测精度的因素看，至少有以下几种：

1. 预测方法是否合适。由于“每一种预测方法都有其自身的特点和有限的适用范围”，[②]因此是否根据预测对象和预测选择适合的预测方法，对预测精度有着重要影响。这就需要预测人员熟悉各种预测方法的原理和特性，正确或错误的选择，结果是显而易见的。

所谓预测的精度或准确性是由两部分构成的，即预测模式的准确性和预测转折点的准确性。因为，“不同的预测方法，在预测某种基本模式的延续性方面和预测该模式的转折点方面，其能力是各不相同的。因此在估计某种方法的准确性时，一定要联系到该方法对管理人员认为存在于其特定情况中的某种模式进行预测的能力”。[③]这就需要根据不同的需要和要求，来选择预测方法，以确保预期的最佳结果。

此外，“特定的预测对象选择最适用的预测方法的最有用的评定标

---

① 阎学通、漆海霞等著：《中外关系定量预测》，世界知识出版社，2009年9月版，“前言”第2页。

② 李华、胡奇英编著：《预测与决策》，西安电子科技大学出版社，2005年3月版，第148页。

③ 同上书，第147页。

准是时间范围”。[1] 笔者认为，这种超前时间根据不同的预测任务和计划任务需求，可划分为短期、近期、中期、长期和超长期五种。作为国际军事安全问题的预测，我们可以将几天至1个月视为短期，1个月至1年视为近期，将1～5年视为中期，6～10年视为长期，10年以上则为超长期。因此，在做长期和超长期预测时，短期因素就显得不那么重要；同样，在做短期预测时，长期以上的因素对其没有任何意义；在做中期预测时，需要考虑的就必须兼顾短、近期因素的影响和长期因素的中期效应。应该说，超前时间越短，往往越难预测，但也最重要。这不仅因为时间短，影响因素的变量活跃，突变可能性增加，也因为时间的短暂而难以修订预测的结果。

2. 信息资料的质量。信息资料是预测的重要依据，其质量即准确程度也自然关系到预测结果的精准度。而这里所说的“质量”，包括信息资料的完整性、及时性和可信性，不仅有“量”的需求，更有“质”的要求。信息资料的缺失，很难反映事物的全貌；信息资料真伪难辨难以确保作为有效依据；不能及时反映事物最新本质或变化的信息资料，则成为历史资料，无法用于短期预测。因此，确保信息资料的质量，是预测的关键之关键。

信息资料的质量问题，不仅涉及搜集者，还涉及传递者和整理者。信息资料的质量高低的源头在搜集者，其及时性依靠的是传递者的意识和传递方式选择，而最终的质量把握则在整理者。只有三者构成有机完美的结合，才可保证信息资料拥有较高质量，才能在合适的预测方式下得到精度较高的预测结果。

3. 预测人员的素质。预测工作中人是第一位的，预测人员的素质决定预测效果，更关系到预测精度。从预测方法的创新、预测模型的建立、预测方法的选择、预测信息资料的选取、预测的操作，最终到预测的调整和评估，整个预测工作是个复杂的系统工程，在这个过程

---

① 李华、胡奇英编著：《预测与决策》，西安电子科技大学出版社，2005年3月版，第148页。

中的每个环节都涉及预测人员的素质问题。预测人员的知识结构、理性观察能力、逻辑推理能力、分析判断能力、对预测对象的熟悉度和经验值等等，都与预测的精度有直接关系。例如，理论上讲，同为研究人员，在各种客观条件相同的情况下，除了预测方式选择以外（可由专业人员选定），一个长期专门研究美国武器装备技术的人员，要远比一个长期专门研究其他问题并兼攻美国武器装备技术人员，在研判和预测美国未来武器装备技术发展上驾轻就熟得多，其对问题预测的准确概率也将高于那些兼攻美国武器装备技术的人员。

4. 预测因素的突变。突变因素对预测的精度影响最大，一些重大突变因素甚至会改变预测对象轨迹的根本方向。例如，“9·11”事件就是一个典型的突变因素，作为一个强大的外力冲击，它彻底改变了美国国家安全战略的原有轨迹，[①] 导致美国进行了自冷战以后最为深刻和全面的调整。尽管称霸全球的总体目标没有变，但是，反恐和保卫本土安全成为美国新的国家安全战略的重点，在此基础上形成的以单边主义和“先发制人”为本质特征的布什主义，也更具进攻性和冒险性，最终导致了阿富汗战争和伊拉克战争，对国际军事安全形势带来了巨大冲击，这些显然超出了所有早期预测的范围，准确性的丧失也就成为必然。

5. 其他因素。除了上述几种影响预测精度的主要因素外，还有一些诸如技术因素、社会因素、领导人干预因素、预测人员心理因素等，也可能会影响到预测的精度。这是社会科学问题预测区别于自然科学预测的一个重要特点，如何科学、巧妙地消除或尽可能减少这些影响因素，是一个值得认真研究的问题。

---

① 新世纪到来前期，美国国家安全战略在老布什时期为“超越遏制”战略和“世界新秩序”战略；克林顿时期为“参与与扩展”战略和“塑造—反应—准备”战略，相对而言，总体上进攻性不如后来的“先发制人”战略。

五、预测评估

预测结果的分析与评价是预测工作不可缺少的环节。短、近期预测主要着重于预测结果的经验和教训总结，而中长期特别是超长期的预测则应注意随时根据情况的变化，对先前的预测进行分析和调整。其主要目的都是为了达到预测的方法选择更适合、预测材料的选择更准确、预测变量因素把握得更准确、预测过程不出技术性差错等，最终使预测达到尽可能的精准——接近未来信息的本质。

六、预测小案例

根据以上有关预测国际军事安全的方法，结合笔者的实践，用一个案例来说明如何预测此类问题。

1. 预测背景

伊朗核问题引发的美国与伊朗的矛盾十分尖锐，美国也一直没有"承诺"不使用武力解决伊朗核问题，局势一直处于紧张状态，各种媒体的报道也常常是语不惊人死不休。在 2005 年 2 月底前后和 2007 年 4 月左右，美伊关系因伊朗核问题达到一个极为紧张的程度。2005 年 2 月美国总统布什访问欧洲，伊朗问题成为重要议题，从布什访欧期间发表的言论看，美国依然保持着对伊朗的高压态势，这就使得美国将对伊朗动武的气氛再次高涨。加之美国也在不断进行针对伊朗的"兵棋推演"和战术侦察，美国国内的一些专家也认为，2005 年是攻打伊朗的最佳时期，如果伊朗的核电站一旦建成运转，将错过"时间之窗"，因为核污染将会对地区生态造成严重破坏。因此，2005 年将会爆发伊朗战争的说法成为全球媒体的主流声音。

2007 年 4 月 2 日，美国"尼米兹号"航母从本土启程前往海湾地区，使得美国在海湾的军事实力达到了伊拉克战争时的水平。尽管美国称"尼米兹号"的任务是替换"艾森豪威尔号"航母，但有人认为，如果“艾森豪威尔号”不回去，就意味着美国真的要对伊朗动武了。加之当时英国军人被扣押事件的僵持，战争的阴云似乎真的笼罩在伊朗上空。因此，各类人员的“战争在即”、“箭在弦上”和“一触即发”等预测充斥媒体，几乎形成一种主流，甚至有的俄罗斯和以色列媒体预测已精确到月，[①] 可谓语不惊人死不休。

对此，笔者应编辑之约，先后在《中国青年报》上发文，以《美国对伊朗的战争程序尚未真正启动》[②] 和《美国对伊朗的战争：真的箭在弦上了吗》[③] 为题对美伊关系的近期发展趋势特别是是否会发生战争进行了分析预测。

2. 预测目标和要求

两篇约稿都是对当时的美国和伊朗间的紧张关系做出评论，并预测：美国会否对伊朗开战？美国对伊朗的战争近期会否爆发？交稿时间要求都很急，均为当天下午 5 时左右发出约稿信息，午夜前交稿。原因是要在第二天刊出。

3. 预测方法的选择

作为学者，又是“单兵作战”，迫于各种条件限制，只能选择“专家评估预测法”，采取定性分析加一定的定量元素，以假设条件的逻辑推理方式加以分析、预测。事实上，这种方法与“预景法”[④] 具有某种相像之处，可以“对可能发生的未来提供了一个更加动态的看法，把

① “伊朗战争疑云笼罩”专题《编者按》，中国网，http://china.rednet.cn/c/zt/8398。

② 刘强：《美国对伊朗的战争程序尚未真正启动》，载《中国青年报》，2005 年 3 月 1 日，第 A5 版。

③ 刘强：《美国对伊朗的战争：真的箭在弦上了吗》，载《中国青年报》，2007 年 4 月 4 日，第 5 版。

④ 这里的所谓“预景法”就是“情景分析法（Scenario Analysis），是英文 Scenario 或 Scenarios 的不同译法。又称前景描述法、脚本法，是假定某种现象或某种趋势将持续到来的前提下，通过想象、联想、推测和猜想来构思和描绘可能的未来面貌，对预测对象可能出现的情况或引起的后果做出预测的方法。

注意力集中在那些潜在的具有特别政策涵义的因素的相互作用上”，因为，“这些预景法对在有着很大不确定因素的时代里考虑未来尤其有效”。①

4. 搜集信息

主要阅读相关的媒体报道，掌握预测目标的相关信息。最快捷的办法只能是通过国际互联网查阅相关新闻报道。

5. 进行预测

依据选择的方法，运用搜集到的信息并结合自己长期跟踪研究经验进行分析论述，同时，因版面限制，两篇文章均按要求写就不到3000字的短文。

6. 预测结果

经分析论证，2005年2月28日晚得出的主要预测结论是：尽管爆发战争的可能性不能排除，但“就目前的情况看，仅摆兵布阵至少也要半年以上，如果再加上其他方面的准备，即便美国真的发动对伊朗的战争，也要等到2006年以后，更何况发动战争还需要一个合适的理由”和“而从眼下看，美国对伊朗的战争程序尚未真正启动，依然停留在战略试探阶段”。

2007年4月3日晚得出的主要预测结论是：“除非美国人做好了充分的心理准备并采取了有效措施，而且对和平解决伊朗问题失去了耐心，决心长痛不如短痛，为实现其中东战略而迅速扫清伊朗这一最后的最大障碍。否则，就算对伊朗战争的这支箭搭在了弦上，也不会轻易射出去”。

总之，两个预测的结果都是：眼下美国不会对伊朗发动战争。

7. 预测评估

事实证明，两个预测都是准确的。原因是把握住了事件和局势的本质，并结合长期对伊朗问题的跟踪研究经验，依据当时的一些信息

---

① ［美］美国国家情报委员会著，相蓝欣译：《大趋势——2020年的世界》，华东师范大学出版社，2007年4月版，第14页。

资料，判断出“两国之间尚未到最后摊牌的时候”，也就不会动用战争手段解决问题。同时，事实证明，这种假设逻辑推理方式，在进行此类短期预测上，具有一定的优势，即不会出现大的偏差。值得改进的是，应进一步加强逻辑推理的层次，以使观点更加鲜明。

附录一

美国对伊朗的战争程序尚未真正启动

刘　强

美国总统布什前不久的欧洲之行，除了协调大西洋联盟关系、修补因伊拉克战争等重大国际问题导致的美欧之间出现的裂痕外，伊朗问题也是一个重要议题。

从布什访欧期间发表的言论看，美国依然保持着对伊朗的高压态势，这就使得美国将对伊朗动武的气氛再次高涨。那么，美国果真会发动一场对伊朗的战争吗？

战争的可能性依然存在

尽管美国对伊朗发动全面战争的可能性微乎其微，但是谁也无法断定这场战争会不会发生。从尽快解决伊朗问题、实现美国在中东地区的战略图谋——完全控制中东和里海地区能源——的角度看，军事解决也许是美国的必然选择。因为，自美国与伊朗断交以来，两国关系一直处于紧张状态。尽管“9·11”事件后，特别是阿富汗战争和伊拉克战争前后，两国曾出现过改善关系的机会，但不过是昙花一现。两国的交恶关系，随着核问题的出现进一步加深，布什政府中鹰派势力的强势也使战争之说甚嚣尘上。

之所以说军事手段是快速解决伊朗问题的途径，是因为外交解决步履艰难。多年来，两国平等对话的大门紧闭，所以，如果通过谈判和对话解决伊朗问题，将会是一个漫长的道路。此外，美国寄望于伊朗出现“和平演变”，这也是结果难料。而阿富汗战争和伊拉克战争的快速取胜，使得美国军事解决问题的念头不断加强。所以，美国也许会认为：依靠其前所未有的强大综合实力，解决掉伊朗这个中东地区最难对付的对手，最终完成主宰中东的梦想，战争也许是最为快捷的途径。因此，从这点上看，美国军事打击伊朗的可能性是存在的。

美伊心理战已经开始

仔细观察美国和伊朗近来的举措不难发现，两国之间的心理战已经开始。首先从美国看，美国在是否会对伊朗采取军事行动的态度上，含蓄中透露着明确。

美国一方面表示“我们真的相信……（伊朗核问题）可以通过外交手段加以解决”；另一方面一再宣称“伊朗是支持恐怖主义的首要国家”，在解决伊朗问题上“无法排除任何一种应对的可能性”；同时，美国还表示，“如果伊朗人民捍卫自己的自由，美国将会站在你们这边”。而伊朗方面则称，“波斯湾不是可以发动战争的地方，伊朗也不是被一些国家用来进行冒险的国家”，任何胆敢入侵伊朗的国家都将陷入“烈焰熊熊的地狱”。伊朗说，如果美国对伊朗发动战争，伊朗将把战火烧到周边国家，此外还不断报道其新型武器装备的生产和下线，如“流星—3”导弹的改进增程、新型鱼雷的生产下线等。伊朗军方还曾不止一次警告美国，伊朗不排除对美国在本地区军事设施进行先发制人军事打击的可能性。美伊双方的唇枪舌剑带有明显的心理战特征。

全面开战尚需时日

尽管目前美国与伊朗唇枪舌剑各不相让，美国也在不断进行针对伊朗的“兵棋推演”和战术侦察，美国国内的一些专家也认为，2005年是攻打伊朗的最佳时期，因为如果伊朗的核电站一旦建成运转，将错过“时间之窗”，因为核污染将会对地区生态造成严重破坏。因此，2005年将会爆发伊朗战争的说法成为全球媒体的主流说法。

然而，美国要想发动对伊朗的全面战争，无论是外交上还是军事上均未做好准备。外交上，美国必须争取欧洲的支持，而这样的支持很难得到。美国在伊拉克战争问题上的单边主义已经使其与欧洲盟友出现了前所未有的重大分歧，联盟关系出现了裂痕。如果此次在伊朗问题上再一意孤行，联盟关系将面临重大考验。

因为，即便是在伊拉克问题上追随美国的英国，目前也反对对伊朗动武，而更重要的是毕竟欧洲在伊朗的利益是巨大的，无论是地缘战略利益还是经济利益。因此，布什欧洲之行的重要议题之一就是与欧洲盟友协调伊朗问题的立场。

此外，军事上也需长期准备。首先是情报上的准备。尽管美国的情报网遍布全球，空中卫星也无时不在地监视着伊朗，但是从人力情报方面，美国在伊朗还需做大量的准备。仅从军事打击的技术角度看，巡航导弹的末端制导依靠的是图像匹配，这需要地面的照片等影像资料，而伊朗所有重要部门周围都是禁止拍照的。加之伊朗安全部门的严密监控，想获得这样的影像资料绝非易事，这给“斩首行动”造成了巨大障碍。其次是军事部署上的准备。尽管美国的兵力投送能力世界一流，目前在伊朗周边也有众多驻军，加上军事实力上的差距，理论上可以随时开战。但是，美国的“零伤亡”理念不允许其贸然行事。因此，就目前的情况看，仅摆兵布阵至少也要半年以上，如果再加上其他方面的准备，即便美国真的发动对伊朗的战争，也要等到2006年以后，更何况发动战争还需要一个合适的理由。

美国对伊朗开战的理由无非是两条：其一，伊朗是支持恐怖主义的国家；其二，伊朗在发展核武器。

又一场一边倒的战争

美国与伊朗在军事实力上的差距注定了这将是又一场毫无悬念的一边倒战争。美国与伊朗的军事实力，无论是从作战理念还是武器装备以及作战指挥上看都有明显的“代沟”。例如：伊朗现有武器装备存在明显的老化落伍以及配件不足现象，一个国家两支军队（军队和卫队）带来的指挥协调上的困难也很难克服。这与美国当今世界一流的武器装备和快捷高效的信息化作战指挥体制相比，差距一目了然。特别是美国对伊朗拥有绝对优势的电磁权、制空权和制海权，如果不计后果，美国无论采取什么样的作战方式，军事上都将最后取胜。

目前，美国的军事变革步伐很大，我们无法猜测美国将会采取怎样的作战方式对伊朗进行军事打击，但是，根据伊朗的地理因素，多种作战样式结合也许是无法回避的，即空中打击、海空联合、沙漠突进、山地跳跃等相结合。可以想象，美国要想以小的代价快速击垮伊朗，至少要考虑如何解决好以下几个环节：首先，如何控制霍尔木兹海峡。伊朗重要的地缘战略要冲就是扼守着世界油库波斯湾大门霍尔木兹海峡。战争一旦打响，或者即将爆发之前，伊朗一定会封锁霍尔木兹海峡，使得波斯湾的原油无法外运，造成全球能源危机，形成反战气候。因此，美国在开战之前一定会设法阻止伊朗封锁霍尔木兹海峡。其次，如何阻止战火烧到周边国家，或者联合周边国家共同打击伊朗。因此，美国一定会考虑如何摧毁能够带来这种威胁的伊朗导弹基地，同时说服周边国家同美国站在一起，共同对付伊朗。第三，如何阻断伊朗的武器装备来源。通过多年对伊朗的制裁和禁运，伊朗武器装备出现明显老化落伍现象，自主研发能力尽管在此期间有所提高，但也只能生产一些轻武器，重量级的武器装备近年来依然靠从俄罗斯等国引进。因此，阻断伊朗的武器装备来源将是美国的一项重要外交课题。

单纯从军事实力看，美国对伊朗拥有绝对优势的电磁权、制空权、制海权，以及绝对优势的陆上力量，伊朗的不对称作战虽然会给美军造成一定打击，但对战争的结局不起决定性作用。但是，面对一个有着 164 多万平方公里、近 7000 万人口的中东大国，美国要想最终征服这个有着近 5000 年文明的古老民族，无论是对其本身还是对地区乃至全球，战争带来的负面影响和代价将会有多大，美国人心知肚明。这也许就是尽管两国交恶 25 年，美国依然没有对伊朗发动战争的原因所在。此外，美国在伊拉克的困境也不断提醒它，在对待另一个比伊拉克还要强大的国家时，要想在战后将其很好消化怕是更难，因为打完就走达不到终极目的，长期驻留将面对民族复仇造成的代价，如果两伊反美武装联合，将会给驻留美军带来无法估量的生命威胁。因此，尽管美国对伊朗的战争尚未爆发，胜负已定，但从另外的意义上看，这也许是一场没有真正赢家的战争。而从眼下看，美国对伊朗的战争程序尚未真正启动，依然停留在战略试探阶段。

（作者为解放军国际关系学院国际关系研究所所长、教授、军事学博士）

——载《中国青年报》2005年3月1日第A5版

附录二

美国对伊朗的战争：真的箭在弦上了吗

刘　强

4月2日，美国“尼米兹号”航母从本土启程前往海湾地区，使得美国在海湾的军事实力达到了伊拉克战争时的水平。尽管美国称“尼米兹号”的任务是替换“艾森豪威尔号”航母，但有人认为，如果“艾森豪威尔号”不回去，就意味着美国真的要对伊朗动武了。俄罗斯人更是放言：从4月的夏季开始，美国有可能对伊朗下手。加之目前英国军人被扣押事件的僵持，战争的阴云似乎真的笼罩在伊朗上空。那么，美国对伊朗的战争是否真的是箭在弦上不得不发呢？

美伊之间存在缓和的空间

美伊交恶多年，两国之间存在着很多不易调和的矛盾。但是，就目前的情况看，两国之间尚未到最后摊牌的时候。

从眼下看，美国与伊朗矛盾的焦点主要集中在核问题上。因此，只要这一问题得到缓解，美伊之间的战争就不会爆发。首先，伊朗一直强调拥有和平利用核能的权利，从来没有说要发展核武器；而美国也没有令人信服的证据证明伊朗确实在发展核武器。即便是在伊朗核问题几乎陷入僵局的情况下，3月30日，国际原子能机构总干事巴拉迪仍说，到目前为止，还没有发现伊朗的核活动是为了非和平目的的迹象。因此，只要伊朗适时改变立场，邀请国际原子能机构人员到伊朗进行核查，而核查结论是伊朗没有研制核武器，这样美国就失去了对伊朗开战的理由。

其次，用战争解决伊朗问题并不是美国的首选。伊拉克战争已经使布什政府遭到了太多的质疑和谴责，如果再以莫须有的罪名对伊朗开战，布什政府将面临严重的政治危机。因此，只要伊朗作出某些妥协的姿态，并同意或直接表示出与美国进行直接谈判的要求，美国对伊朗开战的理由将丧失，危机也自然会得到某种意义上的缓和。

大规模集结兵力不一定就意味着开战

美国调动“尼米兹号”到海湾，除了说是要替换“艾森豪威尔号”，还有一种说法就是：主要目的是向中东盟国，特别是沙特、阿联酋、科威特和卡塔尔显示“美国保障地区稳定的决心和力量”。美国这样表述，其潜台词就是伊朗给西亚和中东地区带来了不稳定，美国强大的军事存在可以缓解这些国家由伊朗核问题所导致的心理压力，但这种说法实在难以令人信服。因为，通过伊朗前任总统哈塔米的努力，伊朗与周边国家大都改善了关系，特别是在安全问题上，大都签订了安全协定。很难想象伊朗在当今的国际环境下、在自身经济发展并不顺利的情况下、在因核问题而麻烦不断的状况下会对其周边国家构成威胁。

应该说，美国此次大规模调动兵力到海湾是有两手准备的：首先是以施加压力为主，希望通过压力使伊朗政府改变其坚持铀浓缩的立场。美国同时也希望通过这种压力导致伊朗政治集团内部发生分裂，进而有利于其对伊朗和平演变计划的实现，做到不战而屈人之兵。伊朗第七次议会选举和第九届总统选举，使得保守势力重新控制伊朗的整个政局，改革派彻底走入低谷。强大的战争压力，也许会使改革派找到攻击保守派的口实，有利于其重新整合力量与保守派分庭抗礼。然而，也许适得其反，当一个民族面对外来威胁的时候，国内矛盾将会被弱化，一致对外将成为捐弃前嫌的基础。因此，美国的强大军事压力，也许不但不会达到预期的效果，反而会使伊朗保守派的实力更加强大，政权更加巩固。因此，作为另一手，美国也要做好军事打击伊朗的准备，即一旦找到伊朗研制核武器的有力证据，随时可以发动对伊朗的“正义”战争。但这种可能性目前还看不到。所以，美国大规模的兵力集结主要还是希望通过军事压力使伊朗彻底放弃浓缩铀计划。军队的集结不仅仅是为了实战，战略压力也是重要目的。在伊朗核问题还没有走到绝路的时候，在美国和西方盟国尚未达成一致的前提下，目前的调兵遣将不一定就意味着开战在即。

开战也是一场没有真正赢家的战争

客观地说，目前没有谁能够断定美国不会对伊朗开战，即便是布什政府本身也不知道究竟该不该发动这场战争。仅从双方的实力对比看，无论是在数量上和质量上，美伊两国的差距都是巨大的。因此，单纯从军事角度看，美国可以轻易取得对伊朗的胜利，美国人对此也颇有信心。美国空军退役中将马基内尼就认为，美国在波斯湾水域的兵力足以发动对伊朗的战争，在48小时内摧毁核设施、指挥所、防空设施、海空军部队、“流星—3”导弹阵地等2500多个目标。

但是，问题的关键是：尽管这是一场绝对不对称的战争，但由于伊朗扼守着世界油库波斯湾咽喉的特殊地缘地位，一旦伊朗判断美国真的要对其发动军事打击，就很可能率先下手，通过沉船和布设水雷，将波斯湾油库的大门关闭。

即便美国在其后的军事行动中取得胜利，因伊朗本身石油出口的中断和波斯湾其他产油国的原油一段时间内不能外运，世界经济将因油荒而出现灾难性后果。

此外，哈马斯、真主党等支持伊朗的组织也会策应伊朗的军事行动，“基地”组织也会再次号召全球穆斯林向对其穆斯林兄弟“下毒手”的美国人发动“圣战”，伊拉克的反美武装也会对驻伊美军发动新一轮攻击。如果以色列被卷入战争，整个中东地区将变成一片火海。相信美国在没有做好充分的心理准备、没有采取有效措施之前，不会轻易发动对伊朗的攻击。

因此，如果美国对伊朗开战，那将是一场没完没了的战争，也是一场一开始就没有真正赢家的战争。除非美国人做好了充分的心理准备并采取了有效措施，而且对和平解决伊朗问题失去了耐心，决心长痛不如短痛，为实现其中东战略而迅速扫清伊朗这一最后的最大障碍。否则，就算对伊朗战争的这支箭搭在了弦上，也不会轻易射出去。

（作者系解放军国际关系学院国际关系研究所所长、教授、军事学博士）

——载《中国青年报》2007年4月4日第5版

第十三章

国际军事安全关键趋势走向

任何预测都是一种极具挑战性的工作，预测国际军事安全的关键趋势走向也不例外。同时任何预测都应有时间界定，没有时间边界的预测几乎毫无意义。因此，本书所做的预测，基本属于一个中长期预测，即是对未来5～10年左右国际军事安全的关键趋势走向的预测，描绘出这一时段国际军事安全的大致景象。由于在未来5～10年中，难以预料有多少不确定因素，即干预变量太多，因此笔者只能凭借自己的有限知识和经验，依据对国际军事安全历史、现状信息的理解，运用一些预测法的元素和原理（例如趋势外推预测法、专家预测法、情景预测法等），以定性分析为主并加入适当的定量元素进行一些分析。这就是说，笔者的预测完全属于一种主观预测的预景假设。同时，为了使人们更加全面、清晰地了解未来的图景，在本章中还引入了一些其他学者、专家等对未来的主要预测观点，甚至是一些不同的观点，以使读者对国际军事安全的未来有更多元的认识和思考。

第一节　形势总体稳定且状态基本平衡

当今世界是以美国这个超级力量为中心，以俄罗斯、欧盟、日本和中国等为代表的力量中心构成的。这些力量中心在未来的5～10年，其结构很难发生根本性改变，尽管印度、巴西等新的力量正在快速崛起，但尚难与上述力量中心抗衡，因此全新的稳定国际结构较难形成。各力量中心在演进过程中，竞争与合作、纷争与协调为主调，军事摩擦抑或局部武装冲突也可能发生，但几乎没有升级为全面战争的可能。在单极与多极的斗争中，国际军事安全基本可以维持一种平衡与稳定状态。

从历史上看，各“超级强国”的世界霸权历史基本上可谓各领风骚一百年。西班牙、葡萄牙、荷兰、英国大致如此，当今的美国即便在时间上脱离这种历史轮回，最终也难以违背盛极必衰的历史规律。但仅就未来5～10年而言，尚看不到美国会衰落到二流国家的迹象。美国自第二次世界大战后成为世界最重要的力量中心，与苏联平分秋色，历经冷战且不战而胜于苏联，成为“罗马帝国之后，1500多年来，世界第一次出现了无与匹敌的惟一军事、经济超级大国”，① 可谓威风八面，不可一世。但2008年美国因次贷危机引发金融危机，最终导致经济危机，使总体实力有所衰落，无奈开始实施战略收缩，合作的意愿有所上升，“均衡战略”取代了“单边主义”和“先发制人”。无论这是因应国际形势的暂时策略调整还是其新的国家安全战略选择，都不意味着美国的超级大国地位受到了动摇，美国的军事、经济和科技力量仍是世界其他力量中心所无法比拟的。仅从经济总量上看，美国目前约占世界的28%左右，这是其他国家望尘莫及的。尽管由于经济衰退以及可能持续长期的“滞胀”局面，多年的战略扩张导致世界严重的反美情绪上涨而造成美国软实力的总体滑坡，但是，综合考虑未来世界其他国家的发展速度，很难想象美国超强的综合国力在未来5～10年会被超越。目前美国“单极时刻”也许正朝着终结发展，但并不代表未来5～10年美国时代的彻底结束，不太有可能出现替代美国的“领袖”国家，其在解决世界问题上依然扮演着无法取代的角色。

① ［美］罗伯特·夏皮罗著，刘纯毅译：《下一轮全球趋势》，中信出版社，2009年8月版，第22页。

尽管如此，世界其他力量中心的发展在未来将呈令人瞩目的态势，特别是以“金砖四国”为代表的新兴国家的发展格外引人关注。如果这些新兴国家依然能够保持目前的增长速度，那么在未来的5～10年间，综合国力的提升将是巨大的，与当今世界经济大国的差距进一步缩小，甚至将超越部分国家，在国际社会中的地位和作用必将更加凸显，成为推动世界多极化的重要变量因素。

世界的变化很大程度上取决于力量中心的变化。在各力量中心的变化问题上，中国无疑是最令世界关心的。虽然不同的人有不同的看法，但普遍的看法是，尽管中国在过去的时间里，由于改革开放，经济出现了惊人的高速增长——创造了中国奇迹，特别是最近的15年左右，中国的经济规模增长了两倍多，近5年更是超过了50%，已经成为一个经济发展极具活力的国家，但在未来的10年左右，依然跳不出发展中国家的行列。然而，从更长远一点的视野看，中国将成为“崛起的重量级拳手”，“成为与美国势均力敌的竞争对手”。[①] 从美国的战略文化看，遏制和挤压其战略对手是最基本的战略思维。这样，中美之间将在许多领域进行博弈。但是，历史也曾证明，即便是在列强挤压的夹缝中，一些弱势国家也能成功崛起。而当今全球化的发展，已经超越了过去历史环境，相互依存已经成为一种新的安全思维。因此，很难相信美国与中国的博弈会使中国衰落，当然也不会出现新的冷战模式，即便是美国真的将中国当做现实对手。而中国和平发展与和谐世界的国家安全战略选择，在已经细化了的科学发展观[②]的指导下，创新型社会正在不断发展，已经“开始从复制转向发明，他们上次全力

---

① [美] 美国国家情报委员会著，中国现代国际关系研究院美国研究所译：《全球趋势2025——转型的世界》，时事出版社，2009年9月版，第46页。

② 所谓细化，就是：第一要义是发展；核心是以人为本；基本要求是全面协调可持续；根本方法是统筹兼顾。它被认为是理解中国发展和未来趋势的关键。参见 [美] 约翰·奈斯比特、[德] 多丽丝·奈斯比特著，魏平译：《中国大趋势》，吉林出版集团、中华工商联合会，2009年9月版，第78页。

投入发明创造时给我们带来了纸、指南针和火药”。[1] 因此，中国巨大的创造潜力必将成就回归世界强国行列的梦想。虽然“西方国家现在仍然远远领先于中国。但是，中国已经逐渐成长为它们在全球市场上的强大竞争对手，并且正在创造一种符合自己历史与社会要求的、与美国现代民主相抗衡的政治体制，就像美国在200多年前创造了符合自己历史与社会要求的民主体制一样”。[2] 加之中国开放的观念，使得中国愿意尝试任何符合自己目标的理论与实践，因此如果中国在未来10年仍然能够保持高速增长，则“中国模式”必然成为全球的“必读书”。

另一个变量因素就是印度。印度近年来的综合国力增长速度同样令世界刮目。冷战后，印度从地区大国向世界一流大国发展的意愿日益强烈：政治上欲以成为联合国安理会常任理事国为目标和动力，打造世界一流政治大国；经济上欲在克服一系列制约因素[3]的前提下，成为世界一流经济强国；军事上以突破核门槛为契机，努力打造世界一流军事力量。根据印度政府计划委员会于2002年公布的《印度：2020年的前景展望报告书》，2002～2020年间印度经济将会取得8.5%～9%的平均增长率，人均收入将提高3倍（2001年印度的人均收入为460美元）。尽管受2008年以来世界金融危机和经济危机的影响，世界发达国家的经济都在衰退，但印度经济依然保持快速增长，2008～2009财政年度的实际国民生产总值（GDP）增长率为6.7%；[4] 2009

① 美国能源顾问沃森语。参见［美］托马斯·弗里德曼著，王玮沁等译：《世界又热又平又挤》，湖南科学技术出版社，2009年4月版，第349页。

② ［美］约翰·奈斯比特、［德］多丽丝·奈斯比特著，魏平译：《中国大趋势》，吉林出版集团、中华工商联合会，2009年9月版，第8页。

③ 印度经济发展的制约因素一般认为至少包括：严重的能源短缺；大量的贫困人口负担；文盲率偏高；复杂的民族与宗教矛盾；种姓制度导致的社会问题等。

④ 数据来源：中国新闻网，http：//www.chinanews.com.cn/cj/cj－gjcj/news/2009/05－29/1711559.shtml。

～2010 财政年的实际国民生产总值（GDP）增长率为 7.4%。[①] 从现实看，2009～2010 财年，印度的 GDP 是 1.2 万亿美元，仅为中国（4.9 万亿美元）的 1/4。即便从长远看，印度与中国还有较大差距，因为“如果我们以 2008 年的印度 GDP 数据作为基础，假定印度未来保持至少 8%的增长（这是比较保守的估计），那么印度 2020 年的 GDP 将与中国 2008 年的 GDP 差不多”。[②] 但是，印度人自己对未来充满信心，并将中国定为赶超对象。印度外交部负责非洲、中东和拉美事务的官员沙希·塔鲁尔（Shashi Tharoor）2010 年 2 月 23 日在孟买的一个工商界会议上发表讲话时说，印度有望在 2020 年前成为世界第五大经济体，仅次于美国、中国、日本和欧盟。他说，如果不出意外的话，印度经济还有望在随后的 10 年里成为世界第三大经济体。[③] 此外，印度一直以军事作为其打造政治大国的基石，认为“军事力量是构成综合国力的重要因素，是外交上的一张王牌”，[④]“强大的经济基础是军事实力的后盾，强大的军事实力是获取经济利益的手段”。[⑤] 因此，近年来，印度以世界军事大国特别是核国家为追赶目标，不断加大军事建设力度，军费预算不断上涨，即便是受金融危机严重影响的 2009 年，印度制定的 2009～2010 年度国防预算仍大幅增加，比上个财年飙升了 34%，达到 293.87 亿美元，主要用于加强武器装备的采购。据《印度斯坦时报》2010 年 2 月 27 日报道，2 月 26 日，印度财政部长慕克吉

---

① “印度上财年经济增长 7.4%”，凤凰网，http：//finance. ifeng. com/roll/20100601/2257972. shtml。

② ［美］阿尼尔·K. 古普塔：《印度 GDP 落后中国 13 年 2020 年可赶超》，载《环球时报》，2009 年 6 月 1 日。

③ 张美奇：“印度经济 10 年内跃至全球第五 20 年内跻身前三”，中证网，http：//www. cs. com. cn/xwzx/04/201002/t20100224 _ 2348100. htm。

④ 朱明阳主编：《亚太安全战略论》，军事科学出版社，2000 年 8 月版，第 114 页。

⑤ 张晓林、屈玉涛：“印度：六途径欲建世界一流海军”，中国军网，http：//www. chinamil. com. cn/site1/xwpdxw/2007－11/19/content _ 1023686. htm。

向议会下院提交了始于2010年4月1日的2010～2011财政年度预算报告，其中国防预算达到了创纪录的14734.4亿卢比（约320亿美元），比修订后的上一财年国防预算多出8.13%。[①] 另据美国《防务新闻》和印度《印度时报》等媒体报道，2022年前，印度政府计划耗资1000亿美元对三军50%的陈旧军事装备进行更新。[②] 这就明显说明，印度的国家安全战略是以军事实力建设为主要任务，以此保证其争做世界一流大国。这种国家安全战略具有一定的威慑性，也极易在一些关键问题上与邻国产生摩擦，形成某种军事安全隐患。但印度综合国力的快速提升，特别是军事力量的不断壮大，也必然使其在国际社会中放大自己的声音，抢得一定的话语权，成为一股新兴力量。从近些年的情况看，印度已经成为各大国争相拉拢和争夺的对象，在国际社会中将扮演着十分重要的角色。但是，印度未来在世界的地位，仍取决于如何解决好制约国家发展的诸多问题。

还有一个一度被忽视但会重新令人刮目相看的力量中心——俄罗斯。自苏联解体后，尽管俄罗斯继承了前苏联的大部分政治和军事遗产，但经济上总体并不尽如人意，国家安全战略曾一度出现迷离，成为被“忽略”了的世界二流角色。而今，经过一段时间的实践和反思，俄罗斯终于重新找回了自己的方向，强烈的自信传统使其把恢复大国地位作为国家安全战略目标，在一系列经济改革和国际能源价格走高的前提下，凭借其良好的工业基础（特别是国防工业）和资源优势，经济状况得到前所未有的好转，基本上摆脱了对西方的依赖。在此基础上，俄罗斯在对外关系上逐渐强硬起来，并建立起以核威慑为基础的战略防御体系。特别是，随着对美国和北约战略判断的清晰，2009年5月12日出台了《2020年前俄罗斯联邦国家安全战略》。“这个战

---

① 廖政军、张家齐：“印度国防预算小动作甚多隐性预算支撑军力膨胀”，搜狐网，http：//mil. news. sohu. com/20100301/n270495064. shtml。

② “印2022年前将耗资1000亿更新三军50%陈旧装备”，新华网，http：//news. xinhuanet. com/mil/2010－03/08/content _ 13125257. htm。

略性纲领文件，将国防安全放在了战略优先方向之首，提出了综合手段（政治、军事、外交、经济、信息等）并举的‘战略遏制’这一新的俄罗斯军事战略方针，并要以‘非对称平衡’手段来实现与其主要战略对手美国的平衡，确保俄罗斯的国家安全利益。这明确反映出俄罗斯在对新的国际形势解读中更加理性地选择维护国家安全利益的手段和方式。”[①] 但是，俄罗斯的确面临着很多现实困难，这些现实困难制约着它的发展。其中一些困难甚至可能会成为经济发展的严重制约，进而影响到国家安全和在国际社会中的地位与作用。例如人口下降导致的生产力来源不足和兵员不足，金融系统相对落后可能导致金融危机，新能源的出现将削弱现有的能源优势，众多的社会问题等，这些问题解决的好坏，将成为决定未来5～10年俄罗斯前途的重要因素。但是，由于经济实力的相对落后，俄罗斯很难回到冷战时期的国际地位。尽管如此，如果不出意外，未来的俄罗斯即便是仅依靠其拥有的军事实力和基本稳定的经济状况，也将“重振雄风，成为国际舞台上一个重要玩家，将与西方、亚洲和中东国家结成伙伴，采取更积极、影响力更大的外交政策，并带头反对美国主导全球的地位”。[②]

欧盟随着《里斯本条约》的生效，一体化进程又向前迈进了一大步，“增国添员”的步伐也将进一步加大。尽管由于政策观点和经济水平不够平衡将是欧盟面临的增添新成员的两难之选，但扩大似乎已成必然趋势。扩大后的欧盟凭借其总体良好的工业和经济基础，整体实力仍将保持仅次于美国的世界经济第二的地位。为进一步扩大和增强欧盟的政治影响力和话语权，现有的两个联合国安理会常任理事国法国和英国，将可能全力助推德国成为新的常任理事国。如果实现这一举措，欧盟的政治地位也将随之而提升。欧盟军事上将继续协调与美

① 刘强：《合作·竞争·危机·挑战——2009年全球安全形势》，载《世界经济与政治论坛》，2009年第1期，第3页。

② ［美］美国国家情报委员会著，中国现代国际关系研究院美国研究所译：《全球趋势2025——转型的世界》，时事出版社，2009年9月版，第49页。

国的跨大西洋关系，即便不建立自己的独立军事力量，也会在北约的改革上动作不断，以增强其在北约中的自主地位和更多的话语权，尽管这是美国不愿意看到的。未来学家普遍担心未来欧洲将面临人口下降带来的劳动力不足，以及人口老龄化带来的社会问题，但这些显然可以通过调整政策加以解决，如通过修改移民法增加新移民来解决劳动力匮乏问题；通过修改福利政策，解决老龄化带来的社会问题等。总之，无论怎样，在未来的5～10年里，欧盟在国际社会中仍旧是重要的力量中心，为实现经济发展目标，必将采取更加合作的战略，在平衡东西方矛盾上更加积极主动，以赢得更多国家的信任和支持，因此国际地位也将进一步提高。

日本作为当今世界第二大经济强国，在未来的5～10年中仍将度过艰难的调整期，其经济地位将被中国甚或印度所取代。但是，进入21世纪后，随着自己身份定位的解决，即维系经济大国地位、打造世界一流政治大国、争当地区的主导者、成为世界游戏规则的主要制定者，日本未来国家安全战略目标也十分清晰，“即建立起以维护国家安全和国民安全与繁荣为前提的灵活应对新变化的安全机制”。① 这就意味着日本会根据不断变化的国际国内形势而适时调整其国家安全战略。这种调整总体看有两大必然趋势：第一个必然趋势是通过修改宪法扩大日本的自主防御权力和能力。日本新生代政治家和年轻国民因无战争创伤遗痕，对现有宪法的合理性存有质疑，绝大多数认为现有宪法是“麦克阿瑟宪法”，即美国宪法，没有反映日本根本利益，特别是有关战争权和集体自卫权的内容。“9·11”事件的发生，对于传统威胁和非传统安全威胁的判断，更使日本将国家安全保障看成头等大事。因此，一旦国内国际时机成熟，修宪程序必然启动，最终成为“正常”国家。这既是日本为维护国家利益所采取的必然行动，也是日本人危机感前提下自尊心宣泄的需求。第二个必然趋势是以成为联合国安理

① 刘强：《论日本国家安全战略调整——基于日本战略文化和战略意愿的视角》，载《国际观察》，2009年第5期，第49页。

会常任理事国做牵引，运用一切资源打造政治大国，拥有世界性重要话语权。经过多年的努力，通过联合同道者和经济利益互换等手段，日本已经积累了众多经济资本和政治资本。日本人清楚地认识到，“积极参与到与我国利益相关的国际决策机制中去具有不言自明的必要性”。日本人的执着、自信秉性和现实与长远利益需求结合而形成的战略意愿，都将使其不可能在这个问题上半途而废，而必将成为其在追求国家利益中一种不可逆转的努力趋势。以上的两个必然趋势，折射在日本国家安全战略的调整中，必将显示出：在可预见的时期内，日美同盟依旧是其国家安全战略的重要基石，日本将在此基础上，利用一切可以利用的资源：经济上通过内部改革和外部联合保持其在世界的优势地位，并通过参与国际竞争，力争成为世界经济秩序的主导者，其中确保能源安全保障必将成为主线；政治上全力推进成为联合国常任理事国的步伐，以此标志日本的政治大国地位；外交上采取东西方向并重、软硬实力齐用策略，打造多元的实用主义外交，重点通过强化外交“说服力”来化解与周边国家的关系，为提升政治地位、主导地区事务开辟道路；军事上继续发挥日美同盟的安保作用，以低成本的国防投入创造高收益的安全保证，在适当的国际、国内环境下修改宪法，完成从以美国防卫为主向自主防卫为主的战略转变，并实现军事“外向化”战略目标。这些都是由日本人的战略文化和战略意愿所决定的，加之日本的社会政治性质，不会轻易改变。[①]

但是，日本在未来也面临着一些挑战，其中包括由于出现人口负增长的趋势，加之人口的老龄化问题，在未来10年后必将导致劳动力不足，这种缺口由于日本文化本质上的排外情绪导致在移民问题上的偏执而得不到缓解，经济发展必将受到很大的制约。政治上，2009年民主党终结了自民党50年一党独大统治政坛的局面，掀开了轮流执政

---

① 有关日本国家安全战略的调整与走向，参见刘强：《论日本国家安全战略调整——基于日本战略文化和战略意愿的视角》，载《国际观察》，2009年第5期，第48—49页。

的篇章。尽管自民党仍可能卷土重来，但似乎已经很难维持以往的政治结构模式，政党轮替制度基本成为未来的发展趋势。同时，由于日本政党属于议会政党，议会变化将直接影响到政党格局的变化。因此，未来日本政党格局的走向一定程度上取决于议会（主要是众议院）的改革或变化。美国人对日本人的政党制度十分不看好，认为到2025年，由于选举竞争更加激烈，“自民党可能分裂成几个小党，日本各政党之间相互角力、时分时合，从而导致政策瘫痪”。[①] 但笔者认为，依据日本固有的良好自身调节能力和对未来的深深不安、危机意识和“集团主义”[②] 的强烈喷发，相反会出现一个类似“救世主”式的政党相对长期执政，以稳定日本多年来动荡的社会和适应变化了的世界，至少要努力在经济上维持一个世界强国的地位。在对外关系上，日本必须要处理好与美国和与中国的关系，特别是要处理好与中国的关系，必须学会适应中国的崛起，并在一些问题上做出让步，否则，其在对外关系上必将遭受重大挫折。显然，尽管日本仍是世界的重要国家，但如果脱离了与美国的盟国关系，则很有可能滑落至世界力量中心以外，至少不再像今天这样具有重要影响力。

在以上论述的各力量中心中，最值得关注或最大的变量因素恐怕就是中国和印度，这几乎是所有国际政治学者们公认的。因为，这两股力量的崛起，对世界的影响力是超乎寻常的，甚至被认为“作为主要的新崛起中的全球力量，中国和印度以及其他一些国家将会改变地缘政治图景，其潜在的冲击力及影响力将类似于在上两个世纪中，即在19世纪统一的德国及在20世纪初出现的强大的美国那样，带来戏剧性的效果”。[③] 尽管这也许是美国人出于某种未雨绸缪的主观战略判

---

① ［美］美国国家情报委员会著，中国现代国际关系研究院美国研究所译：《全球趋势2025——转型的世界》，时事出版社，2009年9月版，第52页。

② 日本人因特殊的自然地理因素，例如多台风、多火山、多地震和资源匮乏等，极具危机意识。而集团主义是最具日本民族文化特性的一种思维和行为方式。

③ ［美］美国国家情报委员会著，相蓝欣译：《大趋势——2020年的世界》，华东师范大学出版社，2007年4月版，第3页。

断，但也是基于对未来信息的理性解读，更是美国危机意识的本能反映。关于美国的未来，也有一些不确定因素，美国人自己对此也十分担心，认为“当今世界，不像从前，有胆识的决策者需要以有效的章程来避免灾难。有好的领导者，我们可以继续前 25 年那惊人的繁荣。如果没有，我们则可能经历新的经济悲痛。第二次经济大萧条似乎不会到来，但是这种想法却不完全荒谬”。[①] 这就意味着，美国经济一旦出现大问题，世界地缘经济与地缘政治格局都将发生大的变迁。

由于未来变化的不确定因素，不同的学者也有不同的解读，特别是关于未来世界格局，有不同的认识和预测。其中，尽管人们普遍认为未来世界是一个由多极组成的世界，但也有不同的观点认为，未来的世界将是无极的世界。[②] 此外，俄罗斯学者还预测，今后数年，前苏联国家将团结在俄罗斯周围，组成一个新的联盟——欧亚联盟。该联盟将实行统一货币、建立议会，并以普京为首。欧亚联盟将按欧盟原则组建。世界因此将形成三大力量中心——中国、欧盟 1 号和欧盟 2 号，或欧盟 1 号、以俄罗斯为首的欧盟 2 号和中华联盟。其中两个力量中心的利益将通过金砖四国与印度和拉美结合在一起。美国成为中东的主要玩家，俄罗斯将逐渐从那里离开。欧盟将成为阿拉伯—以色

① ［美］戴维·斯密克著，陈勇译：《世界是弯的：全球经济潜在的危机》，中信出版社，2009 年 6 月版，第 262 页。

② 2009 年 5 月 27 日，俄罗斯《消息报》刊登记者奥莉加瓦德舍娃对美国世界安全研究所俄罗斯和亚洲项目主任尼古拉兹洛宾的一篇访谈，题为《中国不会成为领袖，俄罗斯倒可以试一试》。尼古拉兹洛宾认为，当今世界正在成为一个无极世界而不是多极世界。因为，美国无法像几年来那样充当世界领袖，中国又尚未成熟到足以承担这一角色。在单极体系中，混乱和地区冲突会多一些，但导致重大全球性冲突的根源会更少。美国仍将是最有影响力的国家，但其影响力将取决于奥巴马政府能否成功地把美国模式从支配世界变为世界领先。而俄罗斯可以成为相当有作为的地区大国，如果它不再着迷于自己的独特性。参见“兹洛宾认为当今世界正在成为一个无极世界而不是多极世界”，中国工程技术信息网，http：//www. cetin. net. cn/cetin2/servlet/cetin/action/HtmlDocumentAction； jsessionid＝3AE4ED562999C4AED38465392121AEBD? baseid＝1&docno＝386256。

列冲突的主要调停者，上合组织将负责解决印度—巴基斯坦和阿富汗—伊朗的冲突……一个相当稳固的国际体系将会形成。[①] 但是，这种将美国排除在三大力量中心之外的预测是否科学，实在值得商榷。

无论怎样，由于力量的制衡，各力量中心之间尽管在相互竞争中摩擦、争端必不可少，甚至因一些重大核心利益受到侵害而出现军事摩擦或局部武装冲突，但是由于力量中心之间的总体实力差距不大，且一些还拥有核武器作为战略支撑，以及全球化导致的相互间经济、贸易和金融领域的紧密联系，所以演化为全面战争的可能性极小。在这种争斗中，各力量中心之间基本可以维持一种平衡，国际军事安全的总体稳定局面也不会受到巨大的冲击。一些力量的崛起将导致国际权力斗争的多元化，这将促进世界多极化进一步发展，但很难想象在未来5～10年会形成一个稳定的国际体系结构。

第二节　影响因素有所增加导致冲突几率上升

在未来5～10年间，国际战略形势仍将可能沿着一条总体稳定但局部冲突不断的轨迹发展，但影响国际军事安全的因素将会有所增加，国际军事安全形势因不断出现的武装冲突而变得十分严峻。

全球化带来的世界政治、经济影响，使得一些国家固有矛盾有所上升，经济落后、民族隔阂、宗教冲突、民族主义膨胀、社会不公等问题将在一些关键点上爆发，最终导致国内冲突加剧，进而外溢引发地区紧张局势。

① 这是俄罗斯外交学院教授、政治学博士伊戈尔·帕纳林在接受俄罗斯《消息报》采访时的观点，以“普京将成为前苏联地区的君主”为题刊登在2009年4月2日《消息报》上。参见《国防时报》，2009年4月13日，第7版。

其中最值得关注的就是“三股势力”——恐怖主义、极端宗教主义与极端民族主义。这些问题在21世纪初集中爆发所形成的惯性，很难在未来5～10年内完全停止，而世界主要行为体在恐怖主义共识问题上的分歧，将会导致全球性安全战略的缺失，最终可能导致在未来会有一个新的高涨期。美国伊拉克战争和阿富汗战争的结果是十分重要的变量。就目前看，美国最终撤出伊拉克和阿富汗，并非意味着在这两个国家取得完全的胜利。相反，会给反美主义者留下美国失败的结论，一些受到挤压的矛盾出现严重反弹，成为整个地区的动荡因素。特别是恐怖主义仍将是这一地区的最主要安全威胁，恐怖组织可能获取核、生、化武器并以此进行核恐怖威胁。网络恐怖主义攻击发生的可能性极大。这些对国家安全和世界安全带来的冲击将是巨大的。而国家间对于恐怖主义的治理，由于视角的不同而出现的认知差距以及具体措施的不利，可能引发国家间的冲突甚至局部战争。

在广泛的非洲和亚洲地区，一些国家可能因政治权力、民族、宗教和经济等问题出现严重的国内骚乱、冲突甚至内战，地区和全球性国际机构如不能有效地控制，造成的灾难——种族灭绝式屠杀、大量难民的产生等人道主义危机将十分严重。而“最糟糕的情形是，内部冲突产生了一个无效或失败的国家政权，使得大片领土和人民缺乏有效的政府管理。这样，这些领土就会成为跨国恐怖主义分子赖以栖身的地方（例如‘基地’组织在阿富汗）或成为犯罪分子和毒品卡特尔的藏身之地（例如在哥伦比亚）”。[①] 同时，这种缺乏有效管理的政府，还会导致贫穷、混乱和冲突的恶性循环，使国家和地区处于一种不稳定的状态，也成为影响国际军事安全的重要诱因。

能源资源的争夺日趋激烈或将引发新的军事冲突。除非在新能源开发上取得突破性进展，并开始推广引用，否则，对于化石能源——主要是石油和天然气资源的争夺战不会停止。因为，从现在到2025

① ［美］美国国家情报委员会著，相蓝欣译：《大趋势——2020年的世界》，华东师范大学出版社，2007年4月版，第82页。

年，全球初级能源的需求量将以每年约1.6%的速度增长。[①] 据联合国协会世界联合会跨千年全球发展展望研究的结果表明，到2030年左右，化石燃料占主要能源需求的比例将增加到81%。[②] 而新矿藏的发现和开采一直相当有限，某些专家担心这将导致2015～2020年之间能源供应的不平衡。加之自然资源匮乏的发展中国家可能难以吸引必要的外国直接投资来更新它们的基础设施。在全世界最贫穷的47个国家中，有38个是石油的净进口国，25个国家的石油需求全部依靠进口。由于政治上的不稳定或国内市场的僵化（甚至两种因素并存），投资不足极有可能在某些国家造成严重的能源供应问题。[③] 因此，安全有效地满足能源需求是有效防止纷争的前提，否则，能源资源的争夺战难以避免，不仅会导致主要能源供应国与主要能源消费国之间关系的重组，能源消费国之间也可能因能源问题产生新的矛盾和冲突，这种矛盾和冲突达到一定的程度，加之固有矛盾的激化，或将产生军事冲突。因此，“这种始于19世纪末的能源问题政治化问题必将占据新一轮战略博弈的核心位置，其所导致的地缘政治更加复杂化不仅已经出现，还将向更加深刻的方向发展，而这种发展也自然最终会影响全球安全形势的变化”。[④]

水危机或将成为新的战争策源。首先，缺水问题短时间内很难解决。由于全世界水量的约97.5%是海洋咸水，淡水资源仅占2.5%，其中大部分被冰雪冻结在南极洲、格陵兰岛及喜马拉雅山等山脉或流淌于地下，全球只有0.4%的液态地表水，人类可以获取使用的淡水储量仅占地球储水量的0.014%。据联合国环境规划署（UNEP）发布

---

① ［法］妮科尔·涅索托、［意］吉奥瓦尼·格雷维著，范炜炜译：《2025年世界将发生什么……》，东方出版社，2010年1月版，第31页。

② ［美］杰罗姆·C. 格伦、［美］西奥多·J. 戈登著，王炼、曹燕等译：《2007年未来展望》，科学技术文献出版社，2008年7月版，第36页。

③ ［法］妮科尔·涅索托、［意］吉奥瓦尼·格雷维著，范炜炜译：《2025年世界将发生什么……》，东方出版社，2010年1月版，第38页。

④ 刘强主编：《2008·国际安全》，时事出版社，2009年4月版，第24页。

的《全球环境展望——之四》综合报告指出，由于全球人口的膨胀，地球的生态承载力已经超支1/3。人类农田灌溉已经消耗了70%的可用水。预计到2025年前，发展中国家的淡水使用量还将增长50%，发达国家将增长18%。报告称："水需求量的日益增长将成为缺水国家无法承担的负担。"严重缺水导致水危机最为严重的是不发达国家和地区，特别是撒哈拉以南的非洲地区和南亚地区。由于受到全球气候变暖的影响，非洲的河流面临着极大的威胁，这将导致1/4的非洲大陆会在本世纪末处于严重的缺水状态。《全球环境展望——之四》发现非洲大陆的河道对降雨量的变化高度敏感。在非洲西部，即使是少量的降水量下降都将致使河流减少80%的流量，这一切会导致科学家们眼中的"水难民"情况的发生。联合国2009年3月12日发布的《世界水资源开发报告》显示，受人口增长因素的影响，人类对水的需求正以每年640亿立方米的速度增长，到2030年，全球将有47%的人口居住在用水高度紧张的地区。① 作为维系生存的重要资源，"19世纪争煤，20世纪争油，21世界争水"将成为现实，而一些跨界河流的水资源分配问题极易引发矛盾和冲突。目前，世界上有40%的人口居住在由两个或更多国家共享的263个河流流域中。② 有关资料显示，1949～2009年的60年，世界各国共签署了200多份有关跨界水资源的国际协议，有37起国际水资源争端最终诉诸武力解决。③

同时，水危机问题中更为严重的是水污染问题。目前，全世界有20%的人无法喝到安全的饮用水，即便是经济发达的欧洲也还有1亿人缺乏安全饮用水。世界卫生组织（WHO）的一项调查显示，全世界80%的疾病和50%的儿童死亡是由饮用被污染的水而造成的。联合国环境规划署认为，就全球范围而言，污染的水源是人类致病、致死的

① "世界水日"，新华网，http：//news. xinhuanet. com/ziliao/2003－06/30/content_944726. htm。

② 《联合国呼吁分享水资源》，载《解放日报》，2009年3月22日。

③ "跨界水"，百度百科，http：//baike. baidu. com/view/2293193. htm。

最大单一原因。[①]《世界水资源开发报告》称，目前每天有大约200万吨的废物倾倒于河流、湖泊和溪流中。由于水质的不断恶化，每天约有6000名5岁以下的儿童死于腹泻。[②] 2009年11月8日，联合国友好理事会主席努尔布朗在“21世纪的水与人居环境”的2009年全球人居环境论坛开幕式上作题为“全球水安全：人类居住区和探寻可持续性解决方案”的演讲中说：“当今世界所面临的最为紧迫的问题有可能便是如何提供安全饮用水和卫生用水的问题。是否能够获得纯净的水源和进行充分的卫生处理对消除贫困和经济发展至关重要。如果无法在水资源和卫生处理方面取得进展，也就无法实现初等教育、疾病控制、环境可持续性以及根除贫困，而上述方面都是经济发展和可持续性发展的重要推进因素。此外，每天由于水生疾病而引发数千人死亡的情况也将持续下去。忽视这一问题所带来的社会、环境和经济成本都是极为巨大的。”[③] 另据联合国儿童基金会（UNICEF）和世界卫生组织（WHO）估计，到2015年，发展中国家每年至少需要113亿美元来满足低成本的、包括饮用水和卫生设施在内的基本服务。[④] 显然这对发展中国家特别是欠发达国家而言是个不小的挑战。因此，有限的水资源争夺，特别是跨界河流、淡水湖泊的争夺问题如果得不到合理解决，“为水而战”必将成为未来军事冲突的极大诱因。

此外，粮食危机、环境问题等的日益加剧，也可能成为引发军事安全的重要因素。这些问题实际上与能源供给问题有着千丝万缕的联

---

① 《联合国报告：世界80%疾病由饮用水污染导致》，中国环境生态网，http://www.eedu.org.cn/news/resource/water/200711/17795.html。

② “世界水发展报告”，环境生态网，http://www.eedu.org.cn/Article/eehotspot/freshwater/200907/37666.html。

③ “《21世纪的水与人居环境无锡宣言》发表”，新华网，http://www.js.xinhuanet.com/xin_wen_zhong_xin/2009-11/09/content_18173263.htm。

④ ［美］杰罗姆·C. 格伦、西奥多·J. 戈登著，王炼、曹燕等译：《2007年未来展望》，科学技术文献出版社，2008年7月版，第13页。

系，作为替代能源，生物燃料的制造消耗了大量的粮食，使得原本因气候变暖而导致粮食减产的供给不足更加严重，这种状况甚至被一些专家们认为是导致粮食危机的罪魁祸首。而由于化石能源的紧张，火煤发电、核能发电等可能成为主要的能源供给方式，然而，“未来25年计划建立的火煤发电厂的排放将比过去250年的排放总和还要多。保护环境运动可能试图关闭化石燃料产业，就像30年前它们使核能停止增长一样。如果要使核能取代化石燃料排放的温室气体，将需要建立约2000家核电厂，在15年里每2～3星期建立一家。可能要出现另一起切尔诺贝利式的事故才能使核电的扩张停止”。而“因气候变化导致的水平面上升，以及其他起作用的环境因素，将不可避免导致大规模的移民和冲突”。[①] 因此，环境问题被认为是“危机扩大器”，大多数冲突都发生在环境更加不可持续的地区。

从上述情况不难发现，尽管非传统安全威胁因素不断上升，但最终引发军事冲突的几率却不断增加，而说到底，就是非传统安全引发传统安全问题的爆发，人类发展正面临着双重威胁考验。但是，从结果看，军事安全仍旧占据着十分重要的位置，是影响人类安全的最重要因素。

第三节　军控与防扩散带来全新挑战

尽管社会进步可以改变人们对维护自身安全方式的认识，也最终导致维护自身安全方式的选择，但是在丛林法则尚未退出历史舞台之前，以实力求安全的思维理念尚无法消除。因此，通过发展军备增加军事势力依然是世界主要行为体维护其安全方式的主要选择。武器装

① ［美］杰罗姆·C. 格伦、西奥多·J. 戈登著，王炼、曹燕等译：《2007年未来展望》，科学技术文献出版社，2008年7月版，第37、76页。

备平台的研发、购买、走私依然成为全球关注的问题，其中核武器、生化武器的扩散问题日益成为一个困扰国际社会的重大问题。

理论上说，武器特别是核武器等大规模杀伤性武器的扩散并不一定必然导致战争，因为“当成本、风险和收益之间的平衡随着大规模杀伤性武器的发展而发生变化时，能作为战争替代政策的选择范围也扩大了。对大多数当代政府来说，从战争和外交之间二者择一不再是唯一的选择，还有许多诸如斡旋、杠杆作用以及控制等方法可供选择。曾被纳粹德国在两次大战之间多次成功应用，后来又被大多数大国和一些小国仿效的颠覆伎俩仍然有效，而其他诸如宣传、军事调动、军事训练、经济压迫等手段也是一样。这些手段大多既可单独使用，又可组合并用。曾经使用过颠覆、经济制裁、有限干涉——这些手段都不会动用有组织的军事力量——的国家既包括所有的大国，也包括伊朗、叙利亚、伊拉克、利比亚、印度、加纳、索马里，印度尼西亚、尼加拉瓜，以及其他许多国家”。[①] 但是，武器扩散一定是军事冲突和战争的重要诱因之一。特别是核武器，自其出现起，人们就因其巨大的毁伤能力，开始担心它将有可能毁灭人类及其文明。尽管由于拥有核武器的大国都保持一定的理性，核武器只是用来进行威慑而不真正使用，但是，早在 1946 年核武器刚刚问世后不久，就有学者指出：“随着原子弹在两个或更多国家的拥有，就产生了对率先使用原子武器攻击其他国家而进行有效报复的可能性。如果一些国家制造或储备原子弹是被用来进行立即报复的，那么这种报复就有可能发生。所有这些拥有原子武器的国家如果同时不履行其应承担的义务，就可能导致一个不测的后果，而这也是潜在的侵略者几乎预料不到的。”[②]

---

① [加] 卡列维·霍尔斯蒂著，王浦劬等译：《和平与战争：1648—1989 年的武装冲突与国际秩序》，北京大学出版社，2005 年 8 月版，第 235 页。

② [美] 伯纳德·布罗迪等著，于永安、郭莹译：《绝对武器——原子武力与世界秩序》，解放军出版社，2005 年 1 月版，第 158 页。此书是世界上第一本研究核战争、核政策、核战略的专著，成书于 1946 年 6 月。那时，距人类历史上惟一的一次使用原子弹的“广岛”轰炸仅仅过去 10 个月时间。

这就是问题的关键所在，如果更多的国家特别是非国家行为体（诸如恐怖组织）获得核武器，问题将相当严重。而目前在解决这一问题上，人们的手段是有限的，效果也并不理想。即便是在国际社会的强烈谴责、制裁下，印度、巴基斯坦依然成功地研制出核武器，朝鲜也进行了两次核试验。这个问题得不到很好的解决，“核冬天”也就很有可能不是耸人听闻的神话。显然，一些国家对核武器的追求热度并未降低，而问题的复杂性更在于，如前所述，为解决能源危机，全球在未来的15年左右的时间内，至少需要建设2000座核电站才能满足需求，如果得不到有效的监管，核技术和核材料将很容易被那些对核武器感兴趣的国家或非国家组织获得，成为核扩散的新问题。因此，在未来的5～10年间，除了现有的“朝鲜核问题”和“伊朗核问题”得不到根本解决，还很可能出现另外的“某某核问题”。

而事实上，常规武器的扩散是导致武装冲突，或更准确地说是延续武装冲突的一个重要原因。武装冲突需要武器，需求刺激军火生产，这种恶性循环自然导致国际军事安全局势的不稳定。仅以2003年为例，是年，“世界100强公司（不包括中国）总的军火销售额是2360亿美元”，而“100强中的38家美国公司在军火销售方面获得了最大的增长率——以当前美元计为28%，实际为25%”。[①] 从另一个统计数字看，2000～2004年，世界10个最大武器供应国向38个最大接受国转让主要常规武器共计4563.5亿美元，其中非洲513亿美元、美洲693.2亿美元、亚洲3357.3亿美元。[②] 显然，这些地区都是世界上最不稳定和武装冲突最多的地区。因此，武器转让和走私如得不到有效的管理和控制，就无法消除其对国际军事安全的不利影响。

---

① [瑞典] 斯德哥尔摩国际和平研究所编，中国军控与裁军协会译：《SIPRI年鉴2005：军备·裁军和国际安全》，时事出版社，2006年4月版，第491、493页。

② 同上，第539页。

随着国际政治的日益复杂化，区域组织成为国际军事安全机制的重要一环，联合国在维护国际军事安全方面尽管将遭遇前所未有的挑战，但仍可能发挥重要作用。

国际组织的作用之一就是制定国际行为准则，建立一个维护世界安全的国际机制。因为，“国际组织通过透明度构建方式、致力于合法化斗争，并通过政治认识论规划未来的机制监图是完全可行的”。[①] 其中，区域性国际组织的不断出现，将在一定程度上减轻联合国在维护世界和平问题上的压力。“根据《联合国宪章》规定，区域组织的任务包括两个方面：（1）和平解决争端，即设立区域组织的联合国会员国，在把地方争端提交联合国安全理事会之前，应通过区域组织，力求争端的和平解决。（2）协助联合国安理会实施依安理会权力而采取的强制行动，此项行动必须以安理会的授权为限。但《联合国宪章》规定，会员国在遭到武力攻击时，在一定条件下得行使单独或集体自卫的权利。此外，区域组织为维持国际和平及安全所进行的活动，不论何时均应向安理会作充分报告。可见《联合国宪章》已把区域组织纳入联合国维持国际和平与安全的体制。”[②] 这就使区域组织不仅拥有维护国际安全的责任，也拥有维护国际安全的义务。同时，区域组织由于在地域和文化等方面的优势，充分了解地区情况，在解决地区问题特别是对推动本地区国家通过调解、谈判、斡旋等和平方式解决争端上能够发挥独特作用。正如中国常驻联合国代表张业遂大使2010年1月13日在安理会“联合国与区域和次区域组织在维护国际和平与安全领域的合作”专题辩论会上的发言中所说的那样，“区域组织在预防和解决

① 弗里德里奇·克拉托赫维尔、约翰·吉拉尔德·鲁杰：《国际组织——治国之道的现状》，载［美］莉萨·马丁、贝思·西蒙斯编，黄仁伟、蔡鹏鸿等译：《国际制度》，世纪出版集团、上海人民出版社，2006年3月版，第406页。

② 梁西：《区域性国际组织》，中国百科网，http://www.chinabaike.com/article/1/78/421/2007/20070513111557.html。

冲突、部署维和行动、推动战后重建、缓解人道危机等方面扮演着日益重要的角色”。①

而作为全球最大的国际组织，联合国在维护世界安全中所扮演的角色和发挥的作用之重要，显然尚无以取代。胡锦涛主席 2008 年 7 月 2 日在会见来访的联合国秘书长潘基文时就曾指出，“在新世纪新形势下，联合国作为最具普遍性、代表性和权威性的政府间国际组织，对世界的和平与发展担负着越来越重要的责任”。② 而这种责任的履行也因国际形势的变化和安全问题的多样性和复杂性日益增多，以及联合国本身存在的一些问题，使得联合国面临着越来越多的挑战。

尽管从理论上讲，国际组织在解决国际安全问题上，特别是解决国际军事安全问题上具有独特的甚至是不可替代的作用，但是国际组织一旦在管理国际关系中系统失灵，后果也是灾难性的。正如对国际组织持批评态度的学者所说的那样，“绝大多数理论认为，国际组织的建立是对信息不全、交易成本以及对帕累托效率（Pareto efficiency）和成员国福利提高造成阻碍这些问题作出的反应”，“而进一步的考察则会发现，许多国际组织已经偏离了这些理论所倡导的效用目标，而且，很多国际组织是在自主地行使权力，这是各国创立国际组织时根本不想要、也未曾预料的运转方式”。特别是一些具有官僚机构本质特征的国际组织，出现了非理性化现象，则情况就会变得相当糟糕。因为，“如果官僚机构把其工作规则和程序当成工作目标，将最终使理性化变成不合理。官僚机构不是设计最适当和最有效的规则和程序来完成其使命，却常常使其使命服从于现存的众所周知的规则手册”。③ 显然，

① 中华人民共和国常驻联合国代表团网站，http：//www.china－un.org/chn/hyyfy/t651326.htm。

② “胡锦涛会见联合国秘书长潘基文”，人民网，http：//politics.people.com.cn/GB/1024/7461486.html。

③ 迈克尔·N. 巴尼特、马莎·芬尼莫尔：《国际组织的政治、权力与病症》，载［美］莉萨·马丁、贝思·西蒙斯编，黄仁伟、蔡鹏鸿等译：《国际制度》，世纪出版集团、上海人民出版社，2006 年 3 月版，第 457、479 页。

这将使它最终无法完成其既定使命。而作为最大的国际组织——联合国同样在解决国际问题，特别是在维护国际军事安全方面也有不足的一面，甚至被认为："联合国集体安全制度将是新的世界秩序的基础吗？答案是，这样的可能性很小。"因为，联合国"存在着如下几个重要问题：第一，当发生明显的侵略行为的时候，联合国集体安全制度最能够发挥作用，而它难以在内战中起作用。第二，集体安全制度在没有国家使用否决权的情况下可以发挥作用，但是如果美国、俄罗斯、中国、英国和法国不能达成协议，集体安全制度将会再度陷于瘫痪之中。况且1945年设计的联合国集体安全制度是不能用来反对五大国的，这五个国家在安理会享有否决权。第三，集体安全制度只有在成员国提供资源的时候才可以发挥作用，如果拥有庞大军队的国家不提供资源，那么很难想象集体安全制度会起什么作用"。① 同时，在联合国的灵活性上，也同样存在着批评声音，著名的社会思想家阿尔文·托夫勒就指出："如果联合国这种庞大的恐龙组织，不能从一个第二次浪潮文明的官僚组织转变为一个更加灵活，不仅能代表国家，也能代表非国家团体的第三次浪潮的组织，那么，互相竞争的全球力量中心就会组织起来——也就是被联合国拒之门外的各种团体组成的'准联合国'。"②

十分明显，联合国的改革十分必要且迫在眉睫。同时，联合国也并非因其具有不适应现代社会和未来发展的一面而一无是处，其在维护国际安全上所发挥的重要作用也没有其他国际组织可以完全替代。因为，"在过去的60年中，我们拥有的这个国际组织并不是一直都遭受

① ［美］小约瑟夫·奈著，张小明译：《理解国际冲突：理论与历史》（第七版），上海人民出版社，2009年7月版，第220、221页。

② ［美］阿尔文·托夫勒、海蒂·托夫勒著，严丽川译：《战争与反战争》，中信出版社，2007年3月版，第188页。

挫折和失败。……当它的所有问题都被考虑到的时候，联合国为我们这一代人带来了巨大的裨益”。尽管“组织的一部分遭受了悲惨的失败，而其他部分则获得了意义深远的成功——这和人没有什么区别”。①这就意味着，虽然联合国需要改进和完善，但尚没有合适的替代方案。也正因为如此，即便是对联合国在维护世界安全的作用和能力持批评态度的人，也不得不承认，“不管联合国具有什么样的弊病，它依然是惟一一个充当国际外交焦点的世界性组织。人们有时候会说，假如今后联合国不存在了，那么还得重新创立一个这样的组织。鉴于当今世界在文化和国家利益上的多样性，不清楚我们是否能够重新创立一个这样的组织”。② 因此，联合国的集体安全机制未来仍将是维持世界秩序的重要手段之一，在维护国际军事安全上仍可能发挥重要作用。

第四节　中国新安全观或将成为共同准则

中国新安全观是根据国际形势变化提出的一种国际安全问题解决方案，是摒弃冷战思维、继承传统和面向未来的一种新的国际安全战略思维。

中国新安全观的核心要义是“互信、互利、平等、协作”，其终极目标是建设持久和平、共同繁荣的和谐世界。对此，胡锦涛主席 2009 年 9 月 23 日在第 64 届联合国大会一般性辩论的发言中，已经做了最好的诠释，即“当今世界正处在大发展大变革大调整时期，和平、发展、

① ［美］保罗·肯尼迪著，卿劼译：《联合国过去与未来》，海南出版社，2008 年 12 月版，第 247、246 页。

② ［美］小约瑟夫·奈著，张小明译：《理解国际冲突：理论与历史》（第七版），上海人民出版社，2009 年 7 月版，第 223 页。

合作的时代潮流更加强劲”。“面对前所未有的机遇和挑战，国际社会应该继续携手并进，秉持和平、发展、合作、共赢、包容理念，推动建设持久和平、共同繁荣的和谐世界，为人类和平与发展的崇高事业不懈努力”。因此，要“用更广阔的视野审视安全，维护世界和平稳定。在人类历史上，各国安全从未像今天这样紧密相连。安全内涵不断扩大，传统安全威胁和非传统安全威胁相互交织，涉及政治、军事、经济、文化等诸多领域，对各国构成共同挑战，需要采用综合手段共同应对。安全不是孤立的、零和的、绝对的，没有世界和地区和平稳定，就没有一国安全稳定”。为此，“应该坚持互信、互利、平等、协作的新安全观，既维护本国安全，又尊重别国安全关切，促进人类共同安全。坚持联合国宪章宗旨和原则，坚持用和平方式解决地区热点问题和国际争端，反对任意使用武力或以武力相威胁。支持联合国在国际安全领域继续发挥重要作用。坚持平等、互利、合作精神，保障全球经济金融稳定。坚持反对一切形式的恐怖主义、分裂主义、极端主义，不断深化国际安全合作”。[①] 显然，这种基于“双赢”或“相对”的中国安全观，超越了“单赢”的狭隘和“绝对”的霸道，在一个更加广阔的空间里，以人类的共同利益为前提，以互信为基础，以互利为原则，用平等的姿态和协作的方式处理人类的共同安全问题，符合时代的发展潮流。

因此，“理论和现实的逻辑使中国政府选择并发展了新安全观，中国新安全观中安全概念的内涵扩展也是符合时代潮流的，它不但没有让‘安全’一词失去意义，相反，在安全概念内涵获得扩展下的中国新安全观已对国际政治行为产生出重要的实践意义，它有利于各国安全战略的制定，有利于新型国际安全机制的建立，有利于反对霸权主

① 胡锦涛：“同舟共济　共创未来——在第64届联大一般性辩论时的讲话”，新华网，http：//news. xinhuanet. com/world/2009－09/24/content _ 12103701. htm。

义和强权政治，有利于和谐世界的构建”。[1] 可以预见，中国新安全观将像“和平共处五项基本原则”一样被世界绝大多数国家所接受，成为维护国际军事安全的共识，并成为维护国际军事安全的重要行为准则。

① 杨洪刚、余朝阳：《论中国新安全观的内在机理与实践意义》，载《理论月刊》，2007 年第 12 期，第 115 页。

参考书目

一、中文著作

·陈立编著：《中国国家战略问题报告》，中国社会科学出版社，2002年版。

·戴耀先主编：《德意志军事思想研究》，军事科学出版社，1999年版。

·伏广存主编：《近现代国际关系史论纲》，社会科学文献出版社，2009年版。

·黄金元著：《全球化时代大国的安全》，中国社会科学出版社，2007年版。

·黄硕风著：《大国较量：世界主要国家综合国力国际比较》，世界知识出版社，2006年版。

·江泽民著：《论国防和军队建设》，解放军出版社，2002年版。

·姜国柱著：《中国军事思想通史·先秦卷》，中国社会科学出版社，2006年版。

·姜汉斌主编：《国防政治学》，人民出版社，2007年版。

·姜兆鸿、杨平学著：《印度军事战略研究》，军事科学出版社，1993年版。

·军事科学院战略研究部：《战略学》，军事科学出版社，2001年版。

·李华、胡奇英编著：《预测与决策》，西安电子科技大学出版社，2005年版。

·李际均著：《论战略》，解放军出版社，2003年版。

·李少军主编：《国际战略学》，中国社会科学出版社，2009年版。

·李慎民、王逸舟主编：《全球政治与安全报告（2009）》，社会科学文献出版社，2008年版。

·李效东主编：《国际军事学概论》，军事科学出版社，2004年版。

·李义虎著：《国际格局论》，北京出版社，2004年版。

·李忠武、孟威佳编：《国家领土主权概要》，吉林科学技术出版社，2005年版。

·梁守德、洪银娴著：《国际政治学概论》，中央编译局出版社，1994年版。

·林建超主编：《世界新军事变革概论》，解放军出版社，2004年版。

·林荣林主编：《军事辩证法导论》，军事谊文出版社，1995年版。

·刘长敏著：《国际关系体系与格局（1618—1945）——理论框架与历史变迁》，世界知识出版社，2002年版。

·刘从德著：《地缘政治学——历史、方法与世界格局》，华中师范大学出版社，1998年版。

·刘竟、张士智、朱莉著：《苏联中东关系史》，中国社会科学出版社，1987年版。

·刘静波著：《21世纪初中国国家安全战略》，时事出版社，2006年版。

·刘强主编：《2008·国际安全》，时事出版社，2009年版。

·刘强主编：《2009·国际安全》，时事出版社，2010年版。

·刘强著：《伊朗国际战略地位论——一种全球多视角的解析》，世界知识出版社，2007年版。

·刘跃进著：《国家安全学》，中国政法大学出版社，2004年版。

·陆俊元著：《地缘政治的本质与规律》，时事出版社，2005

年版。

·陆忠伟主编：《非传统安全论》，时事出版社，2003年版。

·米庆余著：《近代日本的东亚战略和政策》，人民出版社，2007年版。

·门洪华著：《和平的纬度：联合国集体安全机制研究》，上海人民出版社，2002年版。

·倪世雄著：《当代西方国际关系理论》，复旦大学出版社，2001年版。

·钮先钟著：《历史与战略：中西军事史新论》，广西师范大学出版社，2003年版。

·钮先钟著：《西方战略史》，广西师范大学出版社，2003年版。

·钮先钟著：《西方战略思想史》，广西师范大学出版社，2003年版。

·庞景安主编：《现代未来研究理论方法及其应用》，科学技术文献出版社，2008年版。

·沈伟烈、陆俊元著：《中国国家安全地理》，时事出版社，2002年版。

·盛欣主编：《世界军事形势分析·2009》，国防大学出版社，2009年版。

·宋新宁、陈岳主编：《国际政治学概论》，中国人民大学出版社，2000年版。

·藤建群等著：《国际军备控制与裁军概论》，世界知识出版社，2009年版。

·王保存著：《世界新军事变革新论》，解放军出版社，2003年版。

·王绳祖主编：《国际关系史·第一卷（1648—1814）》，世界知识出版社，1995年版。

·王绳祖主编：《国际关系史·第二卷（1814—1871）》，世界知识出版社，1995年版。

·王绳祖主编：《国际关系史·第三卷（1871—1918）》，世界知识出版社，1995 年版。

·王绳祖主编：《国际关系史·第四卷（1917—1929）》，世界知识出版社，1995 年版。

·王绳祖主编：《国际关系史·第八卷（1949—1959）》，世界知识出版社，1995 年版。

·王义桅著：《超越均势：全球治理与大国合作》，上海三联书店，2008 年版。

·王义桅著：《战魂—从历史透析未来战争》，华东理工大学出版社，2003 年版。

·吴莼思著：《威慑理论与导弹防御》，长征出版社，2001 年版。

·吴广权主编：《外国战争史和军事学术史》，国防大学出版社，1992 年版。

·吴九龙主编：《孙子校释》，军事科学出版社，1991 年版。

·熊光楷著：《国际战略与新军事变革》，清华大学出版社，2003 年版。

·薛刚凌、周健主编：《军事法学》，法律出版社，2006 年版。

·阎学通、漆海霞等著：《中外关系定量预测》，世界知识出版社，2009 年版。

·杨仕鹏著：《军费新论——基于权力、制度视角的解释》，军事科学出版社，2009 年版。

·杨旭华、蔡仁照著：《妙不可言的威慑术》，国防大学出版社，1993 年版。

·杨毅主编：《国家安全战略理论》，时事出版社，2008 年版。

·姚有志主编：《战争战略论》，解放军出版社，2005 年版。

·姚云竹著：《战后美国威慑理论与政策》，国防大学出版社，1998 年版。

·于炳贵，郝良华著：《中国国家文化安全研究》，山东人民出版社，2007 年版。

·俞正樑著：《国际关系与全球政治——21 世纪国际关系学导论》，

复旦大学出版社，2007 年版。

·张继泽著：《未来研究学》，贵州人民出版社，2006 年版。

·张学明著：《冷战后国家安全观的变化》，国防大学出版社，2003 年版。

·赵景芳著：《美国战略文化研究》，时事出版社，2009 年版。

·赵丕主编：中国军事百科全书（第二版）《国际军事安全》（学科分册 I），中国大百科全书出版社，2008 年版。

·赵子聿、贤峰礼著：《国家安全危机决策》，时事出版社，2006 年版。

·中国国际关系学会主编：《国际关系史·第十二卷（1990—1999）》，世界知识出版社，2006 年版。

·中国国际战略学会军控与裁军研究中心编著：《当代国际维和行动》，军事谊文出版社，2006 年版。

·中国现代国际关系研究所危机管理与对策中心编著：《国际危机管理概论》，时事出版社，2003 年版。

·中华人民共和国外交部政策规划司：《中国外交》（2009 年版），世界知识出版社，2009 年版。

·朱崇坤编：《霸权的历程：美国军事战略冷观察》，新华出版社，2000 年版。

·朱明阳主编：《亚太安全战略论》，军事科学出版社，2000 年版。

·朱小莉、赵小卓著：《美俄新军事革命》，军事科学出版社，1996 年版。

·左凤荣著：《致命的错误——苏联对外战略的演变与影响》，世界知识出版社，2001 年版。

二、中文译著

·［澳］克雷格·斯奈德等著，徐纬地等译：《当代安全与战略》，吉林人民出版社，2001 年版。

·［澳］约翰·伯顿著，谭朝洁、马学印译：《全球冲突：国际危机的国内根源》，世纪出版集团上海人民出版社，2007 年版。

·［德］克劳塞维茨著，钮先钟译：《战争论》，广西师范大学出版社，2003 年版。

·［德］马克思、恩格斯：《马克思恩格斯选集》第 2 卷，人民出版社，1972 年版。

·［俄］弗·伊·斯里普琴科著，张铁华主译：《第六代战争》，新华出版社，2004 年版。

·［俄］A. X. 沙瓦耶夫著，魏世举、石陆原译：《国家安全新论》，军事谊文出版社，2002 年版。

·［俄］B. M. 库拉金著，钮菊生、雷晓菊译：《国际安全》，武汉大学出版社，2009 年版。

·［法］妮科尔·涅索托、［意］吉奥瓦尼·格雷维著，范炜炜译：《2025 年世界将发生什么……》，东方出版社，2010 年版。

·［古希腊］希罗多德著，吴玉芬、易洪波编译：《希波战争史》，重庆出版社，2007 年版。

·［古希腊］亚里士多德著：《政治学》（卷二、卷五、卷七），商务印书馆，1965 年版。

·［加］卡列维·霍尔斯蒂著，王浦劬等译：《和平与战争：1648—1989 年的武装冲突与国际秩序》，北京大学出版社，2005 年版。

·［美］R. M. 尼克松著，北京大学法律系和中央民族学院研究室《六次危机》翻译组译：《六次危机》，商务印书馆，1972 年版。

·［美］阿尔文·托夫勒、海蒂·托夫勒著，严丽川译：《战争与反战争》，中信出版社，2007 年版。

·［美］阿尔文·托夫勒著，蔡伸章译：《未来的冲击》，中信出版社，2006 年版。

·［美］安德鲁·巴塞维奇著，曹化银、曹爱菊译：《美国的极限——实力的终结与深度危机》，中信出版社，2009 年版。

·［美］保罗·肯尼迪著，王保存等译：《大国的兴衰》，求实出版社，1998年版。

·［美］保罗·肯尼迪著，卿劼译：《联合国过去与未来》，海南出版社，2008年版。

·［美］彼得·卡赞斯坦主编，宋伟、刘铁娃译：《国家安全的文化：世界政治中的规范与认同》，北京大学出版社，2009年版。

·［美］伯纳德·布罗迪等著，于永安、郭莹译：《绝对武器——原子武力与世界秩序》，解放军出版社，2005年版。

·［美］布热津斯基著，刘晓明等译：《竞赛方案——进行美苏竞争的地缘战略纲领》，中国对外翻译出版公司，1988年版。

·［美］布热津斯基著，王振西主译：《大抉择》，新华出版社，2005年版。

·［美］大卫·巴拉什、查尔斯·韦伯著，刘成等译：《积极和平——和平与冲突研究》，南京出版社，2007年版。

·［美］戴尔·科普兰著，黄福武译：《大战的起源》，北京大学出版社，2008年版。

·［美］戴维·斯密克著，陈勇译：《世界是弯的：全球经济潜在的危机》，中信出版社，2009年版。

·［美］哈里·杜鲁门著，李石译：《杜鲁门回忆录》（第二卷），生活读书新知三联书店，1974年版。

·［美］汉斯·摩根索著，卢明华等译：《国际纵横策论》，上海译文出版社，1995年版。

·［美］汉斯·摩根索著、［美］汤普森改编，李晖、孙芳译：《国家间政治：为了权力与和平的斗争》，海南出版社，2008年版。

·［美］亨利·基辛格著，顾淑馨、林添贵译：《大外交》，海南出版社，1998年版。

·［美］亨利·基辛格著，胡利平、凌建平等译：《美国的全球战略》，海南出版社，2009年版。

·［美］杰弗里·帕克等著，傅景川等译：《剑桥战争史》，吉林人民出版社，1999 年版。

· ［美］杰罗姆·格伦、西奥多·戈登著，王炼、曹燕等译：《2007 年未来展望》，科学技术文献出版社，2008 年版。

· ［美］肯尼思·沃尔兹著，胡少华、王红缨译：《国际政治理论》，中国人民公安大学出版社，1992 年版。

· ［美］罗伯特·基欧汉、约瑟夫·奈著，林茂辉等译：《权力与相互依赖——转变中的世界政治》，中国人民公安大学出版社，1991 年版。

· ［美］罗伯特·基欧汉著，苏长河、信强、何曜译：《霸权之后——世界政治经济中的合作与纷争》，上海人民出版社，2006 年版。

· ［美］罗伯特·吉尔平著，杨宇光等译：《国际关系政治经济学》，经济科学出版社，1989 年版。

· ［美］罗伯特·吉尔平著，杨宇光等译：《全球政治经济学》，上海人民出版社，2003 年版。

· ［美］罗伯特·西格著，刘学成等编译：《马汉》，天津人民出版社，1995 年版。

· ［美］罗伯特·夏皮罗著，刘纯毅译：《下一轮全球趋势》，中信出版社，2009 年版。

· ［美］罗杰·斯皮德著，秦志高译：《八十年代战略威慑》，战士出版社，1983 年版。

· ［美］美国国家情报委员会著，相蓝欣译：《大趋势——2020 年的世界》，华东师范大学出版社，2007 年版。

· ［美］美国国家情报委员会著，中国现代国际关系研究院美国研究所译：《全球趋势 2025——转型的世界》，时事出版社，2009 年版。

· ［美］乔治·奎斯特著，孙建中译：《国际体系中的进攻与防御》，上海人民出版社，2008 年版。

· ［美］斯皮克曼著，刘愈之译：《和平地理学》，商务印书馆，1965 年版。

·［美］小科尼利厄斯·墨菲著，王起亮等译：《世界治理——一种观念史的研究》，世界知识出版社，2007 年版。

·［美］小约瑟夫·奈著，张小明译：《理解国际冲突：理论与历史》，上海人民出版社，2009 年版。

·［美］伊迪·韦纳、阿诺德·布朗著，杨剑雄译：《前瞻思维——如何在变化的时代清醒思考》，中国人民大学出版社，2009 年版。

·［美］约翰·米尔斯海默著，王义桅、唐小松译：《大国政治的悲剧》（第一版），上海世纪出版集团上海人民出版社，2008 年版。

·［美］约翰·奈斯比特、［德］多丽丝·奈斯比特著，魏平译：《中国大趋势》，吉林出版集团、中华工商联合会，2009 年版。

·［美］约翰·奈斯比特著，魏平译：《世界大趋势》，中信出版社，2010 年版。

·［美］詹姆斯·邓尼根、雷蒙德·马塞多尼亚著，军事科学院外国军事研究部译：《美军大改革：从越南战争到海湾战争》，海南出版社，1999 年版。

·［美］詹姆斯·多尔蒂、小罗伯特·普法尔茨格拉夫著，阎学通、陈寒溪等译：《争论中的国际关系理论》（第五版），世界知识出版社，2003 年版。

·［美］兹比格纽·布热津斯基著，中国国际问题研究所译：《大棋局——美国的首要地位及其地缘战略》，1998 年版。

·［挪］埃里克·纽特著，于芳译：《未来学》，华文出版社，2009 年版。

·［日］星野昭吉著，刘小林、梁云祥译：《全球化时代的世界政治——世界政治的行为主体与结构》，社会科学文献出版社，2004 年版。

·［瑞典］斯德哥尔摩国际和平研究所编，中国军控与裁军协会译：《SIPRI 年鉴 2002：军备·裁军和国际安全》，时事出版社，2003 年版。

·［瑞典］斯德哥尔摩国际和平研究所编，中国军控与裁军协会译：《SIPRI 年鉴 2005：军备·裁军和国际安全》，时事出版社，2006 年版。

·［瑞典］斯德哥尔摩国际和平研究所编，中国军控与裁军协会译：《SIPRI 年鉴 2007：军备·裁军和国际安全》，时事出版社，2008 年版。

·［瑞典］斯德哥尔摩国际和平研究所编，中国军控与裁军学会译：《SIPRI 年鉴 2008：军备·裁军和国际安全》，时事出版社，2009 年版。

·［瑞典］斯德哥尔摩国际和平研究所编，中国军控与裁军学会译：《SIPRI 年鉴 2009：军备·裁军和国际安全》，时事出版社，2010 年版。

·［瑞士］约米尼著，钮先钟译：《战争艺术》，广西师范大学出版社，2003 年版。

·［英］J. F. C. 富勒著，钮先钟译：《西洋世界军事史》，广西师范大学出版社，2004 年版。

·［英］P. 奥沙利文著，李亦鸣译：《地理政治论——国际间的竞争与合作》，国际文化出版社，1991 年版。

·［英］M. 阿库斯特著，汪暄等译：《现代国际法概论》，商务印书馆，1981 年版。

·［英］巴里·布赞（Barry Buzan）著，闫健、李剑译：《人、国家与恐惧——后冷战时代的国家安全研究议程》，中央编译出版社，2009 年版。

·［英］巴里·布赞、埃里克·海凌著，薛利涛、孙晓春等译：《世界政治中的军备动力》，吉林人民出版社，2001 年版。

·［英］巴瑞·布赞、［丹麦］奥利·维夫、［丹麦］迪·怀尔德主编，朱宁译：《新安全论》，浙江人民出版社，2003 年版。

·［英］巴兹尔·亨利·利德尔—哈特著，军事科学院译：《战略论：间接路线战略》，战士出版社，1981 年版。

·［英］哈尔福德·麦金德著，林尔蔚、陈江译：《历史的地理枢纽》，商务印书馆，1985 年版。

·［英］哈尔福德·麦金德著，武原译：《民主的理想与现实》，商务印书馆，1965 年版。

·［英］杰弗里·帕克著，李亦鸣等译：《二十世纪的西方地理政治思想》，解放军出版社，1992 年版。

三、外文著作

· Barry Buzan, *People, States and Fear*. Chapel Hill, N. C.: University of North Carolina, 1983.

· Hans J. Morgenthau, Revised by Kenneth W. Thompson, *Politics Among Nations: The Struggle for Power and Peace*, Peking University Press, Jan, 2005.

· Hedley Bull, "Strategic Studies and Its Critics," *World Politics*, vol. 20, no. 4, July, 1968.

· Helga Haftendorn, "The Security Puzzle: Theory—Building and Discipline - Building in International Security," *International Studies Quarterly*, Vol. 35, 1991.

· Henry A. Kissinger, *The Necessity for Choice*, New York: Anchor Books, 1962.

· Jessica Tuchman Mathews, "Redefining Security," *Foreign Affairs*, Vol. 68, No. 2, Spring, 1989.

· Ken Booth and Peter Vale, "Security in Southern Africa: After Apartheid, Beyond Realism," *International Affairs*, Vol. 71, No. 2, April, 1995.

· Norman Myers, *Ultimate Security*, New York: W. W. Norton & Company, 1993.

· Emma Rothschild, "What Is Security?" *DAEDALUS*, Vol. 124, No. 3, Summer, 1995.

· R. Keohane, *The Theory of Hegemonic Stability and Changes in International Economic Regimes*, 1967—1977, O. R. Holsti&Others, *Change In The International System*, Boulder, 1980.

· Richard H. Ullman, "Redefining Security," *International Security*, Vol. 8, No. 1, Summer, 1983.

· Steven Walt, "The Renaissance of Security Studies," *International Security Quarterly*, vol. 35, no. 2, Fall, 1991.

· *UN Development Program*: 1994, New York: Oxford University Press, 1994.

四、论文文章

·楚树龙、彭春艳:《冷战后国际安全理论的发展》,载《现代国际关系》,1999 年第 4 期。

·崔晓乐:《美苏在中东的争夺与第三次中东战争(1961—1969)》,载《西伯利亚研究》,2009 年第 2 期。

·杜文君:《生态安全与军队后勤保障》,载《后勤学术》,2007 年第 1 期。

·樊勇明:《霸权稳定论的理论与政策》,载《现代国际关系》,2000 年第 9 期。

·樊增礼:《国际军控与裁军任重道远》,载《瞭望》,2001 年第 11 期。

·方华:《世界大事综览》,载《国际信息资料》,2009 年第 8 期。

·韩丽:《无处不在的威胁——"新安全观"概念质疑》,载《世界经济与政治》,2000 年第 10 期。

·韩献栋、[韩] 金淳洙:《中国军事外交与新安全观》,载《现代国际关系》,2008 年第 2 期。

·胡锦涛:《高举中国特色社会主义伟大旗帜 为夺取全面建设小康社会新胜利而奋斗——在中国共产党第十七次全国代表大会上的报

告》，人民出版社，2007 年版。

·胡锦涛：《在庆祝中国人民解放军建军八十周年暨全军英雄模范代表大会上的讲话》（2007 年 8 月 1 日），载《科学发展观重要论述摘编》，中央文献出版社、党建读物出版社，2009 年版。

·黄旭东：《文化安全与发展中国家文化发展》，载《云南师范大学学报（哲学社会科学版）》，2009 年第 3 期。

·江泽民：《国际形势和军事战略方针》，载《江泽民文选》第 1 卷，人民出版社，2006 年版。

·江泽民：《论中国特色军事变革》，载《江泽民文选》（第三卷），人民出版社，2006 年版。

·荆海涛：《冷战后的国际军控与裁军形势》，载《高等教育与学术研究》，2008 年第 2 期。

·李宝俊、李志永：《“和谐世界观”与“霸权稳定论”——一项比较分析》，载《教学与研究》，2008 年第 3 期。

·李桂玲、汪维余：《略论人类对战争与和平的理性探索》，载《军事历史》，2009 年第 3 期。

·李少军：《论核不扩散体制》，载《世界经济与政治》，2001 年第 1 期。

·李少军：《怎样认识国际体系?》，载《世界经济与政治》，2009 年第 6 期。

·李伟：《非传统安全与新国家安全观》，载《环球》，2002 年第 19 期。

·李瑛：《多极化时代的安全观：从国家安全到世界安全》，载《世界经济与政治》，1998 年第 5 期。

·林利民：《“9·11”以来美国地缘战略的调整及其影响》，载《世界经济与政治》，2004 年第 5 期。

·刘昌明、李影：《论东北亚安全合作的困境及其民族主义根源》，载《山东社会科学》，2008 年第 4 期。

·刘强：《“越反越恐”：反恐理念和方式的缺失》，载《国际观察》，2006 年第 5 期。

· 刘强：《2008 年全球安全形势纵论》，载《世界经济与政治论坛》，2009 年第 1 期。

· 刘强：《当前若干非传统安全问题的国际政治解读》，载《南京政治学院学报》，2009 年第 4 期。

· 刘强：《合作 · 竞争 · 危机 · 挑战——2009 年全球安全形势》，载《世界经济与政治论坛》，2009 年第 1 期。

· 刘强：《论日本国家安全战略调整——基于日本战略文化和战略意愿的视角》，载《国际观察》，2009 年第 5 期。

· 刘强：《美国对伊朗的战争：真的箭在弦上了吗》，《中国青年报》，2007 年 4 月 4 日，第 5 版。

· 刘强：《美国对伊朗的战争程序尚未真正启动》，《中国青年报》，2005 年 3 月 1 日，第 A5 版。

· 刘强：《现代国际恐怖主义再解析——基于社会心理与冲突和意识形态的视角》，载《江苏社会科学》，2010 年第 1 期。

· 陆俊元：《地缘政治规律再探》，载《现代国际关系》，2006 年第 7 期。

· 毛泽东：《中国革命战争的战略问题》，载《毛泽东选集》（第一卷），人民出版社，1991 年版。

· 倪建钢：《20 世纪 70、80 年代美国黑人暴力犯罪率高的经济原因》，载《理论纵横》，2008 年第 10 期。

· 聂军：《联合国维和与集体安全辨析》，载《欧洲研究》，2005 年第 3 期。

· 潘成金：《国际关系发展中安全内涵的演变》，载《欧洲》1995 年第 2 期。

· 潘忠岐：《非传统安全问题的理论冲击与困惑》，载《世界经济与政治》，2004 年第 3 期。

· 钱其琛：《美国国家安全战略调整与新世纪初的国际关系》，载《国际问题研究》，2004 年第 1 期。

·曲格平：《关注生态安全之一：生态环境问题已经成为国家安全的热门话题》，载《环境保护》，2002年第5期。

·尚伟：《均势理论与世界秩序》，载《西南师范大学学报》，2005年第2期。

·沈丁立：《核扩散与国际安全》，载《世界经济与政治》，2008年第2期。

·沈骥如：《论当代国际关系中的“妥协”》，载《世界经济与政治》，1994年第5期。

·沈强：《从欧亚地缘政治形势看演进中的世界新格局》，载《和平与发展》，2005年第1期。

·宋德星：《冷战后东北亚安全形势变化》，载《现代国际关系》，1998年第9期。

·宋德星：《印巴国家理念的对立与战略外交冲突》，载《世界经济与政治论坛》，2001年第3期。

·苏长和：《关于均势理论的几点思考》，载《欧洲》，1997年第4期。

·苏浩：《地缘重心与世界政治的支点》，载《现代国际关系》，2004年第4期。

·孙庆：《冷战的本质特点及其结局的必然性》，载《欧洲》，1991年第1期。

·唐永胜：《超越传统的国家战略》，载《世界经济与政治》，2004年第6期。

·滕建群：《和平利用核能和防扩散的困境与出路》，载《国际问题研究》，2006年第9期。

·王保存：《世界新军事变革最新动态分析》，载李效东主编：《世界军事发展年度报告·2006年版》，军事科学出版社，2006年版。

·王毅：《国家间权力妥协与国际合作》，载《社会主义研究》，2007年第4期。

·吴鑫：《第二次世界大战后战争制约机制的形成、演变及其启示》，载《中国军事科学》，2000年第2期。

·萧大维：《先秦国家安全思想初探》，载《滨州学院学报》，第23卷第5期。

·许开轶、周婕：《世纪之初的中国国家政治安全问题》，载《中南民族大学学报（人文社会科学版）》，2005年第4期。

·杨国顺：《威斯特伐利亚体系和维也纳体系的形成和特征》，载《辽宁大学学报（哲学社会科学版）》2005年1月版，第33卷第1期。

·杨洪刚、余朝阳：《论中国新安全观的内在机理与实践意义》，载《理论月刊》，2007年第12期。

·杨志丹：《东亚安全困境及其出路》，载《现代国际关系》，2003年第9期。

·叶自成：《联合国改革与中国和平发展的国际政治环境》，载《国际观察》，2005年第1期。

·俞晓鹏：《全球局部战争与武装冲突2008年综述》，载《外国军事学术》，2009年第1期。

·俞晓秋：《正在形成的"新安全观"》，载《世界知识》，1997年第24期。

·袁正清：《从安全困境到安全共同体：建构主义的解析》，载《国际政治》，2004年第1期。

·张东宁：《冷战后国际安全的新趋势》，载《新疆职业大学学报》，2005年第1期。

·张季良：《略论世界格局的演变》，载《国际关系学院学报》，1986年版。

·张熠：《从第三次中东战争看美国中东政策的调整》，载《阿拉伯世界研究》，2004年第5期。

·郑保国：《"9·11时代"美国对外战略的危险"创新"》，载《外交评论：外交学院学报》，2007年第5期。

·朱锋：《"非传统安全"解析》，载《中国社会科学》，2004年第4期。

后　记

本书到此应该结束了，但是，在这个深刻、复杂变化的世界，还有很多有关国际军事安全的问题萦绕在我的脑海。特别是在这种环境下，中国的国家安全应该如何维护，这是个值得深入思考的问题。

首先，我们是谁？我们将是谁？美国学者塞缪尔·亨廷顿曾在“9·11”事件后，针对美国发出过“我们是谁”（Who are we?）的疑问，深深地担心美国的未来。[①] 这的确是个严肃而严重的问题。特别是在中国经历了30多年的改革开放和经济高速增长后，这个问题对中国来说同样重要。因此，我们不仅要问“我们是谁”，还要追问“我们将是谁”。中国是个有5000多年历史的文明古国，上下5000年，兴衰反复，蹉跎多难。1949年建立起新中国，1978年起开始改革开放，令世界重新瞩目并被重新看待。而随着中国更多融入国际社会，以其巨大的发展动力和潜力冲击着世界民众的眼球，中国成为一颗耀眼的“明星”。但是，面对中国的迅速崛起，世界发出了不同的声音，尽管中国政府一再将中国定位为“最大的发展中国家”并“长期处于社会主义初级阶段”，但一些国家却根据自身利益需要看待和评价中国，可谓希望与怀疑并存，扼杀与捧杀齐聚。同时，在快速的经济崛起中，国人对此的认识也变得两极分化，一种变得十分自信甚至自大，认为中国已经成为顶天立地的世界性强国；一种是变得悲观失望，认为中国目

① ［美］塞缪尔·亨廷顿著，程克雄译：《我们是谁：美国国家特性面临的挑战》，新华出版社，2005年1月版。

前的很多问题将导致中国的不可持续发展而最终很难达到预期目标——屹立于世界民族之林。因此，如今的身份定位和未来的身份定位，关系到中国科学发展的未来，特别是如何坚持中国特色的社会主义发展道路，不在深刻、复杂变化的世界中迷失方向，成为未来中国发展重要的课题。所以，弄清“我们是谁”和“我们将是谁”就显得十分重要。

其次，我们未来的敌人是谁？当今世界威胁国家安全的来源众多，弄清我们未来的敌人，是维护国家安全的重要问题。与过去相比，现在与未来中国面对的“敌人”越来越多，不仅面对着外部“敌人”，也面临着内部“敌人”。由于中国至今还是个没有实现国家统一的大国，除与一些国家存在着领土（包括领海）争端外，最大的挑战就是台湾问题。台湾与大陆的统一问题尽管是中国的内部事务，但却越来越牵扯到许多国外因素，甚至已经成为中国国家安全中的一个软肋。这是我们国家面临的最大的传统安全威胁。同时，我们还面临着国家稳定的严重挑战，“三股势力”、经济、金融、能源、环境、腐败等非传统安全问题，都严重制约着国家的稳定和发展，其可能形成的冲击力并不小于传统安全。这就使得“敌人”的概念开始泛化，如果说一些“敌人”是有形的，而今后的很多“敌人”将是无形的、无组织的、无国家的，会变得多元化和模糊化。同时，哪个是主要“敌人”，哪个是次要“敌人”，这种战略判断也将困扰着研究者和决策者。

第三，如何维护中国的军事安全？尽管近年来我们更加专注于非传统安全的维护，但是，以军事安全为主的传统安全还是国家安全中最为重要的基础，缺少了军事和国防安全基础，其他安全也将受到极大影响。中国的军事安全环境并不轻松，影响因素众多，除了我们面临的各种分裂势力（“台独”、“藏独”、“疆独”等），还有一些其他影响因素。从我军目前的任务看，除了应对战争之外，非作战多样化军事保障任务也给军队和国防建设提出了新的要求。这就要求我们要以新的安全思维来理解未来中国军事安全的概念，从而打造出一支内外兼顾、传统安全与非传统安全共同防护的“新的长城”。

以上思考，主要重在提出问题，目的在于能够引起所有关注中国国家安全的人士思考，共同寻找出解决的战略对策。

我曾两次共计两年时间参加了联合国维持和平行动，参与维和的经历使我对于国际军事安全有着特殊的感受，对战争与和平有着直观的认识，对于维护世界和平有着极大的企盼。我之所以逐渐将国际安全问题转为我日常研究的主要侧重点，就是因为我看到了战争和战乱给国家和人民带来的灾难性后果，因此希望通过自己的学术研究，能为维护国际安全尽一份绵薄之力。

本课题是我于2008年开始策划的，经过反复论证后最终敲定了本书的框架结构。一些年轻学者（都是在读全日制军事学和法学博士研究生）参与了本书的创作，由于这些年轻学者学业繁忙，故我只请他们撰写了部分章节的初稿，后由我对其初稿特别是主要内容、观点和学术规范等进行了反复的修改、增补和订正并最终定稿。这些年轻的学者（排名不分先后）分别是宫海文（第四章）、虞群（第五章）、高艺（第七章）、郑鑫（第八章）和傅德龙（第十一章第一、二、四节）。吴晓晓、郭征、莫言、朱宪和陈永刚同志为本书的资料搜集工作作出了贡献。其余章节（绪论、第一章、第二章、第三章、第六章、第九章、第十章、第十一章第三节、第十二章、第十三章）均由我本人撰写。尽管从本书的体系构成到主要观点思想都是我本人思考的结果，特别是从文字体量上看，我独自完成了超过70%内容的写作，加上对年轻学者初稿的增补和修改，超过了80%以上，但是，上述年轻学者们无疑对本课题的最终完成作出了很大贡献，从这个层面上说，本课题也是集体智慧的结晶。在此对他们的参与和贡献表示衷心的感谢！

在完成此书的过程中，作者参考了大量前人的著述，可以说是踩着巨人的肩膀完成的。但是，由于这是个全新的课题，研究和写作只能在摸索中前进，这就导致一些问题的研究可能不够深入，一些观点尚需进一步推敲，因此，欢迎读者能对书中的不足和错误不吝赐教，这也正是我期待在与同行交流中需要得到的，以便共同为推进这个问题的研究添砖加瓦，为共同维护中国国家安全和国际军事安全作出应有的贡献。

书稿即将完成之际，母亲病重住进医院，我是在往返于医院、办公室和家的过程中最终完成的书稿。就在完稿后没几天，母亲耗尽最后的精力，走完了82余载之路。母亲一生坎坷多难，但一直保持着乐观的态度和勤劳善良的本性。为儿者30余载奔波在外，她的人格魅力和品格一直温暖和激励着我以宽阔的视野获取知识、以宽广的胸怀对待工作、以宽厚的态度对待生活。谨以此书作为我报答她老人家对我哺育培养恩情的一份礼物。

本书得以付梓，要感谢解放军国际关系学院的各级领导和同仁的鼎立支持，借此机会感谢他们对我日常学习、工作和生活的指导和关爱，使我能够在艰辛的治学中享有一份恬静的快乐，实可谓：

历尽学海知冷暖，不悔岂止衣带宽。
国家安危难去心，世界风云总在眼。
谁言书生百无用，学堂战场两相看。
白发飘顶无悲戚，快乐人生一片天。

刘　强

2010年7月于南京双润居

图书在版编目（CIP）数据

国际军事安全论/刘强著．—北京：时事出版社，2010.10
ISBN 978-7-80232-373-5

Ⅰ.①国… Ⅱ.①刘… Ⅲ.①军事—关系—国家安全—研究
Ⅳ.①E0

中国版本图书馆 CIP 数据核字（2010）第 201509 号

出版发行：时事出版社
地　　址：北京市海淀区万寿寺甲 2 号
邮　　编：100081
发行热线：（010）88547590　88547591
读者服务部：（010）88547595
传　　真：（010）68418647
电子邮箱：shishichubanshe@sina.com
网　　址：www.shishishe.com
印　　刷：北京百善印刷厂

开本：787×1092　1/16　印张：32.5　字数：460 千字
2010 年 10 月第 1 版　2010 年 10 月第 1 次印刷
定价：75.00 元